Religion. Macht. Politik.
Wie viel Religion verträgt der Staat?

Roland Herpich / Patrick R. Schnabel / Andreas Goetze (Hg.)

Religion. Macht. Politik.

Wie viel Religion verträgt der Staat?

Berliner Reihe für Ökumene, Mission und Dialog
Band 2

Wichern-Verlag

Eine Kooperation mit dem Berliner Missionswerk

Umschlag: griesbeckdesign, München
Lektorat: Beate Schneppen
Satz: NagelSatz, Reutlingen
Druck und Bindung: freiburger graphische betriebe, Freiburg
ISBN 978-3-88981-382-4

Inhalt

Religionsfreiheit unter dem Grundgesetz

Vorwort

Kopftuch im Unterricht, Kreuz im Gerichtssaal, Knabenbeschneidung in der Klinik – Religion, die sich nicht versteckt, löst Kontroversen aus. Hart prallen die Fronten aufeinander. Während die einen Religion zur Privatsache erklären und sie am liebsten aus allen öffentlichen Diskussionen heraushalten möchten, sagen andere: Unsere Verfassung garantiert die Religionsfreiheit und das schließt religiöse und weltanschauliche Handlungsfreiheit in der Öffentlichkeit mit ein.

Für den Laizismus, die Verdrängung der Religion aus dem öffentlichen Raum, haben sich die Grundgesetzväter und -mütter in Deutschland bewusst nicht entschieden. Wichtig war ihnen nach den Erfahrungen der Nazi-Zeit, dass jede Form staatlicher Bevormundung verhindert werden sollte.

Andere Länder haben andere religionspolitischen Ordnungen gefunden. Frankreich setzte auf den Laizismus, indem es den öffentlichen Raum religionsfrei und damit für scheinbar konfliktfrei erklärte. England suchte die Religion in den Staat zu integrieren, um sie so zu kontrollieren. Die Türkei erklärte sich für laizistisch, stellte aber alle Religion unter staatliche Aufsicht. Und Deutschland trennte Staat und Kirche, räumte aber den Religionsgemeinschaften und Weltanschauungen weite Entfaltungsmöglichkeiten im öffentlichen Raum ein.

Trotz dieser je eigenen Ausprägung gab es eine Gemeinsamkeit: Säkularisierung und Pluralisierung schienen dazu beizutragen, dass Religion, ganz unabhängig wie eng die Nähe von Religion und Staat formal war, einen schleichenden Bedeutungsverlust hinnehmen musste. Religion, so schien es, hatte keine nennenswerte politische Relevanz mehr. Diese Einschätzung hat sich nicht bestätigt: Religionspolitik hat wieder einen der vorderen Plätze auf der Agenda unserer Regierungen eingenommen.

Aber schon vorher zeigte sich in Frankreich, dass es keine erfolgreiche Innenpolitik ohne eine neue Integrationspolitik geben könne. Integration von Zuwanderern kommt an der Religion als einem für viele zentralen identitätsstiftenden Moment nicht vorbei. Ein Staat, der geleitet von einem säkularen Selbstverständnis fast 100 Jahre lang keine formellen Kontakte zu den Religionsgemeinschaften unterhalten hatte, etablierte nun feste Dialoge mit ihnen und ordnete sogar Wahlen zu einem nationalen muslimischen Rat an.

Religion ist wieder Thema. Auch ganz ohne Extreme wie den Salafismus: Wo verschiedene religiös-weltanschauliche Überzeugungen aufeinandertreffen, entstehen Wertkonflikte, die des öffentlichen Diskurses und oft einer rechtlichen Klärung bedürfen. Die Zahl der Gesetzgebungsmaßnahmen und gerichtlichen Verfahren, die unter hoher öffentlicher Aufmerksamkeit religionsrechtliche Fragen zum Gegenstand hatten, ist erheblich: Schächten, Kopftuch, Kruzifix, Streik bei der Diakonie, Kündigung in der Kirche, die Knabenbeschneidung oder der Körperschaftsstatus für Zeugen Jehovas oder Muslime. Der Streit um Sonntagsöffnungszeiten zählt ebenso dazu wie die Frage, ob Straftaten milder zu bewerten seien, wenn der Beschuldigte aus einem anderen religiösen Werte- und Kulturkreis kommt. Die verschiedenen „Karikaturenstreite" schließlich haben zu einer neuen Auseinandersetzung über Sinn und Unsinn von Blasphemiegesetzen geführt und zur Diskussion über den richtigen Ton im Umgang miteinander.

Weil religiös-weltanschauliche Überzeugungen den Menschen im Kern seiner Identität berühren, werden solche Dispute leicht emotional. Gleichzeitig sind sie immer nur einer von vielen Faktoren, aus denen Identität erwächst, wenn auch ein bedeutsamer. Oft scheint es einfach, seine religiös-weltanschauliche Überzeugung vorzuschieben, um sich abzugrenzen – sei es bei einer dritten Einwanderergeneration, aus der sich überraschend viele junge Menschen religiös radikalisieren; sei es bei Pegida-Anhängern, die einer gefürchteten Islamisierung „abendländische" Weihnachtslieder entgegensingen, ohne in ihrer Mehrheit einer Kirche anzugehören.

Unsere Gesellschaft wird pluraler. Das Potenzial für gesellschaftliche Konflikte, die religiös beziehungsweise weltanschaulich motiviert sind, wächst. Umso wichtiger ist es, aufeinander zu hören und in einen sachlichen Austausch darüber einzutreten, welche religionspolitische Gestaltung zukunftsfähig ist: Wie viel und welche religiöse Aktivität verträgt der Staat? Beziehungsweise: Wie viel staatliche Regelung verträgt die Religion?

Gerade weil wir in einer pluralen Gesellschaft, in einer globalen Welt leben, brauchen wir Menschen mit interkulturellen und interreligiösen Kompetenzen. Diese zu gewinnen, dafür bietet das Berliner Missionswerk als Ökumenisches Zentrum der Evangelischen Kirche Berlin-Brandenburg-schlesische Oberlausitz (EKBO) seine Erfahrung an. Über 190 Jahre weltweite Partnerschaften im Nahen Osten, in Afrika, Asien, Amerika, Lateinamerika und Europa bedeuten über 190 Jahre Erfahrungen in interkulturellen Begegnungen, im interreligiösen Dialog, in der Mediation von Konflikten, im Einsatz für Frieden, Gerechtigkeit und Bewahrung der Schöpfung.

Mit dem zweiten Band der „Berliner Reihe für Ökumene, Mission und Dialog" laden wir ein, das Verhältnis von Staat und Religion, von Gesamtgesellschaft und gruppenbezogenen Glaubens- und Werteüberzeugungen neu und weiter zu denken. Dazu liefern die Autoren aus Politik und Gesellschaft, aus Judentum, Christentum und Islam sehr unterschiedliche, aber stets begründete Perspektiven. Wir wünschen Ihnen eine anregende Lektüre!

Berlin, im März 2015

Roland Herpich, Patrick Roger Schnabel, Andreas Goetze

Roland Herpich

Religion und Politik in einer modernen demokratischen Gesellschaft

1. Politik und Religion in der Geschichte

1.1 Politik und Religion weltweit

Religiöse und staatliche Autorität stehen seit jeher in einem engen Zusammenhang. Sie sind geradezu konstitutiv für menschliche Gesellschaften.[1] Dabei zeigt sich meist eine komplexe Bezogenheit aufeinander.

Frühe Gesellschaften, wie das Ägypten der Pyramidenerbauer, erscheinen uns als geradezu völlige Einheit zwischen Religion und Politik. Der Pharao war der Vertreter oder gar ein Anteil Gottes auf Erden, er vermittelte zwischen Himmel und Erde und die irdische Hierarchie blieb gültig bis in Ewigkeit. Die Priester organisierten das Leben, auch die Wirtschaft und die beginnende Wissenschaft. Sie bestimmten die Höhe der Abgaben durch die Stufen, mit denen sie die Höhe der Überschwemmung des Nils maßen. Sie sammelten die Steuern ein und verteilten sie zum sichtbaren Wohlstand und Nutzen des ganzen ägyptischen Volkes.

Ähnliche Verhältnisse gab es in den frühen Stadtstaaten des Zweistromlandes mit den sogenannten Gottkönigtümern und in Anklängen später auch in Israel. Hier aber traten staatliche, politische und religiöse Autoritäten unterscheidbar nebeneinander auf. Meist stützten sie sich gegenseitig. So salbte zum Beispiel *Samuel Saul* und *David* und stärkte und begründete damit deren Herrschaft gegen viele Widerstände.

Solche wechselseitige Legitimation staatlicher Gewalt durch die Religion und religiöser Autorität durch die politische Ordnung gab es durch die Jahrtausende. In Europa wirkte sie über die karolingische Herrschaft und die protestantischen Fürsten als oberste Autoritäten der Kirche bis 1918 weiter; in England ist bis heute die Queen das weltliche Haupt der anglikanischen Kirche.

Mit der Unterscheidung von Politik und Religion kommt letzterer eine zweite Aufgabe zu, die in einer vordemokratischen Gesellschaft durchaus schwierig wahrzunehmen ist, nämlich die Kritik und die Beschränkung der politischen Herrschaft. Eindrucksvoll schritt *Nathan* ein, als *David* sich *Bathseba* zur Frau nahm und *Uria* in den Tod schickte. Auch von späteren Propheten ist berichtet, dass sie den Herrschern widersprachen, ebenso von Königen, die, wie *David* und später auch *Hiskia*, sich den Einspruch gefallen ließen, Buße taten, Unrecht bereuten und umkehrten. Bis heute hält die Kirche, auch die evangelische, den Anspruch auf ein prophetisches „Wächteramt" aufrecht und behauptet damit – wenngleich in modifizierter Form – ein außerordentliches Einspruchsrecht gegen staatliche politische Autorität.

Eine weitere Aufgabe hatte die Religion in der Geschichte im Blick auf die Autorität des Rechtes. Gerade in Gesellschaften ohne große staatliche Durchgriffskraft bestimmte das Gesetz Gottes das Leben, sicherte die Gemeinschaft, schützte besonders die Schwachen, Witwen, Waisen und die Fremdlinge. Letztlich band es alle, selbst den Herrscher, an die Macht des göttlichen Willens, der sich im Gesetz niederschlägt. Schon *Hammurapi* von Babylon empfing die Gesetze von Gott selbst und unterstellte sich ihnen damit. Für das jüdische Volk ist die *Mose* überreichte Tora bis heute geltendes und auszulegendes Gesetz, das Heil verspricht auf Erden und im jenseitigen Leben.

Religion hat also vielfältig das Leben organisiert und eine kulturelle Gemeinsamkeit geschaffen. Damit wurden dem Leben Sinn und Erfüllung über den Augenschein hinaus vermittelt. Dazu war Religion notwendigerweise mit Bildung verbunden. Priester mussten Wissenschaftler sein, um das Leben organisieren zu können. Sie errechneten die besten Termine für Saat und Ernte, legten Abgaben fest, entwickelten Erkenntnis- und Dokumentationssysteme. Detailliertes Wissen über Himmel und Erde, die Entwicklung von Zählen, Rechnen, Schreiben sind damit verbunden. Das Volk selbst wiederum hatte an der Bildung Anteil. Es musste wissen, welche Spielregeln eingehalten werden mussten, damit ein erfülltes Leben auf Erden, vor allem aber danach gewährleistet wurde.

Die damit verbundenen Regeln, Symbole, Hilfsmittel, Handlungen, Gewissheiten und Techniken verbanden eine Gesellschaft kulturell. Zudem aber galt für alle eine zusätzliche Gerechtigkeit, die im täglichen Leben nicht zu erkennen war. Selbst wenn der Pharao damit rechnen konnte, auch im Jenseits als Gott weiterzuleben, so kamen letztlich doch alle Menschen im alten Ägypten vor das Totengericht.[2] Die einen wurden verurteilt und für immer vernichtet, die anderen durften fortan im Kreise der Götter leben. Hierbei schließt sich der Kreis zum kodifizierten Recht. Mit dem Gedanken eines Gerichtes nach dem Tod werden die Menschen einerseits entlastet – von der Blutrache und dem Zwang nach Vergeltung –, aber auch eingebunden in ein allgegenwärtiges Recht. Dafür erhielten sie Genugtuung: Die Verbrecher wurden zu ihrer rechten Strafe geführt, selbst wenn sie im Leben erfolgreich waren und die Opfer sich ohnmächtig gegen sie fühlten. Diese wesentlichen Punkte der Gerechtigkeit – alle zu treffen, Genugtuung zu verleihen und Entlastung zu bieten – hat Religion in vielen Gesellschaften vermittelt und damit einen Zusammenhang geschaffen, der von großer kultureller und gesellschaftspolitischer Bedeutung war.

Freilich muss solch holzschnittartige Betrachtung immer wieder kritisch geprüft werden. Zum einen sind wir auf die Überlieferungen angewiesen. Im Bereich unserer christlichen Wurzeln sind wir durch die Heiligen Schriften der Bibel relativ gut informiert. Allerdings sind auch dies die Dokumente der Sieger beziehungsweise der Überlebenden der historischen Situationen. Manchmal lässt sich durch exegetische, archäologische und andere wissenschaftliche Methoden ein weitaus genaueres Bild vergangener Zeiten malen. Dennoch beziehen sich unsere Kenntnisse ganz überwiegend auf die „offizielle" Religion, sei sie nun faktisch vollzogen oder nur programmatisch gefordert worden. Diese unterscheidet sich aber von dem, was privat in den Familien als Religion gelebt wird. In Israel ist bis in die Zeit des babylonischen Exils (597–539 v. Chr.) und auch darüber hinaus mit einer großen Vielfalt in der privaten Frömmigkeit und sogar im staatlichen Kult zu rechnen: Nicht nur JHWH, sondern auch andere Gottheiten – lokale oder Familiengötter – wurden über weite Strecken verehrt[3] oder ergänzten den JHWH-Glauben, besonders, wenn äußere Gegebenheiten solche Gottheiten anboten, wie nach der assyrischen

Eroberung.[4] Entsprechend sind uns Berichte über Gesetzesübertreter und Strafen für Menschen überliefert, die sich nicht an die einheitlichen Regeln hielten.

Im Neuen Testament ist das Verhältnis zur Obrigkeit einfach und klar geregelt: Im Regelfall muss man ihr untertan sein,[5] im Zweifelsfalle aber Gott mehr gehorchen als den Menschen.[6] Dies ermöglichte der jungen Christenheit, sich nach den Jahrhunderten der Verfolgung und einer sehr kurze Zeit der Duldung schnell selbst als Staatsreligion zu organisieren.

Interessanterweise war der ansonsten als gnadenlos und gewalttätig verschriene *Dschingis Khan* religiös tolerant. Viele einverleibte Nachbarvölker waren Christen oder gehörten anderen Religionen an als die Mongolen selbst. Dies wurde geduldet. Dennoch gab es eine außerordentlich enge Beziehung zwischen weltlicher und religiöser Autorität. Der Khan wurde als Vertreter Gottes auf Erden angesehen und die Schamanen standen in der mongolischen Gesellschaft den Stammesfürsten an Einfluss nicht nach. Die Grausamkeiten der Mongolen sprechen zunächst gegen die These, besonders der Monotheismus neige mehr zu Gewalt als polytheistische Religionen. Andererseits betraf die Schreckensherrschaft des *Dschingis Khan* die kriegerischen Handlungen: Wo die Herrschaft gesichert war, scheinen religiöse Minderheiten wohl tatsächlich weniger gefährdet gewesen zu sein als in religiösen Einheitsgesellschaften.[7] Der religiöse Begründungszusammenhang für gewaltsame Unterdrückung fiel weg, dessen allerdings das „Gesetz der Steppe“, nach dem sich der Stärkere alles nimmt, ohnehin nicht bedurfte.

1.2 Politik und Religion in Europa

Verhältnismäßig homogen gestaltete sich in der europäischen Geschichte das sogenannte lateinische Abendland. Die enge Beziehung zwischen religiöser und politischer Autorität, die das ganze Mittelalter durchzog, verband die Gesamtgesellschaft, selbst wenn beide oft im Kampf miteinander standen. Über Stämme, Völker und Sprachen hinweg entstand seit Karl dem Großen sowohl im offiziellen als auch im privaten Bereich eine Gemeinsamkeit. Die Menschen waren sich bewusst, dass sie derselben Universalkirche und demselben Kulturraum angehörten. Die Kirche wurde schon im Karolingerreich zur stärksten organisierten und organisierenden Kraft und zum Garanten der Einheit. Die Einsetzung von Klerikern als gebildete und zur Organisation der Gesellschaft notwendige Menschen durchbrach das Geblütsrecht und die Standesordnung. Die paulinischen Forderungen nach christlicher Identität führten dazu, dass auch die Hörigen im Mittelalter persönliche Rechte besaßen: Grundrechte, wie die Lebenssicherung, die Heirat und den Besitz. Die Gesellschaft integrierte zudem das Erbe der Antike, ihr Recht, ihre Medizin und ihre Philosophie.

„Einen einzigartigen Kontrast zu den politischen Spaltungen und dem permanenten Kriegszustand in dieser Periode bildet die unbestreitbare religiöse, soziale und kulturelle Einheit der lateinischen Christenheit: Die Einheit der Glaubensvorstellung und der kirchlichen Institution, der Liturgie und des Kirchenjahres, die Einheit der Schrift, der Sprache der Gebildeten, des Unterrichts und des weltlichen Wissens, der Architektur und der bildenden Künste. Der gesamte europäische Raum ist aufgegliedert in ein System von Bistümern, deren Schwerpunkte die Bischofsstädte mit ihren Kathedralen, Bibliotheken und Schulen sind und in ein System von Pfarrgemeinden, die Grundlage des allgemeinen Unterrichtswesens bilden.“[8]

Der Preis allerdings war hoch. Wer sich nicht in dieses homogene System einpasste, wurde verfolgt – alle Minderheiten, insbesondere die sogenannten Ketzer und vor allen die Juden. Selbst nach der Reformation, als jedenfalls im Deutschen Reich das Nebeneinander verschiedener Konfessionen geduldet wurde, blieb das Dach, die Gemeinsamkeit der Tradition des christlichen Mittelalters, erhalten. Immerhin wurde durch das Nebeneinander und die zunehmende Pluralität der Konfessionen eine gewisse Form der Toleranz eingeübt.

Dies betraf aber vor allem die Herrschenden auf Reichsebene, weltliche und geistliche Fürsten und die Räte der freien Städte. Die Menschen in ihrem lokalen und regionalen Umfeld verspürten davon zunächst nur wenig. In Wilmersdorf, jetzt ein Stadtteil von Berlin, früher ein kleines Dorf vor dessen Toren, lebten von der Reformation bis in die Mitte des 19. Jahrhunderts ausschließlich protestantische Christen. Sicher war es sehr verbindend, wenn der Patron die Kirche und den Pfarrer bezahlte und einen Platz im Gestühl oder eine extra Patronatsloge erhielt und sonntags und zu den hohen Feiertagen Bauern und Edelleute eine gemeinsame Gesellschaft unter dem Dach der Kirche bildeten. Privates und Öffentliches fand immer wieder zueinander. Festtage wurden gemeinsam begangen, Beerdigungen fanden in der Kirche unter Anteilnahme des ganzen Dorfes statt. In Kriegen, Hungersnöten und Seuchenzeiten betete man gemeinsam, und Erntedank, Ostern und Weihnachten wurden gemeinsam gefeiert.

Diese Einheitlichkeit löste sich erst zum Ende des 19. Jahrhunderts auf. Damals wuchs das Dorf in zwei Jahrzehnten zur Großstadt. Römisch-katholische Christen und viele Einwohner jüdischen Glaubens siedelten sich an und lebten Vielfalt relativ erfolgreich – bis zur Übernahme der Macht durch die Nationalsozialisten.

Die Reformation und die Aufklärung waren in Europa bedeutende Schritte zur Freiheit im Denken und Glauben. *Martin Luther* legitimierte mit der „Zwei-Regimente-Lehre“ die Obrigkeit und sogar den wohlgeordneten „Türkenstaat“ als von Gott eingesetzt, andererseits band er auch die Herrschenden an die Liebesweisung des deus revelatus.[9] Mit dem Gedanken der Gewissensfreiheit und des Priestertums aller Glaubenden bereitete er den Boden für die Freiheit des Individuums. Seine Forderung nach der Bildung für alle als Voraussetzung der Auslegung des Evangeliums nahm die Fürsten und Städte in die Pflicht und ermöglichte Partizipation auf völlig neue Weise.[10] Später führten *Immanuel Kant* mit seiner Vorstellung von der Religion als Pflicht und Grundlage der menschlichen Gemeinschaft und *Johann Gottlieb Fichte* mit der Gleichsetzung von Pflichterfüllung und Glück diese Linie weiter aus.

Mit der Französischen Revolution gab es dann den Versuch einer religionslosen Gesellschaft. Am 18. September 1794 beschloss der Nationalkonvent die Entchristianisierung und die Trennung von Kirche und Staat. Dieser radikale Schnitt wurde aber von der Mehrheit des französischen Volkes nicht mitgetragen und später wieder aufgehoben. Die Beziehungen zwischen Staat und Kirche wurden schließlich durch ein Konkordat geregelt.

Erst seit dem Sieg der Bolschewiki in Russland gab es konsequent programmatisch atheistische Gesellschaften. Meist wurden sie von einem totalitären Staat beherrscht, der mit wechselhaftem Erfolg versuchte, die Religion aus dem öffentlichen Raum zu verdrängen und durch eine meist noch viel homogenere und alle Abweichler diskriminierende Staatsideologie zu ersetzten. Im Bereich der privaten Religionsausübung gelang dies weniger, wie das Beispiel Polen zeigt. Dort blieb durch die hohe private Religiosität auch der öffentliche Raum durchaus von Religion geprägt. In der früheren DDR und in der Tschechoslowakischen Republik aber gelang über mehrere Generationen hinweg eine Verdrängung der Religion auch aus dem privaten Raum. Dafür entwickelte die den öffentlichen Raum beherrschende Weltanschauung als Staatsideologie selbst religiöse Formen. Jedoch blieb die aus dem öffentlichen und privaten Raum weitgehend verdrängte evangelische Kirche in der DDR immerhin stark genug, um ihrem Wächteramt nachzukommen. Vor allem die Tatsache, dass sie über eigene Räume verfügte, in denen Menschen sich versammeln, Austausch pflegen, Diskurs einüben und sich zu öffentlichem Vorgehen verabreden konnten, verhalf ihr zu ihrer besonderen Rolle während der Friedlichen Revolution. Damit wiederum bestätigten die evangelischen Kirchen ihre Bedeutung für die Gestaltung unserer modernen demokratischen Gesellschaft als Garanten, Akteure und Initiatoren von zivilgesellschaftlichem Engagement.

Auch in der früheren Sowjetunion entstand eine fast religiöse Kultur der staatlichen Weltanschauung, die sich in all ihren Formen, Regeln, Symbolen nahezu an die alte byzantische Religion anlehnte und so letztlich quasi-transzendenten Charakter bekam. Gleichwohl blieb die ursprüngliche Religion im Privaten erhalten, wie sich an brennenden Kerzen in orthodoxen Kirchen überall auf der Welt, wo Russen sich aufhielten, erkennen ließ und wie es sich in einem vollständigen Taufstatus des gesamten Volkes niederschlug.

In religionsfeindlichen Gesellschaften organisierte sich Religion meist zwischen Anpassung und Kritik am Staat und wurde deshalb oft diskriminiert und verfolgt. Letztlich aber war antireligiösen Staaten, die zugleich oft undemokratisch waren oder sogar diktatorischen Charakter hatten, nur eine kurze historische Dauer beschieden.

1.3 Zwischenergebnis

Zusammenfassend lässt sich feststellen: Religion war immer auch auf den öffentlichen Raum und die politischen Autoritäten eines Gemeinwesens bezogen. Sie stärkte und relativierte staatliche Autorität und achtete auf die Geltung des Rechts. Einerseits trug sie damit wesentlich zum Gelingen des Zusammenlebens bei. Andererseits kam es bei einer zu starken Identifikation einer Religionsgemeinschaft mit der staatlicher Macht zur Diskriminierung Andersdenkender. Aber auch antireligiöse Staaten haben sich in der Geschichte letztlich als undemokratisch erwiesen und ersetzen Religion im öffentlichen Raum durch meist diktatorische Ideologien. Darum bieten sie keine Alternative, um möglichen Negativfolgen von Religion im öffentlichen Raum vorzubeugen. Vielmehr muss danach gestrebt werden, die Religion, in ihren vielfältigen Erscheinungsformen und unter Ausschluss von Zwang, für Einzelne oder Gesellschaften zu integrieren, denn eine solche Religion kann für das gelingende Zusammenleben in einem Gemeinwesen einen großen und vielleicht sogar notwendigen Beitrag leisten.

2. Religion und die Herausforderungen der Gegenwart

2.1 Religion in der Globalisierung

Viele der historischen Aufgaben der Religion sind mittlerweile weggefallen oder relativiert worden. Positives Recht ist auch ohne den Gottesbezug möglich, obwohl sich nach dem Zweiten Weltkrieg zeigte, dass die Aburteilung von Schuldigen nach positivem Recht allein schwer möglich war. So wurde in den Nürnberger Prozessen das Naturrecht zu Grunde gelegt,[11] welches letztlich religiös begründet ist. Später fanden überpositive Rechtsgrundsätze ihren Weg sowohl in das deutsche Grundgesetz als auch in das Völkerrecht, bis hinein in die Rechtsgrundlage des Internationalen Strafgerichtshofes.

Auch die Organisation des Lebens obliegt nicht mehr allein der Religion. Aber noch immer bietet die Religion Hilfestellung für die Deutung von Mustern im Lebenslauf: für Sinn und Unsinn, für Erfüllung und Versagen. Sie ist hilfreich bei der Bildung des Gewissens, sie entlastet und bietet Genugtuung, Trost und Hilfe in Passagesituationen, verhilft zu einem verantwortlichen Leben und einem getrösteten Sterben.

Immer noch ist zu unterscheiden zwischen privater und öffentlicher Religion und zusätzlich zwischen religiöser Kultur mit der formellen Seite der Religion und der inhaltlichen Bedeutung der Religion für den religiösen Glauben des Einzelnen, deren Beurteilung sich letztlich menschlicher Verfügung entzieht. Aber diese Unterscheidungen sind schwer geworden, weil Religion heute oft in den privaten Bereich gedrängt wird. Dies ist zunächst als emanzipatorische Bewegung gegen eine den öffentlichen Raum zu sehr dominierende Religion zu verstehen, führt aber in Reinkultur in die Irre, da das entstehende Vakuum durch radikal ideologisch auftretende Weltanschauungen gefüllt würde oder das Gemeinwesen ohne religiösen und weltanschaulichen Diskurs ohne Bindungskraft bliebe.

In der heutigen durch die Globalisierung geprägten Zeit scheinen sich lokale und regionale Traditionen der Religionen aufzulösen. Fast 200 Jahre lang hatten wir nur über unsere Missionare und Mitarbeitenden in der Ferne Informationen über die vielfältigen Formen von Religion. Heute erleben wir, jedenfalls in einer Großstadt wie Berlin, wie verschiedene religiöse Traditionen aufeinandertreffen, nebeneinander existieren und sich teilweise sogar vermischen. Dies führt einerseits zu einer gewissen Befreiung von sozialem Druck und kultureller Evidenz. Andererseits entsteht damit ein Gefühl der freien Wählbarkeit von Religion und Kultur, das trügerisch sein kann.

Der Supermarkt, in dem ich zwischen verschiedenen Waschmitteln mit ähnlicher Wirkung eines frei wählen kann, es mittels Zweckrationalität an Hand verschiedener Kriterien prüfe und mich schließlich für eines entscheide, wird zum Bild für das gesamte Leben. Ratgeber versuchen, mich in meiner Orientierungslosigkeit zu begleiten und meine Zweckrationalität zu fördern, indem sie in gleicher Weise in allen Lebensbereichen Kriterien aufstellen und „Produkte“ danach beurteilen. Gerade in einer demokratischen Gesellschaft scheint dies als ein erstrebenswerter Zustand, weil dadurch Eigenverantwortung wachsen könnte, gegebenenfalls auch Zusammenschlüsse von Interessengemeinschaften und damit die Spielräume zur Selbstgestaltung des

Lebens. Der Homo oeconomicus ist ein Homo faber: Allerdings birgt das Ganze die Gefahr, dass wir die Anteile unseres Lebens unterschätzen, in denen wir weniger zu entwerfen und zu entwickeln haben, als vielmehr zu ertragen und allerhöchstens reaktiv zu gestalten.

Unsere Eltern und unsere Familie, unsere frühkindliche Sozialisierung, manche Anteile unseres Wesens sind uns als Rahmenbedingung vorgegeben. Auch Schicksalsschläge treffen uns, ohne uns vorher eine Wahl zu lassen. Erfolgreiche Menschen neigen dazu, ihre eigene Leistung höher zu bewerten, als sie tatsächlich Anteil an ihrem Erfolg hatte. Insofern täuscht auch die Vielfalt der Möglichkeiten der Religionszugehörigkeit oft mehr Spielraum vor, als tatsächlich vorhanden ist. Ein Irrtum bei der Religionsauswahl führt zu weiterreichenden Konsequenzen als die Wahl eines falschen Waschmittels, da zwar der formale Wechsel beliebig oft möglich scheint, aber Religion verinnerlicht sein will und Religiosität die Grundlagen des Lebens selbst betrifft. Darum ist Religion eben nur scheinbar beliebig austauschbar. Besonders zu beachten ist hierbei zudem, dass die Entkulturalisierung und Entregionalisierung von Religion oft zu ihrer Radikalisierung führt und die gefährlichen Seiten der Religion fördert beziehungsweise zu wenig limitiert.

Anders bei gewachsenen, inkulturierten Religionen: Je größer die kulturelle Einheitlichkeit und soziale Kontrolle, desto weniger Kriterien müssen erfüllt werden, um die Zugehörigkeit zu garantieren. Volksreligion ist nicht allein eine Sache persönlicher, bewusster Entscheidung religiös Ergriffener, sondern stabil eingebettet in die Matrix der Gesamtgesellschaft.

Im schon einmal beispielhaft angeführten Berlin-Wilmersdorf feierten bis Mitte des 19. Jahrhunderts alle Bewohner in der evangelischen Kirche die großen Feste des Kirchenjahres. Der Pfarrer begleitete die Bewohner bei kollektiven Höhen und Tiefen, wie Kriegen, Hungersnöten, Besatzung, Seuchen, aber auch während der persönlichen Passagen. Zur Konfirmation konnte man sein Wissen aufzeigen und in einigen Lebenssituationen sich zum Glauben bekennen, wie bei der Taufe der Kinder. Aber der Grad der Frömmigkeit wurde weder gemessen noch thematisiert. Wie weit diese Gemeinschaft in unserem Sinne religiös oder gar glaubend war, wie weit die Bauern die im Konfirmandenunterricht gelernten Dingen behalten hatten und wie oft sie religiöse Handlungen im Privaten ausübten und vornahmen, bleibt uns verborgen. Selbst wenn gelegentliche Frömmigkeitsbewegungen immer auch Wert auf innere Zugehörigkeit legten, blieben weniger Fromme selbstverständlicher Teil der Gesellschaft und ihrer Religiosität. Kultur und Religion bildeten wesentliche Teile der Identität von Einzelnen und der Gesellschaft.

Wer aber seine Religion auswählt, muss anhand vieler Kriterien erklären, dass und warum er dazugehört. Je weniger diese Kriterien kultureller und lokaler oder regionaler Art sind, desto mehr kommt der Glauben, die Innerlichkeit in den Blick, die aber letztlich nicht beurteilbar ist und das Risiko birgt, Fundamentalisierung und Radikalisierung nicht verhindern zu können. Deshalb muss Religion einen sichtbaren, beurteilbaren und öffentlichen Charakter behalten und sich am gesellschaftlichen Diskurs zur Gestaltung der Welt beteiligen. Dazu bedarf sie auch eines Zusammenhanges zu lokalen, regionalen und kulturellen Kontexten. So bewirkt sie personale und gesellschaftliche Identität.

Nun befürchten nicht wenige, dass die Globalisierung zu einem weltweiten religiösen Markt führen könne, dass Religion entkulturalisiert und entregionalisiert in allen Teilen der Welt in jeder Form zur Verfügung stünde und also von jedermann frei und beliebig gewählt werden könne und gewählt würde.[12]

Die Auswirkung der Globalisierung im wirtschaftlichen und kulturellen Bereich ist besonders in den letzten Jahren gravierend. Was noch vor 15 Jahren undenkbar erschien, wirkt heute selbstverständlich. Selbst in den entlegenen Dörfern Tansanias, in den Bananenhainen bei Matema, entdeckte ich die gleichen Produkte in den kleinen Dorfläden, die wir auch im Supermarkt in Los Angeles oder Berlin kaufen können. Der Siegeszug des Mobiltelefons ist ohnehin unglaublich; Internet ist, vielleicht mit Ausnahme von Nordkorea und mit Einschränkungen auf Kuba, überall auf der Welt verfügbar. Ein internationales Englisch wird weltweit genutzt.

Aber eine solche Vereinheitlichung habe ich im religiösen Bereich nicht angetroffen. Es ist erstaunlich, wie beständig die religiösen Traditionen sind, wie sehr die regionalen und kulturellen Aspekte noch immer eine Rolle spielen. Natürlich gibt es auch freier verfügbare Religionen. Vor allen Dingen scheinen der protestantische und der islamische Fundamentalismus, losgelöst von ihrem kulturellen und regionalen Kontext, weltweit frei wählbar zu sein. Aber faktisch bleibt dies auf wenige Fälle beschränkt. Religiöse Gewohnheiten sind offensichtlich doch länger im individuellen und vor allen Dingen im kollektiven Bewusstsein erhalten. Schon als Pastor in Berlin fiel mir auf, wie stark hinter einer dünnen christlichen, kulturellen Schicht noch alte Vorstellungen von Schicksalsglauben liegen, von Mächten, denen wir ausgeliefert sind, die relativ willkürlich ins Leben eingreifen und uns Menschen beherrschen. Die damit verbundene gelebte und kultivierte Religion ist bereits vor wenigstens 1 500 Jahren verschwunden.

2.2 Die Kulturbezogenheit von Religion in empirischer Betrachtung

Offensichtlich ist Religion beständiger als viele andere Dinge auf unserer Welt. Im Andengebiet in Peru sind die indigenen Völker in der Regel formell katholisch. Aber kontinuierlich beten sie noch immer die Pachamama an und gehen auf die Berge und führen ihre alten Riten durch. Sie sind sich sicher, dass die ganze Erde göttlich durchwebt ist und sie glauben an die Götter der Berge, der Winde und eben der Mutter Erde. Sie können trotzdem katholisch oder evangelisch sein und dennoch ihren alten Religionen, sowohl im privaten Glauben als auch in der kulturellen Umsetzung, verbunden bleiben. In Japan wurde uns im Institut für Interreligiosität gesagt, dass 75 Prozent der Japaner sich nach neuesten Umfragen für nicht religiös halten. Aber fast 100 Prozent der Familien gehen regelmäßig in die Tempel, um gewisse Riten zu Gunsten der Ahnen zu vollführen, Papier mit guten Wünschen zu verbrennen oder ähnliches.

Interessant daran ist, dass dies in einem Gegensatz zu der Situation in den östlichen Bundesländern steht, wo offensichtlich auch die religiöse Kultur verlorengegangen ist. In Russland dagegen hat sich in erstaunlicher Geschwindigkeit die alte Tradition, dass Religion und Staat zusammengehören, wieder neu geformt. Wahrscheinlich ist es die alte byzantinische „Symphonie“ zwischen Obrigkeit und Religion, die hier – trotz des Bruchs der kommunistischen Epoche – noch immer eine große Rolle spielt. Viele neue Kirchengebäude sind dort in den letzten Jahren entstanden, viele von ihnen von Wohltätern gespendet, die sich dann als Minister für Verkehrswesen oder andere politische Größen, manchmal auch als wirtschaftliche Potentaten herausstellen.

Vergleichbar ist die Situation im Mittleren Osten. Die orthodoxen Kirchen sind in der Regel stark den jeweiligen Herrschern verbunden. Auch hier mischen sich offensichtlich die orientalisch-byzantinischen Traditionen der Staatsnähe von Religion mit den Erfahrungen als Minderheit unter Muslimen, deren Sicherheit nur durch die jeweiligen Herrscher, und seien es auch die Diktatoren, gewährleistet wurde. So gab es in Ägypten immer eine starke christliche Gemeinschaft, die bis zu 20 Prozent der Bevölkerung ausmachte, und immer noch viele Juden. Eine Homogenität wie im lateinischen Abendland wurde hier nie erreicht. Die Situation verwirrt uns im Moment sehr, wenn wir auf die politische Lage in Syrien und Umgebung blicken. Die christlichen Bischöfe stehen nach wie vor entschieden auf der Seite des Diktators und empfinden seine Herrschaft als Zeit relativer Freiheit. In muslimischen Mehrheitsgesellschaften gibt es zwar einen Anspruch auf die Öffentlichkeit des Islam und die enge Verbundenheit zwischen Religion und politischer Herrschaft, andererseits sind die verschiedenen religiösen Strömungen relativ unorganisiert in großer Vielfalt vorhanden.

In Afrika erweisen sich – wie in anderen Teilen der Welt, in denen der Staat ein Machtvakuum hinterlässt, also wenig Zugriff auf das Leben des Einzelnen hat – die Familienstrukturen und Verbände bis hin zu den Stämmen als die eigentliche politische Größe. Sie sind in verschiedener Weise dann auch wieder mit der Religion verbunden. In den Gebieten, in denen die Berliner Mission gewirkt hat, Südafrika und Tansania, aber auch im heutigen Äthiopien, bilden sich wieder eher volkskirchliche Formen des christlichen Glaubens heraus. Meist gehören ein Stamm oder wenigstens eine Familie jeweils zu einer bestimmten religiösen oder konfessionellen Ausrichtung. Freilich geben viele Afrikaner an, dass sie sich mit Einbruch der Dunkelheit immer noch stark den Formen ihrer früheren Religion verbunden fühlen, ganz besonders den Ahnen. Viele solche Aspekte kommen auch im täglichen Leben vor, besonders bei den kulturellen Begleitungen von Geburt und Sterben.

In den offenen Demokratien, vor allem in Europa und Nordamerika, ist das Verhältnis von Religion und Politik durch zwei entgegengesetzte Modelle geprägt: die Trennung von Staat und Religion oder die Einbeziehung der Religion in den Staat. Im ersten Fall versucht der Staat theoretisch eine strikte Trennung von Staat und Kirche durchzuhalten, die aber faktisch immer wieder durch Tradition oder Recht durchbrochen wird.

In den USA[13] wird so eine „wall of separation" konstitutionell errichtet, gleichzeitig aber die Religion durch zivilreligiöse Elemente so eingegliedert, dass die Trennungsmauer nicht zu hoch zu sein scheint. Wenn die politischen Debatten mit Gebeten der verschiedenen Religionen und Denominationen begonnen und beendet werden, wenn zu allen offiziellen Zeremonien die Geistlichen vieler Religionen und Konfessionen ihre Loyalität zur amerikanischen Gesellschaft, zu ihrer Verfassung, zu ihrer Fahne, zu ihrer Hymne erklären, dann wirkt sie jedenfalls überwindbar. So steht dann auch auf den Geldscheinen „In God We Trust". Unsere Partnerkirche, die United Church of Christ, versteht es mit ihrer ausgefeilten Lobbyarbeit sehr wirkungsvoll, ihre politischen Interessen durchzusetzen.

In Frankreich, dem Musterland des europäischen laizistischen Modells, werden die vor 1905 erbauten Kirchen vom Staat unterhalten. Neben dem staatlichen gibt es ein starkes privates Schulsystem, in dem Religionsunterricht dazugehört und Muslimas Kopftücher tragen dürfen. In Elsass-Lothringen gilt ohnehin noch das napoleonische Konkordat – hier gibt es auch an staatlichen Schulen Religionsunterricht und die Pfarrerinnen und Pfarrer alimentiert der Staat. Nach den Terroranschlägen in Paris im Januar 2015 meldeten die Presseagenturen: „*Hollande* feiert ökumenischen (sic!) Gottesdienst in der zentralen Synagoge von Paris."

Die nordeuropäischen Länder wiederum sind repräsentativ für das andere Modell: Hier gibt es noch mehr oder weniger starke Ausprägungen eines Staatskirchentums. Dieses ist zwar gerade in einem Veränderungsprozess begriffen; die schwedische Staatskirche ist offiziell schon zur unabhängigen Volkskirche geworden. Aber die Mehrheit will eine enge Kooperation zwischen Politik und Kirchen. Auch in Großbritannien bleibt die Queen weltliches Oberhaupt der anglikanischen Kirche, die als Staatskirche verfasst ist und die Verantwortung für das gesamte Volk und alle Einwohner innerhalb ihrer Gemeinden verspürt und auch wahrnimmt. Vielleicht noch deutlicher artikuliert die orthodoxe Nationalkirche in Griechenland ihren Anspruch auf die ganze Gesellschaft.

Interessanterweise wird weltweit, gerade in den Ländern, die sich neu orientieren wie den arabischen, von unseren christlichen Partnern das laizistische Modell bevorzugt, weil die christlichen Kirchen aus ihrer Erfahrung als Minderheit immer in der Furcht leben, von der muslimischen Mehrheit bei einer nicht scharfen Trennung von Staat und Kirche benachteiligt zu werden. Andererseits sind sie meist eng verbunden mit den Herrschenden, sodass noch offen ist, wie sich die Gesellschaft mit muslimischer Mehrheitsbevölkerung entwickelt.

Ein wenig anders stellt sich die Situation in China dar. Hier steht das Christentum oft für die moderne offene Gesellschaft, obwohl es die chinesische Gesellschaft jüngst in seinen eher fundamentalistisch geprägten Ausformungen erreicht hat, zum Beispiel durch baptistische Missionare aus Amerika. Dennoch führt das Christentum gerade im Blick auf die Rolle der Frau und die Emanzipation gegenüber der Gemeinschaft zu einer größeren Freiheit und einer moderneren Gesellschaft, wobei sicher synkretistische Elemente, wie die Wertschätzung der Ahnen und der konfuzianischen Ethik, integriert werden.

Fast gänzlich unbekannt ist weltweit das deutsche Modell, das auf einer institutionellen Trennung von Staat und Religion einerseits und einer starken Partnerschaft zwischen Kirche und Staat, zwischen Religionsgemeinschaften und Politik anderseits gegründet ist. Diesem gegenüber gibt es sowohl in den Nachfolgestaaten der kommunistischen Systeme, als auch in den sich modernisierenden arabischen Gesellschaften große Vorbehalte, oft weil das System einfach nicht bekannt ist.

2.3 Religion in Deutschland: Zwischen Kooperation und Kritik

In Deutschland gibt es mit dem Kooperationsmodell zwischen Kirche und Staat ein einzigartiges Verhältnis der Zusammenarbeit in der Moderne. Das Grundgesetz schützt das religiöse Bekenntnis, privat und öffentlich, darüber hinaus für die Gesamtgesellschaft den Sonntag und die religiösen Feiertage. Es sieht Religionsunterricht an Schulen und religiöse Handlungen in öffentlichen Anstalten vor und unterstützt die Kirchen durch weitere institutionelle Garantien wie die Kirchensteuer oder den Körperschaftsstatus. Dieses Verfassungsgebot der Kooperation ohne Identifikation wird bis heute von der Politik mit Leben gefüllt, auf Bundes- wie auf Landesebene. Das Bundesministerium des Inneren erklärt: „Das Wirken der Kirchen und Religionsgemeinschaften ist von großer gesellschaftlicher Bedeutung. Die Bundesregierung ist daher an einer guten Zusammenarbeit mit den Kirchen und Religionsgemeinschaften interessiert."[14] Und die Brandenburgische Regierung schreibt auf eine große Anfrage zum gesellschaftlichen Beitrag der Kirchen und Religionsgemeinschaften in Brandenburg: „Das Fortbestehen unserer demokratischen pluralistischen Gesellschaft speist sich insbesondere aus Werten wie Toleranz, Respekt und Nächstenliebe. Sie sind Teil des Fundaments eines friedlichen Zusammenlebens der Menschen und fanden insbesondere durch die Kirchen und Religionsgemeinschaften Eingang in das europäische und deutsche Bewusstsein. Nicht nur in Glaubensfragen sind die Kirchen und Religionsgemeinschaften ein wichtiger Bezugspunkt für ihr Leben, Kirchen und Religionsgemeinschaften sind wichtige Stützpfeiler des Gemeinwesens, weil sie mit ihren vielen sozialen und wohlfahrtsstaatlichen Angeboten den Zusammenhalt unserer Gesellschaft stärken und dazu beitragen, den uns nachfolgenden Generationen diese Werte zu vermitteln."

Aufgrund ihrer Verankerung in der Gesellschaft ist diese – im Prinzip für alle Religionen gleiche – Haltung von Staat und Politik besonders für die großen christlichen Kirchen vergleichsweise komfortabel: Die protestantische Kirche hat sich nach 1918 aus der Symbiose von Thron und Altar gelöst, ohne die Verantwortung für das ganze Volk aufzugeben.[15] Nach dem Zweiten Weltkrieg wurde Kirche als einzige halbwegs intakte und im „Dritten Reich" nicht vollständig beschädigte große Organisation durch Verträge und Vereinbarungen abgesichert und in die Lage versetzt, eine starke Rolle in der westdeutschen Nachkriegsgesellschaft zu spielen. Sie hat in der Folge auch im wiedervereinigten Deutschland Einfluss auf Medien, Politik, Kultur und die Wissenschaft – staatliche Universitäten in Deutschland unterhalten oft theologische Fakultäten, deren inhaltliche Ausrichtung die Kirchen bestimmen. Die Evangelische Kirche prägt mit ihrer Stimme die politische, wirtschaftliche und kulturelle Situation der Bundesrepublik. So hat sie Anteil an der Verantwortung für die Gesellschaft und das ganze Land.

Gemeinsam mit anderen Institutionen und Verbänden nimmt die protestantische Kirche mit ihren Einrichtungen und Werken an der subsidiären Verwirklichung öffentlicher Verantwortung für das Gemeinwesen teil. Dieses subsidiäre Handeln wird weithin respektiert und mitgetragen, muss jedoch auch stets neu mit Leben – und damit mit Plausibilität – gefüllt werden. Der religiöse Beitrag hat seine Wurzeln letztlich in vordemokratischer Zeit und wird deshalb von nicht mehr christlich geprägten Politikern und Bürgern aufmerksam beobachtet.

Besonders wird den Kirchen ein Engagement in der Wohlfahrtspflege zugestanden. Als Stimme der Schwachen wird Kirche respektiert. Als Trägerin von sozialdiakonischen Einrichtungen wird sie geradezu zur Verantwortung aufgefordert.

Gern dürfen die christlichen Kirchen auch einen Beitrag zur Kultur in Deutschland leisten. Dies umso mehr, wenn sie dabei als Mäzen eigene Ressourcen einsetzen und zum Reichtum der kulturellen Vielfalt Deutschlands beitragen. Man stelle sich unsere kleinen und mittleren Städte und Dörfer in Brandenburg z.B. ohne kirchenmusikalische Arbeit vor. Ganze Landstriche wären ohne kulturelle Angebote. Ebenso ist die Erinnerungsarbeit gern mit kirchlichem Engagement verbunden, denn hierbei will die Gesellschaft auf religiöse Zusammenhänge nicht völlig verzichten.

Im Bildungswesen zeigt sich ein differenziertes Bild, vor allem in Konkurrenzsituationen. Obwohl Schulen in kirchlicher Trägerschaft für den Staat deutlich sparsamer zu unterhalten sind als die in kommunaler Trägerschaft, betrachtet er die evangelischen und römisch-katholischen Schulen gelegentlich mit Misstrauen, denn er befürchtet einen Abfluss von „Humankapital“ aus den eigenen Bildungsinstitutionen.

Insgesamt aber wird das subsidiäre Handeln in Deutschland von einer Mehrheit als Gewinn für die Gesellschaft angesehen. Deshalb wird auch die muslimische Community, wenn sie als Partner im Ringen um die Gestaltung unserer Gesellschaft wahr- und ernstgenommen werden will, sich daran beteiligen müssen.

Aber die Kirchen und alle Religionsgemeinschaften sind keine „Mägde der Ethik“ („ancillae in ethicis“).[16] Sie haben viel mehr zusätzlich zu und gelegentlich auch entgegen gesellschaftlichen Erwartungen einen eigenen Gestaltungsanspruch. Gemäß dem Bibelwort „Suchet der Stadt Bestes"[17] gilt dieser für die politischen Gemeinwesen von der kommunalen über die europäische zur globalen Ebene. Als Christinnen und Christen sollen wir bezeugen, dass Gott das Heil dieser Welt wirkt, wie wir es in Jesus Christus erkannt haben. An Gottes Seite sollen wir stehen. Das ist unsere große Mission: die Gestaltung der Welt hin zu einem Frieden, in dem Schöpfung bewahrt, Gerechtigkeit erstrebt und Menschenrecht durchgesetzt wird.

Für unseren Staat, der von Verfassungs wegen religions- und weltanschauungsneutral sein soll, erbringt Religion politische, ethische, wirtschaftliche und kulturelle Transferleistungen. In unserer Gesellschaft, mit den aus ihrer Pluralität folgenden Wertkonflikten, kann sie sich als Interpretationsgemeinschaft behaupten.[18] Dafür schöpft sie aus ihrer langen Geschichte und der über religiöse Hermeneutik vermittelten weltweiten Menschheitserfahrung gelingenden Lebens. Die Bindekräfte von guten Traditionen, Bräuchen, Überlieferungen, Ideen, Prinzipien, Normen und Werten braucht die Gesellschaft und dafür bietet der neutrale Staat die Rahmenbedingungen und schöpft daraus soziales, moralisches und ethisches Kapital. *Habermas* etwa sieht im religiös begründeten Diskursbeitrag deshalb einen „ernsthaften Kandidaten für mögliche Wahrheitsgehalte",[19] der – etwa in Fragen der Bioethik – helfen kann, einen bestimmten „Sinn vom Humanität"[20] zu bewahren, wie ihn Religionen bestimmen.[21]

Dafür wird freilich auch dem religionsneutralen Staat und der pluralistischen Gesellschaft etwas – heute kaum noch Selbstverständliches – abverlangt: die grundsätzliche Offenheit für den Beitrag der Religionen und damit, implizit, die Anerkenntnis nicht-technischer Grenzen des Machbaren.[22] Diese werden zwar selbst Übersetzungsleistungen von der theologischen in die allgemeine Sprache erbringen müssen, wenn sie wollen, dass breitere Kreise ihre Interventionen rezipieren können. Gleichwohl macht der religionsimmanente Transzendenzbezug als Bezug zum Numinosen immer auch ein Reservat der Unübersetzbarkeit ins Säkulare geltend, auf den die Religion nur unter Aufgabe ihres Wesens verzichten könnte. Deshalb muss sich auch die säkulare Gesellschaft „ein Gefühl für die Artikulationskraft religiöser Sprache"[23] bewahren.

Prinzipien, Normen, Ziele, Ideale, Güter und Werte, für die insbesondere die Evangelische Kirche steht, sind im heutigen gesellschaftlichen Diskurs präsent; oft verschmolzen mit antiken und philosophischen Gedanken. Sie bereichern den Diskurs unserer Gesellschaft besonders, da sich religiöse Denker einem transzendenten Gegenüber verantwortlich sehen und damit eine gewisse Unabhängigkeit von innerweltlichen Zwängen haben sollten. Darüberhinaus braucht eine Gesellschaft feste Lebensmuster, Orte und Zeiten, wie Religionen sie vermitteln. Im Kirchenjahr feiert die Gesellschaft zumindest als staatliche Feiertage die Ereignisse des Lebens und Sterbens Jesu Christi. Die religiösen Hintergründe erst füllen diese mit einem Sinn, mit dem die Feiertage einen persönlichen oder gesellschaftlichen Mehrwert zum bloß freien Tag erhalten.

Kirchen verleihen Städten und Dörfern Struktur, bilden öffentliche Orte der Gemeinschaft. Der einzelne Mensch sehnt sich nach Begleitung von der Geburt bis zum Tod, in verschiedenen Übergangssituationen, in Krisen und bei freudigen Höhepunkten und drängt mit seinen Überzeugungen und Passage-Riten in den öffentlichen Raum. Bei den großen Feierlichkeiten sind auch in Deutschland zivilreligiöse Elemente zu erkennen. Allgemeine Unglücke und Katastrophen werden in der Regel von ökumenischen oder auch interreligiösen Gottesdiensten begleitet. Kirche und Religion werden gerade in Extremsituationen gewollt, gefördert und genutzt. In ihrer beständigen Verfasstheit weist sie auf die Lücken in der Sozialstruktur hin, mit denen unsere Kultur der „Individualisierung“ nicht selten zu Vereinsamung führt und die Menschen gerade in Belastungsmomenten sich selbst überlässt, und füllt sie stellvertretend und beispielhaft.

Kirche ist in der Bundesrepublik Deutschland nicht mehr genötigt, das Wächteramt als alleiniges Gegenüber des Staates wahrzunehmen. Mittlerweile gibt es viele Gruppen und Kreise, Netzwerke, Journalisten und nicht zuletzt die politische Opposition, die dieser Aufgabe mit Ernst und Fleiß nachgehen. Aus dem Gegenüber zum Staat wird im Regelfall ein kritisches und partnerschaftliches Miteinander. Kirche und Religion bildet nicht mehr die einzige Möglichkeit von Kritik, aber sie beteiligt sich an der Bewertung und Gestaltung der Gesellschaft. Nur, wo sich der Staat in einer auch unserem Grundgesetz widersprechenden Weise von seinen eigenen Grundlagen – insbesondere der Schutzverpflichtung für die Menschenwürde – ablöste, behielte sie sich ein außerordentliches Widerspruchs- und Widerstandsrecht vor. Im Übrigen bejaht sie den ergebnisoffenen Diskurs.

Von den Kirchen und den in Deutschland aktiven Religionsgemeinschaften wird auch erwartet, dass sie eine hermeneutische Rolle angesichts der erfahrenen Bedrohung durch radikale, religiöse Eiferer leisten. Religionsgemeinschaften sind in der Lage, den Anspruch Gottes auf das Leben der Einzelnen und der Gemeinschaft deutlich zu machen und diesen Anspruch doch in Relation zu setzen zu Gottes Liebeshandeln, seiner Barmherzigkeit, seinem Heilswillen – also gegenüber „theokratischer" Fehldeutung zu relativieren.

Entscheidend nämlich bleibt die Frage nach dem Umgang mit der Wahrheit. Ist Religion in der Lage, ihre eigene Wahrheit auf den Prüfstand zu stellen? Die moderne Gesellschaft fordert von der Religion, die sich als kritisches Gegenüber und konstruktiver Partner des Staates versteht, auch sich selbst kritisch zu hinterfragen. Nur eine reflektierte Form von Religion wird dauerhaft im gesellschaftlichen Diskurs wahr- und ernstgenommen. Die protestantische Tradition kann hierzu einen wichtigen Beitrag leisten, weil sie in ihrem theologischen Kern diskursiv ist. *Martin Luther* ging davon aus, dass die Wahrheit über Gott und die Welt allein durch den Diskurs innerhalb der Kirche oder der Gemeinde zu erreichen ist. Nachdem die Glaubenden dazu befähigt werden, sich an einem solchen zu beteiligen, führen sie ihn bezüglich der äußeren Klarheit der Heiligen Schrift, die jedem Menschen durch die Vernunft einsichtig und verstehbar ist, bis der Heilige Geist als interne Klarheit dazu kommt. So entsteht bei der gemeinschaftlichen Schriftauslegung Wahrheit.[24] Eine so gefundene Wahrheit hat einen inneren Geltungsanspruch, der ohne äußeren Absolutheitsanspruch[25] existieren kann.

Diese in ihrer Grundstruktur demokratisch-diskursive Form der Wahrheitsfindung und die Relativierung der eigenen Wahrheit gegenüber anderen Wahrheitsansprüchen ist eine der Wurzeln der heutigen modernen Gesellschaft. Religion wird von vielen als gefährlich eingestuft und ist es tatsächlich, da sie besondere Kräfte im Menschen, in Gruppen und Gesellschaften freisetzen kann. Umso wichtiger wird der Umgang mit der Wahrheit, die als stets zu suchende, niemals Besitz ist, sondern Aufgabe bleibt. So wird Religion glaubwürdig und kann auch an der Zukunftsgestaltung der Welt teilhaben. Somit kommt die evangelische Kirche ihrer wichtigsten Aufgabe nach: An Gottes Mission teilzuhaben und Menschen dafür zu gewinnen, sich an seiner Seite für das Heil der Welt, für die Bewahrung der Schöpfung und einen gerechten Frieden, Überwindung von Armut und Wahrung der Menschenwürde einzusetzen.

2.4 Zwischenergebnis

Zusammenfassend lässt sich feststellen: Die Aufgaben von Religion für eine moderne Gesellschaft sind nicht mehr identisch mit denen früherer Zeiten. Aber noch immer leistet Religion einen wichtigen und letztlich unverzichtbaren Beitrag für ein erfülltes Leben und das Gelingen von Gesellschaften: Sie steuern den Verlusten und Gefährdungen ethischer Grundkonsense entgegen, die die Kehrseite zu den emanzipatorischen Gewinnen der Säkularisierungsprozesse bilden.[26] Die religiösen und kulturellen Kontexte sind relativ beständig und stärken ein Gemeinwesen. Das kommt der Religion entgegen. Aber sie muss ihren Beitrag zur Gestaltung der Welt selbstkritisch prüfen und lernbereit in den öffentlichen Diskurs einbringen, damit sie von den anderen, auch von den religionskritischen gesellschaftlichen Kräften einbezogen wird. Das deutsche Modell einer für beide Seiten freien Partnerschaft zwischen religiöser und politischer Autorität erscheint ausgesprochen zukunftsfähig.

3. Ausblick: Religion in einer offenen demokratischen Gesellschaft

In dem vorgelegten Aufsatzband werden nun aus verschiedenen Blickwinkeln Gedanken über die angemessene Religion für unser Gemeinwesen vorgestellt. Dass ein überwiegender Teil der Beiträge sich auf die Rolle der christlichen Kirchen – aus der kirchlichen Binnensicht wie aus der politischen Draufsicht – bezieht, kann nicht verwundern. Noch immer ist das Christentum die Religion der gesellschaftlichen Mehrheit. Doch auch das Judentum hat unsere Gesellschaft, hat Recht und Politik jahrhundertelang geprägt und tut es heute noch – und wieder in einem stärkeren Maß. Gleichzeitig gewinnt der Islam eine, zum Guten wie zum Schlechten, deutlich sichtbarere gesellschaftliche Stellung in Europa. Dass er auch zu Deutschland gehört, ist empirisch kaum abzustreiten – interessanter ist die Frage, wie er integriert wird und sich zu integrieren sucht. Gradmesser für die Selbstverständlichkeit, mit der einzelne Religionen, aber auch Religion als solche, in die Gesellschaft eingebettet ist, ist nicht zuletzt das Recht. Sind Berücksichtigungsklauseln für religiöse Belange in allgemeinen Gesetzen Ausdruck religiöser Toleranz und Pluralitätsfähigkeit oder Aufreger für eine Gesellschaft, die sich dem Religiösen entfremdet? Sehen wir Kreuz und Habit im öffentlichen Raum mit den gleichen Augen wie Kippa oder Kopftuch? Erwarten wir von Eltern, dass sie ihre Kinder in Wahrnehmung ihrer elterlichen Pflichten in allen Bereichen vorbilden und prägen – oder sehen wir die Beschneidung und sogar die Taufe als unzumutbare Einschränkung religiöser Selbstbestimmung Unmündiger an?

Die zahlreichen, namhaften Autoren bieten die Gewähr der Vielfalt und wechselnder Blickwinkel, wenn sie diese und weitere Themen aus politischer, historischer, juristischer und theologischer Sicht ausleuchten. In dieser Anlage ist der Band Teil des pluralistischen Diskurses über die unserer Zeit angemessene Verortung des Religiösen im Öffentlichen und zugleich ein Beitrag, der diesen Diskurs voranbringen will: die post-säkulare Gesellschaft kann Religion nur im Plural sehen und hat noch großen Nachholbedarf, die Wirkmächtigkeit von Religionen produktiv zu verarbeiten; das bedarf auch des konstruktiven Beitrags der Religionen selbst.

Meine Überlegungen, welche Form von Religion für unser modernes demokratisches Gemeinwesen hilfreich ist, werde ich exemplarisch nur auf meine eigene Konfession anwenden, konkret auf die Evangelische Kirche Berlin-Brandenburg-schlesische Oberlausitz mit ihren Gliederungen, Diensten und Werken. Rückschlüsse auf andere Religionsgemeinschaften sind nicht eins zu eins möglich, aber Analogien doch denkbar.

1. Die evangelische Kirche bleibt als „Kirche für das Volk“ allen Menschen zugewandt. Sie bezeugt dem Einzelnen und der Gesellschaft den Heilswillen Gottes, steht an der Seite Gottes und der Menschen und setzt sich ein für Frieden, in dem Schöpfung bewahrt, Gerechtigkeit erstrebt und Recht durchgesetzt wird. Damit steht sie zu der ihr von Gott aufgetragenen Mission,[27] stabilisiert die demokratische Gesellschaft und misst sie am Heilswillen Gottes.

2. Alle Menschen und Gruppen guten Willens sind Bündnispartner, mit denen Evangelische Kirche gemeinsam die Herausforderungen der pluralistischen Gesellschaft annimmt. Das gemeinsame Ziel verbindet trotz der Vielfalt der religiösen und weltanschaulichen Erscheinungsformen. Evangelische Kirche stellt ihr Zeugnis respektvoll zur Diskussion und streitet friedvoll um Gestaltung der Zukunft.[28]

3. Die evangelische Kirche vermittelt immer wieder den Zusammenhang zwischen privater Religion und Sinnsuche und dem öffentlichen Diskurs um die Zukunftsplanung der Gesellschaft. Sie bietet spirituelle Wege und geistliche Begleitung im Lebenslauf der Einzelnen und verweist auf Gottes Willen für eine gerechte und friedvolle Welt. Sie lässt sich nicht in den privaten oder abgeschotteten Bereich drängen und beschränkt sich selbst nicht darauf. Sie gestaltet in ihrer Vielfalt ihre eigene Verfasstheit und trägt zur Vielfalt der Gesellschaft bei, die sie an ihre Verantwortung vor Gott erinnert.

4. Evangelische Kirche stellt ihre eigene Verfasstheit transparent dar und akzeptiert eine gesellschaftliche Debatte darüber unbeschadet ihres Rechtes auf eigene Gestaltungsfreiheit. Im Vergleich zu anderen eher vorneuzeitlich organisierten Religionsgemeinschaften hat die Evangelische Kirche mit ihrer synodalen Verfassung viele moderne demokratische Elemente. Allerdings gibt es kritische Punkte: Oft verwischen Aufsicht und operatives Handeln, eine Opposition fehlt ebenso wie ein investigativer Journalismus. Am gravierendsten erscheint mir die teilweise völlig unzureichende

Wahlbeteiligung,[29] die zu einer extremen Milieuverengung führt. Evangelische Kirche sollte in ihren Strukturen auch ihre Mitglieder abbilden.[30]

5. Die evangelische Kirche ringt intern diskursiv und partizipatorisch um Wahrheit und tritt ebenso diskursiv in den öffentlichen Meinungsstreit um den richtigen gesellschaftlichen Weg ein. Dabei ist sie lernbereit, nicht belehrend, und dennoch fest im Zeugnis für das Evangelium des liebenden Gottes. So nimmt sie auch in einer modernen Gesellschaft eine, wenn auch besondere Form des prophetischen Wächteramtes wahr.[31]

6. Die evangelische Kirche übernimmt darüber hinaus Dienste für die Gesellschaft. Als Trägerin von sozial-diakonischen Einrichtungen hat sie Teil an der subsidiären Erfüllung öffentlicher Aufgaben, als historische Institution und als Mäzen engagiert sie sich für Kunst und Kultur, als Sozialanwältin vertritt sie Arme und Schwache und setzt sich für deren Rechte ein. Dabei handelt sie exemplarisch und vorbildhaft, ohne sich anzumaßen, gesellschaftliche Herausforderung im Alleingang lösen zu können.[32]

7. Eine Hauptaufgabe der evangelischen Kirche ist die Bildung. Mit einer Betonung von Partizipationskompetenz und Interpretationskompetenz vermittelt sie der jeweils nächsten Generation ein Bewusstsein für menschliche Weltverantwortung, aber auch ihre eigene religiöse Kultur und regionale Tradition. Evangelische Schulen sind sinnvoll, weil und soweit sie eine Konkurrenzsituation schaffen und zu mehr Vielfalt im und höherer Qualität des Schulwesens beitragen. Sie dürfen aber keine Gegenwelten zur staatlichen Schule bilden, denn alle öffentlichen Schulen sind im Sinne der Reformation „unsere“ Schulen. Deshalb muss die evangelische Kirche so weit wie möglich im gesamten Schulwesen präsent sein: notfalls zumindest beispielhaft mit temporären Angeboten.[33]

8. Auch in anderen Kontexten versteht sich die evangelische Kirche als Teil der Gesellschaft und bildet keine abgeschiedenen Gegen-

welten. Dort, wo sie sich gemäß ihrem Selbstverständnis selbstständig organisiert, also auch bei kirchlichen Sonderwegen wie im Tarifrecht, gilt der Grundsatz, dass sie Menschen nicht schlechter stellen darf, als der gesellschaftliche Konsens es gebietet. Kann die Kirche nicht exemplarisch besser sein, sollte sie die gesellschaftlich akzeptierten Regelungen übernehmen.[34]

9. Die evangelische Kirche bleibt auch darin reformatorische Kirche, dass sie ihre Wahrheitssuche nicht für abgeschlossen hält, sondern bereit ist, ihre jeweilige Situation selbstkritisch und im offenen Diskurs mit ihren Mitgliedern am Evangelium zu messen und in einen ständigen Reformprozess einzuspeisen. Wo sie die Gesellschaft mit Forderungen konfrontiert, misst sie sich immer auch selbst in transparenter Weise an diesen.

10. Die evangelische Kirche hat durch ihre Geschichte und die Verbindung zur weltweiten Christenheit religiöse und interkulturelle Kompetenz. Sie vermittelt diese an Einzelne und Gruppen und stärkt dadurch deren partizipatorische und interpretatorische Fähigkeiten. Sie ermöglicht ihnen ohne Angst mit fremden Kontexten umzugehen und sich extremen Erscheinungsformen wie Fundamentalismus, Radikalismus und demokratiefeindlichen Formen von Religion und Weltanschauung selbstbewusst entgegenzustellen. So gewinnt sie verlässliche Mitarbeiter an einem lokalen und globalen Frieden, in dem Schöpfung bewahrt, Gerechtigkeit erstrebt und Recht durchgesetzt wird.[35]

Anmerkungen

1 Da es viele Definitionen von Religion, aber keine gänzlich anerkannte oder grundlegende gibt (s. RGG ; Sp. 265, 48 davon hat von *J.H. Leubarth* 1912 zusammengetragen), soll Religion hier in einem relativ offenen Sinne verwendet werden. Allerdings muss meines Erachtens Religion immer mit einem Verhältnis zum Transzendenten verbunden sein. Eine Bestimmung nur als subjektive Tiefendimension des Lebens, die bei sich selbst bleibt, wird einer Religion nicht gerecht. Selbst die sogenannte „Religion ohne Gott" (*Dworkin, Ronald*, Religion ohne Gott, Berlin 2014) hält an der transzendenten Dimension fest.

2 Leichname und Mumien wurden versehen mit Grab-Beigaben, Karten der Unterwelt, Namen, Hinweisen auf Türen und Dämonen und Gefahren, sowie mit Hilfsmitteln für die Seelen im Totenreich, um diese Gefahren zu überwinden. Sie wurden von Horus, meistens jedenfalls, zu dem obersten Totenrichter Osiris geführt. Osiris legte das Herz auf die Waagschale und wog es gegen die Feder auf. Anubis prüfte das Lot der Waage. Toth notierte das Ergebnis und teilte es Osiris mit. Wenn das Herz schwerer war als die Feder der Maat, wenn der Mensch mehr Verfehlung begangen hatte als gute Taten, so kam die Totenfresserin und fraß ihn auf. Damit starb der Mensch den zweiten Tod. Alle Erinnerungen wurden zerstört. Wenn es jedoch leichter war als die Feder der Maat beziehungsweise genauso leicht, durfte er weiterleben. Er wurde selbst zu einem Osiris, zu einem Gerechtfertigten.

3 *Albertz, Rainer,* Religionsgeschichte Israels in alttestamentlicher Zeit 1, Göttingen 1992, 127 ff, 292 u.ö.

4 Albertz, 293.

5 Römer 13.

6 Apostelgeschichte 5,29.

7 Zur gesamtes Diskussion siehe *Schieder, Rolf,* Die Gewalt des einen Gottes, Berlin 2014.

8 Pomian, Krzysztof, Europa und seine Nationen, Berlin 1990, 33.

9 WA 11, 245–281.

10 WA 15, 27–53.

11 Vermittelt über die Radbruch'sche Formel.

12 *Roy, Olive*r, Heilige Einfalt, London 2011, 207 ff.

13 *Schieder, Rolf,* Wieviel Religion verträgt Deutschland?, Frankfurt a.M. 2001, 95 ff.

14 Bundesministeriums des Innern (http://www.bmi.bund.de/DE/Themen/Gesellschaft-Verfassung/Staat-Religion/staat-religion_node.html, zuletzt abgerufen am 28.1.2015).

15 Barmen 5.

16 *Robbers, Gerhard,* Rechtsbeziehungen zwischen Staat und Religionsgemeinschaften in Europa, in: *Burton, Win / Weninger, Michael H.* (edd.), Rechtliche Aspekte der Beziehungen zwischen der künftigen Europäischen Union und den Glaubens- und Überzeugungsgemeinschaften. Die Rolle dieser Gemeinschaften und die Zusammenarbeit für eine gemeinsame europäische Zukunft. Tagungsbericht über das Symposion vom 12./13.11.2001, GOPA Working Paper 2002, [17–20], 18.

17 Jeremia 29,7.

18 *Habermas, Jürgen,* Die öffentliche Stimme der Religion. Säkularer Staat und Glaubenspluralismus, in: Blätter für deutsche und internationale Politik 12/2007, [1441–1446], 1443 f.

19 *Ders.*, Zwischen Naturalismus und Religion. Philosophische Aufsätze, Frankfurt a.M., 2005, 137.

20 *Ders.*, Nachmetaphysisches Denken. PhilosophischeAufsätze, Frankfurt a.M. 1988, 23.

21 *Knapp, Markus*, Glauben und Wissen bei *Jürgen Habermas*. Religion in einer „postsäkularen Gesellschaft“, in: Stimmen der Zeit 4/2008, [270–280], 274.

22 Vgl. *Knapp*, Glauben und Wissen, 278.
23 *Habermas, Jürgen*, Glauben und Wissen. Friedenspreisrede 2001, in: ders., Zeitdiagnosen. Zwölf Essays, Frankfurt 2003, 249–262.
24 WA 18, 609.
25 *Lindner, Herbert / Herpich, Roland*, Kirche am Ort und in der Region, Stuttgart 2010, S. 17 ff.
26 *Knapp*, Glauben und Wissen, 274.
27 These 1 der Orientierungspunkte (Ev. Kirche Berlin-Brandenburg-schlesische Oberlausitz, Begabt leben – mutig verändern, 10 Thesen, EKBO 2014).
28 These 3 der Orientierungspunkte.
29 Schon die offiziellen Zahlen, die von einer durchschnittlichen Wahlbeteiligung von 11,5 % in Berlin ausgehen, lassen Zweifel an der demokratischen Legitimation der Leitungsgremien aufkommen. Tatsächlich dürfte die Zahl durch die hohe Anzahl der kleinen Gemeinden, besonders in den Randgebieten zustandegekommen sein. Die Wahlbeteiligung in den großen Innenstadtgemeinden lag deutlich unter 10 %, (GKR-EKBO).
30 These 8 der Orientierungspunkte.
31 These 10 der Orientierungspunkte.
32 These 6, 7 der Orientierungspunkte.
33 These 5 der Orientierungspunkte.
34 These 1, 2, 3 der Orientierungspunkte.
35 These 1, 2, 3, 7, 10 der Orientierungspunkte.

Literatur

Albertz, Rainer (1992): *Religionsgeschichte Israels in alttestamentlicher Zeit 1*, Vandenhoeck&Ruprecht, Göttingen.

Diakonie Berlin-Brandenburg-schlesische Oberlausitz (2014), Arbeitshilfe für den Diakoniesonntag 2014, Diakonisches Werk (DWBO) e.V.

div. Autoren, *Ökum. Rundschau/Religion im öffentlichen Raum*, Ev. Verlagsanstalt GmbH, Leipzig 03/2013.

div. Autoren, *Zerrbilder von Islam und Demokratie*, Senatsverw. für Inneres u. Sport, Berlin 2011.

Dworkin, Ronald, *Religion ohne Gott*, Suhrkamp, Berlin 2014.

Hill, Ernst / Nüssel, Nathaniel (Hg.), *Ekklesiologie in missionarischer Perspektive*, Ev. Verlagsanstalt GmbH, Leipzig 2012.

Ev. Kirche Berlin-Brandenburg-schlesische Oberlausitz, *GKR*, EKBO, 2010.

Ev. Kirche Berlin-Brandenburg-schlesische Oberlausitz, *Begabt leben mutig verändern 10 Thesen*, EKBO, 2014.

Feldtkeller, Andreas / Sundmeier, Theo (Hg.), *Mission in pluralistischer Gesellschaft, Lembeck*, Frankfurt a.M. 1999.

Heinig, Hans Michael / Munsonius, Hendrik, *100 Begriffe aus dem Staatskirchenrecht*, Mohr Siebeck, Tübingen 2012.

Höffe, Otfried, *Politische Ethik im Zeitalter der Globalisierung*, C.H. Beck oHG, München 2004.
Köpke, Prof. Dr. Wulf / Schmelz, Dr. Bernd, *Das gemeinsame Haus Europa*, Deutscher Taschenbuch Verlag GmbH & Co. KG, München 1999.
Landessynode der EKBO, *Verhandlungen der Landessynode*, Landessynode der EKBO, April 2013.
Lindner, Herbert / Herpich, Roland, *Kirche am Ort und in der Region*, Kohlhammer Verlag, Stuttgart 2010.
Link, Christoph, *Kirchliche Rechtsgeschichte*, C.H. Beck oHG, München 2010.
Luther, Martin, *D. Martin Luthers Werke* (Weimarer Ausgabe).
Maier, Hans, *Revolution und Kirche*, C.H. Beck oHG, München 2006.
Pieper, Prof. Dr. Stefan, *Verfassungsrecht der Bundesrepublik Deutschland*, Kommunal- u. Schul-Verlag, Wiesbaden 2008.
Pomian, Krzystof, *Europa und seine Nationen*, Wagenbach, Berlin 1990.
Reformbüro EKBO, *Welche Kirche brauchen wir morgen?*, Wichern Verlag GmbH, Berlin 2014.
Roy, Oliver, *Heilige Einfalt*, Random House Juli 2011.
Schieder, Prof. Rolf, *Die Gewalt des einen Gottes*, Berlin University Press, Nov. 2014.
Schieder, Prof. Rolf, *Wieviel Religion verträgt Deutschland?*, Suhrkamp, Frankfurt a.M. 2001.
Sloterdijk, Peter, *Du mußt dein Leben ändern*, Suhrkamp, Frankfurt a.M. 2009.
Tück, Prof. Dr. Jan-Heiner, *Was fehlt, wenn Gott fehlt?*, Ev. Akademie zu Berlin.
Walzer, Michael, *Lokale Kritik – globale Standards*, Rotbuch Verlag, Hamburg 1996.

Wie viel Religion verträgt der Staat?

Markus Dröge

„… um Gottes Willen unsere Stimme erheben“

Die bleibende Bedeutung der kirchlichen Erfahrungen mit der DDR-Bürgerrechtsbewegung für das politische Selbstverständnis der evangelischen Kirche

> „So sehr ich mich freue über den gewonnenen Freiraum für Gruppen, die nun nicht mehr Zuflucht suchen müssen unter dem Dach der Kirche, so sehr wünsche ich mir, dass Friedensarbeit, ökologisches Bewusstsein und Einsatz für weltweite Gerechtigkeit nun nicht aus der Kirche ausziehen. Denn das sind und bleiben aktuelle kirchliche Themen, und wir würden als Kirche zur Religionsverwalterin werden, statt gegründet auf Jesus Christus bei den Menschen zu sein und um Gottes Willen unsere Stimme zu erheben gegen jede Form von Unrecht und für die Würde des Menschen.“

Diese Sätze hat mein Freund, der Theologe Christoph Weber, zu Silvester 1989 als Gastprediger in Koblenz von der Kanzel gesprochen. Aufgewachsen in einer christlich engagierten Familie im Erzgebirge, studierte er dann Theologie in Leipzig, erlebte die Friedliche Revolution hautnah und ist heute Pfarrer der sächsischen Kirche. Seine Sätze zum Jahreswechsel 1989–1990 haben sich mir tief eingeprägt, weil sie in euphorischer Zeit ernsthafte Nachdenklichkeit bezeugt und eine Frage gestellt haben, die mich seither begleitet: Was muss die evangelische Kirche von den Erfahrungen der Kirche in der DDR bleibend zur Geltung bringen? Hat die Öffnung der Kirchentüren für die Bürgerrechtsbewegung in der DDR bis heute Auswirkungen auf das Selbstverständnis der evangelischen Kirche? Prägen diese Erfahrungen das Verhältnis der Kirche zum Staat? Bewahrt die evangelische Kirche etwas vom kritischen Potenzial der von den Menschenrechten geprägten Bewegung? Oder ist es heute nicht mehr möglich und sinnvoll, an diese Traditionen anzuknüpfen, weil das Gegenüber eines totalitären Staatssystems weggefallen ist und sich die Situation dadurch grundlegend geändert hat?

Im folgenden Beitrag soll zunächst an einige historische Entwicklungen erinnert werden, die zu der Bürgerrechtsbewegung in der DDR geführt haben, sodann werden zwei Dokumente ins Gedächtnis gerufen, die im Jahr 1990 zwei mögliche Entwicklungen der evangelischen Kirche beschrieben haben: die „Loccumer Erklärung" und die „Berliner Erklärung von Christen aus beiden deutschen Staaten". Schließlich werden einige Beobachtungen zum aktuellen Verhältnis Staat und Religionen weitergegeben und die Bedeutung der Bürgerrechtstradition für das Selbstverständnis der evangelischen Kirche heute skizziert, um abschließend den politischen Auftrag der Kirche zu bestimmen.

Erinnerung an historische Entwicklungen

Martin Luther King in der St. Marienkirche in Berlin

Am 13. September 1964 hat Martin Luther King in der St. Marienkirche am Alexanderplatz gesprochen. Er war von Willy Brandt nach West-Berlin eingeladen worden und konnte einen kurzen Besuch im Ostteil der Stadt durchführen. Die Versammlung in der St. Marienkirche wurde vom DDR-Staat kaum wahrgenommen. Man hatte die Bedeutung nicht erkannt.

In Kings auf Englisch gehaltener und simultan übersetzter kurzer Rede finden sich folgende Sätze:

> „Wie ihr wisst, findet gegenwärtig eine große soziale Revolution in den Vereinigten Staaten von Amerika statt. Es ist ein Kampf mit dem Ziel, etwa zwanzig Millionen Schwarze aus der langen Nacht der Rassentrennung und Diskriminierung zu befreien. Wir haben uns bemüht, unsren Kampf um Freiheit … auf der Grundlage christlicher Freundschaft zu führen. Deshalb sind Gewaltfreiheit und Liebe die grundlegenden Elemente unseres Kampfes. … Es ist … wirklich eine Ehre, in dieser Stadt zu sein, die ein Symbol ist für die Trennungen von Menschen auf dieser Erde. Denn auf beiden Seiten der Mauer leben Gottes Kinder, und keine von Menschen errichtete Barriere kann diese Tatsache zunichte machen. …"

Acht Jahre später, im Jahr 1972 kam dann, ebenfalls in die Marienkirche, Ralph Abernathy, ein Freund und Weggefährte Martin Luther Kings. Er sprach vor der versammelten FDJ Jugend. Der Staat hatte verstanden, dass er die amerikanische Bürgerrechtsbewegung propagandistisch für die eigene Selbstinterpretation und Selbstinszenierung benutzen konnte.

Die Auswirkung der Rede Martin Luther Kings auf die geistige und geistliche Entwicklung der evangelischen Kirche zu DDR-Zeiten darf nicht unterschätzt werden. Seine Worte waren prophetisch. Sie haben zu einer Zeit Hoffnung in die Herzen der Menschen gepflanzt, in der es wenig zu hoffen gab. Aber eines Tages wurde seine Vision, dass eine „von Menschen errichtete Barriere" nicht das letzte Wort behalten darf, dann doch Realität. Zum 50. Jahrestag des Besuches Martin Luther Kings wurde am 13. und 14. September 2014 in der St. Marienkirche in einer Jubiläumsveranstaltung und einem Gottesdienst der Rede des Bürgerrechtlers in Anwesenheit des Bundespräsidenten gedacht.

Die Bedeutung der KSZE-Schlussakte

Einen starken Motivationsschub, sich für die Menschenrechte einzusetzen, brachte die „Schlussakte der Konferenz für Sicherheit und Zusammenarbeit in Europa" in Helsinki im Jahr 1975. Diese Konferenz wurde zu einem wesentlichen Meilenstein der Entwicklung der Bürgerrechtsbewegung in der DDR. Zunächst war allerdings der Eindruck entstanden, dass Helsinki vor allem Vorteile für den Staat der DDR gebracht hatte. Die Grenzen der Nachkriegsordnung wurden anerkannt, die Nichteinmischung in die jeweiligen innerstaatlichen Angelegenheiten vereinbart. Damit wurde die DDR, die schon seit dem Grundlagenvertrag mit der BRD von 1972 und seit dem Beitritt beider deutscher Staaten zur UNO 1973 völkerrechtlich anerkannt war, als Staat weiter aufgewertet.

Nach Helsinki erschienen die Ostblockstaaten durch diese Aufwertung zunächst als die Gewinner. Die Substanz der Schlussakte (besonders der „Korb 3" mit seinen Grundsätzen der Zusammenarbeit in humanitären Fragen) war von den Ostblockstaaten nicht wirklich ernst genommen worden, bildete aber im weiteren Verlauf die Grundlage für die Menschenrechtsarbeit in den Staaten des damaligen Ostblocks. Theologisch hat zum Beispiel Bischof Hans-Joachim Fränkel aus Görlitz in der Tradition der Barmer Theologie an einer Theologie der Menschenrechte gearbeitet. Vor allem aber haben die Basisgruppen an den Vereinbarungen von Helsinki ansetzen können.

Besonders wichtig für die kirchlichen Basisbewegungen war die Vollversammlung des ÖRK 1983 in Vancouver. Das Friedensengagement der Kirchen wurde verbunden mit der Gerechtigkeitsfrage und der Frage der Bewahrung der Schöpfung. Die Trias des Konziliaren Prozesses („Gerechtigkeit, Frieden und Bewahrung der Schöpfung") entstand. Seither konnten sich die Basisgruppen in der DDR auch auf den ÖRK berufen.

Friedensgruppen unter dem Namen „Konkret für den Frieden" wurden aktiv, die vom Staatsratsvorsitzenden Erick Honecker als „kontrarevolutionäre Aktionen" bewertet wurden. 1988 und 1989 fanden Ökumenische Versammlungen in Dresden und Magdeburg statt (Februar 1988 Dresden, Oktober 1988 Magdeburg, April 1989 Dresden), die beachtliche ökumenische Erklärungen verabschiedet haben. Im Frühjahr 1989 fand der Deutsche Evangelische Kirchentag in West-Berlin statt, mit Möglichkeiten, auch in Ost-Berlin Veranstaltungen zu besuchen.

Wie wurden 1990 die Weichen in der Kirche gestellt?

Nach der Friedlichen Revolution und dem Fall der Mauer 1989 erfolgte die Vereinigung des östlichen und des westlichen Teils der Evangelischen Kirche in Berlin-Brandenburg in einem sehr zügig gestalteten Prozess, der wenig Zeit zu grundsätzlichen Überlegungen bot. Begründet war dies zum einen dadurch, dass die besondere Gemeinschaft zwischen Ost- und West-Kirchen nie aufgegeben worden war. Martin Kruse erinnert in seiner im Jahr 2009 erschienenen Biographie „Es kam immer anders" daran, dass schon in der „Notverordnung über einstweilige regionale Synoden" aus dem Jahr 1959 festgelegt worden war, was zu tun wäre, wenn der „Wegfall der Behinderung" eintreten würde. Zum anderen erforderte das schnelle politische Zusammenwachsen auch eine schnelle kirchliche Gestaltung. Das rasche politische Zusammenwachsen seinerseits war notwendig, um den nicht abreißenden Wegzug von Bürgerinnen und Bürgern aus dem Osten in den Westen zu stoppen. Dabei gehen freilich die Meinungen auseinander, ob die Einheit nicht auch anders hätte gestaltet werden können, nicht zuletzt um die Erfahrungen der Bürgerrechtsbewegung im vereinten Deutschland stärker zur Geltung bringen zu können.

Diese gegensätzliche Beurteilung ist schon angelegt in zwei unterschiedlichen kirchlichen Erklärungen aus dem Jahr 1990: Die „Loccumer Erklärung", entstanden Mitte Januar 1990 auf einer vertraulichen Konsultation zwischen dem *Bund der Evangelischen Kirchen in der DDR* und der *EKD*. In ihr wurde ein Zusammenwachsen der deutschen Staaten begrüßt, ebenso ein Zusammenwachsen der Kirchen aufbauend auf der oben erwähnten besonderen Gemeinschaft. Im Februar 1990 wurde ein kritisches Gegenvotum vorgelegt, die „Berliner Erklärung von Christen aus beiden deutschen Staaten" von Konrad Raiser, Ulrich Duchow, Heino Falcke, Joachim Gerstecki. Hier wurde aus der Sicht der Gruppen des Konziliaren Prozesses Befremden ausgedrückt über die als „Vorentscheidung mit beabsichtigter politischer Wirkung" gewertete „Loccumer Erklärung". Durchgesetzt hat sich die Linie der „Loccumer Erklärung".

Durch die rasche geschichtliche Entwicklung nach dem Fall der Mauer, die ein schnelles Zusammenwachsen der evangelischen Kirche bewirkte, konnte es in der Evangelischen Kirche in Berlin-Brandenburg nicht zu einer Reflexionsphase kommen, in der die Bedeutung der Tradition der Bürgerrechtsbewegung und der Erfahrungen der evangelischen Kirche in der DDR für das Kirche-Sein im wiedervereinigten Deutschland hätten gründlicher bedacht werden können. So wenig im Prozess der staatlichen Wiedervereinigung eine Grundsatzdebatte über das Grundgesetz geführt wurde, so wenig wurde in der Kirche grundsätzlich die Frage des Kirche-Seins neu gestellt, diskutiert und geklärt.

Dies bedeutet jedoch nicht, dass die Erfahrungen und Erkenntnisse aus der Zeit, in der die evangelische Kirche durch die Mauer getrennt war, ohne Wirkung geblieben sind. Bis in die Gegenwart ist bei vielen Gemeindemitgliedern und bei hauptamtlich Mitarbeitenden das Bewusstsein lebendig geblieben, dass die evangelische Kirche sich politisch für Gerechtigkeit, für Frieden und für die Bewahrung der Schöpfung einzusetzen hat. In der Evangelischen Kirche Berlin-Brandenburg-schlesische Oberlausitz (EKBO) hat diese Trias sogar Eingang in die Grundordnung aus dem Jahr 2003 gefunden: „Sie (die EKBO) tritt für Gerechtigkeit, Frieden und Bewahrung der Schöpfung ein" (Grundordnung I,11). Wie aber kann die Tradition der Verbindung von Bürgerrechtsbewegung und evangelischer Kirche weiterhin zur Geltung gebracht werden? Welchen Ansporn soll diese Tradition für die Gestaltung des Verhältnisses der Kirche zum Staat heute geben?

Die gewandelte Situation: Pluralisierung der Religion

Die Frage nach der bleibenden Bedeutung der bürgerrechtlichen Tradition für die evangelische Kirche kann nicht angemessen beantwortet werden, ohne zunächst zu bedenken, dass sich die Grundbedingungen des Verhältnisses von Staat und Kirche heute im Vergleich zur Situation der Kirche in der DDR grundlegend verändert haben:

Das „Thema Religion" hat sich auf der öffentlichen Bühne in erstaunlich intensiver Weise mit Grundsatzdiskussionen zurückgemeldet. Das Verhältnis von Religion und Staat, von Religion und Politik, von der Rolle der Religion in der Gesellschaft wird engagiert öffentlich diskutiert. Religion tritt nicht mehr in der durch die Kirchen geprägten christlichen Einzahl auf, sondern in der Vielfalt unterschiedlicher Religionen. Das gelebte Judentum findet eine neue Heimat in Deutschland; Mitbürgerinnen und Mitbürger islamischen Glaubens prägen zunehmend sichtbar das öffentliche Leben. Das Thema heißt heute nicht mehr „Kirche und Staat". Die Themen pluralisieren sich: „die Religionen und ihr jeweiliges Verhältnis zum Staat" oder „die Rolle der Religionen in der Gesellschaft".

Sehr konkrete Fragen gilt es zu behandeln: Wer ist für die unterschiedlichen Religions- und Weltanschauungsgemeinschaften der jeweilige Ansprech- und Vertragspartner des Staates? Wie können die unterschiedlichen Gemeinschaften das Recht auf Werteerziehung wahrnehmen? Wie kann der im Grundgesetz garantierte Religionsunterricht an öffentlichen Schulen gestaltet werden, wenn unterschiedliche konfessionelle und religiöse Angebote vorgehalten werden müssen? Wie können die entsprechenden Lehrkräfte universitär ausgebildet werden? Wie kann das interreligiöse Gespräch gelingen?

Die Pluralisierung des gesellschaftlichen Lebens bringt es mit sich, dass sich eine Kirche, die ihre theologische Botschaft mit dem Einsatz für die Menschenrechte verbindet, einer Vielfalt von Gesprächspartnern gegenübersieht. Die evangelische Kirche hat in der deutschen Gesellschaft zwar weiterhin die Achtung der Würde des Menschen und seiner Rechte gegenüber dem Staat einzufordern. Sie hat aber auch eine aktive Rolle im gesellschaftlichen Diskurs zu spielen, um den Anspruch der Menschenrechte gegenüber bestimmten Parteien, Gruppierungen, Bewegungen geltend zu machen, die gruppenbezogene Menschenfeindlichkeit oder Ausgrenzung von Fremden propagieren. In weiten Bereichen ist sie damit ein Partner des Staates geworden, mit dem sie gemeinsam gegen Meinungen, Gruppierungen und Aktivitäten, die die Menschenwürde bedrohen, zu kämpfen hat.

Die bleibende Bedeutung der bürgerrechtlichen Tradition für die evangelische Kirche

> „Wir haben uns bemüht, unsren Kampf um Freiheit … auf der Grundlage christlicher Freundschaft zu führen." (Martin Luther King, 13. September 1964, St. Marien, Berlin)

Die Worte Martin Luther Kings verbinden den Kampf um Bürgerrechte mit der Ethik des christlichen Glaubens. Aus der Überzeugung heraus, dass Christen in besonderer Weise der Kampf um Menschenrechte aufgetragen ist, haben evangelische Christen in der Zeit der DDR ihre Kirchen für Bürgerrechtsgruppen geöffnet. Auch wenn diese heute *„nicht mehr Zuflucht suchen müssen unter dem Dach der Kirche"*, wie mein Freund Christoph Weber es in seiner Predigt am Altjahresabend 1989 ausgedrückt hat, so bleibt es dennoch der Auftrag der Kirche, sich für Menschenrechte und die Menschenwürde aller einzusetzen. Wie kann dieser Auftrag unter gewandelten Bedingungen aussehen?

Den Öffentlichkeitsanspruch des christlichen Glaubens verteidigen

Die evangelische Kirche in der DDR hat mühsam und mutig den Anspruch erkämpft, öffentlich wirken zu dürfen. Kirchliche Umweltbibliotheken haben Missstände der Umweltpolitik dokumentiert; die Probleme von Ausreisewilligen wurden öffentlich gemacht; Menschenrechtsverletzungen durch willkürliche Inhaftierungen angeprangert; Wahlbetrug beobachtet und veröffentlicht.

Eine Kirche, die in dieser Tradition steht, kann den Öffentlichkeitsanspruch der christlichen Verkündigung, der sich nicht nur auf rein individuelle Glaubensfrömmigkeit bezieht, nicht vernachlässigen. Sie muss darauf bestehen, dass Religion immer mit einem umfassenden Geltungsanspruch verbunden ist. Grundsätzlich gilt für jede Religion, dass das gesamte Verhalten eines gläubigen Menschen an ihr auszurichten ist. Sie betrifft nicht nur das private, sondern auch das öffentliche Leben. Offene Gesellschaften westlicher Prägung leben von der Vielfalt unterschiedlicher religiöser, aber auch nichtreligiöser Basisorientierungen, Meinungen, Lebensvorstellungen, deren Beziehungen zueinander im Prozess der zivilgesellschaftlichen Öffentlichkeit auf der Grundlage gegenseitiger Toleranz gestaltet werden müssen.

Eine Kirche, die im Sinne Martin Luther Kings den Kampf für Menschenrechte mit der christlichen Liebe und Gewaltfreiheit verbinden will, wird deshalb den Öffentlichkeitsanspruch ihrer Botschaft stets verteidigen. Die Evangelische Kirche Berlin-Brandenburg-schlesische Oberlausitz hat diese Überzeugung zuletzt in ihren Zehn Thesen „begabt leben – mutig verändern“ (Landessynode Frühjahr 2014) zum Ausdruck gebracht, in denen sie ihre Mission, als eine öffentliche Mission, die für die Menschenrechte eintritt, wie folgt beschreibt:

> „… das Evangelium zu verkündigen, zur Gemeinschaft einzuladen, die Lehre Jesu weiterzugeben, Seelsorge zu üben und zur tätigen Nächstenliebe zu motivieren. Wir setzen uns ein für die Bewahrung der Schöpfung und die Achtung der Menschenrechte.“ (aus These 1)

Um ihren Öffentlichkeitsanspruch zu verdeutlichen, bezeichnet sie sich als eine „Volkskirche“ in spezifischem Sinne:

„Als ‚Volkskirche im Wandel' bleiben wir – unabhängig von der Zahl unserer Mitglieder – eine offene und öffentliche Kirche, die ihre Mission in der Gesellschaft erfüllt. Es gehört zu unserem Wesen, uns nach außen zu wenden und eine Kultur des Willkommens für alle Menschen zu pflegen. Wir wollen eine Kirche bleiben, die vielfältige Aufgaben in der Gesellschaft wahrnimmt." (aus These 10)

In der Bildungsarbeit Menschen befähigen sich als kritische Bürgerinnen und Bürger in die Gesellschaft einzubringen

Letztlich war es nicht die Kirche als Institution, sondern einzelne Bürgerinnen und Bürger der DDR, die sich zu Basisgruppen zusammengefunden haben, um Bürgerrechte einzufordern. Und ohne einzelne mutige Pfarrerinnen und Pfarrer, sowie Gemeindekirchenratsmitglieder wäre es nicht dazu gekommen, dass sich die Kirchentüren für die Basisbewegungen geöffnet hätten.

Auch eine demokratische Gesellschaft lebt letztlich von einzelnen Bürgerinnen und Bürgern, die bereit sind, offene Worte und mutige Taten zu wagen. Eine Kirche, die die Tradition der Bürgerrechtsbewegung wertschätzt, wird deshalb ihre Mitglieder ermutigen, sich von ihrem christlichen Gewissen geleitet, in freier Entscheidung in die Gesellschaft einzubringen. Die Kirchen können als Institution nur in dem Maße öffentliche Verantwortung übernehmen, wie sie von ihren Mitgliedern darin unterstützt werden.

Aus diesem Grund spielt die Bildungsarbeit der evangelischen Kirche eine herausragende Rolle. Die EKBO hat dies zuletzt auf ihrer Frühjahssynode 2014 wie folgt formuliert:

„Evangelische Bildung will dazu befähigen, sich der Welt zuzuwenden und sie verantwortlich zu gestalten. Dazu gehört es, sich für ein gelingendes Miteinander sozial und politisch zu engagieren, sich für die Gestaltung der einen Welt (Ökumene) einzusetzen und an der ökumenischen Bewegung als einer Lerngemeinschaft teilzunehmen. Evangelische Bildung hat also auch eine politische Dimension. Sie befähigt zu gesellschaftspolitischem wie auch kirchenpolitischem Engagement und zielt auf die Stärkung von Demokratie und Selbstorganisation." (Konsequenzen aus dem Konsultationprozess, V.4 Traditionsbewusst bilden – Bildungsorte gestalten)

Das Religionsrecht unseres Staates beherzt nutzen und verteidigen

Die Trennung von Staat und Kirche bedeutet nach deutschem Verfassungsrecht nicht, dass das Religiöse aus dem öffentlichen Bereich verbannt wird. Die Verfassungsordnung erwartet von den Religionsgemeinschaften, dass sie sich in den notwendigen gesellschaftlichen Diskurs einbringen. Daher ist das Verhältnis des Staates zu den Kirchen nicht durch Laizismus oder eine Verbannung der Religionen aus dem öffentlichen Leben angemessen zu gestalten. Vielmehr gibt die Verfassung den Kirchen und Religionsgemeinschaften den notwendigen Raum, in der Öffentlichkeit zu wirken.

Dieses Recht allerdings wird zunehmend in der öffentlichen Diskussion infrage gestellt. Es wird teilweise als ein Recht dargestellt, das lediglich in der Nachkriegszeit der 1950er und 1960er Jahre seine Berechtigung gehabt hätte, also in einer Zeit, als die beiden großen christlichen Kirchen die überwiegende Mehrheit der bundesdeutschen Gesellschaft repräsentiert haben. Dass die Inanspruchnahme dieses Recht jedoch keineswegs an die Voraussetzung gebunden ist, Mehrheitsreligion zu sein, wird dabei verschwiegen. Die vielfältigen Wirkungsmöglichkeiten, die das Religionsrecht christlichen Trägern im Bereich der Bildung, im sozialen und im kulturellen Bereich einräumt, werden ebenso von jüdischen Gemeinden in Anspruch genommen und können auch von islamische Gemeinden genutzt werden, sofern sie die grundlegenden Bedingungen erfüllen.

Eine Kirche, die die Tradition bürgerrechtlichen Engagements als Teil ihrer Identität bewahren will, wird das bundesdeutsche Religionsrecht als ein hohes Gut zu schätzen wissen. Denn es ist ein Recht, das die öffentliche Wirksamkeit der Kirche fördert und gerade durch diese aktive Unterstützung gesellschaftlicher Wertebildung den Staat vor totalitären Tendenzen bewahren will.

Für Gemeindeglieder, die in der DDR sozialisiert wurden, ist eine solche positive Sicht auf die rechtlichen Möglichkeiten der Kirche oft schwer nachvollziehbar. Ihre Erfahrung war: Staatsnähe macht die evangelische Kirche unglaubwürdig. Dass die evangelische Kirche in der heutigen bundesdeutschen Gesellschaft genau umgekehrt dann unglaubwürdig wird, wenn sie die Möglichkeiten, die der Staat den Religionsgemeinschaften einräumt, nicht nutzt, erfordert ein radikales Umdenken. Romantische Vorstellungen einer vorgeblich echteren, glaubwürdigeren Kirche, die sich aus dem gesellschaftlichen gestaltenden Leben zurückzieht, sind heute deshalb gefährlich, weil sie Wasser auf den Mühlen derer sind, die aus kirchenfeindlichen Gründen den Öffentlichkeitsanspruch der Kirche im Sinne eines Laizismus zurückdrängen und das Glaubensleben ins Private verbannen wollen. Heute muss betont werden: Nur eine offene und öffentliche Kirche, die selbstbewusst die Rechte in Anspruch nimmt, die das Religionsrecht ihr heute bietet (mit Religionsunterricht, mit Theologischen Fakultäten, mit Seelsorge in der Bundeswehr, mit dem Recht Kirchensteuern zu erheben und vielem mehr), pflegt das Erbe derjenigen Kirche, die den Bürgerbewegungen die Türen geöffnet hat und sich während der Friedlichen Revolution in die Öffentlichkeit eingebracht hat. Und nur eine Kirche, die dies tut, wird die gesellschaftliche Akzeptanz behalten, die notwendig ist, um auch Nichtchristen deutlich zu machen, dass das aktuelle Religionsrecht der Gesellschaft insgesamt gut tut und einem Laizismusmodell weit überlegen ist, weil es den Religionsgemeinschaften eine konstruktive Rolle in der Gesellschaft zuweist.

Die EKBO hat diese Überzeugung in These 3 von „begabt leben – mutig verändern“ wie folgt formuliert:

> „Wir treten für das bewährte Religionsrecht in unserer Gesellschaft ein, das es Menschen aller Religionen erlaubt, ihren Glauben öffentlich zu leben.“

Die pluralistische Gesellschaft als Herausforderung annehmen und den interreligiösen Dialog konstruktiv und menschenrechtsorientiert führen

„Nikolaikirche – offen für alle.“ Dieses Schild lädt in die Nikolaikirche in Leipzig ein. Seit 1981 wurden dort die Türen für alle Menschen geöffnet, die einen Raum offener Diskussion suchten. Christen und Nichtchristen.

Das Alleinstellungsmerkmal, Diskussionsräume anzubieten, ist der evangelischen Kirche in einer offenen Gesellschaft abhandengekommen. Heute gilt es, *den offenen Raum der Gesellschaft* selbst als einen Raum der Kommunikation aktiv zu nutzen und gegen Tendenzen zu verteidigen, die die Ausgrenzung von bestimmten Menschengruppen fordern. Aus diesem Grund muss sich die evangelische Kirche, sofern sie die Erfahrungen ihrer eigenen Geschichte wert achtet, aktiv für die pluralistische Gesellschaft einsetzen.

Von besonderer Brisanz ist dabei aktuell der Dialog mit Muslimen, denen es ermöglicht werden muss, sich in unsere Gesellschaft einzubringen. Die Menschenrechtsorientierung gilt dabei in doppelter Weise: *Erstens* muss um der Religionsfreiheit willen den muslimischen Gemeinden ermöglicht werden, ihr Glaubensleben öffentlich zu leben. *Zweitens* muss im interreligiösen Dialog die Orientierung an den Menschenrechten als Grundvoraussetzung gelebter Religion in unserem Staat verdeutlicht werden. Die Erfahrungen, die die christlichen Kirchen selbst mit der ethischen Aneignung der Menschenrechte gemacht haben, gilt es in partnerschaftlicher Weise in den Dialog einzubringen.

Die EKBO hat die aktuellen Herausforderungen einer pluralistischen Gesellschaft wie folgt beschrieben:

> „Wie unsere Kirche, so ist auch unsere Gesellschaft vielfältig und wird im Prozess der Globalisierung noch vielfältiger werden. Unterschiedliche Kulturen und Religionen, areligiöse und atheistische Weltanschauungen sowie unterschiedliche Ansichten über die Rolle der Religionen in der Gesellschaft prägen öffentliche Diskurse. Wir nehmen diese Situation als Herausforderung an, vertreten unsere Botschaft aktiv und setzen uns im Geist der Versöhnung für den gesellschaftlichen Dialog ein." (aus These 3, „begabt leben – mutig verändern")

Zusammenfassung: Der politische Auftrag der evangelischen Kirche heute

Ein Vierteljahrhundert nach dem Fall der Mauer befinden sich die evangelischen Landeskirchen in starken Veränderungsprozessen. Neben der Durchführung von strukturellen Reformen muss die evangelische Kirche ihre Identität neu in einer Situation religiöser Pluralisierung finden. Gerade in einer solchen Umbruchphase ist es wichtig, identitätsstiftende Traditionen bewusst zu machen. Zu diesen Traditionen gehört zweifellos die Verbindung des evangelischen Glaubens mit dem Einsatz für die Menschenrechte. Evangelische Christinnen und Christen, die die Menschenrechte als wesentlich für die christliche Ethik erkannt haben, waren es, die zur Zeit der DDR die Kirchentüren geöffnet haben. Sie haben Menschen in der Kirche Raum und Heimat gegeben, ob Christen oder Nicht-Christen, Menschen, die einen Freiraum suchten, um Fragen des Umweltschutzes, des öffentlichen Engagements für mehr Demokratie oder Fragen über mögliche Veränderungen des DDR-Staates zu diskutieren.

Die Traditionslinie dieser Motivation lässt sich von Martin Luther Kings Besuch am 13. September 1964 in Ost-Berlin an wie folgt nachzeichnen: Der Prediger King hatte den Gedanken, den Kampf um Bürgerrechte mit dem Gewaltverzicht und der christlichen Nächstenliebe zu verbinden, in St. Marien am Alexanderplatz öffentlich vorgetragen und damit einen bleibend wichtigen Anstoß gegeben. Die KSZE-Schlussakte von Helsinki, die 1975 auch von der DDR unterzeichnet wurde, gab den kritischen Bürgerinnen und Bürgern in der DDR die Möglichkeit, sich auf einen von der Staatsführung anerkannten Text zu berufen. Innerhalb der Kirche wurde dadurch die theologische Auseinandersetzung mit den Menschenrechten angeregt. Die Trias des Konziliaren Prozesses, die in der Gemeinschaft der Ökumenischen Bewegung formuliert wurde, brachte die Anliegen vieler kritischer Bürgerinnen und Bürger, ob Christen oder nicht, prägnant auf den Begriff. Alle drei Ereignisse zeigen, dass die nicht abgebrochene Kommunikation mit der weltweiten Christenheit und die Anteilnahme an politischen Entwicklungen außerhalb der Mauern des DDR-Staates wesentlich dazu beigetragen haben, kritisches Bewusstsein in der evangelischen Kirche der DDR wach zu halten.

Die Erfahrungen, die die evangelische Kirche unter den bedrängenden Verhältnissen der DDR gemacht und die Erkenntnisse, die sie dabei gewonnen hat, gilt es heute als wesentlichen Teil evangelischer Identität zu bewahren und aktiv weiter zu entwickeln. Das Erbe dieser Geschichte gibt der evangelischen Kirche einen spezifischen Auftrag: Sie muss *erstens* ihren Öffentlichkeitsanspruch verteidigen, *zweitens* durch ihre Bildungsarbeit Menschen befähigen, sich als Christinnen und Christen in das soziale und politische Leben durch Wort und Engagement einzubringen und *drittens* das Religionsrecht unserer Staates aktiv mit allen Möglichkeiten des gesellschaftlichen Wirkens für

Christinnen und Christen nutzen. Wenn die evangelische Kirche in dieser Weise ihre Berufung lebt, wird sie *gegründet auf Jesus Christus bei den Menschen sein,* sie wird *um Gottes Willen ihre Stimme erheben gegen jede Form von Unrecht und für die Würde des Menschen.* So wird sie ihren politischen Auftrag erfüllen und dazu beitragen, dass unsre Gesellschaft eine freie, offene, diskussionsbereite und von den Menschenrechten geprägte Gesellschaft bleibt.

Norbert Lammert

Zehn Bemerkungen zum Thema Religion und Öffentlichkeit

Die leitende Ausgangsfrage für das Thema könnte lauten: Wie viel Religion *erträgt* eine moderne, aufgeklärte, liberale Gesellschaft? Nach meinem Verständnis schließt sich eine weitere Frage unmittelbar an: Wie viel Religion *braucht* eine demokratisch verfasste Gesellschaft? Auf den ersten Blick könnten sich beide Fragen ausschließen, tatsächlich sind sie, wie ich meine, unabhängig voneinander nicht zu beantworten.

Meine erste von zehn Bemerkungen zu diesem Gegenstand lautet: Politik und Religion sind zwei unterschiedlich bedeutende, formell oder informell mächtige, rechtlich oder faktisch bindende Gestaltungsansprüche gegenüber einer Gesellschaft und ihren Mitgliedern. Sie können einander nicht gleichgültig sein, aber sie sind gewiss nicht identisch. Die Unterschiede zwischen diesen beiden Gestaltungsansprüchen sind nicht weniger bedeutsam als die Gemeinsamkeiten. Ich will das mit einem Zitat von Dietrich Bonhoeffer verdeutlichen, der in seinem Aufsatz „Was ist Kirche?" schrieb: „Die Kirche ist die Grenze der Politik, darum im eminenten Sinn politisch und apolitisch zugleich."[1]

Die zweite Bemerkung: Religionen, so möchte ich diesen Gedanken interpretieren, handeln von Wahrheiten, Politik von Interessen. Das eine ist so zentral wie das andere, und beides ist, wo auch immer die Grenze zwischen beiden im Konkreten auszumachen ist, offenkundig grundverschieden. Zu den Ergebnissen – die meisten von uns werden vermutlich auch sagen Errungenschaften – unserer aufgeklärten Zivilisation gehört die Einsicht in die Aussichtslosigkeit einer abschließenden Beantwortung der Wahrheitsfrage. Diese Einsicht macht Politik gerade nötig und Demokratie erst möglich. Auf der Basis absoluter Wahrheitsansprüche ist Demokratie als Legitimation von Normen durch Verfahrensregeln gar nicht möglich: Demokratie setzt die Trennung von Religion und Politik voraus, die es allerdings ohne religiös vermittelte Überzeugungen von der Unantastbarkeit der Würde jedes einzelnen Menschen gar nicht gäbe, was wiederum die Komplexität zwischen Zusammenhängen und Unterscheidungen von Politik und Religion verdeutlicht.

Dritte Bemerkung: Der legitime Gestaltungsanspruch der Politik wird in der Regel durch Verfassungen definiert, die ihrerseits Ausdruck der Überzeugungen, Orientierungen und Prinzipien sind, die in einer Gesellschaft Geltung beanspruchen. Ich halte es aber für eines der vielen, leider weit verbreiteten Missverständnisse unserer Zeit, ausdrücklich oder implizit zu vermuten, dass das, was früher einmal die gefestigte, gemeinsame kulturelle Überzeugung einer Gesellschaft war, heute von Verfassungen abgelöst worden sei: Man brauche das eine nicht mehr, weil es jetzt ja das andere gäbe. Und das, was in einer Gesellschaft Geltung habe, werde und müsse abschließend in einer Verfassung niedergeschrieben sein. Das ist sicher nicht falsch, verschweigt aber, dass Verfassungen nie Ersatz für, sondern immer Ausdruck von Überzeugungen sind, die in einer Gesellschaft Geltung beanspruchen.

Es wäre eine vertiefte Diskussion nicht nur zulässig, sondern notwendig, dass jeder gründliche Blick auf moderne wie auf traditionelle Gesellschaften zu dem Befund kommt, dass der innere Zusammenhalt einer Gesellschaft immer durch Kultur gestiftet wird und durch nichts anderes. Märkte halten Gesellschaften nicht zusammen, Geld schon gar nicht, auch Politik nicht – Politik zudem nicht im Sinne eines rechtlich verbindlichen Regelsystems, denn dieses Regelsystem entfaltet seine Plausibilität wiederum nur aus den Kontexten, die ihrerseits nicht politisch, sondern kulturell sind. Insofern könnte man mit einer gewissen Berechtigung darüber nachdenken, ob jedenfalls unter diesem Gesichtspunkt der Unterschied zwischen traditionellen und modernen Gesellschaften wirklich so fundamental ist, wie gelegentlich behauptet wird. Inneren Zusammenhalt stiften kulturelle Überzeugungen. Oder umgekehrt: Wenn dieses Mindestmaß an kulturellen Gemeinsamkeiten verlorengeht, erodiert der Zusammenhalt einer Gesellschaft. Wobei die Frage, warum er verloren geht, eher zweitrangig ist, weil die Wirkung nicht in erster Linie von den Motivationen, sondern von den Rahmenbedingungen abhängig ist.

Die vielzitierte Bemerkung Ernst Wolfgang Böckenfördes „Der freiheitliche säkularisierte Staat lebt von Voraussetzungen, die er selbst nicht garantieren kann" bestätigt genau den eben angesprochenen Zusammenhang. Bedauerlicherweise gilt aber in der Regel die Aufmerksamkeit nur diesem ersten Teil des Zitates. Denn Böckenförde fährt fort: „Das ist das große Wagnis, das er um der Freiheit willen eingegangen ist. Als freiheitlicher Staat kann er einerseits nur bestehen, wenn sich die Freiheit, die er seinen Bürgern gewährt, von innen her, aus der moralischen Substanz des Einzelnen und der Homogenität der Gesellschaft reguliert. Andererseits kann er diese inneren Regulierungskräfte nicht von sich aus, das heißt mit den Mitteln des Rechtszwanges und autoritativen Gebots zu garantieren versuchen, ohne seine Freiheitlichkeit aufzugeben und – auf säkularisierter Ebene – in jenen Totalitätsanspruch zurückzufallen, aus dem er in den konfessionellen Bürgerkriegen herausgeführt hat."[2] Wenn man diesen Argumentationszusammenhang betrachtet, liegt hier, insbesondere in der später noch näher zu erläuternden Homogenitätsvermutung, deutlich mehr Explosivstoff als in dem längst kanonisierten Eingangssatz, der kaum einen Streit mehr auslöst.

Vierte Bemerkung: Für die allgemeine Behauptung, dass der innere Zusammenhalt jeder Gesellschaft nicht durch Politik, schon gar nicht durch Wirtschaft, sondern durch Kultur gestiftet werde und dass Verfassungen nie Ersatz für, sondern immer Ausdruck von kulturellen Überzeugungen einer Gesellschaft seien, ist das Grundgesetz ein besonders prägnantes Beispiel: Das Grundgesetz ist – schon gar, wenn man seinen einleitenden Teil von der Präambel über dem Katalog der Grundrechte liest, bis es sich dann in die zum Teil grotesk detaillierten Einzelregulierungen verliert – ein hoch ideologischer, tief religiös geprägter Text, mit einer Reihe normativer Ansprüche für die Gestaltung einer modernen Gesellschaft.

Bereits das in der Präambel reklamierte Bewusstsein der Verantwortung vor Gott und den Menschen muss nicht in einer Verfassung stehen – steht aber in unserer Verfassung. Und dass der nicht nur erste, sondern nach Übereinstimmung aller Verfassungsexegeten auch höchste, zentrale Satz unserer Verfassung „Die Würde des Menschen ist unantastbar" nicht einfach einen empirisch gesicherten Sachverhalt wiedergibt, sondern, sofern empirisch fundiert, vielmehr aus der entgegengesetzten Erfahrung eine Grundnorm herleitet, begründet eine der erstaunlichsten, eindrucksvollsten und spektakulärsten Verfassungsversionen, die wir überhaupt kennen. Würden Verfassungen nicht performativ wirken wollen, sondern nur Erfahrungen wiedergeben, müsste der Satz eigentlich lauten „Die Würde des Menschen ist angreifbar“ – ein Nachweis, der nirgendwo gründlicher geführt worden ist als in unserer Geschichte. Weil wir jedoch wissen, dass es genau so war, erklären wir in unserer Verfassung, dass es heute und zukünftig umgekehrt sein muss. Das ist im Übrigen nach meiner Auffassung der eigentliche Grund dafür, weshalb Jürgen Habermas zum Erstaunen eines beachtlichen Teils seiner „kanonischen“ Exegeten, die sich bis heute davon noch nicht so ganz „erholt“ haben, spätestens seit seiner berühmten Dankesrede bei der Verleihung des Friedenspreises des Deutschen Buchhandels[3], immer wieder auf die Bedeutung von religiösen Überzeugungen für das Selbstverständnis und die innere Stabilität moderner Gesellschaften verweist. In seinem Aufsatz „Religion in der Öffentlichkeit“ schreibt Habermas: „Religiöse Glaubensüberlieferungen und religiöse Glaubensgemeinschaften haben seit der Zeitenwende von 1989/90 eine neue bis dahin nicht erwartete politische Bedeutung gewonnen.“[4] Er gelangt zu der Feststellung, dass die Bedeutung der Religion und ihre politische Inanspruchnahme auf der ganzen Welt gewachsen sei. Deshalb erscheine, welthistorisch betrachtet, Max Webers „okzidentaler Rationalismus“ als der eigentliche Sonderweg.[5] So gelangt er zu der für manche erstaunlichen Schlussfolgerung: „Der liberale Staat darf die gebotene *institutionelle* Trennung von Religion und Politik nicht in eine unzumutbare *mentale und psychologische* Bürde für seine religiösen Bürger verwandeln.“[6] Allerdings müsse er von ihnen die Anerkennung des Prinzips der weltanschaulich neutralen Herrschaftsausübung erwarten. „Jeder muss wissen und akzeptieren, dass jenseits der institutionellen Schwelle, die die informelle Öffentlichkeit von Parlamenten, Gerichten, Ministerien und Verwaltungen trennt, und zu der er in diesem Zusammenhang eben auch Religion und Kirchen, aber ebenso Überzeugungen rechnet, nur säkulare Gründe zählen.“[7] Das gleicht sozusagen einem intellektuellen Spagat auf dem Hochtrapez. Aber genau da befinden wir uns eigentlich, kultur- und zivilisationsgeschichtlich betrachtet: Wir haben eine Trennung vorgenommen, die auch ich für unaufgebbar halte und die es ohne jene Kulturgeschichte gar nicht gäbe, die dieser Trennung vorausgegangen ist, eine Trennung, deren Relevanz und Stabilität ohne die Lebendigkeit dieser kulturellen Zusammenhänge auch schwerlich zu erklären ist. Insbesondere unter diesem Gesichtspunkt wirkt die souveräne Schlussfolgerung eines gerade religiös ungebundenen Beobachters und Kommentators wie Jürgen Habermas umso nachdrücklicher, dass auch und gerade der säkulare Staat sich den genannten Quellen der Sinnstiftung nicht versperren darf.

Fünfte Bemerkung: Aus westlicher Perspektive erscheint die Säkularisierung als der unvermeidliche Preis der Moderne. Weltweit aber sind die Religionen nie aus der Politik verschwunden. Wir erleben vielmehr nicht nur eine erstaunliche globale Revitalisierung der Bedeutung von Religionen im öffentlichen Raum. Wir erleben auch eine bemerkenswerte, teilweise erschreckende Politisierung und Instrumentalisierung von Religion mit fundamentalistischen Ansprüchen. Wir haben es heute also, beinahe idealtypisch, mindestens mit zwei sehr unterschiedlichen Formen von Religiosität in Zeiten der Globalisierung zu tun. Die eine ist die persönliche Religiosität im Rahmen respektierter rechtsstaatlicher Demokratie als ein geschützter Raum persönlicher Entfaltung, und das andere ist die politisierte Religion mit fundamentalistischen Machtansprüchen, die inzwischen eine weltweit bemerkenswerte Ausdehnung erreicht hat.

Sechste Bemerkung: Mein Eindruck ist, dass wir es gegenwärtig mit zwei großen, ähnlich weit verbreiteten Missverständnissen zum Verhältnis von Politik und Religion zu tun haben. Das eine ist die Anmaßung, religiöse Glaubensüberzeugungen für unmittelbar geltendes Recht zu nehmen und im wörtlichen wie im übertragenen Sinne dann auch zu exekutieren. Das andere ist die Arroganz, freundlicher formuliert die Leichtfertigkeit, religiöse Überzeugung für überholt, belanglos oder irrelevant zu erklären. Der zweite Irrtum ist kaum weniger gefährlich als der erste. Er ist in unseren Breitengraden allerdings weiter verbreitet als der erste und nicht wenige, teilweise auch namhafte deutsche Intellektuelle, haben sich in der guten Absicht der Zurückweisung des ersten Irrtums an der Verbreitung des zweiten Irrtums tatkräftig beteiligt. Religion ist aber nicht belanglos, ganz sicher nicht irrelevant. Aus der richtigen Zurückweisung fundamentalistischer Ansprüche darf nicht die grundsätzliche Irrelevanz religiöser Überzeugungen geschlussfolgert werden, weil, wie eben erläutert, auch und gerade der aufgeklärte liberale Staat auf religiöse Bezüge nicht verzichten kann und darf.

Siebte Bemerkung: Hier möchte ich noch einige, eher empirisch begründete Bemerkungen zum Verhältnis von Glaube und Kirche beziehungsweise von Politik und politischen Institutionen in Deutschland anfügen. Hier gibt es nämlich einige interessante Parallelen, die nach meinem Eindruck die Kirchen gerne bei der Politik wahrnehmen und die Politik gerne bei den Kirchen, beide ungern aber jeweils bei sich selbst. Ich beginne mit einem statistischen Hinweis zu der zuvor zurückgestellten Homogenitätsvermutung Böckenfördes. In der Gesellschaft, in der wir heute in Deutschland leben, gehören zwar noch gut zwei Drittel der Menschen einer Religionsgemeinschaft an, davon jedoch keine 60 Prozent mehr den beiden großen christlichen Religionsgemeinschaften (rund 59 Prozent).[8] Man kann, je nachdem, entweder die nach wie vor beachtliche Mehrheit interessant finden oder die wachsende Minderheit. Belanglos ist beides nicht. Und belanglos ist schon gar nicht, dass die Vermutung Böckenfördes, diese Gesellschaft sei religiös homogen, statistisch damit gleich in doppelter Weise widerlegt ist, weil selbst unter denen, die einer Religionsgemeinschaft angehören – um es neutral zu formulieren – die Heterogenität weiter zugenommen hat und die Homogenität signifikant zurückgegangen ist. Nun gibt es wiederum eine Reihe von Untersuchungen, die sich mit der Frage beschäftigen, wie es denn über die förmliche oder erklärte Zugehörigkeit zur Religion hinaus um die von der Religion vermittelten Glaubensüberzeugungen bestellt ist. Da habe ich persönlich den Eindruck, dass es ein weites Feld für Interpretationen gibt sowohl für diejenigen, die sagen, wir hätten es mit einer massiven Erosion von Glaubensüberzeugungen zu tun, wie für diejenigen, die umgekehrt meinen, es gäbe eine erstaunliche Stabilität von Glaubensüberzeugungen zu verzeichnen. Wobei ich mir nicht zutraue, die Frage abschließend zu beantworten, wer von beiden irrt – möglicherweise beide. Jedenfalls fällt auf, dass es in einer Gesellschaft, die sich rein statistisch gesehen mit Blick auf religiöse Bindungen so charakteristisch verändert hat wie die bundesdeutsche Gesellschaft in den letzten 60 Jahren, unter besonderer Berücksichtigung der vergangenen 20 bis 30 Jahre, es eine überragende Akzeptanz der Bedeutung christlicher Werte für eine moderne Gesellschaft gibt. Sämtliche Untersuchungen aus jüngerer Zeit[9] führen zu dem Ergebnis, dass rund die Hälfte aller Befragten ausdrücklich erklären, Deutschland sei stark oder sehr stark durch das Christentum geprägt, die kulturelle Verankerung der Deutschen im Christentum reiche weit über die religiöse Bindung oder das offene Bekenntnis hinaus. Besonders einschlägig wird es dann, wenn solche allgemeinen Fragen in der Weise konkretisiert werden, ob man sich beispielweise vorstellen könne, anstelle eines christlichen Feiertages einen islamischen Feiertag einzuführen, um bei dem zahlenmäßigen Überangebot christlicher Feiertage für eine signifikante Minderheit ein Äquivalent zu schaffen. Da stellen wir nämlich hohe, stabile Mehrheiten fest, die diese Vorstellung kategorisch zurückweisen.[10]

Mit diesem Befund kontrastiert in eindrucksvoller Weise eine dramatisch zurückgehende Kirchenbindung. Das heißt, diese große Gruppe von Menschen, die für sich Religion im Allgemeinen durchaus nicht für belanglos erklärt, die auch christliche Wertüberzeugungen nach wie vor für wichtig hält, hat ein erstaunlich dürftiges, sich weiter ausdünnendes Verhältnis zu den Institutionen,[11] die diese Glaubensüberzeugungen verwalten: Die Kirchenbindung macht nur noch einen deprimierend kleinen Anteil derjenigen aus, die für sich Glaubensüberzeugungen für prinzipiell bedeutend halten. Ich interpretiere das nicht weiter, ich möchte nur auf folgende Parallele aufmerksam machen: In der Politik haben wir im Grunde einen ganz ähnlichen Befund. Wir haben ein ganz sicher nicht rückläufiges Interesse an Politik, wir haben sogar ein deutlich messbares, mindestens reklamiertes, erweitertes Partizipationsinteresse an Politik – nie war der Kreis der Menschen so groß wie heute, die zumindest behaupten, sie wollten an politischen Entscheidungsprozessen beteiligt werden. Wenn es dann konkret wird, dünnt sich auch dieses Interesse wieder erkennbar aus. Aber dass es heute ein geringeres Interesse an Politik, oder ein geringeres Engagement für Politik gäbe als früher, dies wird man schwerlich behaupten können. Zugleich ist aber nicht nur die Attraktivität, sondern auch das Vertrauen in politische Institutionen dramatisch zurückgegangen.

Die Politik macht insofern eine ganz ähnliche Erfahrung wie die Kirchen, dass nämlich ihre jeweilige „Kundschaft“ die Relevanz des

„Produktes“ ausdrücklich bestätigt, aber mit den „Handelsorganisationen“ möglichst nichts mehr zu tun haben will. Parlamente, Regierungen, Verfassungsinstitutionen, insbesondere Parteien haben ein dramatisch niedriges Ansehen, wobei mich nicht wirklich tröstet, dass dies kein exklusiver Befund für die Politik ist, sondern generell für die Gesellschaft gilt. Davon betroffen sind auch Wirtschaft und die Unternehmen. Politik hat immerhin inzwischen einen 50-prozentigen Vertrauensvorsprung gegenüber den Banken: 6 Prozent zu 3 Prozent.[12] Auch im Sport gibt es einen dramatischen Vertrauensverlust bei unverändertem Interesse gerade in den Sportarten, an deren Seriosität man nicht mehr glaubt. Und natürlich sind auch die Kirchen von einem solchen Vertrauensverlust in einer beachtlichen Weise betroffen. Der Punkt, auf den es mir im Hinblick auf das Thema aber ankommt, ist, dass nach meinem Eindruck sowohl die Kirchen wie die Parteien auf diesen dramatischen Vertrauensverlust und die erschreckende Bindungsaufgabebereitschaft ihrer jeweiligen Mitglieder beziehungsweise Anhänger reflexhaft reagieren. Die Parteien in der Weise, dass sie als Erklärung eine sogenannte Politikverdrossenheit ausgeben und die Kirchen einen angeblichen Glaubensverlust. Ich finde beides entschieden zu kurz argumentiert. Zugespitzt formuliert, gibt es keine „Politikverdrossenheit“, vielmehr ist das eher eine Sammelbezeichnung frustrierter Verwalter politischer Institutionen für die Bindungsverweigerung der von ihnen angesprochenen „Kundschaft“. Auf ähnlich preiswerte Weise versuchen die Kirchen, sich über Bindungsverlust in den eigenen Reihen hinweg zu mogeln, indem sie sagen, alle Behauptungen eines grundlegenden Reformbedarfs verfehlten den eigentlichen Kern des Problems: einen angeblichen Glaubensverlust. Demzufolge müsste nur der Glaube wieder hergestellt werden, dann ergebe sich das alte Bindungsmuster gleichsam automatisch wieder. Ich halte das bestenfalls für gut gemeint, aber weder für eine zutreffende Analyse noch für eine praktikable Strategie.

Dies führt im Übrigen – damit bin ich bei meiner *achten Bemerkung* – beinahe folgerichtig zu einem zunehmend schwierigeren Verhältnis zwischen Kirchen und politischen Institutionen, als dies auf Grund der unterschiedlichen „Aufgaben“ ohnehin bereits unvermeidlich wäre. Nach meinem Eindruck ist das Verhältnis zwischen Kirchen auf der einen Seite und politischen Institutionen auf der anderen Seite tatsächlich aber nicht einmal wirklich gestört. Es ist vielmehr durch eine spezifische Kombination aus Sprachlosigkeit, Kommunikationsverweigerung, Patronage und wechselseitiger Bevormundung gekennzeichnet. Fast überall da, wo es darauf ankäme, dass diese Kommunikation möglichst eng und möglichst souverän stattfindet, lassen sich genau jene „Störfälle" beobachten, die ich jetzt nur andeuten möchte: Schwangerschaftskonfliktregelung, Präimplantationsdiagnostik, Beschneidung, Kopftücher, Kruzifixe im öffentlichen Raum, usw. Es gibt eine Reihe von Fragen, bei denen der religiöse Zusammenhang offenkundig oder jedenfalls unbestreitbar ist und bei denen die einen wie die anderen sich nicht aus ihrer jeweiligen Verantwortung herausmogeln können, selbst wenn sie es wollten. Dennoch hat man selbst hier nicht immer den Eindruck, dass die Kommunikation zwischen Politik und Kirche reibungslos funktioniert.

Natürlich ist bei weitem nicht jede politisch bedeutsame Frage auch ethisch schwierig oder von herausragender Bedeutung. Mein Eindruck ist allerdings, dass die ethisch relevanten Fragen in jüngerer Zeit eher zunehmen als abnehmen. Dies hat wiederum keine andere Ursache als den Fortschritt von Wissenschaft, Technik und Medizin, denen gegenüber sich sowohl die Politik wie die Kirchen als Adressaten sehen, die auf die damit verbundenen Veränderungen reagieren müssen. Ein objektiver Regelungsbedarf ergibt sich allein durch die breite gesellschaftliche Einsicht, dass keineswegs alles, was möglich ist, auch erlaubt sein müsse. Aber jenseits dieser allgemeinen Einsicht, für die wir hohe stabile Mehrheiten haben, teilt sich die Gesellschaft in viele unterschiedliche Gruppen, sobald aus der allgemeinen Einsicht heraus die konkrete Frage beantwortet werden muss, was nicht erlaubt sein sollte und wer dann wo welche Grenze zu ziehen habe.

An dieser Stelle wird die längst verloren gegangene Homogenität in unserer Gesellschaft, auch was die kulturelle Identität betrifft, ganz besonders offenkundig. Ich persönlich finde es übrigens eher wieder ermutigend, dass es etwa bei einem Thema wie der Beschneidung, um ein Beispiel aus der jüngeren Vergangenheit zu nehmen, vergleichsweise schnell gelingt, in der politischen Klasse eine breite Mehrheit für eine Regelung herbeizuführen, die einen religiös begründeten Anspruch in einer säkular verfassten Gesellschaft durchsetzbar macht. Ich möchte in diesem Zusammenhang Papst Benedikt XVI. zitieren, der in seiner denkwürdigen Rede vor dem Deutschen Bundestag[13] nicht nur die Ambivalenz zwischen Wahrheitsansprüchen und Interessenausgleich angesprochen hat, eine Ambivalenz, die unter dem Gesichtspunkt der, wie er betont, zentralen Aufgabenstellung jedes Staates, Gerechtigkeit zu ermöglichen, eine nie rundum einlösbare Aufgabenstellung darstellt. Er hat insbesondere von den zugrunde liegenden anthropologischen Fragen gesprochen und dies mit dem Hinweis verbunden: „(…) was in Bezug auf die grundlegenden anthropologischen Fragen das Rechte ist und geltendes Recht werden kann, liegt heute keineswegs einfach zu Tage. Die Frage, wie man das wahrhaft Rechte erkennen und so der Gerechtigkeit in der Gesetzgebung dienen kann, war nie einfach zu beantworten. Und sie ist heute in der Fülle unseres Wissens und unseres Könnens noch sehr viel schwieriger geworden."[14] Es dürfte kaum überraschen, dass mir dieser Satz besonders gut gefällt. Und es wird auch nicht überraschen, dass es mich als engagierten Katholiken eher verstimmt, dass mich, wenn ich das humorvoll sagen darf, meine Bischöfe regelmäßig mit der umgekehrten Attitüde adressieren, wonach doch selbst bei den komplexesten Fragen die ethisch „einzig richtige" Lösung offenkundig sei, diese aber von der Politik in einer Kombination aus Höflichkeit, Ignoranz und Arroganz verweigert werde. Was wiederum jenen circulus vitiosus der Sprachlosigkeit und der Kommunikationsverweigerung dauerhaft in Gang setzt, auf den ich zuvor bereits hingewiesen habe.

Neunte Bemerkung: Wir leben längst nicht mehr in einer homogenen Gesellschaft und es gibt keine erkennbare Aussicht, dass diese wieder hergestellt werden könnte, schon gar nicht, dass wir bereit wären, den Preis dafür zu zahlen, unter dem sie alleine wieder hergestellt werden könnte. Deswegen müssen wir uns auf der einen Seite mit der Unvermeidlichkeit des Abschieds von einer kulturell homogenen Gesellschaft anfreunden, und gleichzeitig das Missverständnis jener Beliebigkeit vermeiden, als bedeute Multikulturalität – um es mit einem Augenzwinkern zu sagen – dass nichts mehr wirklich gelte, aber dies gleichzeitig. Wir müssen uns auch, was offenkundig in Deutschland noch schwerer fällt als anderswo, ganz ruhig und nüchtern mit der lebenswirklichen Erfahrung auseinandersetzen, dass ohne ein Mindestmaß von Einheit Vielfalt nicht erfolgreich zu leben ist. Dies hat interessanterweise einen bekennenden Muslim wie Navid

Kermani zu der bemerkenswerten Schlussfolgerung veranlasst, die Grundrechte als Menschenrechte nicht nur als Errungenschaft der westlichen Zivilisation, sondern als universale Menschenrechte offensiv einzufordern.[15] An dieser Stelle, so führt Kermani aus, dürfe eine liberale Gesellschaft nicht nachgeben/keine Kompromisse eingehen. Dies müsse man mindestens unter einer demokratischen „Leitkultur" begreifen dürfen.[16] Mir fallen nicht viele deutschsprachige Autoren ein, die sich trauen würden, allein diesen Begriff öffentlich auch nur laut zu denken.

Abschließend meine *zehnte Bemerkung*: Ich plädiere aus den genannten Gründen für eine sorgfältige Trennung und zugleich für eine intelligente Verbindung von Politik und Religion, von Glauben und Handeln. Natürlich ist Religion zunächst eine reine Privatangelegenheit, aber sie hat immer auch gesellschaftliche Bedeutung. Sie muss nach ihrem Selbstverständnis mehr sein als eine reine Privatangelegenheit, und sie ist nach allen historischen Erfahrungen, die nicht nur wir, sondern auch andere Gesellschaften gemacht haben, schon immer mehr als eine Privatangelegenheit. Diesseits und jenseits Europas haben wir demzufolge inzwischen viele eindrucksvolle, in der Regel eher abschreckende Beispiele dafür, dass die demonstrative Absage an religiöse Orientierungen eine Gesellschaft weder moderner noch humaner macht, was uns das spezifische Spannungsverhältnis zwischen Politik, Öffentlichkeit und Religion erhält, das uns zuverlässig lästig bleibt. Wie viel Religion erträgt also eine aufgeklärte liberale Gesellschaft? Hoffentlich mindestens so viel, wie eine demokratisch verfasste Gesellschaft im Interesse ihrer Selbsterhaltung braucht.

Anmerkungen

Beitrag für den Sammelband „Staat und Kirche. Über Geschichte, Konzeption und Praxis eines spannungsreichen Verhältnisses" der Reihe „Theologie im Kontakt. Neue Folge", Aschendorff Verlag, Herausgeber: Josef Rist / Christof Breitsameter, Katholische Fakultät der Ruhr Universität Bochum.

1 Dietrich Bonhoeffer Werke, Bd. 12, 1997 Gütersloh, S. 238.
2 Ernst Wolfgang Böckenförde, „Staat, Gesellschaft, Freiheit", Frankfurt a.M. 1976, S. 60.

3 Jürgen Habermas, „Glauben und Wissen“, Dankesrede zur Verleihung des Friedenspreises des Deutschen Buchhandels, 14. Oktober 2001.
4 In: Jürgen Habermas, „Zwischen Naturalismus und Religion“, Frankfurt a.M. 2005, S. 119.
5 Vgl. ebd., S. 121.
6 Ebd., S. 135.
7 Ebd., S. 136.
8 Vgl. Deutsche Bischofskonferenz, Arbeitshilfen 269 „Zahlen und Fakten 2013/14“, S. 5. Demnach weist die kirchliche Statistik aktuell 24,2 Mio. Mitglieder der katholischen Kirche und 23,4 Mio. Mitglieder der evangelischen Kirche Deutschlands aus. Das entspricht bei 80,2 Mio. Gesamtbevölkerung einem Anteil von rund 59 Prozent. Zum gleichen Ergebnis kommt die Allensbach-Analyse der FAZ „Christliche Werte haben Bestand“ vom 26.09.2012.
9 So resümiert die Allensbach-Monatsanalyse von Dr. Thomas Petersen im Auftrag der FAZ vom 26.09.2012: „Der Glaube hat für die Bevölkerung an Bedeutung verloren, doch die christliche Kulturtradition wird auch von denen verteidigt, die sich nicht mehr als Christen empfinden“ und: „(...) die Umfragen des Allensbacher Instituts zeigen auch, dass sich viele Deutsche, die sich nicht zum christlichen Glauben bekennen, durchaus mit der christlichen Tradition des Landes identifizieren. Auf die Frage ‚Was würden Sie sagen, wie sehr ist Deutschland durch das Christentum und christliche Werte geprägt?‘ antworten 48 Prozent, ihrer Ansicht nach sei Deutschland ‚sehr stark‘ oder ‚stark‘ durch das Christentum geprägt. Noch deutlicher fallen die Antworten aus, wenn gefragt wird, wie sehr Europa durch das Christentum geprägt sei. In diesem Fall sprechen mehr als zwei Drittel, 68 Prozent, von einer starken oder sehr starken Prägung.“
Dazu a.a.O.: Dass aber das Christentum nach wie vor als Grundlage der Politik akzeptiert wird, zeigt sich an den Antworten auf die Frage „Für wie wichtig halten Sie es, dass sich eine Partei auch an christlichen Grundsätzen orientiert?“ 53 Prozent der Deutschen antworten heute darauf, dies sei ihnen „sehr wichtig“ oder „wichtig“ – kaum weniger als im Jahr 1952.
10 In der Allensbach-Analyse im Auftrag der FAZ vom 26.09.2012 heißt es hierzu: „Eine überwältigende Mehrheit von 78 Prozent antwortet, sie halte den Vorschlag nicht für eine gute Idee – und gibt damit indirekt zu Protokoll, dass sie letztlich doch eine Bevorzugung des Christentums vor dem Islam befürwortet. In den neuen Bundesländern sind es sogar 93 Prozent. Folgerichtig lehnt auch eine Mehrheit von 56 Prozent die kürzlich in Hamburg beschlossene Regelung ab, wonach muslimische Feiertage nichtgesetzlichen christlichen Feiertagen wie dem Buß- und Bettag gleichgestellt werden. Die kulturelle Verankerung der Deutschen im Christentum reicht weit über die religiöse Bindung oder gar das offene Bekenntnis hinaus.“
11 A.a.O. wird hierzu festgestellt: „Kaum eine andere gesellschaftliche Entwicklung der letzten Jahrzehnte vollzog sich so kontinuierlich, gründlich und – wie man annehmen muss – dauerhaft wie die Abwendung der Bevölkerung von der Kirche.“

12 IfD Allensbach/Allensbach-Kurzbericht 20.08.2013: Allensbacher Berufsprestige-Skala 2013, Schaubild 1, S. 2: Auf die Frage „Hier sind einige Berufe aufgeschrieben. Könnten Sie bitte die fünf heraussuchen, die sie am meisten schätzen, vor denen Sie am meisten Achtung haben", steht mit 76 Prozent der Arzt an der Spitze der Ansehens-Skala, gefolgt von der Krankenschwester mit 63 Prozent und dem Polizisten mit 49 Prozent. Am Ende der Skala befindet sich der Politiker mit 6 Prozent, gefolgt vom Fernsehmoderator sowie dem Banker/Bankangestellten, beide mit jeweils 3 Prozent.

13 Am 22. September 2011.

14 http://www.bundestag.de/kulturundgeschichte/geschichte/gastredner/benedict/rede/250244, S. 1f, Rede Papst Benedikts XVI. im Deutschen Bundestag am 22. September 2011.

15 Vgl. Navid Kermani, Dankesrede zur Verleihung des Jahrespreises der Edzard Reuter-Stiftung, Berlin, Januar 2004 „Warum der Westen seine Leitkultur missionarisch ausbreiten sollte (...)", in: Navid Kermani, „Wer ist wir?", 2009, München, S. 168.

16 Vgl. etwa ebd., S. 168f.

Frank-Walter Steinmeier

Wie viel Religion verträgt der Staat – und wie hilft Religion dem Politiker?

Wie viel Religion verträgt der Staat – wer diese Frage im Jahr 2014 einem Außenminister stellt, der scheint das nur rhetorisch zu tun. Ein Blick in die Welt, auf den Bürgerkrieg in Syrien, den wieder entflammten Krieg im Irak, den gerade wieder eskalierenden Nahost-Konflikt, zeigt doch mehr als deutlich: Die Religion stiftet Unruhe, liegt einer Vielzahl der heutigen Konflikte zugrunde oder macht zumindest ihre Lösung um einiges komplizierter. Besser wäre es wohl, sie würde sich ganz heraushalten aus der Politik.

Ist das also die Lehre aus der Geschichte, im Jahr des 500. Geburtstags der Reformation? Vielleicht dürfen wir es uns so einfach nicht machen. So wenig wie es „den Staat" gibt, gibt es „die Religion". Die christlichen, jüdischen und muslimischen Extremisten, die bis heute Hass verbreiten und Glaubenskriege befeuern, haben nichts gemein mit den Anhängern der gleichen Religion, die friedlich miteinander leben. Ebenso unterscheiden sich die staatsrechtlichen Regelungen des Verhältnisses von Staat und Kirche selbst zwischen den christlich geprägten europäischen Ländern und reichen von der strikten Trennung zwischen Staat und Kirche in Frankreich über das Kooperationsmodell in Deutschland bis hin zu den Staatskirchen in England und den skandinavischen Staaten.

Wie viel Religion verträgt der Staat – in unserem Land haben wir diese Frage beantwortet, zumindest im Grundsatz. Wir haben die Religion in den Bereich des Privaten verwiesen – und den Staat dennoch aufgefordert, das religiöse Leben zu fördern und zu unterstützen. Der ehemalige Verfassungsrichter Ernst-Wolfgang Böckenförde hat dies „übergreifende offene Neutralität" genannt. Was genau das heißt, hat das Bundesverfassungsgericht im sogenannten Kruzifix-Urteil 1995 noch einmal ausbuchstabiert und drei Prinzipien formuliert: Selbstrestriktion, das heißt der Verzicht des Staates auf eine eigene weltanschauliche Position, und damit die Absage an eine Staatskirche. Pluralität, das heißt die Gleichwertigkeit der Religionen und die Förderung ihres friedlichen Miteinanders. Keine Sterilität, das heißt die wohlwollende Förderung religiösen Lebens, die Möglichkeit zur Kooperation und damit die Absage an eine absolute Trennung von Staat und Kirche.

Der neutrale Staat hat also vor allem die Aufgabe, Rahmenbedingungen vorzugeben. Aus Religionsfragen hält er sich heraus. Von Prinzipien, die im Grundgesetz festgeschrieben sind, kann und wird er nie zurücktreten, egal ob es um den Turnunterricht oder das Tragen eines Kopftuches, um Beschneidung oder die Evolutionstheorie geht.

Soweit die rechtlichen Grundlagen hier in unserem Land. Obwohl sie sich bewährt haben, waren und sind sie nie unumstritten gewesen: Erinnert sei nur an die jüngsten Debatten um den „Dritten Weg" im Kirchenarbeitsrecht oder die anhaltende Kritik an den Staatsleistungen an die Kirchen. Wer sich einen Eindruck von der Bandbreite der Meinungen verschaffen möchte, dem sei die Lektüre meiner Facebook-Seite empfohlen, wenn ich dort gelegentlich eine Stellungnahme zu kirchenpolitischen Themen veröffentliche oder von der Teilnahme an einer kirchlichen Veranstaltung berichte.

Diese Debatten spiegeln, was ich in meiner Arbeit als Politiker beinah täglich erlebe, und nicht nur in der virtuellen Facebook-Welt: die große Vielfalt an religiösen Realitäten in unserem Land. Erinnern wir uns zum Beispiel an die Vereidigung der aktuellen Bundesregierung. Kein Minister und keine Ministerin, auch ich nicht, wollten beim Ablegen des Amtseides auf „Gottes Hilfe" verzichten. Im Koalitionsvertrag haben die Parteien der großen Koalition die Bedeutung der Kirchen für das gesellschaftliche Leben an herausgehobener Stelle anerkannt. Und schlagen wir unser Grundgesetz auf, springt uns auch dort in der Präambel sofort die Formulierung von der „Verantwortung vor Gott" in die Augen. Unser politisches Leben ist also eindeutig christlich geprägt – einerseits. Andererseits spiegelt dieses öffentliche Bild nicht mehr die innere Wirklichkeit vieler Menschen. Ich selbst habe meinen Wahlkreis in Brandenburg. Zum Christentum fühlt sich dort gerade noch jeder Fünfte zugehörig – zumindest wenn es um formale Kirchenmitgliedschaft und Gottesdienstbesuche geht. Überlebt haben wenn, dann kulturelle Spuren: beim Singen christlicher Weihnachtslieder oder im engagierten Einsatz der Dorfbewohner für den Erhalt ihrer Kirche vor Ort. Die Frage des Verhältnisses von Kirche und Politik stellt sich dort vielfach schlicht nicht mehr.

Wie viel Religion verträgt der Staat – auch wenn die rechtlichen Grundlagen feststehen, so gibt es keine endgültige Antwort auf diese Frage, so bleibt sie Thema in der Debatte einer demokratischen Gesellschaft. Das Reformationsjubiläum ist ein guter Anlass, ins Gespräch zu kommen darüber, welche Aufgabe, welche Rolle wir uns als Staatsbürger von den Kirchen, und besonders der protestantischen, in unserem öffentlichen Leben wünschen. Und umgekehrt, was das Christ-Sein, das Protestant-Sein, was die Reformation für Anforderungen an uns Politiker, an gute Politik, stellt. Gern will ich diesen Beitrag nutzen, um zu dieser Debatte ein paar persönliche Betrachtungen beizusteuern. Welche Rolle spielt die Kirche für mich als Politiker, was bedeutet mein Christsein für meine Politik? Oder, kurz gesagt: Wie hilft Religion mir als Politiker?

Für Martin Luther war die Sache einigermaßen eindeutig. Er verstand sich nicht nur als Mönch und Reformator, sondern betätigte sich auch eifrig als politischer Berater – manchmal, auch das soll nicht verschwiegen werden, auch aus handfestem Eigeninteresse. Ob Finanzfragen, Stellenbesetzungen, Rechtsfragen, ob große oder kleine Politik: Luther mischte sich ein, bezog Position und vertrat diese gegenüber den politischen Autoritäten, vor allem den Grafen von Mansfeld und den Kurfürsten von Sachsen, in unzähligen Briefen. Darunter finden sich „Appelle zur Einrichtung und Aufrechterhaltung christlicher Schulen“, Interventionen zugunsten mittelloser Witwen und Betrachtungen über die Legitimität des Soldatenberufs. Immer wieder hat er Stellung bezogen zum Verhalten des Christen gegenüber der Obrigkeit, zu seiner Pflicht zum Gehorsam, aber auch zum Recht auf Widerstand. Und leider finden wir auch Hetzschriften gegen die Bauern und die verschiedenen, allesamt erschütternd antisemitischen „Judenschriften“.

Aber Martin Luthers politisches Engagement hat nicht nur historische Bedeutung. Mich interessiert es vor allem, weil es zeigt, dass die Reformation ein Wendepunkt für das Verhältnis von Christen und der Welt war. So wenig Luther eine konsistente Theorie formuliert hat oder formulieren wollte, so hatte er doch *eine* klare Botschaft: Mischt euch ein! Nehmt eure Verantwortung vor Gott und vor der Welt ernst! „Seine Theologie stellt jeden Christen", so hat es Bischof Hermann Kunst formuliert, „in die Verantwortung für die Welt hinein".

Denn die Reformation bricht mit der Lehre, dass der Mensch sich im Laufe seines Lebens zuallererst um das eigene Seelenheil kümmern müsse; sei es durch Wohltaten, Buße oder den Kauf von Ablassbriefen. Im Gegenteil: Die Gläubigen können die Rechtfertigung nicht länger durch gute Taten herbeiführen. Allein Gottes Gnade, *sola gratia*, nimmt sie an und setzt sie ins Recht. Die Reformation ist in diesem Sinne vor allem eine Befreiung: Wir müssen uns nicht um uns selbst sorgen, weil Gott das tut. Und diese Freiheit kann niemand infrage stellen, keine Gesellschaft, keine Obrigkeit. Weil sie nicht von Menschen abhängt, sondern allein von Gott.

Diese Befreiung heißt aber nun gerade nicht, dass wir nun tun und lassen können, wozu wir schon immer Lust hatten; Freiheit zum Müßiggang und Faulenzertum. So einfach lässt uns Martin Luther nicht davon. Ganz im Gegenteil: Weil wir uns nicht mehr um uns selbst kümmern müssen, können – er würde vielleicht sagen: müssen – wir uns um andere kümmern! Unsere Freiheit bezeugen wir gerade dadurch, dass wir Verantwortung übernehmen für die Welt und die Menschen, die in ihr leben.

450 Jahre später berufen sich die lutherischen, reformierten und unierten Kirchen noch immer auf genau dieses gemeinsame Erbe. In der Leuenberger Konkordie heißt es: „Die Botschaft [von Jesus Christus] macht die Christen frei zu verantwortlichem Dienst in der Welt und bereit, in diesem Dienst auch zu leiden. (…) Sie treten ein für irdische Gerechtigkeit und Frieden zwischen den einzelnen Menschen und unter den Völkern." Das ist das Revolutionäre an der Reformation.

Und genau das ist es auch, was mich bis heute besonders anspricht. Die Aufforderung, nicht abstrakt an die Politik, sondern an jeden Einzelnen, schon im Hier und Jetzt für Liebe statt Hass, für Versöhnung statt Krieg einzutreten. Wenn wir im Vaterunser beten: „Dein Reich komme", nimmt uns das nicht aus der Pflicht, sondern wir sind mitverantwortlich, Schritte auf dem Weg dahin zu gehen. Darin wohnt eine enorme Kraft der Erneuerung, eine Bereitschaft zur Weltveränderung. Vor allem aber die Gewissheit: Die Zukunft ist offen! Das ist der Kern der christlichen Zuversicht im protestantischen Verständnis.

Keine Frage: Gerade in der Außenpolitik klingt die Losung „Dein Reich komme" wie ein Euphemismus, oder bestenfalls wie ein ganz weites Fernziel. Die Menschen wissen und spüren, wie weit Ideal und Wirklichkeit voneinander entfernt sind. Sogenannte Friedenseinsätze bringen nur selten echten Frieden, Konfliktlösungen dauern oft Jahrzehnte, und schnelle Lösungen sind fast nirgends zu erwarten. Deshalb ist es nicht erstaunlich, wenn Menschen sich von den großen außenpolitischen Krisenherden abwenden und – die einen verzweifelt, die anderen schulterzuckend – sagen: „Die Lage ist so verfahren – Was kann man da schon machen?" Wenn ich das höre, dann fällt mir ein Satz von Dorothee Sölle ein, der mir gut gefällt. „Wir dürfen uns nicht von der Ohnmacht überwältigen lassen", sagt sie. *„Da kann man nichts machen"* sei ein gottloser Satz. Das ist meine feste Überzeugung, aus der heraus ich Politik, gerade auch Außenpolitik mache.

Aber natürlich heißt Reformation noch mehr. Nicht nur ein neutrales: Macht mit. Sondern auch: Tut das nach christlichen Maßstäben. Unser evangelischer Glaube gibt Antworten auf Fragen dieser Zeit. Ich wünsche mir, dass die Kirchen diese lautstark einbringen in unsere öffentlichen Debatten. Und der Glaube gibt mir als Politiker ein Fundament, eine Richtschnur für mein Handeln. Das heißt nicht, dass ich Politik mache mit der Bibel in der Hand. In den Debatten über die Energiewende, die Veränderungen bei der Rente oder die Frauenquote würde das auch wenig nutzen. Diese Antworten finden wir weder im Alten noch im Neuen Testament. Ja, der christliche Glaube hat auch zu tagespolitischen Fragen etwas beizutragen. Aber eher im Sinne eines Kompasses, nicht eines zielgenauen Navis – wie Nikolaus Schneider einmal treffend gesagt hat.

Für mich persönlich sind es genau genommen vier Grundhaltungen, die ich aus der Reformation, aus meinem evangelischen Glauben in die Politik mitbringe, die mir im politischen Alltag meinen Kompass auszurichten helfen.

Und zwar *erstens*: Reformation, das bedeutet für mich, eigene Überzeugungen zu haben. Zu meinen Überzeugungen zu stehen. Und das auch dann, wenn diese unpopulär sind. Die Anhänger der Reformation wurden in Deutschland Protestanten genannt. Aber ihre Haltung war immer mehr als bloßer Protest. Martin Luther hatte die Kraft zum Nein, weil ihm das Ja Gottes lebendig war: „Siehe, ich bin bei euch alle Tage bis an der Welt Ende." Auf diesen Worten Jesu gründete seine Zuversicht. Und diese Worte gelten weiter. Nicht, dass ich die Tragweite heutiger Entscheidungen eines Politikers gleichsetzen würde mit dem Mut, der damals dazu gehörte, oder mit der Gefahr, die es bedeutete, als Martin Luther in Worms bezeugte – wenn auch nicht wörtlich, wie wir inzwischen wissen, aber doch zumindest von der Haltung her: Hier stehe ich, ich kann nicht anders.

Wer heute Politik macht, muss – zum Glück – längst nicht mehr um Leib und Leben fürchten. Persönliches Eintreten für die eigenen Überzeugungen, aufrechter Gang und Gewissenhaftigkeit gehören dennoch nicht unbedingt zur unabdingbaren Grundausstattung eines jeden Politikers; sie werden nicht zwingend gelernt auf dem Weg nach oben, ja sind gelegentlich sogar hinderlich. Aber gerade deshalb bleibt das Vorbild der Reformation aktuell, deshalb tut uns die Erinnerung gut daran, dass die gerade vorherrschende Lehre, der momentane Zeitgeist, nicht die letzte Wahrheit ist.

Daraus leitet sich eine *zweite* Grundhaltung ab; nämlich die, Fragen zu stellen, selbst zu denken, Autoritäten und deren Meinungen nicht einfach hinzunehmen und ungefragt zu übernehmen. Reformation, das bedeutet für mich zweitens: Mich meines eigenen Verstandes zu bedienen. Das ist der zutiefst demokratische Kern der reformatorischen Idee. Schon Luther ging es darum, die Menschen selbst in den Stand zu versetzen, den Glauben zu durchdringen – anstatt im wahrsten Sinne des Wortes nachzubeten, was ihnen vorgesetzt wurde. Seine Bibelübersetzung wollte den Zugang zu Gott „barrierefrei" machen, wie Bischof Markus Dröge das ins heutige Vokabular übersetzt hat. Melanchthon und Calvin haben diese Ideen in die europäische Welt getragen und damit nicht weniger als eine gesamteuropäische Bildungsbewegung ausgelöst. Jeder ist imstande, sich weiterzubilden, sich selbst eine Meinung zu bilden, unabhängig von Status und Herkunft – diese Überzeugung ist für mich nicht nur eine wichtige Schnittstelle von protestantischem Glauben und meiner sozusagen zweiten ideengeschichtlichen Heimat, der Sozialdemokratie.

Und diese Überzeugung ist auch nach wie vor brandaktuell: Etwa wenn wir gefordert sind, Aufstieg durch Bildung zu ermöglichen, für Kinder aus Zuwandererfamilien oder für vermeintlich abgehängte Hartz-IV-Bezieher.

Aber auch, wenn es darum geht, genauer hinzuschauen, bevor wir die Meinung des Mainstreams ungefragt übernehmen. Gerade in der Außenpolitik neigen wir in der öffentlichen Debatte häufig zu allzu einfachen Antworten. Zur Einteilung in Gut und Böse, Schwarz und Weiß. Dass diese Kategorien nicht immer funktionieren, zeigt zum Beispiel der Syrien-Konflikt. Hier mögen unsere Schubladen einfach nicht passen. Zu schnell haben viele Beobachter Syrien als eine Fortsetzung des arabischen Frühlings beschrieben. Und dabei leider übersehen, dass es daneben auch einen wachsenden, anderen Teil von Opposition gibt, der sich an Brutalität und Rücksichtslosigkeit in nichts vom Regime unterscheidet. Der Syrienkonflikt war von Anfang an auch ein Stellvertreterkrieg um die Vorherrschaft in der islamischen Welt, ein Ringen um die Ausweitung der sunnitischen und schiitischen Einflusssphäre. Wenn das richtig ist, dann war die Debatte um eine mögliche militärische Lösung des Konflikts, die wir noch vor einigen Monaten miteinander geführt haben, eigentlich absurd.

Genauer hinschauen, das mahnt uns die Reformation; den eigenen Verstand benutzen, anstatt aufgeschnappte Positionen einfach nachzuplappern. Das gilt heute wie vor 500 Jahren – und auch deshalb freue ich mich, dass der nächste Kirchentag in Stuttgart 2015 unter dem Motto „Damit wir klug werden" stehen wird. Das Motto ist gleichzeitig Mahnung und Erinnerung der Reformation.

Drittens bedeutet Reformation für mich: um meine Grenzen zu wissen und den Mut zu kleinen Schritten zu haben. Denn all die Befreiung, all die Ertüchtigung und Ermächtigung jedes Einzelnen bedeutet ja nicht, dass wir Protestanten nun Allmachtsfantasien erliegen würden. Im Gegenteil. Wir Menschen sind von Gott zur Übernahme von Verantwortung befähigt. Aber wir bleiben begrenzt und fehlbar. Auch Martin Luther selbst war weit davon entfernt, ein perfekter Mensch zu sein. Seine berühmte Zwei-Reiche-Lehre hatte eben eine doppelte Stoßrichtung: „Man muss Gott mehr gehorchen als den Menschen", aber auch: Nicht wir Menschen, nur Gott kann diese Welt retten. Das hat etwas Befreiendes, und zugleich Befähigendes:

Wenn ich jeden Morgen aufstehe mit dem Gefühl, alle Ungerechtigkeiten dieser Welt gehen mich an und müssen von mir beseitigt werden, werde ich am Ende gar nichts ausrichten können. So aber gibt mir Martin Luther gleich doppelt Zuversicht für mein Handeln – denn durch ihn weiß ich, dass ich für meinen Nächsten Verantwortung trage und doch nicht die ganze Welt retten muss. Bei aller Freiheit gegenüber Autoritäten, hat der Theologe Hans Scholl geschrieben, „ist reformatorische Politik nicht einfach ungeduldig revolutionär. Reformatorische Politik heißt schlicht: Das Ziel fest vor Augen, aber auf dem Weg dahin – mit Rückschlägen und Umwegen – nicht die Kraft und die Geduld verlieren."

Genau dass wird uns gerade in der Ukraine abverlangt – und ich muss gestehen, dass es auch für mich manchmal zum Verzweifeln ist, wenn nach einem kurzen Hoffnungsschimmer gleich der nächste Rückschlag kommt. Genau darum geht und ging es auch in Afghanistan: Wir haben dort sicher nicht alles erreicht; von dauerndem Frieden und demokratischer Stabilität nach westlichen Maßstäben kann nicht die Rede sein. Aber wir dürfen das, was wir erreicht haben, nicht gering schätzen: Wir haben geholfen, Straßen, Schulen und Brunnen zu bauen. Wir haben geholfen, dass heute 10 Millionen Kinder zur Schule gehen, und davon sind 40 Prozent Mädchen; dass elektrischer Strom fließt in der Hauptstadt Kabul; dass es in vielen Regionen eine medizinische Basisversorgung gibt; dass die Kindersterblichkeit sich mehr als halbiert hat. Auch das war das Ziel des langen und riskanten Einsatzes in Afghanistan.

Schließlich bedeutet Reformation für mich *viertens*, Unterschiede auszuhalten. Die Vielfalt zu akzeptieren. Natürlich weiß ich, dass das Erbe der Reformation in der Vergangenheit mindestens ebenso gespalten wie vereinigt hat. „Können wir dieses Jubiläum überhaupt feiern?", hat Bischof Gerhard Feige gefragt. Schließlich war die Reformation Ausgangspunkt der Spaltung der Christenheit, der Beginn eines Trennungs- und Entfremdungsprozesses mit unsäglichen Folgen, darunter die Konfessionskriege mit ihren unzähligen Opfern.

Aber das ist eben nur ein Teil der Wahrheit. Der andere ist: Wir – in diesem Teil der Welt – haben aus den Glaubens- und sonstigen Kriegen der Vergangenheit gelernt. Wir haben gelernt, Konflikte einzuhegen, sie in zivilisierten Formen auszutragen. Und die Kirchen sind, bei allen weiter bestehenden Unterschieden, sogar zu einer Art Vorreiter der Idee von der „Einheit in Vielfalt“ geworden. Eine Idee, die politische Ausstrahlung hat! Blicken wir nach Europa. Die große Leistung der europäischen Einigung besteht doch gerade darin, nicht Homogenität zu versprechen, sondern Verschiedenheit zu versöhnen: Das gilt für nationale Identitäten ebenso wie für Konfessionen. Die Mehrheit der EU-Bürger ist römisch-katholisch. Aber in Dänemark und Schweden haben wir zu fast 100 Prozent protestantische Bevölkerungen. Griechenland, Bulgarien und Rumänien sind mehrheitlich orthodox. Gerade die friedliche Vielfalt der Kirchen in Europa ist doch ein Beispiel für die europäische Gesellschaft insgesamt! Darauf können wir stolz sein, und diese Tradition ist wichtiger als manch verwirrender Ruf nach der Verteidigung der „christlichen“ Wurzeln Europas.

Und deshalb sind wir Christen auch in der gegenwärtigen Krise gefragt, an dieses Erbe zu erinnern, diese Tradition zu verteidigen. Allzu leichtfertig, finde ich, werden da gerade alte Stereotypen wieder hervorgeholt: Wenn eine Wirtschaftskrise vor allem als Gegensatz zwischen der katholisch-lateinischen Welt und dem protestantischen Nordeuropa verstanden wird. Wenn in Italien, Frankreich und Spanien Rufe laut werden, sich wieder stärker auf die eigene Katholizität zu besinnen und sich gegen die protestantische Hegemonie aufzulehnen. Wenn im Norden Europas das Gefühl wächst, nur noch Zahlmeister für die verschwenderischen Länder des lateinischen Südens zu sein. Und wenn bei all dem niemand bemerkt, wie mit einigen flotten Sätzen zur Zukunft Griechenlands und Zyperns außerhalb der Eurozone und der EU das orthodoxe Erbe Europas mal eben gesprengt wird.

Alte konfessionelle Spaltungen, die wir schon längst überwunden glaubten, kehren in neuer, kulturell-ökonomischer Gestalt zurück. Statt gemeinsam zu überlegen, wie die Folgen eines unkontrollierten Finanzkapitalismus gebändigt werden können, tun sich zwischen den Völkern alte Trennlinien wieder auf.

Vor einiger Zeit wurde ich bei einer Rede in Berlin als Kriegstreiber beschimpft. Ich habe lautstark meine Stimme erhoben gegen Demonstranten, die immer noch nicht verstanden haben, wie lange dafür gekämpft wurde, wofür Europa heute steht: für Frieden und

Freiheit und auch für Sicherheit. Ich bin nicht stolz darauf, dass diese Rede auf YouTube einmal um die Welt ging, aber ich bin froh, dass die Menschen vielleicht ein bisschen verstanden haben, worum es geht bei diesem Europa! Ich fürchte, das ist längst nicht mehr selbstverständlich. Und deshalb müssen wir Protestanten noch viel deutlicher sagen: Die Ökumene hat auch eine politische Dimension, und für die lohnt es sich einzutreten.

Zu seinen Überzeugungen stehen. Den eigenen Verstand benutzen. Die Grenzen kennen. Vielfalt akzeptieren – das sind Lehren meiner Religion, die mir im politischen Leben weiterhelfen. Wir können das Reich Gottes nicht auf Erden bauen. Aber jeder von uns kann mithelfen, den Weg dahin zu ebnen. Der evangelische Glaube macht uns frei dazu. „Gott hat uns nicht gegeben den Geist der Furcht", heißt es bei Timotheus. Die Reformation hat uns als Christen in die Verantwortung für die Welt hineingestellt. Es ist an uns, diese Verantwortung anzunehmen.

Friedhelm Kraft

Wie viel Religion verträgt die Schule?

Zum Zusammenhang von Bildung, Religion und Didaktik in einer pluralen Gesellschaft

I. Warum „Religion" Gegenstand schulischer Bildung sein muss

Die Fragestellung der folgenden Ausführungen knüpft an den immer noch aktuellen und lesenswerten aktuellen Essay von Rolf Schieder aus dem Jahre 2001 an. Schieder fragt hier umfassender: „Wie viel Religion verträgt Deutschland?" Ihm geht es dabei weniger um die Frage der religiösen Quantität als um die Frage der Qualität von Religion in zivilgesellschaftlicher Perspektive. Seine Überlegungen stehen unter der Leitfrage: „Was für Religionen braucht und verträgt Deutschland, und welche zivilreligiösen Kriterien haben wir zur Hand, um die Religionen zu beurteilen?"[1]

Während Schieder den Beitrag der Religionen für die „Zivilisierung der Zivilgesellschaft" problematisiert, möchte ich dieses Anliegen auf die Schule und das Bildungswesen übertragen. Auch die Schule hat eine zivilreligiöse Funktion, sie lebt von Verheißungen, die im Bildungsbegriff regulativ ihren Ausdruck finden. Entscheidend ist die Einsicht, dass sich pädagogisches Handeln in spezifischen Grenzen vollzieht: So wie in religiöser Perspektive der theologische Vorbehalt im Blick auf die Unverfügbarkeit des Glaubens konstitutiv ist, muss in pädagogischer Perspektive von einer „Unverfügbarkeit" von Bildungsprozessen gesprochen werden. Die Wirksamkeit pädagogischen Handelns bleibt letztlich offen, insbesondere wenn komplexe Lernleistungen wie die Förderung persönlicher Werthaltungen auf dem Spiel stehen. Roland Schelander vergleicht die Unverfügbarkeit des Glaubens mit der Unverfügbarkeit des „geglückten Lebens":

„Glaube ist wie das geglückte Leben unverfügbar. So wie der Einzelne den Glauben nicht besitzen kann, geschweige denn erlernen kann, so ist auch das geglückte und erfüllte Leben dem Pädagogen unverfügbar. Das enthebt nicht von der Notwendigkeit pädagogischer Bemühungen: Das Leben und der Glaube sind auf Lernen und Bildung angewiesen."[2]

Die Frage nach dem Beitrag der Religionen für das Bildungsverständnis und die Bildungsaufgabe der Schule ist alles andere als trivial. Religiöse Traditionen und Prägungen beeinflussen das Schulwesen bis heute. Schon immer war und ist die Schule ein Ort, wo Religion als Lehrstoff und als Praxis zur Geltung kam und kommt. Dass dies nicht immer konfliktfrei verlaufen kann, versteht sich von selbst. Auch in dieser Hinsicht ist die Schule ein Spiegelbild gesellschaftlicher Konfliktlagen und sozialer Aushandelungsprozesse. Gleichzeitig sind die „zivilisierenden" Rückwirkungen einer „Schulreligion" in Gestalt systematisierender Fachlichkeit auf das Selbstverständnis der Religionsgemeinschaften nicht zu unterschätzen. Gerade der Religionsunterricht hat in historischer Perspektive einen gewichtigen Beitrag zum Religionsfrieden einer bikonfessionellen Gesellschaft geleistet. Zugleich zwingt er die Religionsgemeinschaften, religiöse Traditionen und theologische Grundlegungen in pädagogisch-didaktische Kategorien zu fassen. In dieser Hinsicht ist auch das Projekt eines islamischen Religionsunterrichts für die Entwicklung des Islam in Deutschland von großer Bedeutung.

Schule ist – wie gesagt – kein religionsfreier Raum. Bildungspolitik ist immer auch Religionspolitik und hat die Aufgabe, das Recht auf Religion in der Schule zu gewährleisten, ohne dass die Bildungsaufgabe von Schule durch religiöse Geltungsansprüche infrage gestellt wird. Diese Aufgabe ist angesichts der Pluralisierung des religiösen Feldes mit Sicherheit nicht leichter geworden. Religionskompetenz ist nicht nur Bildungsaufgabe von Schule, sondern unerlässliche Voraussetzung für eine sachgemäße Bildungs- und Religionspolitik.

Wie viel Religion verträgt also die Schule? Muss der Einfluss von Religion in der Schule begrenzt werden? Oder ist gar das Gegenteil richtig? Zugleich verweist die Fragestellung auf die zuständigen Wissenschaftsdisziplinen: In welcher Weise nehmen Erziehungswissenschaft und Schulpädagogik Religion wahr und bedenken ihre Rolle in der Bestimmung der Bildungsaufgaben der Schule?

II. Schule und Religion: Drei Momentaufnahmen

An drei aktuellen Beispielen sollen im Folgenden das Sichtbarwerden und die Bedeutsamkeit, aber auch Konfliktlinien von Religion im Raum von Schule aufgezeigt werden. Es geht einerseits um Grundfragen von Religion in der Schule, andererseits um Religion in der Schule, wie sie im Alltag des Schullebens in Erscheinung treten kann:

Momentaufnahme 1

„Kirchen raus aus den Schulen." So lautet die Überschrift eines Artikels im Zusammenhang des Urteils des Bundesverwaltungsgerichts in Leipzig zum Ethikunterricht vom 16. April 2014 von Parvin Sadigh.[3]

Der Artikel erhitzte wie gewohnt die Gemüter der Online-Community. Die Vielzahl der Kommentare sprechen für sich: Da ist von der Abschaffung eines „Religionsmonopols", der „Säkularisierung" der „staatlichen" Schule, der „Ersetzung" des Faches Religion durch „Geografie" bis hin vom „Blödsinn, den die meisten Religionslehrer erzählen" die Rede. Und: Vehement wird als „Lösung" die Abschaffung des „Fremdkörpers" 7.3 GG zugunsten eines Religionsunterrichts „unabhängig von der Konfession, ein(en) Unterricht, wo Kinder alle Religionen verstehen lernen" gefordert.

Religionsunterricht polarisiert und ist ein sperriges Fach in der Schule. Religionslehrerinnen und -lehrer nehmen die Veränderungen der Rahmenbedingungen des Faches sensibel wahr. Die Frage der Zukunft des Religionsunterrichts hat auch in der Religionspädagogik zu einem intensiven Diskurs geführt.[4]

Momentaufnahme 2

Nach einem mehrjährigen Streit hat das Bundesverwaltungsgericht in Leipzig am 30. November 2011 die Klage eines muslimischen Gymnasiasten der Diesterweg-Schule in Berlin-Wedding zurückgewiesen.

Er darf an seiner Schule nicht beten, da dies den Schulfrieden gefährdet habe. Mit dieser Entscheidung endete eine gerichtliche Auseinandersetzung, die sich über drei Instanzen erstreckte. Vorausgegangen war eine einstweilige Anordnung durch das Berliner Verwaltungsgericht. Die Schule hatte demnach dem Schüler die Verrichtung seines Gebets in der Mittagspause zu gestatten. Das Oberverwaltungsgericht Berlin-Brandenburg sah aber die Sache anders und urteilte, die Schule dürfe muslimischen Schülern ihr rituelles Gebet verbieten. Diese Auffassung hat das Bundesverwaltungsgericht bestätigt. Allerdings betonten die Richter den Einzelfallcharakter der Entscheidung. Sie dürfe „nicht in dem Sinne verallgemeinert werden, dass die generelle Ausübung eines rituellen Mittagsgebets eines Schülers muslimischen Glaubens nicht zulässig ist". Der Vorsitzende Richter Werner Neumann sagte: „Die Schule muss sehen, ob es wirklich zur Wahrung des Schulfriedens nötig ist, die Glaubensfreiheit einzuschränken."[5] Das Bundesverwaltungsgericht stellte in seiner Urteilsbegründung deutlich dar, dass ein Verbot des Gebets nur in Ausnahmefällen erfolgen kann. Es folgte der Feststellung des Oberverwaltungsgerichts, das die Frage der Störung des Schulfriedens mit Verweis auf die zahlreichen religiös motivierten Konflikte an der Schule bejaht hatte.

Szenenwechsel: Im Rahmen einer Dialogveranstaltung zwischen evangelischen und muslimischen Religionslehrkräften in Berlin wird die Frage des Gebets in der Schule angesprochen. Für den muslimischen Kollegen hat das Ritualgebet seinen Platz in der Moschee und nicht in der Schule. Im Unterricht werden Ablauf und Gebetshaltung lediglich anhand von bildlichen Darstellungen gezeigt. Eine evangelische Lehrkraft signalisiert apodiktisch Zustimmung: „Beten hat im Religionsunterricht keinen Platz!"

Die beiden Momentaufnahmen werfen ein Schlaglicht auf eine immer heftiger geführte Debatte: Warum werden im Religionsunterricht die Kinder nach Konfessions- und Religionszugehörigkeit aufgeteilt? Welchen Raum hat religiöse Praxis in der Schule? Was unterscheidet Religionsunterricht nach Art. 7 Abs. 3 GG von einem Religionsunterricht „für alle"?

Momentaufnahme 3

Das folgende Beispiel hat seinen Ort in der alltäglichen unterrichtlichen Praxis. Auch dieses Beispiel hat seine eigene innere Dramatik, ist aber nach außen hin weniger spektakulär. Eine Lehrerin berichtet aus ihrer Unterrichtspraxis:

> „Meine Oma ist tot. Jetzt glaube ich nicht mehr an Gott!" So wurde ich von einer Schülerin der zweiten Klasse eines Morgens empfangen. Bildende Kunst wäre eigentlich auf dem Stundenplan gestanden, ein Fach, das die Kinder sehr liebten. Doch jetzt war es allen Schüler(inne)n klar, dass BK warten musste. Im Gesprächskreis erzählte Laura zunächst, was sich ereignet hatte und wie es ihr dabei ging. Die Kinder waren still und betroffen. Eine Antwort schien ihnen jetzt unangemessen. Bis Isabelle rief: „Gott hat deine Oma bestimmt lieb. Deine Oma ist bei Gott!" Darauf entwickelten die Kinder Vorstellungen vom Leben nach dem Tod. [...] Laura hörte ruhig zu."[6]

Der Bericht der Lehrerin zeigt, wie im Alltag einer „normalen" Unterrichtsstunde religiöse Fragen sich einen Raum verschaffen. Angesichts der Begegnung mit dem Tod stellt sich die existenzielle Frage nach Gott. Kinder stellen sehr konkrete Fragen, wenn es um das Thema Tod und Sterben geht. In der Frage „Wohin gehen die Toten? Wo wird sich die Oma nach ihrem Tod befinden?" formulieren sie ihre Vorstellungen, in denen sich die existenzielle Frage nach Sinn und Lebensdeutung spiegelt. Der Ort, wo diese Fragen und Vorstellungen geäußert wurden, ist der Morgenkreis, nicht der Religionsunterricht.

Auch dieses Beispiel zeigt, dass, wenn es um Religion in der Schule geht, auch die Pädagogik gefragt ist. Religion kann nicht auf einen ausgewiesenen Ort im Fächerkanon der Schule reduziert werden, sie begegnet uns im Alltag der Schule an unterschiedlichen Stellen. Deutlich wird, dass die Frage nach Religion nicht erst von außen von Religionsgemeinschaften an die Schule herangetragen wird. Die Schule muss ihr eigenes Verhältnis zu Religion klären. Das zeigt das Beispiel Diesterweg-Schule. Denn ein Gebetsverbot und damit die Einschränkung des Grundrechtes der Religionsfreiheit sind erst dann gerechtfertigt, wenn die Schule plausibel erklären kann, dass sie die Frage des Gebets pädagogisch nicht mehr lösen kann.[7]

Der in den Momentaufnahmen skizzierte Zusammenhang von Religion und Pädagogik zielt auf sehr unterschiedliche Problem- und Fragestellungen, die sich aber aus dem Leben der Schule heraus stellen und daher auch schulpädagogisch bedacht werden müssen. Fragen nach Sinn, Orientierung und Weltdeutungen sowie der Umgang mit religiösen Symbolen stellen sich aus dem Alltag der Schule heraus und müssen daher auch in einer „Theorie der Schule" bedacht werden.

Allerdings muss festgestellt werden, dass die Rezeption einer bestimmten Vorstellung von Säkularisierung im Sinne eines unabwendbaren Bedeutungsverlustes von Religion in der Pädagogik vielfach zu einer Ausblendung des Zusammenhanges von Bildung und Religion geführt hat. Friedrich Schweitzer hat in seinen Veröffentlichungen mehrfach auf das ambivalente Verhältnis von Pädagogik und Religion hingewiesen, insofern die Frage, ob Religion zur Bildung gehört, sehr unterschiedlich beantwortet wird.[8] Das Beispiel Diesterweg-Schule zeigt, dass auch die Pädagogik das Gespräch mit der Religion neu suchen muss. Nicht Verbote, sondern ein offener Umgang mit religiöser Pluralität ist pädagogisch geboten und sichert den Schulfrieden. Mit der Frage des Schulgebets ist der Schule gleichsam der Streit um die Pluralismusfähigkeit von Religion und religiös motivierter Praxis als pädagogisches Problem aufgezwungen worden. Wichtig sind in diesem Zusammenhang pädagogische Perspektiven, die religiöse und kulturelle Vielfalt nicht vorrangig als Problem ansehen, sondern als Chance und Aufgabe für interreligiöses Lernen der Schule begreifen.

III. Welchen Beitrag leisten evangelische Perspektiven für die Frage der Bildung?

Die bisherigen Überlegungen haben in pädagogischer Perspektive Argumente für die Notwendigkeit der Auseinandersetzung mit Religion in der Schule aufgezeigt. In einem weiteren Schritt soll nun die theologische Perspektive zum Tragen kommen. Anders gefragt: Was würde der Pädagogik und der Schule fehlen, wenn es nicht zu einem Diskurs zwischen Theologie und Pädagogik käme?

III.1 „Alles mit Religion, nicht aus Religion tun"

In der aktuellen Bildungsdebatte nach PISA geht es in evangelischer Perspektive weniger um die Proklamation eines theologisch abgeleiteten Bildungsbegriffs als um die Eintragung von theologischen Perspektiven in den Streit um das Verständnis und die Struktur von Bildung und Bildungsprozessen. Erziehung und Bildung kann in der Moderne nicht mehr aus religiösen Normen und Setzungen abgeleitet werden, insofern kollidiert das Postulat einer Erziehung und Bildung „aus" Religion mit der freiheitlich-emanzipatorischen Ausrichtung von Bildung und den Verständigungserfordernissen pluraler Gesellschaften. Geltung hat aber bis heute die klassische Formulierung von Friedrich Schleiermacher, dass es darum geht, „alles mit Religion (zu) tun, nicht aus Religion". Religion ist in dieser Perspektive eine notwendige Dimension von Bildung, hat aber nicht die Funktion Bildung insgesamt zu begründen beziehungsweise zu normieren.[9]

Insofern ist erst einmal in aller Bescheidenheit mit Peter Biehl zu sagen:

> „Die Theologie hat zunächst keinen sachgemäßeren Begriff von Bildung, sondern ihr geht es in erster Linie um eine bestimmte Qualität von Bildung."[10]

Evangelisches Bildungsdenken stellt die humane Dimension von Bildung und Bildungsprozessen in den Mittelpunkt. In diesem Sinne hat die Bildungsdenkschrift der EKD „Maße des Menschlichen" ihre Überlegungen in den Kontext von „Kultur", „Verantwortung" und „globaler Verständigung" gerückt.[11] Mit dieser Rahmung wird ein umfassendes Verständnis von Bildung angezeigt. Es geht um die „Kultivierung des ganzen Menschen" und zugleich um die „Förderung der kulturellen Qualität der Gesellschaft". In der Erinnerung an das biblische Bild vom Menschen – der Mensch als Geschöpf und Ebenbild Gottes – werden in der Denkschrift theologische Begründungen für Bildung und „Grundsätze" eines „evangelischen Bildungsverständnisses" formuliert. Ein umfassendes Verständnis von Bildung ist in Aufnahme theologischer Perspektiven angewiesen auf Deutungen des Lebens, auf ein „orientierendes Wirklichkeitsverständnis" (Karl Ernst Nipkow). Aus evangelischer Sicht ist daher die Frage nach Glaube,

Religion und Transzendenz eine unverzichtbare Dimension von Bildung. Die Denkschrift benennt die Frage nach Gott „geradezu als Schlüssel zukunftsfähiger Bildung".[12]

Angesichts der Dominanz eines funktionalen Bildungsverständnisses gilt es, ein umfassenderes Verständnis von Bildung in die aktuelle bildungspolitische Debatte einzutragen.[13] Anlässe gibt es genug: So zeigen die Neuregelungen der Stundentafel in einzelnen Bundesländern eine eindeutige Tendenz. Es gibt eine neue Hierarchie der Fächer im Rahmen des Angebots der Schule. Sprache und Naturwissenschaft sind wichtiger als Religion, Musik oder Kunst. Das schulische Angebot spielt vielfach „Verfügungswissen" gegen „Orientierungswissen" aus.

Oder um ein zweites Beispiel zu nennen: In der aktuellen Diskussion um die Ganztagsschule wird deutlich, dass das Bildungsverständnis und die Ziele von Ganztagschulen sehr unterschiedlich bestimmt werden. Schulpädagogisch-reformerische Ansätze und ökonomisch-technische Interessen stehen in wechselseitiger Konkurrenz. Gerade weil Bildung mehr ist als nur Ausbildung, brauchen auch Ganztagschulen „pädagogische Konzepte", in denen sich ein Verständnis von Bildung in umfassender Weise im Sinne von „Aneignung von Welt" und „Entwicklung der Person" widerspiegelt.[14]

Theologische Perspektiven fragen nach dem Menschen jenseits Verzweckung und gesellschaftlicher Brauchbarkeit. Wie gehen wir mit Kindern um, die die Ziele der Leistungsgesellschaft nicht erreichen? In welcher Weise gehört zum Bildungsauftrag der Umgang mit Scheitern, Misserfolgen und Unzulänglichkeiten?

Bildung, Schulreform und Schulentwicklung haben immer eine normative Dimension: Es geht um Zielbestimmungen, Wertorientierungen und das Bild vom Menschen.

III.2 Wie viel Religion verträgt die Schule?

Dietrich Benner unterscheidet „religiöse Bildung zwischen unterrichtlichen und in religiöse Praxis einführenden Aufgabenstellungen" und betont, dass „letztere nicht in unterrichtlichen, sondern nur in praktischen Vorhaben" zu „verorten" sind.[15] Religion als eine grundlegende Praxisform benötigt auch am Lernort Schule „praktische Vorhaben“, die Schülerinnen und Schüler einen Zugang zu gelebter Religion ermöglichen. Der Schulgottesdienst, die religiöse Feier, Besinnungs- beziehungsweise Einkehrtage, Kirchenerkundungen, diakonische Projekte, Kontakte zu Menschen mit anderer Religionszugehörigkeit öffnen den Unterricht für Lernfelder, die Religion in der Schule als eine Dimension des Schullebens ausweisen. In diesem Sinne „verträgt“ die Schule ein „mehr“ an Religion: Sie „verträgt“ darüber hinaus die Wahrnehmung und Wertschätzung der von Kindern und Jugendlichen in die Schule hineingetragenen vielfältigen, pluralen Formen und Ausdrucksweisen von Religion. Dieses „mehr“ kann aber nicht in einem quantitativen Sinne verstanden werden, sondern muss von den Bildungs- und Erziehungsaufgaben der Schule her bestimmt werden. Daher muss es auch pädagogische Kriterien geben, die Formen und Stellenwert von Religion in der Schule bestimmen. Unstrittig sollte sein, dass die Beurteilung von Religion sich zuallererst am Wohl des Kindes, des Jugendlichen messen muss. Religion in der Schule darf keinen Platz haben, wenn sie Einschränkungen eigenständiger Lebensentscheidungen der Kinder und Jugendlichen fordert oder religiöse Erziehung mit angsterzeugenden Erziehungspraktiken verbindet. Religion als Begründung von Werten, als Sinnangebot und als Unterstützung von Fantasie und Kreativität in der Persönlichkeitsentwicklung darf in der Schule nicht fehlen und kann und sollte daher auch aus schulpädagogischer beziehungsweise erziehungswissenschaftlicher Perspektive nicht nur geduldet, sondern geradezu eingefordert werden. Schule muss offen sein für Sinnfragen, die sich gewissermaßen zur „Unzeit“ und am „falschen“ Platz stellen. Gefragt sind daher Organisationsformen, die offen sind für Fragen der Selbstvergewisserung und der Orientierungssuche von Kindern und Jugendlichen einen stützenden Rahmen geben.

IV. Wie viel Religion verträgt der Religionsunterricht? – Zwei religionspädagogische Ansätze im Vergleich

Neben der Frage eines Religionsunterrichts, der sich an grundlegenden Kompetenzen orientieren soll, ist die religionspädagogische

Debatte der letzten Jahre vor allem durch die Ansätze einer performativen Didaktik und der Kinder- und Jugendtheologie bestimmt:

- Das didaktische Leitbild „Theologisieren mit Kindern und Jugendlichen" hat eine breite und fruchtbare theoretische Diskussion und empirische Forschung ausgelöst, die weit über den Rahmen eines didaktischen Konzepts hinausgeht. Viel grundsätzlicher ist in den Blick genommen, dass Kinder und Jugendliche eine sehr eigenständige Art und Weise haben, über Gott und die Welt nachzudenken, das Leben und Religion wahrzunehmen. „Theologisieren" als eine Form der Aneignung von Religion ist für einen Religionsunterricht unverzichtbar geworden, der auf eine hermeneutische Kompetenz ausgerichtet ist und daher auf theologische Argumentationsfähigkeit und religiöse Urteilsfähigkeit zielt.[16]
- Fast zeitgleich ist unter der Überschrift „performative Didaktik" die Bedeutung der Praxis von Religion für das Gelingen religiöser Lernprozesse in das Zentrum der Aufmerksamkeit gerückt. In performativer Perspektive haben die Frage nach „gelebter" Religion und die Begegnung mit „authentischer" Religion einen neuen Stellenwert bekommen. Mit anderen Worten: Die konkrete Erfahrung mit Religion soll den Religionsunterricht bestimmen. Der performative Religionsunterricht nimmt in besonderer Weise Übergänge in den Blick, die neben der Fähigkeit zur Wahrnehmung und Deutung von Religion auf eine Partizipationskompetenz zielen und damit zu einem handelnden Umgang mit Religion führen.[17]

IV.1 Gelebte Religion als Referenzrahmen

Unübersehbar ist, dass Religion in der modernen Lebenswelt einen Gestaltwandel erfahren hat. Einerseits besteht in den alltäglichen Lebenswelten ein ungebrochener „Bedarf" an Religion, andererseits hat aber Religion im herkömmlichen Verständnis des christlichen Glaubens seine kulturelle Selbstverständlichkeit weithin verloren. Das Erscheinungsbild religiöser Phänomene ist vielfältiger und bunter geworden. Religion in der modernen Lebenswelt hat sich vielfach ins Religiöse „verflüssigt", sie ist wesentlich Sache der individuellen Sinngebung jedes Einzelnen geworden. Beide Ansätze reagieren auf diesen Wandel, setzen aber jeweils an unterschiedlicher Stelle an:

- Die religionstheoretische Ableitung von Religion als „Religion der Individuen“ (Wilhelm Gräb) hat eine Affinität zu der kinder- und jugendtheologischen Vorentscheidung „Kinder und Jugendliche sind Theologen“. Mit dieser programmatischen Formel werden die Deutungen und Interpretationen von Kindern und Jugendlichen eigens gewürdigt. Kinder stellen nicht nur „große“ Fragen, sie konstruieren ihre Sichten von Welt und Leben, entwickeln ihre eigenen „intuitiven“ Theorien und finden eigene Antworten. Die Theologien der Kinder und Jugendlichen haben daher einen unersetzbaren Platz in einer lebensweltlich gewendeten Theologie, die sich als „Anwalt des Subjekts“ der Alltagswelt von Menschen verpflichtet weiß.[18]
- Die zu beobachtenden Transformationen kirchlich verfasster christlicher Religion in neue „Formen des Religiösen“ ist im Rahmen des performativen Ansatzes mit der Formulierung vom Christentum als „Fremdreligion“ aufgenommen worden. Da Schülerinnen und Schüler in der Regel keine Erfahrungen mit christlicher Religion aus familiärer oder kirchlicher Sozialisation mitbringen, muss Religion zuallererst „erschlossen“, „gezeigt“ und „erprobt“ werden. Religionsunterricht hat damit die Aufgabe, Religion „als eine Praxis“ Schülerinnen und Schülern zu erschließen. Religionsunterricht nach dem „Reflexionsmodell“ – in der Schule werden vorgängige religiöse Erfahrungen reflektiert – entspricht aus performativer Sicht weder den veränderten Sozialisationsbedingungen noch dem Gegenstand Religion.

Dem Anliegen des performativen Religionsunterrichts ist zuzustimmen, dass in der Tat Religion nicht nur über bloße Informationen über religiöse Phänomene zu erfassen ist. Daher gehen die derzeit diskutierten Kompetenzmodelle für die Bestimmung von Bildungsstandards für den Religionsunterricht von einem mehrfach dimensionierten Begriff von Religion aus.[19]

Die Frage aber bleibt: Wie lassen sich Religion als „Tatbestand“ und Religion als „Tätigkeit“ aufeinander beziehen? Provokativ gefragt: Wie viel „tätige“ Religion verträgt der Religionsunterricht?

IV.2 Religion in der Schule profilieren – aber wie?

Andrea Schulte und Ingrid Wiedenroth-Gabler sind in ihrer „kompakten" Religionspädagogik im Durchgang zu aktuellen religionsdidaktischen Konzeptionen zu der Schlussfolgerung gelangt, dass sich „der Eindruck auf(drängt): Je ‚unchristlicher' die Gesellschaft wird, desto stärker zeigt der Religionsunterricht nun wieder dezidiert ‚christliches' Profil".[20]

Diese Feststellung kann ebenso auf die Kinder- und Jugendtheologie und den performativen Religionsunterricht übertragen werden. Beide Ansätze wollen Religion in der Schule als ein „Modus der Welterfahrung" unverstellt ins Spiel bringen. Der Religionsunterricht soll Schülerinnen und Schülern eine Begegnung mit Religion eröffnen, er soll „in" Religion einführen und darf sich daher nicht auf einen Unterricht „über" Religion in einem religionskundlichen Sinne beschränken. Religiöse Sprach- und Ausdrucksfähigkeit ist daher ein zentraler Zielhorizont des Religionsunterrichts. Die Frage bleibt: In welcher Weise und in welchen Formen ist religiöses Kommunizieren im Religionsunterricht möglich? Kindertheologie und performativer Religionsunterricht setzen die Modi der Zugänge zu religiösen Kommunikationsprozessen unterschiedlich. Für den performativen Religionsunterricht ist die Unterscheidung zwischen zwei unterschiedlichen Ebenen religiöser Kommunikation und religiösen Sprechakten konstitutiv: zwischen Erlebnis und Reflexion, zwischen performativen und konstatierend-diskursiven Sprechakten, zwischen „religiösem Reden" und „Reden über Religion". Der probeweise Vollzug gelebter Religion und die probeweise Ingebrauchnahme religiöser Praxis bestimmt das Anliegen des performativen Ansatzes.[21] Aus performativer Perspektive gehört das Theologisieren in den Bereich des „Redens über Religion", da hier eine unmittelbare „religiöse Rede" nicht stattfindet, sondern der diskursive Zugang zu Religion bestimmend ist. Allerdings muss einschränkend gesagt werden: Diese Unterscheidung ist nur kategorial zu treffen, da auch sprechakttheoretisch gilt, dass Sprechakte von beiden Elementen oder Sprachaspekten bestimmt sind.[22]

IV.3 „Religiöse Rede" als „Unterbrechung" der (Alltags)-Lernkultur von Schule

Religiöse Rede unterbricht die Alltagsstruktur schulischer Lernprozesse, indem der Modus des Lernens durch den Modus der Feier eine Brechung erfährt. Im Modus der Feier geht es weniger um eine Haltung des Fragens, der Suche nach Antworten, vielmehr ist die Haltung der Einstimmung, des Mitvollzugs, des Betrachtens bestimmend.

Natürlich stellt sich an dieser Stelle die Frage, ob der Religionsunterricht mit der Inszenierung von „Unterbrechung" (Johann Baptist Metz) die Grenzen eines fachlichen und bildenden Umganges mit Religion in der Schule überschritten hat. In der Tat gibt es Grenzen, die für eine Inszenierung „religiöser Rede" zu bedenken sind:

1. Die Inszenierung „religiöser Rede" bedarf eines eigenen Raumes, einer eigenen Lernkultur mit einer spezifischen Lernhaltung des Einlassens, der Einstimmung. Ein Wechsel der Lernhaltungen im Phasentakt der Stunde kann unter bestimmten Umständen gelingen, ist aber als didaktisches Prinzip kaum begründbar.
2. Wenn religiöse Praxis in einer eigenen Lernkultur zur Geltung kommt, kann sie gerade nicht als „Probehandeln" ausgewiesen werden. Vielmehr gilt: Religiöse Praxis impliziert spezifische Handlungsmuster, die prinzipiell einen „Ernstcharakter" haben. Die Vorstellung einer inszenierten „Probewelt" zwischen „authentischer" und „vorgestellter" Praxis ist wenig plausibel. Auch muss gefragt werden, ob der Respekt vor den Konstruktionen der Lernenden nicht gerade die Rede von einer „Probepraxis" verbietet, da für das lernende Subjekt jede Einwirkung einen „Ernstfall" darstellt.
3. Das performative Programm betont den unauflösbaren Zusammenhang von Erleben und Reflexion, religiöser Rede und Reden über Religion. Die unterrichtliche Praxis zeigt, wie eng die Grenzen für eine Inszenierung religiöser Praxis im unterrichtlichen Rahmen sind. Aber die Begrenzung didaktischen Alltagshandelns muss nicht von Nachteil sein. Das religiöse Fest unterbricht eben diesen Alltag und kann erst in der „Unterbrechung" seine Bedeutsamkeit entfalten. Es ist auf eine „alltagstaugliche" Inszenierbarkeit nicht angewiesen.

„Wie der Englischunterricht zur Dialogfähigkeit mit Englisch sprechenden Menschen befähigen soll, so der Religionsunterricht zur Dialogfähigkeit mit religiös kommunizierenden."[23] Daher gilt es im Religionsunterricht „diejenigen kognitiven und reflexiven Fähigkeiten zu vermitteln, die für eine unbefangene Begegnung mit einer verfassten Religion notwendig sind".[24] Partizipationskompetenz zielt – so Rolf Schieder – erst einmal auf Voraussetzungen für eine „unbefangene Begegnung" mit religiösen Vollzügen. Insofern ist die Fähigkeit zur „teilnehmenden" Beobachtung, nicht eine „einstimmende" Teilnahme an Formen religiöser Kommunikation oder religiöser Praxis gefragt. Mit Schieder ist daher der performative Ansatz kritisch zu befragen, ob mit der „aktiven Teilnahme" an religiöser Praxis Wissensvollzüge impliziert werden, die den unterrichtlichen Rahmen prinzipiell überschreiten.

Dagegen setzt die Fähigkeit zur „teilnehmenden" Beobachtung religiöser Praxis die Fähigkeit zu religiöser Kommunikation voraus. In diesem Sinne schafft der Ansatz des Theologisierens Voraussetzungen, die für eine „teilnehmende" Beobachtung religiöser Praxis unverzichtbar sind: die Kenntnis der Regeln eines spezifischen Sprachcodes und die Bereitschaft zur Reflexivität. Indem nach der Eigenlogik religiöser Erfahrungen und Praxis gefragt wird, werden Schülerinnen und Schüler befähigt, einer verfassten Religion zu begegnen. Zugleich entspricht Theologisieren als Praxis religiöser Kommunikation der Alltagskultur des Unterrichts. Theologisieren beschreibt einen eigenen (Sprach)-Raum zwischen „Reden über Religion" und „religiöser Rede", der als Praxis religiöser Kommunikation auf die „probeweise" Anwendung religiöser Deutungen im Blick auf Alltagserfahrungen zielt. Theologisieren leistet damit einen Beitrag zur „Pflege religiöser Semantiken" (Niklas Luhmann) im Kontext der Schule und eröffnet Lernerfahrungen, die zur Teilhabe an der „Praxis" Religion (Dietrich Benner) befähigen.

V. Fazit

Für ein umfassendes Verständnis von Religion in der Schule sind die beiden vorgestellten religionsdidaktischen Ansätze unverzichtbar. *Theologisieren* in der Betonung der Fachlichkeit von Religion im Modus des Lernens und die *performative Didaktik* in der Betonung der fachübergreifenden Dimension von Religion im Modus der Feier. Beide Ansätze sind angewiesen auf Übergänge und Unterscheidungen. So wie die religiöse Feier die theologische Rede „über" Religion mit einschließt, sind performative Elemente im Religionsunterricht in behutsamer Weise und in bestimmten Grenzen möglich.

Wie viel Religion verträgt die Schule? Die Schule in der Pluralität muss religionssensibel sein. Nur wenn es gelingt, Religion als eine mehrdimensionale Lebenspraxis zu erschließen, kann die Differenz zwischen Schule und Leben zwar nicht aufgelöst, aber zumindest als Gegensatz überwunden werden.

Anmerkungen

1 Rolf Schieder, Wieviel Religion verträgt Deutschland?, Frankfurt a.M. 2001, S. 9.
2 Zit. n. Burkhard Porzelt, Grundlegung religiöses Lernen, Bad Heilbrunn 2009, S. 125.
3 www.zeit.de/gesellschaft/schule/2014-04/ethik-grundschule-religion. Dem Artikel sind 141 Kommentare beigefügt.
4 Vgl. Religionsunterricht 2020. Diagnosen – Prognosen – Empfehlungen, hg. von Hartmut Rupp und Stefan Hermann, Stuttgart 2013.
5 www.sueddeutsche.de/karriere/urteil-am-bundesverwaltungsgericht-richter-verbieten-berliner-muslim-das-beten-in-der-schule-1.1222804.
6 Petra Freudenberger-Lötz, Religiöse Bildung in der Schuleingangsstufe. Religionspädagogische und grundschulpädagogische Perspektiven, Stuttgart 2003, S. 274.
7 Rolf und Tobias Schieder sprechen zu Recht von einem „pädagogischen Offenbarungseid" und von einem „pädagogischen Armutszeugnis" auch und gerade im Blick auf die Vorgänge in der Diesterweg-Schule. Rolf Schieder / Tobias Schieder, Schülergebete in öffentlichen Schulen. Grundrecht oder Verletzung des Neutralitätsgebots des Staates, in: Berliner Theologische Zeitschrift (BTHZ) 2/2013, S. 218 ff.
8 Vgl. zuletzt Friedrich Schweitzer, Religiöse Bildung als Aufgabe der Schule, in: Martin Rothgangel / Gottfried Adam / Rainer Lachmann (Hg.), Religionspädagogisches Kompendium, Göttingen 2012, S. 93 ff.

9 Dietrich Benner, Bildung und Religion. Überlegungen zu ihrem problematischen Verhältnis und zu den Aufgaben eines öffentlichen Religionsunterrichts heute, in: A. Battke u.a. (Hg.): Schulentwicklung – Religion – Religionsunterricht. Profil und Chancen von Religion in der Schule der Zukunft, Freiburg 2002, 54 ff.

10 Peter Biehl, Die Wiederentdeckung der Bildung in der gegenwärtigen Religionspädagogik. Ein Literaturbericht, in: Peter Biehl / Karl Ernst Nipkow, Bildung und Bildungspolitik in theologischer Perspektive, Münster 2003, S. 111.

11 Maße des Menschlichen. Evangelische Perspektiven zur Bildung in der Wissens- und Lerngesellschaft. Eine Denkschrift des Rates der Evangelischen Kirche in Deutschland, Gütersloh 2003, S. 10 f.

12 Ebd. S. 88.

13 Grundlegend Reiner Preul, Evangelische Bildungstheorie, Leipzig 2013.

14 Maße des Menschlichen, S. 12.

15 Dietrich Benner, Erziehung – Religion, Pädagogik – Theologie, Erziehungswissenschaft – Religionswissenschaft. Systematische Analysen zu pädagogischen, theologischen und religionspädagogischen Reflexionsformen und Forschungsdesideraten, in: Groß, Engelbert (Hg.): Erziehungswissenschaft, Religion und Pädagogik, Münster 2004, S. 45.

16 Vgl. die seit 2002 im Calwer Verlag herausgegebenen Jahrbücher für Kindertheologie. Der erste Band des Jahrbuches für Jugendtheologie erschien 2012.

17 Grundlegend Thomas Klie / Silke Leonhard (Hg.), Performative Religionsdidaktik. Religionsästhetik – Lernorte – Unterrichtspraxis, Stuttgart 2008.

18 Martin Rothgangel, Systematische Theologie als Teildisziplin der Religionspädagogik? Präliminarien zum Verhältnis von Systematischer und Religionspädagogischer Theologie, in: Theo-Web 2. Jg. 2003, Heft 1, S. 47 ff.

19 Martin Rothgangel, Religiöse Kompetenzen und Bildungsstandards Religion, in: Religionspädagogisches Kompendium, S. 331 ff.

20 Andrea Schulte / Ingrid Wiedenroth-Gabler, Religionspädagogik, Stuttgart 2003, S. 70.

21 Bernhard Dressler, Unterscheidungen. Religion und Bildung, Leipzig 2006, S. 197 ff.

22 Hanna Roose, Performativer Religionsunterricht zwischen Performance und Performativität, in: Pelikan 3/06, S. 113.

23 Rolf Schieder, Von der leeren Transzendenz des Willens zur Qualität. Zur Deutungs- und Partizipationskompetenz, in: Theo-Web, 3. Jg. 2004, Heft 2, S. 21.

24 Ebd., 20.

Dietrich Benner

Die Öffentlichkeit der Schule und die Öffentlichkeit von Religion

Meine Überlegungen zur Öffentlichkeit der öffentlichen Schule und zur Öffentlichkeit von Religion setzen mit einem Beispiel ein, das auf ein Ereignis im Rahmen eines der ersten Lyriker-Treffen zurückgeht, die in Münster seit 1979 alle zwei Jahre stattfinden. Die geladenen Gäste – damals Lyriker aus Europa – hatten sich im Friedenssaal eingefunden und wurden vom Oberbürgermeister begrüßt. In seiner Ansprache erinnerte dieser daran, dass Münster und Osnabrück die beiden Städte des Westfälischen Friedens sind, mit dem 1648 Kriegshandlungen zwischen katholischen und protestantischen Heeren beendet wurden, die 30 Jahre lang ganze Landstriche in Deutschland verwüstet und zum Teil auch entvölkert hatten. Dann kam der Oberbürgermeister auf die Friedensformel des „cuius regio, eius religio" zu sprechen, mit der die Verfolgung von Lutheranern und Protestanten wegen Häresie beendet und den Regenten das Recht zuerkannt wurde, die Religion ihrer Untertanen nach der eigenen, frei gewählten Religion festzulegen oder auch die selbst in Anspruch genommene Religionsfreiheit an diese weiterzugeben. Der Oberbürgermeister ließ es nicht bei diesen Ausführungen bewenden, sondern fügte noch eine persönliche Bewertung des Westfälischen Friedensschlusses hinzu. Diese lautete sinngemäß, Osnabrück sei die Stadt des Sieges der Reformation, Münster dagegen die Stadt der Niederlage der Einheit des christlichen Glaubens. Dieser habe durch den Westfälischen Frieden eine nachhaltige Spaltung erfahren.

Das geschilderte Ereignis berührt zentrale Aspekte der Tagung „Öffentlichkeit – Schule – Religion", auf die im Folgenden eingegangen wird. Hier ist von einer gewissen Öffentlichkeit und öffentlichen Bedeutung von Religion die Rede, die der Oberbürgermeister ansprach und die von seinen Hörern anders eingeschätzt und interpretiert wurde. Aber auch andere Öffentlichkeiten spielen eine wichtige Rolle, außer der religiösen, u.a. diejenigen der Kunst, der Politik und der Münsteraner Schulen, die das Thema aufgriffen und im Unterricht behandelten. Alle angesprochenen Öffentlichkeiten aber waren in eine übergreifende, allgemeine Öffentlichkeit eingebettet, in der der Vorfall umfassend diskutiert wurde.

Bei dieser umfassenden Öffentlichkeit setzen die folgenden Ausführungen ein. Sie wenden sich danach zwei besonderen Öffentlichkeiten zu, derjenigen der Schule und derjenigen der Religion. Zum Schluss arbeiten sie einige Bedingungen heraus, die weiter bedacht werden müssen, wenn Religion als ein öffentlich bedeutsamer Sachverhalt im Schulunterricht thematisiert werden soll.

1. Öffentlichkeit im umfassenden Sinne: ihre lösbaren und nicht-lösbaren und ihre öffentlich nicht zu entscheidenden Sachverhalte und Probleme

Von Öffentlichkeit in einem weiten Sinne sprechen wir, wenn drei Bedingungen erfüllt sind:

- *erstens*, wenn es um Angelegenheiten und Sachverhalte geht, die alle Bürger, zuweilen sogar die Menschheit insgesamt, betreffen;
- *zweitens*, wenn die konkret zu diskutierenden Fragen und Probleme nicht *ein* gesellschaftliches Handlungsfeld, sondern mehrere Bereiche menschlichen Zusammenlebens betreffen und daher nach einer übergreifenden Beratung verlangen;
- und *drittens*, wenn die Diskussion hierüber nicht im Geheimen, hinter verschlossenen Türen, sondern vor, von und mit einem Publikum geführt wird.

Die drei Merkmale gehen auf antike Vorstellungen und Transformationen zurück, aus denen der moderne Begriff von Öffentlichkeit hervorgegangen ist (vgl. hierzu Brüggen 2004).

Das die Öffentlichkeit bildende Publikum war in der Antike nicht die Menschheit als ganze, sondern eine auf die freien Bürger begrenzte Öffentlichkeit einer Stadt oder eines Staates. Die antike Bedeutung schwingt unterschwellig noch im Begriff des Privaten mit. Das Verb „privare“ bedeutet im Lateinischen „berauben“. Wer sich als

Privatmann verstand und seine Pflichten gegenüber der Gemeinschaft vernachlässigte, raubte dem Staat einen Staatsbürger. Einen Menschen, der meinte, der Staat existiere um seinetwillen und nicht er um des Staates willen, nannten die Griechen einen ιδιωτης (idiótes): einen schlecht erzogenen oder falsch gebildeten Mann, der seine individuelle Existenz ohne Bezug zur Polis interpretiert und nicht darum weiß, dass individuelle Freiheit und Sittlichkeit nur in einer staatlich geordneten Gemeinschaft möglich sind.

Zur Öffentlichkeit einer Stadt beziehungsweise eines Staates ist heute der Begriff einer allumfassenden Öffentlichkeit hinzugekommen. Er meint auf allen Ebenen nicht mehr eine städtische oder staatliche, sondern eine überstaatliche und in gewissem Sinne sogar über Politik hinausgehende Öffentlichkeit. In dieser sind „privat" und „öffentlich" keine Gegensätze mehr. Moderne Öffentlichkeit wird von Privatleuten gebildet, die nicht als Bürger Menschen, sondern als Menschen Bürger, zuweilen sogar Weltbürger sind, die über gemeinsame Angelegenheiten zivilgesellschaftlich diskutieren. Ganz in diesem Sinne verwendet Kant die Begriffe *privatus* und *publicus*, wenn er sagt, bei uns fange „alle Kultur […] von dem Privatmanne an" (Kant 1803, A 21 ff). In einem durchaus vergleichbaren Sinne wies Wilhelm von Humboldt darauf hin, der Staat dürfe sich als die allein für Gesetzgebung, Verwaltung und Exekutive zuständige Institution weder in private noch in öffentliche Angelegenheiten einmischen, müsse aber die Voraussetzungen für einen freien und öffentlichen Austausch von Erfahrungen und Meinungen sichern (vgl. Humboldt 1792).

Öffentliche Angelegenheiten, über die im griechischen Altertum beraten wurde, waren zugleich allumfassend und regional begrenzt. Sie bezogen sich auf gemeinsame Dinge: auf Sitten und Bräuche, Sprache und Kultur, Götter und Helden. Jede Stadt verehrte ihre eigenen Götter. Diese anzuerkennen war Bürgerpflicht. Auch die weit gefasste Öffentlichkeit im modernen Sinne ist allumfassend, auch sie bezieht sich auf ein Gemeinsames, das regional begrenzt sein kann, dies aber nicht prinzipiell sein muss. So erheben die Menschenrechte einen Staatsgrenzen überschreitenden Geltungsanspruch; so erkennen moderne Rechtsstaaten das Grundrecht positiver wie negativer Religionsfreiheit an; so lassen sich die von den Bürgern in demokratischen Gesellschaften frei zu wählenden Religionen nicht mehr als

In allen im Schulcurriculum verankerten Lernbereichen verfolgen schulische Lehr-Lernprozesse das Ziel, nachwachsenden Generationen domänenspezifische Grundkenntnisse zu vermitteln und die Entwicklung von auf diesen aufbauenden spezifischen Urteils- und Partizipationskompetenzen zu unterstützen. Die Heranwachsenden sollen durch schulische Erziehung und Unterweisung dazu befähigt werden, in die Lebensbereiche moderner Gesellschaften einzutreten, ein individuelles Leben zu führen und am öffentlichen Leben teilzunehmen (siehe Schleiermacher 1826/1983, S. 28 ff; Hegel 1811, S. 273). Hierin liegt die öffentliche Funktion der öffentlichen Schulen. Sie sind transitorische Institutionen, Institutionen des Übergangs von der Familie in die gesellschaftliche Welt. Der Öffentlichkeit aber führt die Schule die Einzelnen in einem zweifachen Sinne zu, einmal der weit gefassten Öffentlichkeit, dann bestimmten Teilöffentlichkeiten, die Schleiermacher in diejenigen von Staat, Kirche, geselligem Leben und Wissenschaft unterschieden hat.

Mit der weit gefassten Öffentlichkeit verbindet die Schule, dass auch sie ein Ort der Erfahrungs- und Umgangserweiterung ist, an dem keine abschließenden Entscheidungen getroffen werden. Alles, was in Schulen Eingang finden soll, muss einer Transformation unterzogen werden. Diese macht aus praktischen reflexive und aus selbstverständlichen problematische Sachverhalte. Das verweist auf Möglichkeiten und Grenzen öffentlicher Erziehung. Diese muss Spielräume für praktische und reflexive Thematisierungen eröffnen, die es in modernen Gesellschaften ohne Schulen nicht gäbe, darf sich aber nicht anmaßen, stellvertretend für die anderen gesellschaftlichen Handlungsfelder und Teilsysteme Probleme lösen zu können.

3. Die Öffentlichkeit von Religion jenseits des Duals von Staatsreligion und privater Religion

In allen Formen und Ausprägungen gehört zur Öffentlichkeit, dass es Gemeinsames, über das kommuniziert wird, nur dort gibt, wo es auch Privates gibt, Privates aber so gelebt und ausgeübt wird, dass es sich nicht in Gänze öffentlich zeigt. An der Liebe lässt sich dies verdeutlichen. Ungeachtet aller kulturellen und historischen Varianten unterscheiden wir zwischen der Intimität und der Öffentlichkeit der Liebe. Die intime Seite wird nie ganz gezeigt, aber auch nicht ganz verborgen. Die Liebe braucht eine gewisse Öffentlichkeit. Fehlte sie, so fehlte immer auch etwas an ihr. Sie könnte sich dann im öffentlichen Raum nicht als eine besondere Beziehung zwischen Menschen zeigen, die von anderen Beziehungen unterschieden ist.

Lässt sich Ähnliches auch von der Religion sagen? Hat auch sie eine unverzichtbare individuelle und eine öffentliche Seite? Und wenn ja, worin und in welchen Formen manifestiert sich die Öffentlichkeit von Religion?

Eine fast nur mehr private, gleichwohl versuchsweise öffentliche Demonstration des Religiösen habe ich 1992 vom Senatssaal der Humboldt-Universität aus beobachten können. Da verließ Kardinal Sterzinsky an Fronleichnam, begleitet von einer Schar von Messdienern, die Hedwigs-Kathedrale durch das Hauptportal, zeigte die Monstranz für wenige Augenblicke im öffentlichen Raum und schlug dann sogleich den Weg zu einem Seiteneingang ein, um sich wieder in das Innere der Kirche zurückzuziehen. Auf mich als im katholischen Rheinland und im Münsterland sozialisierten Betrachter wirkte damals diese Miniprozession wie ein erster verhaltener Versuch, für die katholische Religion im öffentlichen Raum von Berlin-Mitte eine zuvor verloren gegangene Präsenz zurückzugewinnen.

Das Beispiel zeigt, wie rudimentär auch immer, dass zur Religion untrennbar gehört, dass sich die private Seite des Glaubens öffentlich zeigen kann und dass öffentlich bekundete Religiosität als Ausdruck einer religiösen Lebensform wahrgenommen wird, die nicht die einzige oder gar beste unter allen möglichen Religionen, wohl aber diejenige einer konkreten Religionsgemeinschaft ist. Reduktionistische Positionierungen des Religiösen verstehen dagegen das Gemeinsame von Religion nicht zugleich privat und öffentlich, sondern legen es entweder in den privaten oder in den staatlichen Raum. Wird die öffentliche Seite einer Religion dominant und die Anerkennung einer bestimmten Religion zu Bürgerpflicht, sprechen wir von Staatsreligion, verschwindet das Öffentliche dagegen ganz aus dem religiösen Leben, wird Religion zu einer in das Belieben der Einzelnen gestellten Privatangelegenheit. Staatsreligionen lassen keine positive und negative Religionsfreiheit zu. Den Gott oder die Götter zu leugnen oder an die falschen Gottheiten zu glauben, wird in staatsreligiösen Ordnungen – im Grenzfall – nicht erst seit den Tagen des Sokrates mit dem Tode bestraft. Private Religiosität findet dagegen unter Bedingungen der Verfolgung oder des Bedeutungsverlustes von Religionsgemeinschaften nur in den Familien und in abgegrenzten religiösen Bezirken, nicht aber im öffentlichen Raum statt.

Von einer privaten *und* öffentlichen Bedeutung von Religion lässt sich angemessen nur jenseits der das Religiöse verkürzenden Formen von Staatsreligion und privater Religion sprechen. Damit Religion privat und öffentlich zugleich ausgeübt werden kann, müssen sich die private und die öffentliche Seite von Religion nicht nur in unterschiedlichen, sondern auch in gemeinsamen Räumen zeigen können und dort allerdings auf verschiedene Weise thematisiert werden. Nur unter dieser Voraussetzung ist eine bildungstheoretisch, theologisch und religionspolitisch legitime Institutionalisierung von Religionsunterricht an öffentlichen Schulen denkbar. Wird Religion dagegen auf ihre private Seite reduziert und staatlich nur als Privatreligion anerkannt, kann sie – wie in Berlin – keinen ordentlichen Platz im Kanon der Unterrichtsfächer gewinnen. Soll ihr aber im Erziehungssystem eine öffentlich sichtbar werdende Seite zugestanden werden, so muss sie als ordentliches Unterrichtsfach mit der Auflage institutionalisiert werden, sich in diesem nicht als Staatsreligion, sondern auf dem Stand der theologischen – und ich füge hinzu – auch der religions- und kulturwissenschaftlichen Diskurse als eine besondere Religion zu präsentieren, die andere Religionen kennt, zu diesen interreligiöse Beziehungen pflegt und deren Präsenz im öffentlichen Raum toleriert und reflektiert. Pointiert kann man sagen: In den Staatsordnungen der alten Welt fiel die öffentliche Funktion von Religion weitgehend mit derjenigen einer Staatsreligion zusammen, in modernen demokratischen Gesellschaften ist dagegen die Legitimität der öffentlichen Präsenz von Religion daran zurückgebunden, dass Religionen miteinander kommunizieren und darauf verzichten, Staatsreligion sein oder werden zu wollen. Wie Rolf Schieder in seinen Studien zur Zivilreligion gezeigt hat, kann der moderne Staat nur unter dieser Voraussetzung positive und negative Religionsfreiheit gewähren und religiöse Praxis als eine privat und öffentlich bedeutsame Lebensform anerkennen (vgl. Schieder 1979, S. 638). Und nur unter dieser Voraussetzung ist eine religiöse Erziehung und Bildung in öffentlich-staatlichen Schulen denkbar, die in der Pluralität der Religionen keinen Abfall vom wahren Glauben, sondern einen möglichen Reichtum für ein auch andere gesellschaftlichen Handlungsfelder einbeziehendes religiöses und interreligiöses Zusammenleben der Menschen erkennt.

Die Erscheinungsformen des Religiösen im öffentlichen Raum beschränken sich keineswegs auf Feiertagsauftritte religiöser Amtsinhaber und Würdenträger, sondern beziehen sich auf religiöse Erfahrungen in allen Phasen des Lebens. Von der Geburt über den Eintritt in eine auch religiös definierte Mündigkeit, die religiöse Segnung dauerhafter und exklusiver menschlicher Bindungen bis hin zum Tod kennen die Religionen Handlungen und Rituale, die den Doppelcharakter des Religiösen, privat und öffentlich zu sein, zum Ausdruck bringen. Die Öffentlichkeit von Religion umfasst aber noch viel mehr als dies. Sie manifestiert sich überall dort, wo religiöse Argumente in öffentliche Diskurse, ohne diese zu bevormunden, nicht-fundamentalistisch eingebracht werden. Dauerthemen in diesem Feld sind Fragen des Schutzes des ungeborenen Lebens, die Interpretation des Sonntags- beziehungsweise Sabbatgebots, religiöse Kritiken des gesellschaftlichen Umgangs mit der Sterblichkeit des Menschen, die Vorbereitung auf den eigenen Tod und der zu leistende Beistand beim Sterben Anderer. In diesen und weiteren Fragen schließen sich fundamentalistische Positionen von einer Teilnahme an einer räsonierenden Öffentlichkeit aus, weil ihre Beratungskompetenz im Grenzfall gegen Null geht. Wer auf Probleme einer ungewollten Schwangerschaft im Falle einer erlittenen Vergewaltigung oder einer drohenden Aufopferung des Lebens von Eltern für ein noch ungeborenes Leben nur mit der Maxime eines absoluten Primats des ungeborenen vor dem geborenen Leben reagiert, kann nicht mehr an Diskursen teilnehmen, in denen es um die Einräumung von Wohlwollen gegenüber allen beteiligten Personen – geborenen wie werdenden – geht. Nicht-fundamentalistisch vorgetragene religiöse Argumente können dagegen den Horizont möglichen Wohlwollens beträchtlich erweitern. So ist beispielsweise aus religiöser Sicht eine wohlbegründete Kritik daran zu üben, dass Entschädigungszahlungen an Menschen, die Jahrzehnte unter Verbrechen aus der Zeit der nationalsozialistischen Diktatur und deren Folgewirkungen gelitten hatten, erst bewilligt und ausgezahlt wurden, nachdem die meisten der Berechtigten längst gestorben waren.

Wie das Beispiel zeigt, ist die Öffentlichkeit von Religion mehr als die Amtsöffentlichkeit der Religionsgemeinschaften. Diese lässt sich professionalisieren, die religiöse Partizipation der Privatleute an Öffentlichkeit nicht. Letztere aber setzt eine religiöse Bildung voraus, die im geschlossenen Raum einer Glaubensgemeinschaft allein nicht erworben werden kann, weil sie sich nicht allein auf die Interaktion zwischen Gläubigen ein und derselben Religion, sondern auch auf die Interaktion mit Anders- und Nichtgläubigen bezieht.

4. Über Erfahrung und Umgang erweiternde Beziehungen zwischen den Öffentlichkeiten von Schule und Religion

Die Frage, was schulischer Religionsunterricht dazu beitragen kann, dass religiöse mit anderen Teilöffentlichkeiten im Rahmen einer weit gefassten Öffentlichkeit kommunizieren, war Gegenstand eines von der Deutschen Forschungsgemeinschaft in den Jahren 2003 bis 2011 finanzierten Projekts, in dem Rolf Schieder, Joachim Willems, Henning Schluß und ich mit Roumiana Nikolova, Thomas Weiß, Shamsi Dehghani und Joanna Scharrel zusammengearbeitet haben. Ziel des unter dem Namen KERK (Konstruktion und Erhebung von Religiösen Kompetenzniveaus am Beispiel des evangelischen Religionsunterrichts) bekannt gewordenen Projekts war es, ein Modell und Instrument zur Erfassung von religiöser Kompetenz als Teil öffentlicher Bildung zu entwickeln, das es erlaubt, religionskundliche Grundkenntnisse, religiöse Deutungs- und religiöse Partizipationskompetenz von 15-Jährigen am Ende der Sekundarstufe I empirisch zu erfassen.

In der Frühphase des Projekts hat Sabine Krause in ihrer 2005 an der Humboldt-Universität zu Berlin verfassten erziehungswissenschaftlichen Bachelor-Arbeit zwei für unseren Zusammenhang wichtige Themen untersucht: Erstens die Frage, wie sich in der Zeit der europäischen Aufklärung die öffentlichkeitsbezogenen intra- und interreligiösen Diskurse im evangelischen sowie katholischen Christentum und in der jüdischen Religion entwickelt haben, zweitens die Frage, wie Religion als ein „öffentlich bedeutsamer Sachverhalt und Bildungsbereich" heute an zwei prominenten Berliner Oberschulen, am „Evangelischen Gymnasium zum Grauen Kloster" in Berlin-Wilmersdorf und an der „Jüdischen Oberschule" in Berlin-Mitte, thematisiert und bearbeitet wird.

Bei der Untersuchung der ersten Frage kommt Sabine Krause (2005, S. 25f) zu dem Ergebnis, der Prozess der Säkularisierung habe nicht nur zur Aufhebung des „Religionsmonopols der (beiden christlichen) Kirchen" geführt, sondern auch mit dazu beigetragen, dass sich die „Bereitschaft der (drei) Religionen", im „inner- wie im außerreligiösen Bereich" miteinander zu kommunizieren, im Verlauf des 19. Jahrhunderts deutlich erhöhte. Zu den für unseren Zusammenhang besonders interessanten Ergebnissen des zweiten Teils gehört, dass die religionspädagogischen und religionspolitischen Konzepte der beiden Berliner Oberschulen durchaus Gemeinsamkeiten aufweisen, sich aber in einigen Punkten zugleich deutlich unterscheiden.

In beiden Schulen ist der evangelische beziehungsweise jüdische Religionsunterricht obligatorisches Schulfach. Im Gymnasium zum Grauen Kloster war jedoch 2005 der Anteil nicht-evangelischer Schüler deutlich geringer als der Anteil nicht-jüdischer Schüler an der Jüdischen Oberschule, die zu zwei Dritteln von jüdischen Schülern oder Schülern jüdischer Abstammung und zu etwa einem Drittel von evangelischen Schülern sowie wenigen Muslimen besucht wurde. Während das Gymnasium zum Grauen Kloster davon ausgeht, dass seine Schüler in der Regel evangelisch sind, stuft die Jüdische Oberschule „nicht alle Schüler [...] automatisch als religiös ein". Ferner versteht sich die Evangelische Schule zum Grauen Kloster stärker als eine Eliteschule, die eine hohe Zahl von vorzeitigen Schulabgängern in Kauf nimmt. Die Jüdische Oberschule nimmt dagegen eine doppelte Funktion wahr: Sie zielt einerseits auf eine Integration von Kindern aus Einwanderungsfamilien in die Jüdische Gemeinde, und sie sucht anderseits ihren Schülern eine Orientierung in einer nicht jüdischen, sondern eher christlich geprägten sowie säkularisierten Umwelt zu vermitteln. Aber auch andere jüdische Lebensformen und -kontexte, z.B. solche in Israel oder in den USA, werden intensiv thematisiert. Die Unterschiede zwischen beiden Schulen betreffen auch den Religionsunterricht. Am Evangelischen Gymnasium zum Grauen Kloster ist er durchgängig textkritisch ausgerichtet und auf das Christentum und dessen jüdische Herkunft zentriert, an der Jüdischen Oberschule dagegen stärker textkundlich und lebensweltlich orientiert; auch nimmt er hier stärker auf die religiöse Pluralität der Schülerschaft Rücksicht. Im Evangelischen Gymnasium werden Differenzen zwischen der innerkirchlichen und der öffentlichen Bedeutung des Christentums evangelischer Konfession nur am Rande thematisiert, in der Jüdischen Oberschule existiert dagegen ein klares Bewusstsein von Unterschieden zwischen der innerjüdischen und der öffentlichen Bedeutung der jüdischen Religion (vgl. Krause 2005, S. 36–40; S. 42f). Beide Schulen stimmen wiederum darin überein, dass sie die Partizipation von Religion an Öffentlichkeit vorwiegend auf die öffentliche Wahrnehmung und Darstellung ihrer eigenen Glaubensgemeinschaft und weniger auf die Partizipation von Religion an einer weit gefassten, allgemeinen Öffentlichkeit auslegen.

Zusammenfassend lässt sich feststellen, dass historisch-kritische und theologisch sowie religionswissenschaftlich plural abgesicherte Einführungen in historische Offenbarungsreligionen und deren Heilige Texte auf eine schulische Vermittlung religionskundlicher Kenntnisse und eine ausgewiesene Förderung religiöser Deutungs- und Partizipationskompetenz angewiesen sind. Eine gewöhnende religiöse Sozialisation reicht hierfür nicht aus. Für eine Legitimation schulischen Religionsunterrichts gelten grundsätzlich dieselben Kriterien, die auch für die Inhalte anderer Schulfächer maßgeblich sind.

Unterricht im Fach Religion muss

- *erstens* vermitteln, was in der Einheit von Leben und Lernen nicht lernbar wäre,
- *zweitens* reflexiv strukturiert sein und seine fachlichen Inhalte unter Berücksichtigung lebensweltlicher, theoretischer (sprich: theologischer, religions- und kulturwissenschaftlicher) Wissensformen vermitteln
- und *drittens* sozialisatorischen Effekten von Religion, die zu fundamentalistischen Verirrungen führen, wissensbasiert sowie erfahrungs- und umgangserweiternd entgegenwirken.

Als Unterrichtsfach an öffentlichen Schulen ist Religionsunterricht – gleich ob er als wählbares, abwählbares oder obligatorisches Fach eingerichtet wird – nur unter Bezugnahme auf die öffentliche Bedeutung von Religion zu legitimieren. Zu dieser aber gehört, dass der öffentliche Raum nicht von einer Religion, selbst wenn sie die Religion einer Mehrheit ist, dominiert wird. Aus der von einer Staatsreligion geprägten Öffentlichkeit von Religion in früheren Epochen ist eine Öffentlichkeit mehrerer Religionen geworden, von denen jede drei Formen religiöser Kommunikation in sich kultivieren und zwischen (1.) religiöser Kommunikation innerhalb der eigenen Glaubensgemeinschaft, (2.) interreligiöser Kommunikation zwischen verschiedeneren Religionsgemeinschaften sowie (3.) der Partizipation der Religionen an einer weit gespannten, auch atheistischen Öffentlichkeit unterscheiden muss.

Zwei Ergebnisse des bereits erwähnten Projekts, die die Wirksamkeit eines wissens-basierten öffentlichen Religionsunterrichts an allgemeinbildenden Schulen belegen, seien abschließend wenigstens kurz genannt. Das eine Ergebnis zeigt, dass Schüler und Schülerinnen, die in Berlin und Brandenburg am evangelischen Religionsunterricht teilgenommen haben, bei der Testung religiöser Deutungskompetenz deutlich höheres Niveaus erreichen als Heranwachsende, die das öffentliche Schulsystem ohne Religionsunterricht durchlaufen.

Anforderungsniveaus für „hermeneutische Kompetenz" im Bereich religiöser Deutungskompetenz (aus: Benner/Schieder/Schluß/Willems 2011, S. 126)

Niveau I	Schülerinnen und Schüler können religiöse Texte und Rituale interpretieren, die Bezüge zu lebensweltlich bekannten religiösen Konventionen und Erfahrungen aufweisen.
Niveau II	Schülerinnen und Schüler können das religiöse Konzept erfassen, das religiösen Texten und Sachverhalten zugrunde liegt, auch wenn keine unmittelbaren Bezüge zu lebensweltlichen Erfahrungen gegeben sind.

Niveau III Schülerinnen und Schüler können religiöse Texte und Sachverhalte aus verschiedenen Religionen erfassen, Perspektivwechsel zwischen diesen vollziehen und Deutungsprobleme interreligiös sowie im öffentlichen Raum diskutieren.

Niveau IV Schülerinnen und Schüler können religiöse Inhalte und Konzepte in religiösen und außerreligiösen Kontexten erfassen, konkurrierende Auslegungen durch Vollzug eines Perspektivwechsels reflektieren und problematisieren sowie zu diesem Zwecke eigene Erfahrungen hinterfragen.

Niveau V Schülerinnen und Schüler können religiöse Inhalte und Sachverhalte von unterschiedlichen Fachlogiken (Ökonomie, Politik, Moral, Recht) her interpretieren und im Lichte solcher Fachlogiken mehrperspektivisch beurteilen.

Das von uns entwickelte Testinstrument erlaubt nicht nur, religiöse Kompetenzen, wie sie in der Bezugsreligion des evangelischen Religionsunterrichts gefördert werden, zu erheben, sondern erfasst neben intrareligiösen auch interreligiöse Kompetenzen und auf den höheren Stufen darüber hinaus auch die Fähigkeit, religiöse Argumente in außerreligiöse Kontexte einzubringen. Das andere in KERK ermittelte Ergebnis besagt, dass evangelischer Religionsunterricht nicht nur die Entwicklung religiöser, sondern auch interreligiöser sowie öffentlicher religiöser Kompetenzen unterstützt (vgl. Benner/Schieder/Willems/Schluß 2011). Auch wenn wir dies nicht untersucht haben, ist doch zu vermuten, dass öffentlicher Religionsunterricht in den anderen bereits mehrfach genannten Religionen, wenn die curricularen und ausbildungsbezogenen Voraussetzungen gegeben sind, eine vergleichbare Wirksamkeit entfaltet oder entfalten kann.

Unter günstigen Bedingungen trägt öffentlicher Religionsunterricht durch eine Stärkung der Öffentlichkeit von Religion zu einer Stärkung der umfassenden und weit gespannten Öffentlichkeit bei. Seine bildungstheoretische, theologische und religionspolitische Bedeutung liegt nicht zuletzt darin, dass er gegenüber Versuchen, die Bedeutung von Religion an säkularisierten Sachverhalten oder an Dekonstruktionen des Religiösen festzumachen, wieder die Besinnung auf die Eigenlogik des Religiösen stärken kann, die im Gefühl der schlechthinnigen Abhängigkeit des Menschen vom Absoluten liegt, ohne das es eine religiöse Öffentlichkeit von Religion nicht gibt und nicht geben kann.

Öffentlicher Religionsunterricht an Schulen hat nicht nur die Aufgabe, bei den Schülern und Schülerinnen religiöse Grundkenntnisse, religiöse Deutungs- und religiöse Partizipationskompetenz zu stärken. Zu seinen Aufgaben gehört auch, Übergänge vom Wissen in den Glauben und von der Wahrnehmung und Interpretation der Öffentlichkeit von Religion in eine Partizipation am Leben einer konkreten Religionsgemeinschaft, die Bezugsreligion des schulischen Unterrichts ist, wenn schon nicht zu ermöglichen, so doch zu eröffnen. Der Erweiterung von Erfahrung und Umgang, die schulischer Religionsunterricht intendiert, stünde dann eine Erweiterung der unterrichtlich geförderten Einsichten und Erkenntnisse durch eine religiöse Praxis gegenüber, die durch Unterricht weder vorweggenommen noch im Unterricht vollzogen werden kann.

Aber auch ohne einen sich individuell und öffentlich zeigenden Glauben hat Religionsunterricht eine öffentliche Funktion. Er führt in die Frage ein, was Menschen eigentlich tun, wenn sie religiöse Metaphern gebrauchen, Gebete sprechen und an religiösen Handlungen partizipieren. In keinem der Gebete, welche die Religionen kennen und die Gläubigen sprechen, sind diese Fragen abschließend geklärt. Was meint denn, dass Gottes Wille auf Erden geschehe wie im Himmel oder im Himmel geschehe wie auf Erden? Zur Privatheit und Öffentlichkeit von Religion gehört nicht nur der Vollzug eines Glaubens, sondern auch der Umgang mit den durch die Religionen selbst nicht beantworteten religiösen Fragen. Diese Fragen sind nicht nur in den Heilsgewissheiten der Glaubensgemeinschaften, sondern auch in den religiösen Erfahrungen präsent, deren Darstellung wir den Werken der Literatur, der darstellenden Künste und der Musik verdanken – man denke nur an Thomas Manns Bände „Joseph und seine Brüder" oder an Bachs Matthäus-Passion. Auch ohne Rückkehr „in die […] Arme der alten Kirchen" (vgl. Weber 1917/2002, S. 510f) macht schulisch geförderte religiöse Bildung Sinn. Sie erreicht auch dann wichtige, keineswegs gering zu schätzende Ziele, wenn sie Zugänge zur Öffentlichkeit von Religion vermittelt, ohne dass mit diesen schon Übergänge in die Innenbezirke der Religionsgemeinschaften und Kirchen angebahnt und vollzogen werden.

Eine solche Aufgabenstellung ist im Rahmen des schulischen Erziehungs- und Bildungssystems nichts Besonderes. Auch in anderen Domänen führt Unterricht nicht unmittelbar ins Leben ein, sondern in eine reflexive Auseinandersetzung mit Sachverhalten, historischen Entwicklungen und Ereignissen. Vieles ist im Unterricht nur erlaubt, weil der Übergang ins Leben außerhalb und jenseits des Unterrichts liegt. Man denke nur an die unterrichtliche Thematisierung von Kriegen oder von Verbrechen der Deutschen während der Zeit der nationalsozialistischen Diktatur. Im öffentlichen Religionsunterricht ist beispielsweise die Thematisierung der Taufe und der kirchlichen Eheschließung nur erlaubt, wenn im Unterricht selbst niemand getauft oder verheiratet wird. Die Performativität des Religiösen im Unterricht ist nicht identisch mit der Performativität des Glaubens im religiösen Leben. Nur bei Anerkennung dieser Differenz kann schulischer Religionsunterricht fruchtbare Beziehungen zwischen der Öffentlichkeit der öffentlichen Schule und der Öffentlichkeit von Religion stärken und unterstützen.

Anmerkung

Der Text ist eine gekürzte Fassung des letzten Kapitels aus dem Band von Dietrich Benner: Bildung und Religion. Nur einem bildsamen Wesen kann ein Gott sich offenbaren. Paderborn 2014, Schoeningh. Band 19 der Reihe „Religionsgesellschaft in pluraler Gesellschaft".

Literatur

Aristoteles: Politik, Übersetzung von F. Susemihl. München 1965.

Benner, D. / Schieder, R. / Schluß, H. / Willems, J. / Nikolova, R. / Weiß, Th. / Dehghani, S. / Scharrel, J. (2011): Religiöse Kompetenz als Teil öffentlicher Bildung. Versuch einer empirisch, bildungstheoretisch und religionspädagogisch ausgewiesenen Konstruktion religiöser Dimensionen und Anspruchsniveaus. Paderborn.

Brüggen, F. (2004): Öffentlichkeit. In: D. Benner / J. Oelkers (Hg.): Historisches Wörterbuch der Pädagogik, S. 724–749.
Hegel, G.W.F. (1811): Gymnasialrede vom 2. September 1811. In: Ders. (1971): Sämtliche Werke. Band 3, S. 264–280. Stuttgart-Bad Cannstatt.
Humboldt, W. von (1792): Ideen zu einem Versuch, die Gränzen der Wirksamkeit des Staates zu bestimmen. In: Ders.: Werke in fünf Bänden, hg. von A. Flitner und K. Giel. Band 1, S. 56–233. Darmstadt 1960.
Kant, I. (1803): Über Pädagogik. In: Ders.: Werke in sechs Bänden, hg. von W. Weischedel. Band 6, S. 691–761. Darmstadt.
Krause, S. (2005): Religion – ein öffentlich bedeutsamer Sachverhalt und Bildungsbereich? Philosophische Fakultät IV der Humboldt-Universität.
Schieder, R. (1979): Civil religion. Die religiöse Dimension der politischen Kultur. Gütersloh.
Schleiermacher, D.F. (1826): Vorlesungen aus dem Jahre 1826. In: Ders.: Pädagogische Schriften, hg. von E. Weniger. Band 1. Düsseldorf/München; Stuttgart.
Weber, M. (1919/2002): Wissenschaft als Beruf. In: Ders.: Schriften 1894–1922, ausgewählt und herausgegeben von D. Kaesler. Stuttgart, S. 474–511.

Joachim Liebig

Die vierte Macht im Staat

Das Verhältnis zwischen Kirche und Publizistik

Annäherung an ein spannungsreiches Verhältnis

Unvergessen eine erste Erfahrung als Presse- und Öffentlichkeitsreferent einer (kleinen) deutschen Landeskirche in den frühen 1990er Jahren: In einer evangelischen Publikation erscheint ein kirchenkritischer Artikel. Die Kirchenleitung wendet sich an den gerade installierten Presse- und Öffentlichkeitsreferenten mit der Frage: „Konnten Sie das nicht verhindern?" Ein anschließendes Gespräch über Pressefreiheit endet ergebnislos. Aber die Angelegenheit endet damit nicht: In einem ganz anderen Rahmen ist der Autor des kirchenkritischen Beitrags kurze Zeit später auf der Gästeliste einer kirchlichen Pressekonferenz. Der Presse- und Öffentlichkeitsreferent muss nach Befassung in der Kirchenleitung den Journalisten wieder ausladen. Das wiederum ist Anlass für weitere kirchenkritische Artikel.

Die Haltung der Kirche zu Öffentlichkeitsarbeit und Publizistik hat sich seitdem wohl verändert. Die diesen persönlichen Erfahrungen zugrunde liegenden Probleme sind jedoch auch heute immer noch festzustellen:

- In der Kirche gibt es zuweilen ein unzureichendes Verständnis für die Eigengesetzlichkeiten der Medien.
- Die Trennung zwischen kirchlicher Öffentlichkeitsarbeit einerseits und kirchlicher Publizistik andererseits ist oft nicht so scharf, wie es beiden guttäte, damit sie ihre je eigene Rolle in der Kommunikation zwischen Kirche und Welt ausfüllen können.

In diesem Beitrag gehe ich diesen Problemen nach und suche nach Antworten, wie das Verhältnis von Kirche zu den Medien – fremden wie eigenen – gestaltet sein muss, damit sie unter den Bedingungen von Pluralisierung, Individualisierung und Säkularisierung einen anschlussfähigen Beitrag zum öffentlichen Diskurs leisten und damit auch dem Öffentlichkeitsanspruch des Evangeliums genügen kann.

Tue Gutes und rede darüber: „PR“ ist unverzichtbar

Kirchliche Öffentlichkeitsarbeit entspricht heute nahezu vollständig der Öffentlichkeitsarbeit anderer großer Institutionen. Spätestens in den 1980er Jahren wuchs in den westlichen Gliedkirchen der EKD[1] die Erkenntnis, die kirchliche Öffentlichkeitsarbeit bedürfe einer professionellen Fundierung. Damit reagierten sie auf den Abbruch einer bis dahin scheinbar selbstverständlichen und andauernden Verknüpfung kirchlicher Öffentlichkeitswirksamkeit mit der Mehrzahl meinungsbildender Medien. Zwar hatte es nicht zuletzt im Zuge der institutionskritischen Bewegung spätestens seit 1968 medial-öffentliche Kritik an den Kirchen gegeben, deren Tradition sich in grundsätzlich kirchenkritischen Leitmedien wie „Spiegel“ und „Die Zeit“ bis heute fortschreibt. Gleichwohl konnten die Kirchen im Großen und Ganzen zunächst wenigstens von einem grundsätzlichen Wohlwollen ihnen gegenüber in der durch die Medien geformten öffentlichen Meinung ausgehen.

In den frühen 1980er Jahren änderte sich diese scheinbare Konstante jedoch – möglicherweise durch die gesellschaftspolitische Diskussion friedensethischer Fragen. Ähnlich wie die bundesrepublikanische Gesellschaft insgesamt durchzog auch die evangelischen Kirchen ein Riss in dieser Diskussion. Unter den Bedingungen der Mediengesellschaft war es unabdingbar – und richtig –, dass die öffentlichen Medien zum Austragungsmedium eines Teils auch der innerkirchlichen Diskussionen wurden. Damit war jedoch das Tor für die kritische Auseinandersetzung mit kirchlichen Positionen geöffnet. Es sollte offen bleiben. Deshalb, so die Ratio der Kirchenleitungen, mussten die Kirchen selbst mediale Akteure werden und den öffentlichen Kommunikationsprozess mit den Mitteln journalistischer Arbeit aufnehmen.

Diesem Anwachsen innerkirchlicher Meinungspluralität, verbunden mit der natürlichen, parteilichen Positionierung einzelner Medien zu den jeweiligen Positionen, gesellte sich – zunächst fast unbemerkt, aber dann in seiner Bedeutung stetig wachsend – ein zweiter Trend hinzu: Die Säkularisierung drückte sich, gerade in den urbanen Ballungsgebieten, in schwindenden Kenntnissen über innerkirchliche Vorgänge aus; bislang als selbstverständlich Angesehenes wurde erklärungs-, gar rechtfertigungsbedürftig.

Beide Entwicklungen machten die Notwendigkeit deutlich, der Vermittlung kirchlicher Prozesse und Anliegen eine erhöhte Aufmerksamkeit zu widmen. Sie waren die Geburtshelfer einer hochprofessionalisierten Öffentlichkeitsarbeit, die sich auch den – freilich noch in den Anfängen steckenden – Medien der elektronischen Kommunikation nicht verschloss. Die Geburt selbst war nicht ohne Komplikationen. So wurde beispielsweise anfangs noch diskutiert, inwieweit die Öffentlichkeitsarbeitenden unmittelbar an kirchenleitenden Sitzungen teilnehmen durften oder direkt im Nachgang informiert wurden. Aus heutiger Sicht scheinen solche Fragen vollständig grotesk zu sein; sie sind aber Indikatoren, wie einschneidend der Wandel auch für Mentalitäten und Selbstverständnisse war. Er ist gelungen. Ganz ohne Zweifel zählen die kirchlichen Öffentlichkeitsarbeiter heute zu den am besten informierten Mitarbeitenden der Kirche – und das ist auch gut so. Ist es ihre Aufgabe, die Öffentlichkeit über kirchliches Handeln zu informieren, ist Informiertheit der eine Schlüssel zum Erfolg. Der andere ist die anlass- und adressatenbezogen richtige Wahl des Mediums: wiederkehrende Veröffentlichungen, Homepages, Newsletter und andere elektronische Kommunikationswege zählen ebenso zum Handwerkszeug wie Pressekonferenzen, Pressemitteilungen und auch die zielgerichtete Recherche zu besonderen Anfragen.

Die erste gelernte Lektion, die zum Aufbau der kirchlichen Öffentlichkeitsarbeit geführt hat, war also die einer kirchlichen Bringeschuld: Die Auseinandersetzung mit „Kirche“ kann nur so qualifiziert sein, wie die Kirche selbst es der Öffentlichkeit ermöglicht, überhaupt über die zu einer kenntnisreichen Diskussion erforderlichen Fakten zu verfügen. Das gilt übrigens nicht nur für die außerkirchliche, oder gar a-kirchliche Öffentlichkeit, sondern zunehmend auch für das kirchenferne Gemeindeglied. Deshalb gehört es zur Pflicht von Kirche, jedweden Kommunikationsprozess in größtmöglicher Offenheit und Transparenz zu gestalten, soweit dem nicht im

Einzelfall Persönlichkeits- oder andere geschützte Rechte entgegenstehen.

Die zweite zu lernenden Lektion baut darauf auf. Denn – nicht zuletzt in Mittel- und Ostdeutschland – ist der Begriff der „Bringeschuld" selbst schon insoweit zu relativieren, als zunächst einmal ein Interesse am Abruf entsprechender Informationen generiert werden muss. Vom reaktiven Zur-Verfügung-Stellen der richtigen Information musste die kirchliche Öffentlichkeitsarbeit den nächsten Schritt zum Aktivieren von Interesse als solchem gehen. Dass dies inzwischen zum Allgemeingut gehört, veranschaulicht, welche Veränderungen in den vergangenen Dekaden auf dem Feld der kirchlichen Öffentlichkeitsarbeit zu konstatieren sind.

In ihrem Bemühen um Berücksichtigung im öffentlichen Diskurs sieht sich die kirchliche Öffentlichkeitsarbeit den jeweils geltenden medialen Gesetzen unterworfen. Ein aus binnenkirchlicher Sicht hochinteressantes Thema mag für eine kirchlich desinteressierte Öffentlichkeit vollständig nebensächlich sein. In solchen Fällen muss die kirchliche Öffentlichkeitsarbeit besonders kreativ sein, um die beschriebenen Vermittlungsleistungen zu erbringen. Diese Kreativität muss durch eine hohe Frustrationstoleranz begleitet werden, weil die nicht Kirchen-affine Öffentlichkeit in ihrer Wahrnehmung kirchlicher Zusammenhänge außerordentlich wählerisch ist – und Öffentlichkeitsarbeit folglich leicht auf ihren Nutzen als ein defensives Instrument reduziert wird. Die kirchliche Öffentlichkeitsarbeit deswegen allerdings von vorne herein zu begrenzen, wäre eine fatale Fehlentscheidung. Glücklicherweise ist eine solche Tendenz gegenwärtig explizit nirgends erkennbar, aber oft genug muss sich die Öffentlichkeitsarbeit Freiräume erkämpfen, um zwischen „Prunkbischöfen", „Kapitalertragsteuer" und anderen medialen Aufregern noch genug Kapazitäten für ihre Kernaufgaben zu haben.

Dieses Kerngeschäft besteht in der Vermittlung des Beitrags der Kirchen für die Gesellschaft: in Bildung, Kultur, Sozialwesen und nicht zuletzt im alltäglichen Zusammenleben. Deshalb beginnt kirchliche Öffentlichkeitsarbeit stets schon auf der Ebene der Gemeinden. Jede Art des öffentlichen oder halböffentlichen Kontaktes zwischen der Kirche und ihrer Umwelt ist dabei bedeutsam. Sollte der Pfarrer beim privaten Einkauf den Gruß eines Gemeindeglieds übersehen, ist das bereits ein kleiner – leider schlechter – Teil von Öffentlichkeitsarbeit. Das Beispiel zeigt, wie „gefährlich" es ist, öffentlich in Erscheinung zu treten. Denn im Supermarkt wie in Zeitung und Fernsehen erringt vor allem das Aufmerksamkeit, was aus der Reihe fällt. Gute Öffentlichkeitsarbeit macht sich das zunutze, ohne – wie der mediale Boulevard – die Skandalisierung zu suchen.

Die Chancen stehen nicht schlecht: Nebeneffekt der Säkularisierung ist, dass das Religiöse selbst zunehmend die Faszination des Unbekannten ausübt. Das birgt die Chance, dass kirchliche Öffentlichkeitsarbeit neue Schnittstellen mit dem eigentlichen Öffentlichkeitsauftrag der Kirche entdeckt: „die Botschaft von der freien Gnade Gottes auszurichten an alles Volk" (Barmen VI). Denn der Auftrag der Kirche ist immer schon ein öffentlicher, bei dem sonntags und zu vielen anderen Gelegenheiten die Themen des Glaubens angesprochen werden, nicht als Arkandisziplin, sondern „in aller Welt" und „vor aller Kreatur" (Matthäus 16, 15).

Gerade auf der Gemeindeebene lässt sich das mit der Information über das Tun der Kirche verbinden. So ist es ausdrücklich Gegenstand kirchlicher Öffentlichkeitsarbeit, wenn Gemeinden einen Gemeindeboten herausgeben. Es mag finanzielle Gründe geben, diesen ausschließlich an Gemeindeglieder zu verteilen. Das ist aber weder im Sinne der Bringeschuld kirchlicher Öffentlichkeitsarbeit, noch im Sinne des Selbstanspruchs, als Gemeinde offen und einladend sein zu wollen.

Organisierte kirchliche Öffentlichkeitsarbeit setzt sich jenseits der Gemeinde in den Kirchenkreisen, Diensten und Werken fort. Wer glaubte, auf eine systematische Öffentlichkeitsarbeit für den eigenen Dienstbereich verzichten zu können, würde unabdingbar mit einem zunehmenden Relevanzverlust bestraft. Nicht zuletzt diese Erkenntnis hat dazu geführt, dass sich die hier skizzierte Entwicklung kirchlicher Öffentlichkeitsarbeit in den letzten Jahren als eine Erfolgsgeschichte liest: Die Kirche ist heute sehr wohl in der Lage, ihre institutionellen Interessen adäquat und kompetent zu kommunizieren.

Vom Evangelium her mit der Welt kommunizieren: der Eigenwert der Publizistik

Deutlich zu unterscheiden davon ist die Publizistik der Kirche. Ihre Tradition reicht teilweise bis in das 19. Jahrhundert zurück. Galt kirchliches Schrifttum in jedem Fall seit der Reformation als eine besondere Art der inneren und äußeren Mission, so unterstellte sich die kirchliche Publizistik von Anfang an einem neutraleren „journalistischen" Ethos. Dieses kollidierte nicht selten mit der in der Vorbemerkung beispielhaft beschriebenen Einstellung, kirchliche Publizistik habe im Grunde nichts anderes zu sein als die Fortsetzung der kirchlichen Öffentlichkeitsarbeit mit publizistischen Mitteln. Bis heute hat die kirchliche Publizistik unter diesem Missverständnis zu leiden. Dazu trägt bei, dass nur wenige ihrer publizistischen Produkte auch ohne ein finanziell untermauertes Bekenntnis der Kirche am Markt Bestand haben.

Diese Abhängigkeit weckt – wenn sie nicht gleich als Argument gegen die Erhaltung publizistischer Medien gewendet wird – Begehrlichkeiten. Die Erwartung, Publizistik müsse analog zur Öffentlichkeitsarbeit unmittelbar im Dienst der Institution Kirche stehen, ist gefährlich – die evangelische Kirche als „Kirche der Freiheit" muss sich der Ambivalenzen in ihrem eigenen Verhältnis zum über sie hinausweisenden Öffentlichkeitsanspruch des Evangeliums bewusst sein. Denn nur dieser Anspruch des Evangeliums, verkündigt zu werden, ist Grundlage ihres eigenen Öffentlichkeitsauftrags. Als Protestant tut man gut daran, sich der Leerstelle zwischen der verfassten Kirche und der Wirklichkeit Gottes in dieser Welt bewusst zu sein. Kirchliche Publizistik ist Ausdruck dieser frommen Bescheidenheit.

Denn – wie die Kirche selbst, aber gleichsam auch als ihre Kontrollinstanz – wurzelt die christliche Publizistik im Verkündigungsauftrag. Es ist legitim, sie auf die öffentlichen Reden Jesu oder die Paulusrede auf dem Areopag zurückzuführen. Christliche Publizistik entspringt dem berechtigten Anliegen, unter den journalistischen Rahmenbedingungen einer freien Presse Belange des Glaubens artikulieren zu können: mit, aber auch neben dem kirchlichen Mainstream, gelegentlich auch einmal gegen ihn. Das muss eine Kirche, die ihn finanziell trägt und rechtlich verantwortet, ertragen. Denn die Publizistik bietet Anschluss an den öffentlichen Diskurs. Ohne diese Anschlussfähigkeit würde die Kirche in sich selbst verkrümmt verkümmern. Eine Öffentlichkeitsarbeit, die lediglich kirchliche Interessen und den kirchlichen Beitrag kommuniziert, bricht die Gefahr einer solchen schädlichen Selbstreferenzialität nicht auf. Allein die freie, also unabhängig von kirchlicher Weisung bestehende, in der Gesellschaft beheimatete Publizistik ist in der Lage, den wirklichen Dialog mit der Gesellschaft zu suchen. Sie kommuniziert nicht nur Inhalte, sie kommuniziert über Inhalte. Indem sie Themen – und oft solche, die in anderen Medien als nicht marktfähig angesehen werden – aufgreift und aus einem glaubensgetragenen Geist journalistisch bearbeitet, ist sie eine besondere Form des Dienstes der Kirche an der Gesellschaft im Allgemeinen und der Medienlandschaft im Besonderen. Sie ist aber kein Werkzeug der Kirche, sondern ein Werkzeug des Evangeliums. Sein Verkündigungsanspruch allein ist das Bindeglied zwischen ihr und der Kirche. Ihm sind sie beide verpflichtet. Das aber muss betont werden, damit das prekäre Gleichgewicht dieser eigenwilligen Konstruktion Bestand hat:[2] Wo christliche Publizistik aus diesen Wurzeln lebt, dient sie der Kirche gerade auch durch konstruktiv-kritische Begleitung ihres Wirkens in der Welt; wo sie sich aber dieser Wurzeln entfremdet, hat sie ihren Anspruch auf Unterstützung durch die verfasste Kirche verloren.

In den Gliedkirchen und der EKD selbst wird daher diese Frage immer wieder thematisiert. Eine ganze Reihe von Strukturwandeln der kirchlichen Publizistik war die Folge dieser Diskussionen. Der jüngste Strukturwandel ist die Gründung eines erweiterten Gemeinschaftswerks evangelischer Publizistik (GEP) mit Sitz in Frankfurt. Eine Fülle von publizistischen und anderen medialen Tätigkeitsfeldern sind unter dem Dach des GEP zusammengefasst. Die Reichweite der publizistischen Produkte ist erheblich. Gleichwohl sieht sich das GEP mit seinen vielfältigen Aktivitäten immer wieder der Anfrage ausgesetzt, inwieweit inhaltliche und finanzielle Unabhängigkeit korrelieren sollten.

Doch nach meiner Auffassung muss die Frage anders gestellt werden. Denn natürlich gibt es Rückflüsse zu den Kirchen, profitieren diese von der freien Publizistik. Nur ist die Münze hier nicht der schnöde Mammon, sondern der Beitrag zur Erhaltung der Diskursfähigkeit der Kirchen und ihrer eigenen Diskussionen im pluralistischen Meinungskampf. Ihr Profil ist christlich und muss es sein (wie jede gute Publizistik ein erkennbares Profil haben muss), aber ihre Themen sucht sie sich nicht nur innerhalb der Kirche, sondern „auf der Straße“ – und stellt so die notwendige Wechselwirkung zwischen binnenkirchlichem und gesellschaftlichem Diskurs her. Sie spielt den Ball hin und her und trägt so dazu bei, dass sich Kirche und Gesellschaft nicht unabhängig voneinander entwickeln, bis sie sich so wenig zu sagen haben, dass die Kirche nicht mehr sinnvoll verkündigen kann.

Dabei hat die Publizistik gegenüber der institutionellen Öffentlichkeitsarbeit, aber auch gegenüber den geistlichen Verkündigungsformen eine viel breitere Palette an Stilmitteln zur Hand. Neben der Information zählt Unterhaltung ebenso dazu wie die Darstellung von Zusammenhängen. Fiktionale Elemente stehen neben Reportagen. Belletristik und Prosa sind kein Tabu. Neben einer bedauerlicherweise schrumpfenden Anzahl von kirchlichen Gebietszeitungen stehen Pressedienste, Verlage und Agenturen. Eine offene und nicht zuletzt weltweit verknüpfte Gesellschaft spiegelt sich in einer ebenso offenen und weltweit verknüpften kirchlichen Publizistik.

Die Reduktion kirchlicher Publizistik auf einzelne ausgewählte Teilbereiche, die dann der Öffentlichkeitsarbeit immer näher kommen, wäre Ausdruck einer Diskursschwäche von Kirche. Allerdings gilt für die kirchliche Publizistik – ebenso wie für jede andere Form kirchlichen Engagements und für jede nicht-kirchliche Publizistik – das Erfordernis eines ständigen selbstkritischen Blickes auf das eigene Tun. In diesem Zusammenhang darf auch über Geld gesprochen werden. Natürlich bemisst sich die Qualität und Relevanz kirchlicher Publizistik auch an ihrer Reichweite. Nur Publizistik, die „sich verkauft“, die Hörer, Leser, Zuschauer findet, erreicht ihre Ziele. Gleichwohl wäre es ein Trugschluss, daraus zu folgern, kirchliche Publizistik könne allein mit den Kriterien ökonomischer Effizienz „bewertet“ werden. Ihr Wert für Kirche und Gesellschaft hat einen Preis, den die Kirche zu zahlen bereit sein sollte – auch, wenn das in vielen Fällen ein reines Kostendeckungsprinzip ausschließt. Auch der Blick auf die außerkirchliche Publizistik zeigt, dass es der „subventionierten“ Qualität bedarf, wenn der Markt nicht von Produkten dominiert werden soll, deren reißerische Aufmachung nicht einmal mehr fehlende Tiefe kompensieren soll, weil Tiefe gar nicht erst erstrebt ist.

Für die kirchliche Publizistik aber gilt die unbedingte Verpflichtung, das Angesprochensein der Glaubenden durch Gott in ein Ansprechen der Welt zu wenden. Dabei spielen „Quoten" eine nur untergeordnete Rolle, so wie wenig ausgelastete Sonntagsgottesdienste auch die Predigt als solche nicht infrage stellen. Die publizistische Selbstkritik als Steuerungselement sollte vielmehr wesentlich einer beständigen dialektischen Betrachtung ihrer Anliegen und ihrer Wechselwirkungen mit der Öffentlichkeit gelten. Journalismus lebt von einer immer wiederkehrenden Neugier auf das eigene Medium, die Botschaft und das Publikum. Das gilt in besonderer Weise für kirchliche Publizistik in allen Erscheinungsformen. Wo sie das beherzigt, hat sie genug eigene Kräfte, ihre Qualität zu sichern – und bedarf einer beengenden Kirchenaufsicht nicht.

Fazit: Selbstbewusster Glaube versteckt sich nicht

Wird auch mein Plädoyer gehört, an einer freien Publizistik ebenso wenig zu sparen wie an einer professionellen Öffentlichkeitsarbeit, hängt die tatsächliche Ausstattung natürlich auch von den finanziellen Möglichkeiten ab. Die kirchliche Finanzlage ist nicht immer gleich, guten Jahren folgen magere Jahre. Dennoch dürfen weniger Ressourcen keinesfalls dazu führen, die beiden Arbeitsbereiche grundsätzlich infrage zu stellen. In Kürzungsrunden wäre zu bedenken, dass sie dem eigentlichen Kernauftrag der Kirche, der Verkündigung, deutlich näherstehen als manch andere. Beide haben, auf ihre je eigene Weise, in einem spannungsvollen Verhältnis zueinander, Anteil am „kirchlichen Öffentlichkeitsauftrag", der aus dem Öffentlichkeitsanspruch des Evangeliums folgt. Sie sind keine Adiaphora! Die Teilnahme der Kirche am öffentlichen Diskurs, ihr Dialog mit der in Staat und Gesellschaft konkretisierten Öffentlichkeit ist unverzichtbar. Die Kirche wirkt auf vielerlei Weise auf diese Öffentlichkeit ein, aber die wenigsten sind selbsterklärend genug, um auf die Transmissionsriemen von Öffentlichkeitsarbeit und Publizistik verzichten zu können. Eine mutig glaubende und ihrer selbst gewisse Kirche braucht dabei gerade eine unabhängige christlich Publizistik nicht zu fürchten, sondern muss sich ihr verpflichten: Wer aber den Dialog mit der dem Glauben entfremdeten Gesellschaft abbrechen oder allein auf kirchlich definierten und kontrollierten Kanälen führen will, drückt vor allem die Armut der eigenen Gewissheit aus. Eine solche Diskursschwäche wäre Ausdruck einer tief sitzenden geistlichen Schwäche. Selbstbewusster Glaube aber versteckt sich nicht.

Anmerkungen

1 Die Situation im Kirchenbund der DDR war aus bekannten Gründen vollständig unvergleichbar.

2 Hier zeichnet sich eine gewisse Parallelität zum Verhältnis des Staates zum Öffentlich-Rechtlichen Rundfunk ab, dessen Unabhängigkeit von der Parteipolitik das Bundesverfassungsgericht jüngst gestärkt hat (BVerfG, 1 BvF 1/11 vom 25.3.2014). Dort ist das verbindende Glied zwischen Staat und Rundfunk die Verpflichtung auf unabhängige Information und Meinungsvielfalt auf dem Boden der normativen Wertordnung des Grundgesetzes.

Religionsfreiheit unter dem Grundgesetz

Patrick Roger Schnabel

Braucht Deutschland ein neues Religionsverfassungsrecht?

Ein Plädoyer für den Erhalt der freiheitssichernden Bestimmungen des Grundgesetzes

Deutschland ist zu Recht stolz auf sein Grundgesetz, denn es gibt einer von grundrechtsbasierten Freiheiten geprägten Zuordnung von Individuum, Gesellschaft und Staat ihre verfassungsrechtliche Grundlage. Dieser konstitutionelle Geist gründet vor allem in den tragischen Erfahrungen mit der menschenverachtenden Ideologie des Nationalsozialismus, gegen dessen Totalitätsanspruch sich auch die Bekennende Kirche wandte und so, für viele ihrer Mitglieder eher *nolens volens*, zur Widerstandsbewegung wurde. Im Zentrum steht nun die unveräußerliche Menschenwürde als Leitinterpretament der Freiheit, die so niemals libertär fehlgedeutet werden kann, sondern den Einzelnen stets in die Mitverantwortung für den anderen und das Gemeinwesen mit hineinnimmt.

Die religionsverfassungsrechtlichen Bestimmungen sind integraler Bestandteil[1] dieses Grundgesetzes – auch, wenn ihre Textgeschichte weitgehend auf die Weimarer Reichsverfassung und teilweise sogar auf die Paulskirchenverfassung zurückgeht. Sie waren schon in diesen Konstitutionen fortschrittlich. Aber, um es mit Rudolf Smend[2] zu sagen, bedeutet eine Norm, wenn sie in unterschiedlichen Verfassungen steht, eben nicht in beiden exakt das Gleiche: Sie ist jeweils im Kontext der Gesamtverfassung zu interpretieren. Das Religionsverfassungsrecht des Grundgesetzes ist Teil einer freiheitlich-demokratischen Grundordnung, deren Mittel zur Lösung gesellschaftlicher Konflikte der öffentliche Diskurs und das von unabhängigen Instanzen kontrollierte Recht sind. Die Lehren, die Deutschland aus dem nationalsozialistischen Unrecht gezogen hat, sind Teil des Narrativs, das nicht nur dem Text, sondern auch der heutigen Interpretation des Grundgesetzes zugrunde liegt.

Während der Textbestand – weitgehend – stabil bleibt, wird aber die Interpretation durch das Hinzukommen neuer historischer Erfahrungen und gesellschaftlichen Wandels beeinflusst. Daher wird – auf unserem heutigen Podium und in vielen anderen Foren – die Frage aufgeworfen, ob unser überkommenes Religionsverfassungsrecht noch in diesem Sinne zeitgemäß ist, ob also Verfassungstheorie und Verfassungswirklichkeit noch miteinander übereinstimmen. Müsste nicht, so wird gefragt, angesichts des Schwindens volkskirchlicher Strukturen, des Auseinanderdriftens kirchlicher Lehre und gesellschaftlichen Wertekonsenses sowie der religiös-weltanschaulichen Pluralisierung in der Bevölkerung ein angepasstes, modernes Religionsverfassungsrecht her? Sei es, wie es radikalere Stimmen fordern, mittels expliziter Textänderung, sei es, wie es moderatere Stimmen vorschlagen, mittels erheblicher Interpretationsänderung durch Anwender und Rechtsprechung?

Da ich für eine Textänderung in absehbarer Zeit ohnehin keine verfassungsändernde Mehrheit im deutschen Bundestag sehe, will ich Ihnen anhand von zwei Kernthesen darlegen, warum ich auch einer erheblichen Neuinterpretation ablehnend gegenüberstehe:

1.) Das deutsche Religionsverfassungsrecht ist im internationalen Vergleich diejenige verfassungsrechtliche Verhältnisbestimmung von Staat und Religion, die grundrechtliche Freiheiten am besten zur Geltung bringt.

2.) Das deutsche „Staatskirchenrecht“ ist – trotz seiner traditionellen Bezeichnung – ein pluralitätsoffenes Religionsverfassungsrecht für eine religiös-weltanschaulich differenzierte Gesellschaft.

Zu These 1.)

Das deutsche Religionsverfassungsrecht ist im internationalen Vergleich diejenige verfassungsrechtliche Verhältnisbestimmung von Staat und Religion, die grundrechtliche Freiheiten am besten zur Geltung bringt.

Im weltweiten Vergleich gibt es drei Grundtypen der Zuordnung von Staat und Religion:[3]

1.) Die besondere Verknüpfung des Staates mit einer bestimmten Religion: im europäischen Kontext z.B. in der Form der Staatskirche, im weltweiten Kontext sogar in Form von „Theokratien", „Gottesstaaten".
2.) Die strikte Trennung von privater Religion und staatlich durchdrungenem öffentlichen Raum, zumeist unter dem Ausdruck der Laizität.
3.) Die institutionelle Scheidung der religiösen und der staatlichen Sphäre bei gleichzeitiger Kooperation in Angelegenheiten, die den Menschen als Staatsbürger wie als Gläubigen zugleich betreffen.

Die ersten beiden Modelle sind für mich – so überraschend das angesichts ihrer diametral entgegengesetzten Folgen erscheinen mag – jeweils Ausdruck ein und derselben politischen Grundüberzeugung: nämlich derjenigen, dass der Staat ohne eine eigene weltanschauliche Prägung nicht auskommt. Diese Ideologie, und ich benutze den negativ konnotierten Begriff ganz bewusst, stellt eine staatlich gelenkte gesellschaftliche Homogenität vor das Selbstbestimmungsrecht des Bürgers in religiös-weltanschaulichen Fragen. Dabei ist es irrelevant, ob der Staat sich nun als bewusst religiös oder bewusst areligiös definiert: Die Freiheit des Bürgers, sich in dieser Frage genau umgekehrt als der Staat zu entscheiden, bleibt eingeschränkt.

Diese Einschränkung ist im Kontext demokratischer Rechtsstaaten zwar grundrechtlich zivilisiert. So haben etwa in Frankreich die Gerichte die übelsten Spitzen des staatlichen Trennungswahns in der Folge der Laizitätsgesetzgebung von 1905 durch grundrechtskonforme Urteile abgeschliffen.[4] Es bleibt aber dabei, dass das „System" als solches eben nicht die persönliche Freiheit und Entscheidung in seinen Mittelpunkt stellt, sondern die staatliche Bevormundung, welche Art und/oder welches Maß an gelebter und öffentlich sichtbarer Religiosität noch mit der staatlichen Vorstellung des idealen Staatsbürgers vereinbar ist: Darf ein Schüler, eine Schülerin durch Kreuz, Kopftuch oder Kippa im Unterricht sich öffentlich bekennen? – Der Laizismus verneint das[5] und schränkt damit die individuelle Freiheit immer dann ein, wenn der Mensch als Rechtsunterworfener seinen eng umgrenzten Raum privater Freiheit verlässt, weil er in den hoheitlich durchdrungenen öffentlichen Raum gehen will oder muss. Mit der gleichen Selbstverständlichkeit löst er auch die zwangsläufig auftretenden Grundrechtskollisionen unter Privaten stets zulasten der Religionsfreiheit: Sobald eine Religionsgemeinschaft als Rechtssubjekt auftritt, wird sie schematisch mit nicht-religiösen Organisationen gleichbehandelt, so dass sie in der Wirkung eben nicht mehr gleich behandelt wird. Muss etwa ein katholischer Verlag in Frankreich eine bekennende Atheistin auch in einer inhaltlich verantwortlichen Position einstellen, läuft die (korporative) Religionsfreiheit der Organisation ins Leere (vgl. unten S. 128).

Im Gegensatz dazu enthält sich der religiös-weltanschaulich neutrale Staat des Grundgesetzes jedweder Wertung der persönlichen Entscheidung.[6] Die dadurch öffentlich sichtbar werdende Unterschiedlichkeit der Bürgerinnen und Bürger und ihrer Zusammenschlüsse empfindet er nicht als Angriff auf seine Identität, sondern vielmehr als Ausdruck derselben. Solch staatliche Enthaltsamkeit bei der Beantwortung der tiefsten Sinnfragen ist Bedingung und Grundlage gesellschaftlicher Pluralität, in der jeder nach seiner Façon selig werden mag.

Das bedeutet nicht, dass der Staat als solcher selbst keinerlei Werte hätte. Das Grundgesetz ist selbst schon eine „objektive Wertordnung“,[7] die die von ihm konstituierte Bundesrepublik prägt. Auch darin sollte nach 1945 eine Lehre aus der wehrlosen Werteordnung Weimars liegen. Zur neuen normativen Wertordnung gehört die Wertschätzung der persönlichen Entscheidungen des Bürgers, einschließlich seiner religiösen Überzeugungen. Grundrechte werden um ihrer Aktualisierung willen gewährleistet.[8] Auch die Glaubensfreiheit![9]

Das hat gute Gründe. Die Gesellschaft als ganze ist die vornehmste Interpretationsgemeinschaft der Verfassung. Damit aus Verfassungstheorie Verfassungswirklichkeit wird, müssen die in ihr angelegten Werte von den Bürgerinnen und Bürgern und der Gesamtbevölkerung mit Leben gefüllt werden:

So haben wir keine Wahlpflicht, aber die Demokratie lebt von Beteiligung. So muss niemand eine Zeitung lesen oder gar herausgeben, aber der öffentliche Diskurs lebt von freien Medien. Grundrechte sind zwar ihrer Geschichte nach Abwehrrechte des Einzelnen gegen den Staat, aber zumindest der vom Grundgesetz gewollte Staat braucht sie auch als Grundlage seines eigenen Wesens, und seine Funktionsfähigkeit hängt von aktiver Grundrechtsausübung ab.

So wenig aber, wie demokratische Beteiligung oder Beiträge zum gesellschaftlichen Diskurs deswegen von Staats wegen erzwungen würden, muss sich natürlich ebenso auch niemand Gedanken über den Sinn und Wert des Lebens machen. Aber eine Gesellschaft, in der diese Fragen nicht gestellt und beantwortet würden, hätte Mühe, ihre eigenen Zentralbegriffe, wie zum Beispiel die „Menschenwürde", überhaupt noch mit Leben zu füllen. Es ist in diesem Sinn, dass wir das berühmte Böckenförde-Diktum (fast treffender: Böckenförde-Dilemma) verstehen müssen, der freiheitlich-demokratische Staat lebe von Voraussetzungen, die er selbst nicht garantieren kann.[10] Der Staat kann Grundrechte garantieren, aber nicht ihre Ausübung. Diese kann nur von Menschen und ihren Zusammenschlüssen in freier Entscheidung erfolgen. Ein Staat, der Grundrechtsausübung erzwänge, hätte der Freiheit schon entsagt.

Aus dieser Erkenntnis heraus folgt eine neue Verhältnisbestimmung von Staat und Grundrechten. Denn der Staat müsste und dürfte es nun auch nicht untätig hinnehmen, wenn alle Bürger in grundrechtliche Lethargie verfielen. Unsere Verfassung erlegt dem Staat deshalb nicht nur die (passive) Pflicht auf, grundrechtliche Freiheiten nicht einzuschränken. Sie erlegt ihm – über Schutzpflichten und auch über die Möglichkeit, bestimmte Leistungen zu erbringen – auch die Aufgabe auf, die freiheitliche Grundrechtsausübung aktiv und bestmöglich zu fördern. Was er nicht ohne Aufgabe der angestrebten Freiheit erzwingen kann, soll er doch ermöglichen und fördern. Der öffentlich-rechtliche Rundfunk ist eine besondere Förderung der Presse-, Rundfunk- und Meinungsfreiheit. In gleicher Weise gerät das Verbot der Staatskirche nach Art. 137 I WRV i.V.m. Art. 140 GG auch nicht zum laizistischen Kooperationsverbot, sondern zu einem Trennungsgebot, das durch eine offene,[11] positive,[12] wohlwollende[13] und eben auch fördernde[14] Neutralität des selbst religiös-weltanschaulich enthaltsamen Staates gekennzeichnet ist.

Deswegen haben gerade solche Grundrechte mit einem engen Bezug zur Persönlichkeitsbildung einen so hohen Stellenwert in der Wertehierarchie des Grundgesetzes. Durch ihre lebendige Inanspruchnahme bildet sich der verantwortungsbewusste Staatsbürger in seinen sozialen Beziehungen. Auch darum wird die Religionsfreiheit des Einzelnen nur durch andere Grundrechte und Güter von Verfassungsrang beschränkt. Darum kommt auch der kollektiv-korporativen Dimension der Religionsfreiheit, nämlich dem Selbstbestimmungsrecht der Religionsgemeinschaften nach Art. 137 III WRV, ein so hoher Stellenwert zu. Sie sind keine unzeitgemäßen Privilegien des Religiösen, sondern dauerhaft gültige Anwendungsfälle verfassungsrechtlich verbürgter Freiheiten.

Zu These 2.)

Das deutsche Staatskirchenrecht ist – trotz dieser traditionellen Bezeichnung – ein pluralitätsoffenes Religionsverfassungsrecht für eine religiös-weltanschaulich differenzierte Gesellschaft.

Nun könnten Sie, nach dem zur ersten These Ausgeführten, immer noch (oder gerade) unterstellen, dass der Staat eine Neigung zur Religion hat, dass – in Worten von Ulrich Stutz – die Trennung eine nur „hinkende“[15] sei. Manch einer hat Böckenfördes Diktum denn auch so interpretiert: als Legitimation einer Religionsaffinität des Staates auf Umwegen.[16]

Das wäre aber falsch. Der Staat hat keine Nähe zur Religion. Richtig ist hingegen, dass er eine Nähe zur Ausübung der Glaubensfreiheit hat. Und die bedeutet, dass Menschen sich entscheiden können, eine Religion oder Weltanschauung zu haben, zu pflegen und öffentlich zu bekennen oder all dies nicht zu tun.

Wo sie es nicht tun, schützt der Staat sie vor religiösem Zwang durch Dritte.[17] Wo sie es aber tun, steht der Staat ihnen nicht im Wege, limitiert die staatlich veranlassten Beschränkungen auf das für den Erhalt seiner Ordnung und des gesellschaftlichen Friedens unbedingt Notwendige und fördert die Grundrechtsträger in ihrem Handeln.

Wegen dieser Schlüsselfunktion religiös-weltanschaulicher Neutralität für die Rolle des Staats als „Heimstatt aller Staatsbürger"[18] wirkt schon der Textbestand des deutschen Grundgesetzes für seine Entstehungszeit nahezu unhistorisch losgelöst von der religiösen Prägung der Gesellschaft, die es hervorgebracht hat. Es liest sich – anders als etwa der Lissabon-Vertrag als „Europäische Verfassung" – vergleichsweise nüchtern. Findet sich hier der lange umkämpfte Bezug auf das „christlich-jüdische" und „humanistische" Erbe (EUV: Präambel) und eine explizite Erwähnung der „Kirchen" (AEUV: Art. 17), wird dort stets neutral von Religion und von Weltanschauung gesprochen, ebenso von den Religions- und Weltanschauungsgemeinschaften beziehungsweise -gesellschaften. Einzig in der Formel der „Verantwortung vor Gott und den Menschen" ist eine Begrifflichkeit aus dem religiös-philosophischen Bereich gewählt, wobei dieser „Präambelgott" eher eine Leerstelle[19] markieren soll, um jedwedem Absolutheitsanspruch staatlicher Ordnung eine Grenze zu ziehen. Besitzansprüche von Religionen auf Verfassung und Staat lassen sich daraus gerade nicht ableiten.

Auch auf der Ebene der Rechtsanwendung gibt es keine systemimmanente Ungleichbehandlung. Die beiden Großkirchen und jüdischen Kultusgemeinden[20] sind zwar 1919 „geborene" Körperschaften des öffentlichen Rechts geblieben, aber es gibt heute zahlreiche Freikirchen, weltanschauliche Verbände und inzwischen auch dem islamischen Religionskreis zugehörige Gemeinschaften[21], die als „gekorene" Körperschaften gleichen Status und gleiche Rechte erlangt haben. Beim Arbeitsrecht oder beim Religionsunterricht gilt dasselbe.[22]

Wo es Schwierigkeiten gibt, neue Religions- und Weltanschauungsgemeinschaften in das System der Kooperation von Staat und Religion zu integrieren, liegen diese auf anderen Ebenen. So ist die Voraussetzung der Nutzung manch verfassungsrechtlich verbürgten Angebots die Erfüllung bestimmter organisatorischer Bedingungen: Wer beispielsweise Religionsunterricht anbieten will, muss zunächst sagen können, für wen und mit welchem Vertretungsanspruch. Ohne mitgliedschaftliche Strukturen und curricular verbindliche Unterrichtsinhalte wäre der Willkür Tür und Tor geöffnet. Auch muslimische Kinder und ihre Eltern haben ein Recht auf einen Unterricht nach ihren *eigenen* konfessionellen Grundlagen – nicht auf ein inhaltlich undurchsichtiges Angebot selbsternannter Religionsvertreter. Solche Anforderungen sind deshalb nicht Ausdruck eines kulturellen Hegemonialanspruchs christlich-kirchlicher Organisationsformen, sondern Ausdruck der Schutzpflicht des Staates.

Gleichzeitig gilt es zu betonen, dass Gleichbehandlung eben nur Gleichen und nur gemäß ihrer Gleichheit zusteht. In unserem Kontext heißt das, dass es um die Parität zwischen den verschiedenen Religionen und Weltanschauungen geht. Sachverhalte aus der religiös-weltanschaulichen Sphäre müssen nicht mit ähnlichen, aber säkularen Sachverhalten gleichbehandelt werden. Diese Forderung wird aus dem Lager ideologischer Säkularisten dennoch immer wieder erhoben, die dazu gern das falsche *tertium comparationis* heranziehen, um eine Privilegierung der Kirchen erst behaupten und dann abschaffen zu wollen. Das „kirchliche Arbeitsrecht" (als konkrete Form freiheitskonformer Ausgestaltung privatrechtlicher Arbeitsverhältnisse in Organisationen mit religiösem Charakter) ist immer wieder Zielscheibe solcher Kritik.[23] Sei es die Möglichkeit, Arbeitnehmerinnen und Arbeitnehmer nach konfessionellen Gesichtspunkten auszuwählen oder ihnen religionsspezifische Loyalitätsobliegenheiten auch im privaten Bereich aufzuerlegen, sei es die Orientierung der Betriebsverfassung an ekklesiologischen Vorgaben: Schnell wird der Ruf laut, solchen „Diskriminierungen" durch Gesetze zu begegnen, die endlich wirkliche Religionsfreiheit gegenüber kirchlicher Bevormundung durchsetzen sollen. Freilich verkennt solche Kritik, dass Freiheit und Gleichheit nicht nur komplementäre Werte sind, sondern im konkreten Fall auch in direkter Konkurrenz zueinander stehen können. Je schematischer die eingeforderte Gleichheit verstanden wird, desto mehr muss sie auf Kosten der Freiheit verwirklicht werden. Das Grundgesetz ist aber im Kern freiheitlich geprägt. Gleichheitsrechtliche Aspekte begrenzen die Freiheit auf ein sozialverträgliches Maß, indem sie ihre Ausübung an das Gemeinwohl rückbinden. Dieses Verhältnis darf aber nicht umgekehrt werden.

Ebenso wenig dürfen die kollektiven und korporativen Komponenten der Freiheitsrechte vernachlässigt werden. Zwar sind Grundrechte im Kern Individualrechte. Aber, abhängig von ihrem jeweiligen Charakter, haben einige – darunter auch die (positive) Religionsfreiheit[24] – einen konstitutiven Gemeinschaftsbezug. Zudem liefe jedes Recht des Einzelnen ins Leere, wenn sein Schutzgehalt umso stärker verringert würde, je organisierter es von mehreren Grundrechtsträgern gemeinschaftlich ausgeübt wird. Die Argumentation, Religionsgemeinschaften seien auf Grund ihres Organisations- und Verbreitungsgrades eine für die Religionsfreiheit des Einzelnen gefährliche Sozialmacht, weist aber just in diese Richtung. Ihre gesellschaftliche Etabliertheit darf ihnen nicht zum Nachteil gereichen.[25] Ebenso wenig darf das Maß ihrer Freiheit im kleinsten gemeinsamen Nenner mit anderen Religions- und Weltanschauungsgemeinschaften gesucht werden. Nur weil andere ihr Selbstbestimmungsrecht anders ausüben und eine weniger extensive und intensive Regelungsdichte schaffen, kann dies den Kirchen nicht verwehrt werden. Maßstab ist allein, ob die anderen es auch dürften, wenn sie wollten. Und das muss unter dem Grundgesetz klar bejaht werden.

Zu jedem der Punkte ließe sich viel mehr sagen. Hier kann es nur beim schnellen Skizzieren bleiben. Nur eine abschließende Bemerkung mögen Sie mir noch gestatten: Auch, wenn ich eine *erhebliche* Neuinterpretation oder gar eine Neufassung des Religionsverfassungsrechts aus den genannten Gründen ablehne, bleibt ein Interpretationsspielraum, der den Gerichten die Möglichkeit gibt, Urteile zu sprechen, die dem Text und der Verfassungswirklichkeit in gleichem Maße entsprechen. Recht entwickelt sich beständig fort und muss das auch, wenn es Recht für die Menschen seiner Zeit will. Davon ist das Religionsverfassungsrecht nicht ausgenommen.

Unsere Verfassungsordnung vertraut dabei auch auf die religionstransformierende Wirkung der Kooperation.[26] Religionen aus dem öffentlichen Raum auszuschließen und damit von gesellschaftlicher Entwicklung und gesellschaftlichem Diskurs abzukoppeln, fördert deren Fundamentalisierung und mindert das allgemeine Verständnis für religiöse Deutungsmuster und Ausdrucksformen. Partizipation hingegen fördert Identifikation mit dem Gemeinwesen. Eine gut in die Gesellschaft integrierte Religion wird diese natürlich beeinflussen und will das auch – sie wird sich aber auch mit ihr verändern, so dass auch die eine oder andere angemessene Anpassung religionsrechtlicher Detailfragen gar nicht streitig sein wird.[27]

Anmerkungen

Dieser Beitrag ist die erweiterte Fassung eines Vortrags, der im Rahmen der gemeinsamen Diskussionsveranstaltung „*Ius ecclesiasticum semper reformandum* – Vom Dahlemer Notrecht zum modernen Religionsrecht" der Evangelischen Kirchengemeinde Dahlem, des Reformationsbeauftragten der EKBO und des Evangelischen Instituts für Kirchenrecht an der Universität Potsdam anlässlich des 80-jährigen Jubiläums der Zweiten Bekenntnissynode der Bekennenden Kirche vom 19./20. Oktober 1934 gehalten wurde.

1 Vgl. z.B. BVerfGE 19, 206 <219>; <236>.
2 *Smend, Rudolf*, in: Staat und Kirchen nach dem Bonner Grundgesetz, ZevKR 1 (1951), 4.
3 Für viele: *Robbers, Gerhard*, Staat und Kirche in der Europäischen Union, in: ders. (ed.), Staat und Kirche in der Europäischen Union, Baden-Baden ^{2}2005, [629–640], 630f.
4 *Walter, Christian*, Säkularisierung des Staates – Individualisierung der Religion. Überlegungen zum Verhältnis von institutionellem Staatskirchenrecht und dem Grundrecht der Religionsfreiheit, in: Hartmut Lehmann (ed.), Multireligiösität im vereinten Europa. Historische und juristische Aspekte, Bausteine zu einer europäischen Religionsgeschichte im Zeitalter der Säkularisierung, Bd. 1 (Göttingen 2003), [30–56], 43. *Charlier-Dagras* spricht von „double identité, idéologique d'une part et juridique d'autre part" (*Charlier-Dagras, Marie-Dominique*, La laïcité française à l'épreuve de l'intégration européenne: pluralisme et convergences, Paris et al. 2002, 393).
5 Vgl. z.B. das *Loi encadrant, en application du principe de laïcité, le port de signes ou de tenues manifestant une appartenance religieuse dans les écoles, collèges et lycées publics* (Gesetz Nr. 2004–228 vom 15.3.2004, Journal Officiel, Nr. 65, 17.3.2004).
6 Ein entsprechendes Wertungsverbot stellte das Bundesverfassungsgericht explizit schon 1960 auf (BVerfGE 12,1 <4>).
7 Vgl. etwa BVerfGE 7, 198, 1. Leitsatz u.ö.
8 *Hesse, Konrad,* Grundzüge des Verfassungsrechts der Bundesrepublik Deutschland, 18., erg. Aufl., Heidelberg 1991, Rn. 382.
9 Man müsste wohl sogar formulieren: *Gerade* die Glaubensfreiheit, denn die Verwurzelung der Bürgerinnen und Bürger in gefestigten Sinnsystemen ist eine gute „firewall" gegen die pseudo-religiöse Selbstaufladung des Staates, die jedes totalitäre System kennzeichnet. Wenn wir heute an das Dahlemer Notrecht von 1934 erinnern, sind wir uns bewusst, dass die Bekennende Kirche keine politische Widerstandsbewegung sein wollte, sondern erst mittelbar dazu wurde, weil der Anspruch der Kirche, Gott mehr zu gehorchen als den Men-

schen und ihre Ordnungen am Evangelium nicht am nationalsozialistischen Glauben auszurichten, den „totalen Staat" in seinem Kern herausforderte.

10 *Böckenförde, Ernst-Wolfgang,* Staat, Gesellschaft, Freiheit. Studien zur Staatstheorie und zum Verfassungsrecht, Frankfurt a.M. 1976, 60.

11 *Muckel, Stefan,* Kommentierung von Art. 140 GG, in: *Karl Heinrich Friauf / Wolfram Höfling* (edd.), Berliner Kommentar zum Gundgesetz (BKGG), Bd. IV, 33. Ergänzungslieferung 2011, [1–56], Rn. 32 (m.w.N.).

12 *Stern, Klaus,* Das Staatsrecht der Bundesrepublik Deutschland, Bd. IV/2, München 2011, 1007, mit Bezug auf Paul Mikat (Fn. 590).

13 *Stern*, Staatsrecht, 1222.

14 Vgl. zuletzt ausführlich: *Waldhoff, Christian,* Neue Religionskonflikte und staatliche Neutralität. Erfordern weltanschauliche und religiöse Entwicklungen Antworten des Staates? Gutachten D zum 68. Deutschen Juristentag, München 2010, *passim.*

15 So Stutz in: DAR 6 (1924), 2 (zitiert nach: *Alexander Hollerbach*, Grundlagen des Staatskirchenrechts, in: *Isensee/Kirchhof* (edd.), HdbStR VI, [471–555], 480).

16 Diese Lesart ist sowohl mit positiver als auch mit negativer Aufnahme zu finden. Sie folgt wohl aus dem Kontext, in dem der Satz von *Böckenförde* ursprünglich geprägt wurde, neigt aber zu einer Engführung auf das Religiöse, die ihm letztlich nicht gerecht wird. So gelesen, kann seine Bedeutung für den säkularen Staat im Ernstfall sogar überbetont werden (so *Hans Michael Heinig*, Öffentlich-rechtliche Religionsgesellschaften. Studien zur Rechtstellung der nach Art. 137 Abs. 5 WRV korporierten Religionsgesellschaften in Deutschland und der Europäischen Union, SÖR 921 [2003], 39f).

17 Vonseiten säkularistischer/laizistischer Organisationen wird regelmäßig kritisiert, dass die „negative Religionsfreiheit" nicht ebenso gefördert würde wie die „positive". Das verkennt, dass der Abstinenz natürlich das gleiche Recht auf *Schutz* zusteht, dass sie aber gerade aufgrund ihres Charakters, der seine inhaltliche Bestimmung aus der bloßen Ablehnung von Religion zieht, keinen eigenen förderungswürdigen Beitrag leistet. Ganz anders bei der vom Grundgesetz mit der Religion gleichgestellten, nicht-transzendenzorientierten Weltanschauung: Diese wird aus den gleichen Gründen gleich gefördert wie die Religion. Deshalb gibt es z.B. an Berliner und Brandenburger Schulen das dem Religionsunterricht gleichgestellte Schulfach „Humanistische Lebenskunde".

18 BVerfGE 19, 206 <41>, <88>.

19 Insofern ist er nicht einmal deistisch zu interpretieren, sondern lediglich als Platzhalter gegen eine Selbsttranszendierung und -überhöhung des Staates und politischer Ideologie sowie gegen die Verfügbarmachung des Menschen durch den Menschen. Darin unterscheidet sich dieser Gottesbegriff von Bezugnahmen auf einzelne, historische Gottesvorstellungen (etwa in der Präambel der irischen Verfassung: *„In the Name of the Most Holy Trinity, from Whom is all authority and to Whom, as our final end, all actions both of men and States must be referred, We, the people of Éire, humbly acknowledging all our obligations to our Divine Lord, Jesus Christ, Who sustained our fathers through centuries of trial, […] do hereby adopt, enact, and give to ourselves this Constitution. –*).

20 Zur Rechtsstellung der jüdischen Gemeinden vgl. umfassend *Michael Demel*, Gebrochene Normalität. Die staatskirchenrechtliche Stellung der jüdischen Gemeinden in Deutschland, Tübingen 2011, JusEccl 97.

21 So wurde der *Ahmadiyya Muslim Jamaat* im April 2013 in Hessen der „Körperschaftsstatus" verliehen.

22 So hat im Schuljahr 2013/14 in Hessen bekenntnisorientierter, muslimischer Religionsunterricht gemäß Art. 7 III GG begonnen, wobei die schon erwähnte *Ahmadiyya Muslim Jamaat* und die DITIB Landesverband Hessen e.V. als Religionsgemeinschaften i.S. der Verfassung die inhaltliche Verantwortung tragen.

23 Für viele: *Hartmut Kreß*, Die Sonderstellung der Kirchen im Arbeitsrecht – sozialethisch vertretbar? Ein deutscher Sonderweg im Konflikt mit Grundrechten, Baden-Baden 2014 (= Schriften der Hans-Böckler-Stiftung, Bd. 77).

24 Dass Religion „gesellig" ist, wusste schon Schleiermacher (*Friedrich Daniel Ernst Schleiermacher*, Über die Religion. Reden an die Gebildeten unter ihren Verächtern [1799], Rudolf Otto (ed.), Göttingen [7]1991, 127). Deshalb spricht man von „interpersonell geteilten Sinnsystemen" (*Morlok, Martin*, Kommentierung von Art. 140/137 WRV GG, in: *Horst Dreier* (ed.), Grundgesetz. Kommentar, [1551–1621], Rn. 25).

25 Zum Konflikt von Freiheit und Gleichheit im kirchlichen Arbeitsrecht vgl. ausführlicher: *Patrick Roger Schnabel*, Europarecht und kirchliches Arbeitsrecht, in: ZFA, 39. Jg., Heft 3/2008, 413–443.

26 *Heinig, Hans Michael*, Verschärfung der oder Abschied von der Neutralität?, in: JZ 23/2009, [1136–1140], 1139.

27 Ein Beispiel sind die Verhandlungen und Beschlüsse der 11. Synode der Evangelischen Kirche in Deutschland auf ihrer 4. Tagung vom 6. bis 9. November 2011 zum Kirchlichen Arbeitsrecht. In der Kundgebung „Zehn Forderungen zur solidarischen Ausgestaltung des kirchlichen Arbeitsrechts" und den zugleich beschlossenen Gesetzesänderungen passt die EKD ihr Arbeitsrecht in einem „Musterbeispiel eines demokratischen Prozesses" (so laut Pressemitteilung die Präses *Katrin Göring-Eckardt*) gesellschaftlichen Veränderungen an, ohne den Anspruch religionsspezifischer Ausgestaltung aufzugeben.

Volker Beck

Freiheit zur und von Religion

Ein religionspolitischer Zwischenruf

Femen auf dem Altar im Kölner Dom, Empörung über die Entlassung einer geschiedenen Erzieherin eines katholischen Kindergartens, Streit zwischen Papst und dem Satiremagazin Titanic vor Gericht, Lob und Tadel für die Veröffentlichung der Mohammed-Karikaturen, das Attentat auf die Redaktion von Charlie Hebdo: Religion macht wieder Schlagzeilen und sorgt für Streit. Das wachsende Unverständnis zwischen Gläubigen und überzeugten Atheisten zeigt, dass wir angesichts gewachsener weltanschaulicher und religiöser Pluralität eine neue Verständigung über das gesellschaftliche Miteinander brauchen.

Nur wenige Themen bieten ein ähnlich explosives Konfliktpotenzial wie Debatten zwischen Anhängerinnen und Anhängern verschiedener religiöser und/oder säkularer Gruppen. Diese Konflikte nehmen beständig zu. Wir müssen deshalb Fragen klären: Welche Stellung haben Religions- und Weltanschauungsgemeinschaften in unserer Gesellschaft? Ist unser Religionsverfassungsrecht noch zeitgemäß? Wo gibt es Reformbedarf und wo muss die religiöse Freiheit vor Einschränkungsversuchen durch Andersdenkende verteidigt werden?

Kompromisse sind schwierig und selten für alle Seiten zufriedenstellend. Wichtiger als die Positionierung bei einzelnen Streitfragen ist die Entwicklung eines programmatischen Kompasses für die Religionspolitik. Respekt, weltanschauliche Neutralität des Staates und die drei Dimensionen der Glaubensfreiheit scheinen geeignete Grundlagen, um die Religionspolitik gemeinsam neu auszurichten. Religionspolitik muss dabei Freiheitspolitik sein: die Freiheitsrechte des einzelnen Gläubigen oder Religionsfreien und ihrer Gemeinschaften muss gerade im Konflikt unterschiedlicher Rechtspositionen möglichst zu optimaler Wirksamkeit gelangen können.

Wenn der Sinn von Politik Freiheit ist, wie Hannah Arendt sagt, dann ist der Sinn von Religionspolitik Religionsfreiheit. Deshalb darf die Größe religiöser oder säkularer Institutionen und Bewegungen kein Argument für oder gegen die Formulierung von notwendiger Kritik sein: gerade wo gesellschaftliche Macht Freiheiten beschränkt; und insbesondere dann, wenn sich Religionsgemeinschaften als Arbeitgeberinnen einen Wirtschaftszweig aufbauen, in dem sie mancherorts monopolgleich sind.

Zunächst werden die Grundlagen der Religionsfreiheit beleuchtet, wird Tendenzen der aktuellen Rechtsprechung nachgespürt und darauf folgen eigene Vorschläge für einen Ausgleich der widerstreitenden Interessen in Bezug auf das kirchliche Arbeitsrecht.

Religions- und Glaubensfreiheit sind ein Erbe der Aufklärung

Die Idee der Menschenrechte, also auch der Glaubens- oder Religionsfreiheit, gründet in der Aufklärung. Religionsfreiheit wird erstmals als Individualrecht verstanden. Zugleich entwickelt sich ein säkulares Staatsverständnis. Diese philosophischen Entwicklungen fanden ihren Niederschlag auch in der Politik. So wurde in der amerikanischen Bill of Rights von 1789 die Religionsfreiheit zum Recht aller Menschen erklärt.

Die verfassungs-, völker- und menschenrechtlichen Prinzipien der Religionsfreiheit sind also im Wesentlichen Ausfluss der europäischen Aufklärung. Dabei ist der Begriff der „Aufklärung" selbst nicht eindeutig bestimmbar; er kann sowohl geistesgeschichtlich, historisch-politisch, prozessual oder epochal gefasst werden. Aufklärung im weiteren Sinne ist auch innerhalb der Religionsgemeinschaften selbst festzustellen,[1] oftmals zunächst in der Form von Häresien (abweichenden Lehren). In Bezug auf das Verhältnis von Staat und Religion lassen sich von der griechischen Antike bis zur Epoche der europäischen Hochaufklärung jedoch zwei durchgehende Grundelemente feststellen: Das Verdrängen des Glaubens durch die Vernunft (Rationalität, Wissenschaft) im gesellschaftlichen und politischen Leben und die hierzu parallel verlaufende Entstehung öffentlicher Gemeinwesen (res publica). So begannen etwa bereits in der griechischen Antike vor der Entstehung erster republikanisch verfasster Demokratien Vorsokratiker wie Protagoras damit, nicht mehr *durch*, sondern *von* den Göttern zu reden (Prinzip der rationalen Distanz).

Mit der Wiederentdeckung der griechischen Antike in der Renaissance (Zeitalter des Humanismus) erfolgte dann der gewaltige eigentliche politische, kulturelle, ökonomische und wissenschaftliche Aufbruch in die Moderne.[2] Mit den Erfahrungen nach den europäischen Bürger- und Religionskriegen (englischer Bürgerkrieg, dreißigjähriger Krieg, etc.) u.a. in der Folge des christlichen Glaubens- und Kirchenschismas, entstanden in der Epoche der Frühaufklärung die ersten umfassenden Schriften über das Verhältnis von Glaube und Vernunft sowie Staat und Religion. Zentral dabei zu nennen sind die Forderung nach Toleranz (John Locke: Brief über die Toleranz, 1689), die historisch-kritische Bibellektüre sowie die Forderungen nach der Freiheit des Denkens und der entsprechenden Trennung von Glaube von Vernunft (Baruch Spinoza: Theologisch-politischer Traktat, 1670) oder aber auch der Versuch der Versöhnung von Glaube und Vernunft (Leibniz: Theodizee, 1710).

Der zentrale Begriff von der Früh- bis zur Hochaufklärung, aus dem sowohl der moderne Menschenrechtsbegriff wie auch moderne Staatskonzepte mit Gewaltenteilung, Volkssouveränität, Unabhängigkeit der Justiz und Gesetzesbindung der Verwaltung, ökonomische Modelle sowie der Subjekt-, Freiheits-, Vertrags- und Eigentumsbegriff theoretisch wie praktisch entwickelt werden, ist der des Naturrechts. Aufklärung bedeutet daher im Wesentlichen nicht eine einfache Ablehnung von Glaube und Religion, also von metaphysischen Begründungszusammenhängen, sondern eine Verschiebung von politischen, gesellschaftlichen und geistigen Begründungs- und Legitimationszusammenhängen vom Recht Gottes auf das Naturrecht, innerhalb derer der Gottes- und damit Religionsbegriff neu definiert wird. Die innerhalb der Aufklärung auch auftauchenden atheistischen, deistischen, pantheistischen oder agnostizistischen Gottesbegriffe sind hingegen kein Spezifikum der Aufklärung selbst, sondern historisch beinahe durchgängig feststellbar.

Die später dann deutlich ausformulierte Unveräußerlichkeit des Menschenrechts basiert also auf der Unveräußerlichkeit seines Naturrechts (dessen also, was ihm/ihr von seiner/ihrer Natur aus je eigen ist) und den sich daraus ergebenden Freiheiten und Pflichten. Wie diese Menschennatur wiederum abgeleitet wird (metaphysische Letztbegründung), kann sowohl religiös als auch rational, gruppenbezogen oder individuell besetzt sein.

Historisch, gesellschaftlich und politisch bedeutet Aufklärung also im Wesentlichen eine *Relativierung* der Absolutheitsansprüche von Glaube und Religion – und nicht deren *Negation* – gegenüber anderen Individuen und Gemeinschaften und in den politisch-gesellschaftlichen Legitimationszusammenhängen (Säkularisierung). Ebenso ist festzuhalten, dass die – positive wie negative – Freiheit des Glaubens und der Religionsausübung selbst ein aus der Natur des Menschen abgeleitetes Recht, also ein Naturrecht ist, weil es sich um ein historisch wie geografisch durchgängig feststellbares Attribut, und also eine wesentliche Eigenschaft des Menschseins handelt.

Aus der Sicht der Aufklärung ist ebenfalls festzuhalten, dass unserer Freiheits- und Rechtsbegriff keine Meinungen, Neigungen, Weltanschauungen, Gedanken, Glaubensinhalte etc. zum Inhalt hat, sondern nur Handlungen gegenüber anderen, die diese wiederum in ihrem eigenen subjektiven Recht tangieren (können). Die sich in Handlungen gegenüber anderen niederschlagende Freiheit der Religionsausübung unterliegt also einer stetig vorzunehmenden Grundrechteabwägung (wie etwa auch beim Eigentumsrecht). Ein dem Staat analoges Zwangsrecht haben Religionsgemeinschaften nicht (nach Moses Mendelssohn auch nicht gegenüber den eigenen Gläubigen). Das Gewaltmonopol der res republica und ihr daraus abgeleitetes Zwangsrecht führt in logischer Folge zu der Notwendigkeit der personellen wie institutionellen Trennung von Staat und Kirche, beziehungsweise – pluralistisch gesprochen – von Staat und Religionsgemeinschaften.

Aufklärung und Säkularisierung bedeutet bezüglich der Religion also im Kern Machtminimierung und -kontrolle, nicht anders als in vielen anderen gesellschaftlichen Teilbereichen auch, etwa der Wirtschaft oder der Regierung. Da Religionen wie politische Gemeinwesen keine statischen, sondern historisch-dynamische Gebilde sind, und da Religionen mit ihrem (Absolutheits-)Anspruch metaphysischer Letztbegründung natürlicher Weise nach Einfluss – und damit Macht –

tendieren, ist das Verhältnis Staat und Religion ebenso kein statisches, sondern Gegenstand ständiger Aushandlungen – philosophisch betrachtet auf ewige Zeiten.

Die aus der Aufklärung heraus entwickelte Freiheitsidee, die schließlich zur Herausbildung liberaler und rechtsstaatlich verfasster Demokratien führte, meint schließlich nicht die öffentliche Herstellung einer sittlichen Idee der Freiheit, sondern die Herstellung der „Bedingung der Möglichkeit" (transzendentale Idee nach Kant) von Freiheit, oder, wie es einer der „Väter" der sozialen Marktwirtschaft, der Wirtschaftsjurist Franz Böhm ausdrückte: „Die liberale Idee versucht nicht die Existenz des Menschen zu deuten, sondern die freie Existenz des Menschen zu ermöglichen. Der Liberalismus fragt nicht nach dem Sinn des menschlichen Lebens, sondern versucht die Rahmenbedingungen dafür zu schaffen, dass jeder Mensch seinen Sinn frei wählen und entwickeln kann."[3]

Religionsfreiheit und weltanschauliche Neutralität des Staates als Fundament von Religionspolitik

Weltanschauliche Neutralität des Staates, religiöse Toleranz und der Schutz der Religionsfreiheit bedingen einander. Zur Glaubensfreiheit gehört neben der individuellen und kollektiven Religionsfreiheit eben auch die negative Glaubensfreiheit.

Die positive und negative Glaubensfreiheit ist eine Ausprägung der Menschenwürde. In der Bundesrepublik Deutschland wird sie in Art.4 GG[4] geregelt. Sie schützt natürliche und juristische Personen (Vereinigungen) und sichert die religiös-weltanschauliche Neutralität des Staates,[5] allerdings in erster Linie als ein Abwehrrecht gegen staatliche Freiheitsbeschränkungen. Sie hat drei Dimensionen:

- Geschützt ist die *individuelle* Freiheit, einen Glauben oder eine Weltanschauung zu bilden, zu haben („forum internum"), zu äußern und entsprechend zu handeln („forum externum"). Geschützt im Rahmen des „Handelns" sind demnach nicht nur klassische Riten, sondern insgesamt „das Recht des Einzelnen, sein gesamtes Verhalten an den Lehren seines Glaubens auszurichten und seiner inneren Glaubensüberzeugung gemäß zu handeln".[6] Um den Schutzbereich nicht zu weit auszudehnen, gilt die Grenze, dass ein Betroffener bei einem Zuwiderhandeln gegen staatliche Gebote eine „innere Not" verspüren *müsse.*

- *Kollektiv* ist die Freiheit einer religiösen oder weltanschaulichen Vereinigung. Sie schützt die Vereinigungsfreiheit, Organisation, Normsetzung und Verwaltung sowie nach außen gerichtete Tätigkeiten (Werbung, Bau von Gotteshäusern, Glockenläuten, Ruf des Muezzin, schulische Erziehung etc.). Auch Religionsgemeinschaften als Körperschaften öffentlichen Rechts profitieren von dem Abwehrrecht – üben sie aber selbst öffentliche Gewalt aus (bspw. Kirchensteuer) unterliegen sie der Bindung an die Grundrechte. Kollektive Glaubensfreiheit ist zu unterscheiden von der individuellen Freiheit, sich zu Vereinigungen überhaupt erst zusammenzuschließen.
- Last not least gilt der *negative* Schutzbereich, also die Freiheit, keinen Glauben zu bilden, zu haben, zu bekennen und danach zu leben.[7] Eingriffe können vermieden werden, indem die Rechtsordnungen Alternativen eröffnet, beispielsweise in der Eidesformel mit oder ohne Gottesbezug).

Artikel 4 GG bildet ein organisches Ganzes mit den Artikeln 136 ff der Weimarer Reichsverfassung (WRV), die gemäß Art. 140 GG voll gültiges Verfassungsrecht sind und u.a. das Staatskirchenrecht regeln. Aufgrund dessen sind Staat und Kirche im Grundgesetz nicht vollständig getrennt – man spricht von „hinkender Trennung": Es müssen die prinzipielle organisatorische Trennung, die Grundsätze staatlicher Neutralität und Nichtidentifikation sowie die Gleichbehandlung der Religionsgesellschaften und Weltanschauungsvereinigungen gewahrt werden. Liest man den Artikel 140 Grundgesetz im Lichte der ersten 4 Artikel unserer Verfassung ergibt sich daraus ein umfassendes Gleichstellungsprogramm für die Entfaltungsmöglichkeiten der Muslime, der Religionsfreien und der Anhänger kleinerer religiöser Gemeinschaften.[8]

Die Religionsfreiheit gehört zum unverzichtbaren Kanon der modernen Menschenrechte und findet sich in allen internationalen Menschenrechtsvereinbarungen: etwa in Art. 18 Allgemeine Erklärung der Menschenrechte, Art. 18 Internationaler Pakt über bürgerliche und politische Rechte, Art. 9 Europäische Menschenrechtskonvention und Art. 12 der Interamerikanischen Menschenrechtskonvention oder der UN-Erklärung über die Beseitigung aller Formen von Intoleranz und Diskriminierung aufgrund der Religion oder Überzeugung von 1981.

Der Schutzbereich des Art. 9 EMRK umfasst dieselben Rechte wie der des Art.4 GG (s.u.). Der EMRK liegt kein staatskirchenrechtliches Modell zugrunde, alle in Europa vorzufindenden Ausgestaltungen des Religionsrechts sind grundsätzlich mit Art. 9 EMRK vereinbar.

Art. 4 GG hat keinen Gesetzesvorbehalt. Er bietet daher einen größeren Schutz als die völkerrechtlichen Garantien der Religionsfreiheit.[9] Laut Bundesverfassungsgericht wird die Glaubensfreiheit daher nur durch kollidierendes Verfassungsrecht eingeschränkt, also insbesondere die Grundrechte Dritter.[10] Notwendig ist ein Ausgleich der Grundrechte unter dem Aspekt der Verhältnismäßigkeit, damit beide Grundrechtspositionen möglichst große Wirksamkeit entfalten („praktische Konkordanz"). Hier eröffnet sich ein Grundkonflikt, wenn die positive Glaubensfreiheit (individuell oder kollektiv) mit der negativen Glaubensfreiheit kollidiert.

Diese – oft gesellschaftlich brisanten – Konflikte führen zu politischen Debatten, nicht nur in unserer Partei. Auch das Bundesverfassungsgericht und der Europäische Gerichtshof für Menschenrechte mussten immer wieder Konflikte zwischen positiver und negativer Religionsfreiheit entscheiden. Die dabei entwickelten Kriterien geben Hinweise, wie religionspolitische Streitfragen womöglich zu lösen sind. Daher sollen im folgenden Abschnitt die wichtigsten Urteile in Erinnerung gerufen werden.

Die Religionsfreiheit in der Rechtsprechung

1. Kruzifix im Klassenzimmer

Der EGMR hat zunächst in einer Kammerentscheidung im Anbringen eines Kruzifixes in einem italienischen Klassenzimmer einen Verstoß gegen das Recht auf negative Religionsfreiheit aus Art. 9 EMRK gesehen.[11] Im Bereich der öffentlichen Erziehung habe der Staat religiöse Neutralität zu wahren. Das Urteil erging einstimmig – auch der von Italien benannte Richter stimmte zu. Daraufhin hat die italienische Regierung die Große Kammer angerufen, die diese Entscheidung wieder aufgehoben hat. Dem Staat komme nämlich bei der Wahrnehmung seines Bildungsauftrags ein weiter Beurteilungsspielraum zu, dessen Grenzen nicht überschritten werden, solange er nicht aktiv die Schülerinnen und Schüler indoktriniere. Eine indoktrinierende Wirkung des Kruzifixes sei jedoch nicht belegt.[12] Ob diese fast folkloristische Sicht auf das Kreuz tatsächlich ein Sieg für die christlichen Kirchen ist, sei dahingestellt.

Zuvor hatte das Bundesverfassungsgericht in einem Beschluss vom 16. Mai 1995 im Anbringen eines Kruzifixes einen Verstoß gegen die negative Glaubensfreiheit der Schüler gemäß Art. 4 Abs. 1 GG gesehen und die entsprechende bayerische Schulordnung für nichtig erklärt, denn das Kreuz sei „das Glaubenssymbol des Christentums schlechthin".[13]

2. *Kopftuch der Lehrerin*

Mit Urteil vom 24. September 2003 gab das Bundesverfassungsgericht einer klagenden Lehrerin Recht, die wegen ihres Kopftuches nicht in den Schuldienst aufgenommen wurde[14] – jedoch nur aus dem Grund, dass keine ausreichende gesetzliche Grundlage bestünde. In der Folge erließen mehrere Bundesländer entsprechende Schul- und Beamtengesetze. Eine baden-württembergische Lehrerin widersetzte sich dem Verbot, bekam zunächst Recht durch das VG Stuttgart, das OVG hob dessen Urteil jedoch auf mit der Begründung, das Tragen eines Kopftuchs durch eine Lehrerin in der Schule führe zu einer Gefährdung der religiösen Neutralität der Schule. Die negative Glaubensfreiheit der Schüler wiege stärker als die positive Glaubensfreiheit der Lehrerin. Verboten sei nicht nur das Kopftuch, sondern jedes „individuelle Glaubensbekenntnis" von Lehrern. Christliche Symbole seien jedoch zulässig: Diese seien nicht individuell, sondern Ausdruck einer „aus der Tradition der christlich-abendländischen Kultur hervorgegangenen Wertewelt, die erkennbar auch dem Grundgesetz zu Grunde liegt und unabhängig von ihrer religiösen Fundierung Geltung beanspruch t". Meines Erachtens ist das Kopftuch jedoch nicht individueller als die Mönchskutte, in der in Baden-Württemberg unterrichtet werden darf.

3. *Ladenöffnung an Adventssonntagen*

Hier wird Art. 4 Abs. 1 und 2 GG konkretisiert durch Art. 139 WRV: „Der Sonntag und die staatlich anerkannten Feiertage bleiben als Tage der Arbeitsruhe und der seelischen Erhebung gesetzlich geschützt." Das Bundesverfassungsgericht stellt dazu fest, Art. 139 WRV habe neben seiner religiös-christlichen auch eine weltlich-soziale Bedeutung und sichere somit das soziale Zusammenleben.[15] Das Gericht argumentiert zwar auf dem Boden der Religionsfreiheit, aber anhand sozialer – nicht religiöser – Erwägungen. Das ist ein sehr gutes Beispiel eines positiven Zusammenwirkens von Staat und Religion und damit der „hinkenden Trennung".

4. *Glockenläuten/Muezzin*

Das liturgische Glockenläuten sowie der Ruf des Muezzin sind einerseits durch die kollektive Glaubensfreiheit geschützt, betreffen andererseits die Grundrechte der durch die Emission Betroffenen und müssen sich daher an Grenzwerte des Bundes-Immissionsschutzgesetz halten (Lautstärke, Uhrzeit, Dauer etc.).

5. *Minarettverbot*

Am 29. November 2009 wurde in der Schweiz durch Volksabstimmung mit 57,5 % der Stimmen bei 53,4 % Wahlbeteiligung folgender Satz als Art. 72 Abs. 3 in die Bundesverfassung (BV) beschlossen: „Der Bau von Minaretten ist verboten." Zwar hat der EGMR in dieser Sache noch nicht entscheiden können, doch verstößt diese Verfassungsänderung nach ganz überwiegender Meinung gegen Art. 9 EMRK. Nur wenige Stimmen argumentieren dagegen, dass der Bau von Minaretten nicht der Religionsfreiheit unterfalle. Sie lassen jedoch außer Acht, dass gerade die Errichtung von Bauwerken, die für religiöse Zwecke genutzt werden können und sollen, zum „forum externum" der kollektiven Religionsfreiheit gehört. Zwar muss der Bau von Minaretten unter Umständen in einen Ausgleich mit anderen menschenrechtlich geschützten Rechtspositionen gebracht werden; pauschal untersagt werden kann er jedoch keinesfalls. Konfligierenden menschenrechtlichen Schutzpositionen kann durch bestimmte Auflagen baurechtlicher Art hinreichend Rechnung getragen werden.

Besonders umstritten ist aber ein anderer Bereich: Das „kirchliche Arbeitsrecht". Aufgrund seiner Bedeutung – die Kirchen beschäftigen mehr als eine Million Arbeitnehmerinnen und Arbeitnehmer in Deutschland – soll diesem Bereich ein eigener Abschnitt gewidmet sein, in dem eigene Vorschläge unterbreitet werden, wie die Selbstbestimmungsrechte der Kirchen einerseits, der Mitarbeitenden andererseits in „praktische Konkordanz" gebracht und bestehende Missverhältnisse beseitigt werden können.

Das Arbeitsrecht der Kirchen: Problemanzeige und Lösungsvorschläge

Persönliche Loyalitätspflichten, kirchlicher Tendenzschutz und der „Dritte Weg" stehen aus unterschiedlichen Gründen in der Kritik. Das Grundgesetz schützt das kirchliche Selbstbestimmungsrecht auf Grundlage von Art. 137 Absatz 3 der Weimarer Reichsverfassung, der gemäß Art. 140 in das Grundgesetz der Bundesrepublik Deutschland inkorporiert ist: „Jede Religionsgesellschaft ordnet und verwaltet ihre Angelegenheiten selbständig innerhalb der Schranken des für alle geltenden Gesetzes. Sie verleiht ihre Ämter ohne Mitwirkung des Staates oder der bürgerlichen Gemeinde."

Die Reichweite dieses Selbstbestimmungsrechtes gilt nicht unbeschränkt, sondern „innerhalb der Schranken des für alle geltenden Gesetzes." Die Artikel aus der Weimarer Reichsverfassung sind mit Artikel 140 Grundgesetz Teil der Verfassung der Bundesrepublik Deutschland geworden. Sie sind daher im Lichte dieser Verfassung und ihrer Prinzipien, der Menschenwürde, den daraus resultierenden Grundrechten und dem rechtsstaatlichen Verhältnismäßigkeitsprinzip, neu zu interpretieren. Aus konkurrierenden Verfassungsbestimmungen, u.a. dem Gleichheitsgrundsatz (Art. 3 GG), dem Recht auf Religionsfreiheit der kirchlich Beschäftigten (Art. 4 GG) oder dem Recht auf Koalitionsfreiheit (Art. 9 Abs. 3 GG) und dem Prinzip der Verhältnismäßigkeit lassen sich verfassungsrechtlich und verfassungspolitisch Schranken für den Begriff des kirchlichen Selbstbestimmungsrechtes herleiten.

Das kirchliche Selbstbestimmungsrecht geht auf die Paulskirchenverfassung von 1849 zurück. Es ist auch ein Bollwerk gegen staatlichen, religionspolitischen Einfluss auf die Kirchen als Teil der Zivilgesellschaft und ein Bollwerk gegen eine staatliche Religionspolitik, für die es in der deutschen Geschichte unrühmliche Beispiele gibt. Es ist Ausdruck der kollektiven Glaubensfreiheit, indem es einen grundrechtlich geschützten Freiheitsraum für die Religionsgemeinschaften konstituiert, und Ausdruck einer verfassungsrechtlichen Verankerung des Prinzips der Trennung von Staat und Kirche.

Die verfassungsrechtlichen Grundlagen des Art. 140 GG stammen aus einer Zeit, in der ein Großteil der Bevölkerung den beiden großen Kirchen angehört hatte. In der Weimarer Republik richteten sich die kirchlichen Wohlfahrtseinrichtungen mit ihren Angeboten vorwiegend an die eigenen Mitglieder. Mit der Einführung des Subsidiaritätsprinzips in den 60er-Jahren ging ein Großteil der Wohlfahrtseinrichtungen in kirchliche Trägerschaft über. Nach dem Beitritt der neuen Länder wurde das Subsidiaritätsprinzip auch auf die neuen Länder übertragen.

Eine plurale Trägerlandschaft ist wichtig und der Beitrag der Religionsgemeinschaften hierzu ist wertvoll.

Neben der konkreten Ausgestaltung des Selbstbestimmungsrechtes ist eine gegenläufige Entwicklung eine Quelle der Kritik:

- Seit den ersten Jahren der Bundesrepublik haben die beiden Kirchen eine große Zahl von Mitgliedern verloren und sind Millionen von Menschen aus überwiegend muslimischen Staaten, aber auch Angehörige zahlreicher anderer Religionen, z.B. Jesiden, Hindus, Buddhist*innen, Baha'i zugewandert.

- Aufgrund von Finanz- und Organisationskraft haben kirchliche Wohlfahrtseinrichtungen eine beherrschende Stellung in vielen Bereichen erreicht. In ländlichen Gegenden haben die kirchlichen Wohlfahrtseinrichtungen zuweilen nahezu einen Monopolcharakter. Heute klaffen der tatsächliche Bedarf an religiös geprägten Sozial- und Bildungseinrichtungen, wie er sich näherungsweise am jeweiligen Bevölkerungsanteil ablesen lässt, und der reale Bestand solcher Einrichtungen eklatant auseinander.
- Für nicht kirchlich gebundene Arbeitnehmer*innen in sozialen und medizinischen Berufen oder Erzieher*innen entsteht dadurch der Eindruck, auf diesem Markt nicht die gleichen Chancen und Möglichkeiten zu haben. Für die Nutzer*innen von Wohlfahrtseinrichtungen entsteht der Eindruck, es herrsche keine echte Trägerpluralität.

Man darf das Kind nicht mit dem Bade ausschütten: Das kirchliche Selbstbestimmungsrecht und die Grundrechtspositionen aller Bürgerinnen und Bürger, auch die der konfessionsfreien oder andersgläubigen, sind zu wahren und zu respektieren. Um einen Ausgleich zu schaffen, der beide Grundrechtspositionen gleichermaßen zur Geltung bringt und keine von ihnen unverhältnismäßig einschränkt, stelle ich folgende Reformüberlegungen zur Diskussion:

1) Die persönlichen Loyalitätspflichten, wie sie insbesondere die römisch-katholische Kirche ihren Mitarbeiterinnen und Mitarbeitern auch in verkündigungsfernen Stellungen auferlegt, sind ein unverhältnismäßiger Eingriff in ihr Recht auf die freie Entfaltung ihrer Persönlichkeit; dies verdeutlichte in der Vergangenheit immer wieder der Umgang der römisch-katholischen Kirche mit wiederverheirateten Geschiedenen und Homosexuellen.[16] Die persönlichen Loyalitätspflichten beziehen sich nämlich nicht allein auf die nach den Regeln der Religionsgemeinschaft auszuübenden Tätigkeit im kirchlichen Dienst, sondern auf die Einhaltung von doktrinären Regeln in der privaten Lebensführung, deren Gültigkeit eine Mehrheit der Gläubigen und ein wachsender Anteil der Verkünder des Glaubens öffentlich bezweifelt. Hieran ändert auch das jüngste Urteil des Bundesverfassungsgerichtes in der verfassungspolitischen Bewertung nichts: zwar darf sich nach zutreffen-

der Auffassung des Gerichts der Staat nicht anmaßen, den Inhalt des religiösen Bekenntnisses und die sich daraus ergebenden Anforderungen an das persönliche Verhalten des Gläubigen zu bestimmen oder zu bewerten; doch bleibt es dabei, dass die Grundrechte kirchlicher Beschäftigter weiterhin in einen verhältnismäßigen Ausgleich mit den grundgesetzlich geschützten Rechten der Kirchen zu bringen sind.[17] Die Deutsche Bischofskonferenz hat dies erkannt und will hier Änderungen vorschlagen.[18] Wir wollen der grundrechtswidrigen Praxis durch Änderung des Allgemeinen Gleichbehandlungsgesetzes und der arbeitsrechtlichen Antidiskriminierungsrichtlinie (Richtlinie 2000/78/EG) ein Ende setzen und endlich Rechtssicherheit schaffen.

2) Nach Vorstellung der Kirchen gilt: „Ein Angestellter in einer kirchlichen Einrichtung hat tatsächlich am Verkündigungsauftrag der Kirche Anteil. Das meint vor allem, dass jeder Christ und jede kirchliche Einrichtung als Ganze vom christlichen Glauben im ganz alltäglichen Handeln Zeugnis ablegen."[19] Auch erwarten Eltern, die ihre Kinder in Ausübung ihres religiösen Erziehungsrechtes in einen konfessionellen Kindergarten geben, dass ihre Kinder im Glauben und in der Tradition ihrer Religionsgemeinschaft erzogen werden. Die Kirchen verlangen daher von ihren Mitarbeitern die Zugehörigkeit zur eigenen Konfession oder zu einer christlichen Glaubensgemeinschaft. Das ist grundsätzlich zu respektieren, solange der Anteil von Einrichtungen in kirchlicher Trägerschaft dem tatsächlichen Bedarf an solch konfessionell getragenen Einrichtungen entspricht. Durch den Mitgliederschwund der Kirchen und der starken Stellung kirchlicher Einrichtungen gibt es hier ein gesellschaftliches Spannungsverhältnis, das man im Dialog mit den Kirchen auflösen sollte. Eine Lösung könnte sein, die Zahl kirchlicher Einrichtungen, die dem *kirchlichen Tendenzschutz* unterliegen, am Anteil der jeweiligen Konfession in der Bevölkerung zu orientieren.[20] Die übrigen Einrichtungen könnten zwar weiter von Caritas oder Diakonie betrieben werden, dürften aber bei der Personalauswahl nicht mehr nach Religionszugehörigkeit bei ihren Beschäftigten differenzieren.

3) Mit dem „Dritten Weg" haben die verfassten Kirchen in Deutschland für den überbetrieblichen Bereich ein eigenständiges kollek-

tives Arbeitsvertragsrecht geschaffen, das die Grundlagen des Tarifsystems abweichend vom geltenden Tarifvertragsrecht regelt. Arbeitskampfmaßnahmen (Streiks und Aussperrungen) sind nicht vorgesehen. Nach neuer Rechtsprechung des Bundesarbeitsgerichts vom 20. November 2012 müssen Gewerkschaften in die Verfahren der paritätisch besetzten Kommissionen zur Regelung der Arbeitsbedingungen „organisatorisch eingebunden" werden.[21] Nur wenn diese Einbindung gegeben ist und das Verhandlungsergebnis für die Arbeitgeberseite als Mindestarbeitsbedingungen verbindlich sind, sind Arbeitskampfmaßnahmen ausgeschlossen. Das Streikrecht ist ein soziales Grundrecht, das mit dem Tendenzschutz und dem kirchlichen Selbstbestimmungsrecht vereinbar ist. Das Leitbild der Dienstgemeinschaft erfordert für die Gestaltung der Arbeitsbedingungen, dass die Wesensmerkmale des „Dritten Weges", nämlich Parität, Partnerschaft, Gleichberechtigung und Unabhängigkeit ernstgenommen werden müssen. Wo kirchliche Einrichtungen aufgrund des Kostendrucks im Sozial- und Gesundheitswesen auf Werkverträge oder Leiharbeit ausweichen oder den „Dritten Weg" für Lohndumping missbrauchen, verliert er seine verfassungsrechtliche Berechtigung im Rahmen des kirchlichen Selbstbestimmungsrechtes.

Fazit: Religionsgemeinschaften als Teil der Zivilgesellschaft – Kirche, Synagoge und Moschee im Dorf lassen

„Demokratische Einmischung ist nicht nur erlaubt – sie wird von uns gewünscht und gefördert." So heißt es im Grundsatzprogramm von Bündnis 90/DIE GRÜNEN. Dies gilt selbstverständlich auch für die Religionsgemeinschaften. Gerade wenn es um die geht, deren Stimme und Bedürfnisse nicht hinreichend Gehör finden, sind die Kirchen und der Zentralrat der Juden für uns Grüne wertvolle Partner: Wenn es Bekämpfung von Armut und um soziale Gerechtigkeit, um die Rechte von Behinderten oder die Menschenrecht von Flüchtlingen oder den Kampf gegen Rechtsextremismus geht, standen wir immer wieder Seit an Seit. Uns verbindet auch die Verantwortung zur Bewahrung der Schöpfung. Und wir hoffen, dass wir auch mit den islamischen Verbänden in diesen Fragen künftig stärker ins Gespräch kommen.

Auch wenn wir über eine Modernisierung des Religionsrechtes diskutieren, muss immer klar sein: „Wir wenden uns gegen jeden Versuch, Religionsgemeinschaften zu diskriminieren oder sie aus dem religiösen Pluralismus unserer Kultur hinaus zu definieren." (Grundsatzprogramm). Eine Politik des Respekts kann nur im Dialog zwischen Gläubigen unterschiedlicher Provenienz und Agnostikern und Atheisten, zwischen Religions- wie Weltanschauungsgemeinschaften und Politik entwickelt werden. Dabei müssen Religionsgemeinschaften sich auch darauf einlassen, zu fragen und zu begründen, was im aktuellen Religionsrecht für die Gewährleistung der kollektiven Religionsfreiheit für sie wirklich wichtig ist und was einfach überkommene Rechtstraditionen aus den vergangenen Jahrhunderten sind, die in einer pluralistischen Gesellschaft so nicht unverändert aufrechtzuerhalten sind.

Säkular orientierte Bürger müssen dabei Religionsgemeinschaften und Gläubigen mit Respekt begegnen, statt Religion einfach als „Opium fürs Volk" abzutun und an den Rande drängen zu wollen: „Säkularisierte Bürger dürfen, soweit sie in ihrer Rolle als Staatsbürger auftreten, weder religiösen Weltbildern grundsätzlich ein Wahrheitspotential absprechen, noch den gläubigen Mitbürgern das Recht bestreiten, in religiöser Sprache Beiträge zu öffentlichen Diskussionen zu machen."[22] Wir hoffen, dass es gesamtgesellschaftlich gelingt, hier ein gemeinsames Verständnis zu entwickeln – und werden mit der Diskussion in unserer Partei, insbesondere in der „Kommission zum Verhältnis von Staat und Religion", den dafür notwendigen Diskurs vorantreiben.

Anmerkungen

Dieser Beitrag ist die Zusammenfassung zweier Papiere, die schon in anderem Rahmen Verwendung fanden und auch die Grundlage eines Vortrags von Volker Beck bildeten, der im Rahmen der gemeinsamen Diskussionsveranstaltung „Ius ecclesiasticum semper reformandum – Vom Dahlemer Notrecht zum modernen Religionsrecht" der Evangelischen Kirchengemeinde Dahlem, des Reformationsbeauftragten der EKBO und des Evangelischen Instituts für Kirchenrecht an der

Universität Potsdam anlässlich des 80-jährigen Jubiläums der Zweiten Bekenntnissynode der Bekennenden Kirche vom 19./20. Oktober 1934 gehalten wurde.
Volker Beck & Robert Zion: Debattenbeitrag: Freiheit zur und von Religion November 2014. Beckstage http://beckstage.volkerbeck.de/2014/02/20/debattenbeitrag-freiheit-zur-und-von-religion/ Berlin, Februar 2014.
Volker Beck: Thesen zum kirchlichen Arbeitsrecht. Beckstage:http://beckstage.volkerbeck.de/2014/11/03/thesen-zum-kirchlichen-arbeitsrecht/November 2014.

1 Z.B. die Reformation oder die Haskala (jüdische Aufklärung). Die Katholische Kirche macht spätestens mit der „Erklärung über die Religionsfreiheit Dignitatis Humanae" des II. Vaticanums ihren Frieden mit den Menschenrechten im säkularen Staat. Lehrschreiben aus Rom zum Familienrecht, Antidiskriminierungsgesetzgebung oder zu Abtreibung oder Stellungnahme von afrikanischen katholischen Bischofskonferenzen zur Strafbarkeit von Homosexualität verstoßen allerdings immer wieder gegen die Prinzipien von „Dignitatis Humanae".
2 In der Vermittlung antiker Traditionen spielten im Übrigen neben christlichen Kirchengelehrten islamische sowie jüdische Gelehrte eine nicht unwesentliche Rolle.
3 *Böhm, Franz*, Christentum und liberale Freiheitsidee, in: *Puttfarcken, Hans* (ed.), Die Kirche in der Modernen Gesellschaft. Vier Vorträge, gehalten auf der Zehnjahres-Feier der Ev. Akademie in Hessen und Nassau am 27. Februar 1956 in Frankfurt a.M., 5–14.
4 Art.4 GG:
(1) Die Freiheit des Glaubens, des Gewissens und die Freiheit des religiösen und weltanschaulichen Bekenntnisses sind unverletzlich.
(2) Die ungestörte Religionsausübung wird gewährleistet.
(3) Niemand darf gegen sein Gewissen zum Kriegsdienst mit der Waffe gezwungen werden. Das Nähere regelt ein Bundesgesetz.
5 BVerfGE 93, 1 [16]; 105, 279 [194]; 108, 282 [299]; BVerwGE 107, 75 [80].
6 BVerfGE 24, 236 [246].
7 Das Recht auf Kriegsdienstverweigerung fällt nicht unter die Glaubens-, sondern unter die Gewissensfreiheit.
8 Vgl. Fraktionsbeschluss vom 26.6.2012 vom 26.6.2012 „Grüne Roadmap zur Gleichstellung und rechtlichen Integration des Islam in Deutschland" https://www.gruene-bundestag.de/fileadmin/media/gruenebundestag_de/fraktion/beschluesse/Islam.pdf.
9 Vgl. Art. 29 Abs. 2 AEMR, Art. 18 Abs. 3 IPbpR, Art. 9 Abs. 2 EMRK.
10 Ein Teil der verfassungsrechtlichen Literatur sieht Art.4 GG zudem durch die Art. 136ff WRV eingeschränkt.
11 Rs. 30814/06 vom 03.11.2009.
12 EGMR Urt. vom 18.03.2011 – Az.: 30814/06).
13 1 BvR 1087/91 = BVerfGE 93, 1.
14 2 BvR 1436/02 = BVerfGE 108, 282.
15 BVerfG – 1 BvR 2857/07 und 1 BvR 2858/07.

16 Presseerklärung *Volker Beck* 20.10.2014: „Die Deutsche Bischofskonferenz muss als Konsequenz aus der Familiensynode in Rom die Anwendung des kirchlichen Arbeitsrechtes zügig korrigieren. Die Diskriminierung oder gar Kündigung von Lesben, Schwulen und wiederverheiratet Geschiedenen bei kirchlichen Wohlfahrtseinrichtungen ist unhaltbar geworden. Die persönlichen Loyalitätspflichten sind außerhalb des Bereiches der Verkündigungen ohnehin ein unverhältnismäßiger Übergriff auf das Privatleben der Angestellten. Vgl. dazu: Katholisch.de vom 19.10.2014 (abgerufen am 22.10.2014): http://www.katholisch.de/de/katholisch/themen/news/page_news.php?id=41438: „Auch wenn die Passagen zu Homosexualität und wiederverheirateten Geschiedenen im Schlussdokument der Synode an der geforderten Zweidrittelmehrheit gescheitert seien, wünsche „eine große Mehrheit der Bischöfe" eine Änderung. Auf der Familiensynode hat eine Mehrheit der Bischöfe sich für einen anderen pastoralen Umgang mit Lesben, Schwulen und wiederverheiratet Geschiedenen entschieden, wenn auch die 2/3-Mehrheit verfehlt. Danach kann aber kaum mehr behauptet werden, dass Wiederverheiratete oder Homosexuelle etwa bei der Caritas die Glaubwürdigkeit des kirchlichen Dienstes beeinträchtigen."

17 Beschluss des Zweiten Senats vom 22. Oktober 2014 – 2 BvR 661/12.

18 DBK: Pressemeldung
25.11.2014 – Nr. 199
Ständiger Rat der Deutschen Bischofskonferenz berät über Kirchliches Arbeitsrecht http://www.dbk.de/nc/presse/details/?presseid=2684.

19 EKD-Website: http://www.ekd.de/ezw/Publikationen_2698.php (abgerufen am 22.10.2014).

20 Hierfür gibt es bereits Beispiele; Kolping Paderborn: „Die Kolping-Bildungszentren gGmbH ist eine kirchliche Einrichtung, muss aber nicht das kirchliche Arbeitsrecht anwenden. Dies hat die Apostolische Signatur, das höchste Gericht der römischen Kurie, entschieden." http://kolping-paderborn.de/uploads/media/Rom_bestaetigt_Kirchlichkeit_Kolping.pdf.

21 BAG – 1 AZR 179/11 –.

22 *Jürgen Habermas*, in *ders.* / *Joseph Ratzinger*, Dialektik der Säkularisierung. Über Vernunft und Religion, Bonn 2005, S. 36.

Martin Richter

Barmen, Dahlem und das aktuelle Religionsverfassungs- und Kirchenrecht

I. Einleitung

Zahlreiche Einzelfragen der Auslegung der verfassungsrechtlichen Vorschriften über das Verhältnis von Staat und Religionsgemeinschaften sowie die rechtliche Stellung des Einzelnen in Bezug auf seine Religion (das sogenannte Staatskirchen- oder in einer neueren Bezeichnung: Religionsverfassungsrecht) sind heute in der Diskussion. Aussagen, die für Jahrzehnte Gültigkeit hatten, werden kritisch hinterfragt. Dabei geht es vordringlich nicht um die Änderungen der Verfassungsbestimmungen, die die Basis des Religionsverfassungsrechts bilden, sondern um deren Auslegung.

Die das kollektive Religionsverfassungsrecht regelnden Artikel der Weimarer Reichsverfassung, die von Art. 140 GG in Bezug genommen und in das Grundgesetz inkorporiert werden, haben ihre Bedeutung nach allgemeinem Verständnis nach 1945 gewandelt. So gab es z.B. vor 1933 in der Kirche kein Mitarbeitervertretungsrecht, keinen „Dritten Weg“, kein Streikverbot – kurz: kein kirchliches Arbeitsrecht. Das Selbstbestimmungsrecht der Religionsgemeinschaften wird seit 1945 wesentlich weitergehend gefasst, als dies vor 1933 der Fall war.

Welche Rolle spielt das Erbe des Kirchenkampfs für die heutige „herrschende Meinung“ zur Auslegung des verfassungsrechtlich garantierten Selbstbestimmungsrechts der Religions- und Weltanschauungsgemeinschaften, welche Bedeutung hat es ferner für das evangelische Kirchenrecht selbst? 2014 jährten sich sowohl die Verabschiedung der Barmer Theologischen Erklärung als auch die Proklamierung des kirchlichen Notrechts durch die Bekenntnissynode von Barmen. In einem ersten Schritt (unten II.) wollen wir uns den rechtlichen Gehalt der genannten Beschlüsse anschauen, um dann (unten III.) die für die Kirchen bedeutsamen religionsverfassungsrechtlichen und kirchenrechtlichen Entwicklungen nach 1945 zu identifizieren und beides miteinander in Beziehung zu setzen.

II. Barmen, Dahlem und ihr rechtlicher Gehalt

1. Die Barmer Theologische Erklärung

Die Barmer Theologische Erklärung enthält wichtige Aussagen sowohl für das Kirchenrecht als auch für das Staatskirchenrecht. Der bisherige Kirchenkampf hatte gezeigt, dass ein Missbrauch der Kirche und ihrer Botschaft auch in der Veränderung und Zerstörung der kirchlichen Ordnung ihren Niederschlag findet. Die Zerschlagung kirchenverfassungsrechtlicher Selbstverwaltungsstrukturen und die Übernahme des „Arierparagraphen" durch viele Landeskirchen können hierfür als Beispiel dienen. Die dritte These der Erklärung stellte als Reaktion auf diese Erfahrung die Ordnung der Kirche gleichrangig an die Seite ihrer Botschaft. Die Kirche „hat mit ihrem Glauben wie mit ihrem Gehorsam, mit ihrer Botschaft wie mit ihrer Ordnung … zu bezeugen, dass sie allein sein Eigentum ist, allein von seinem Trost und von seiner Weisung in Erwartung seiner Erscheinung lebt und leben möchte. – Wir verwerfen die falsche Lehre, als dürfe die Kirche die Gestalt ihrer Botschaft und ihrer Ordnung ihrem Belieben oder dem Wechsel der jeweils herrschenden weltanschaulichen und politischen Überzeugungen überlassen." Die zweimalige parallele Nennung von „Botschaft" und „Ordnung" bringt die Ordnung der Kirche ganz neu in den Blick und betont ihre Bedeutung für den kirchlichen Auftrag. Die vierte These trifft entscheidende Aussagen zum kirchlichen Verfassungsrecht, indem sie das Verhältnis der Ämter in der Kirche zueinander anspricht: Sie „begründen keine Herrschaft der einen über die anderen, sondern die Ausübung des der ganzen Gemeinde anvertrauten und befohlenen Dienstes. – Wir verwerfen die falsche Lehre, als könne und dürfe sich die Kirche abseits von diesem Dienst besondere, mit Herrschaftsbefugnissen ausgestattete Führer geben und geben lassen."

Die fünfte These ist überschrieben mit dem Bibelwort: „Fürchtet Gott, ehrt den König!" (1. Petrus 2,17). Nach ihr hat der Staat die Aufgabe, unter Androhung und Ausübung von Gewalt für Recht und Frieden zu sorgen. Die Kirche jedoch „erinnert an Gottes Reich, an Gottes Gebot und Gerechtigkeit und damit an die Verantwortung der Regierenden und Regierten“. Verworfen wird sowohl eine Lehre, nach der der Staat die einzige und totale Ordnung des Lebens ist, als auch dass sich die Kirche wie der Staat geriert und dabei selbst zu einem Organ des Staates wird.

2. Die Beschlüsse von Dahlem

Mit den Beschlüssen der Bekenntnissynode von Dahlem[1] wird versucht, die Barmer Erklärung für die Organisation und Leitung der Kirche auch in Zeiten eines bekenntniswidrig agierenden Kirchenregiments praktisch handhabbar zu machen. Die Synode wurde einberufen vor dem Hintergrund der gewaltsamen Beseitigung der Landeskirchenleitungen in Bayern und Württemberg durch die Reichskirchenregierung. Die Argumentation über das Notrecht war bereits in der Sache durch das Vorgehen der Bekennenden Kirche in der APU vorgezeichnet.[2]

Die Erklärung geht in vier Schritten vor. Zunächst wird festgestellt, dass sich die Reichskirchenregierung bekenntniswidrig verhält. Der Beschluss knüpft an die im Juli 1933 beschlossene Verfassung der Deutschen Evangelischen Kirche an, also an Kirchenrecht, was bereits nach der „Machtübernahme“ entstanden ist. In einem zweiten Schritt wird das kirchliche Notrecht verkündet. Im nächsten Schritt wird festgestellt, dass die rechtmäßigen Organe der DEK nicht mehr existent sind, und auf der Basis des Notrechts eine provisorische Leitungsstruktur geschaffen. Weiter werden Gemeinden, Älteste und Pfarrer aufgefordert, keine Weisungen der Reichskirchenregierung entgegenzunehmen. Ein staatliches Aufsichtsrecht erkennt die Erklärung dagegen an.

Wenige Wochen nach der Synode von Dahlem änderte sich die Situation wieder. *Hitler* empfing die Bischöfe *Meiser* und *Wurm*; beide wurden wieder als Leiter ihrer Kirchen eingesetzt.[3] Der Anlass für die Geltendmachung des Notrechts auf der Ebene der Reichskirche war damit wieder teilweise entfallen.

III. Religionsverfassungs- und Kirchenrecht nach 1945

Was sind die Züge, die die Entwicklung des Kirchen- und Staatskirchenrechts nach 1945 und teilweise bis heute prägen?

1. Religionsverfassungsrecht

a) Extensive Auslegung des verfassungsrechtlichen Selbstbestimmungsrechts der Religionsgemeinschaften

Das durch die Verfassung verbürgte kirchliche Selbstbestimmungsrecht (Art. 140 GG i.V.m. Art. 139 Abs. 3 WRV) ist nach 1949 viel weitergehend interpretiert worden, als dies noch vor 1933 der Fall war. Dabei hat sich der Wortlaut des für das kollektive Religionsrecht maßgeblichen Verfassungstextes mit dem Inkrafttreten des Grundgesetzes nicht geändert: Das Grundgesetz hatte – wie zahlreiche Landesverfassungen und sogar die Verfassung der DDR auch – wesentliche Textbestände der Weimarer Reichsverfassung von 1919 zum kollektiven Staatskirchenrecht übernommen, doch diese hatten jetzt nach allgemeiner Lesart aufgrund des neuen Kontextes, insbesondere der in Art. 4 Abs. 1, 2 GG geregelten Religionsfreiheit, eine andere Bedeutung erlangt.[4] Diese Bedeutungsverschiebung vollzog sich vor dem Hintergrund des hohen moralischen Ansehens der Kirchen auf der einen, des moralischen Bankrotts und der Schwäche des Staates auf der anderen Seite. In der Rechtslehre fand die Verschiebung einen prägnanten Ausdruck in der sogenannten Koordinationslehre, nach der sich Staat und Kirche als jeweils eigenständige Gewalten gegenüberstehen. 1952 beschäftigte sich die Vereinigung der Deutschen Staatsrechtslehrer mit der Gegenwartslage des Staatskirchenrechts. Zu dem Thema referierten *Werner Weber* und *Hans Peters*. In *Webers* Vortrag hieß es:

> „Im ganzen gesehen ist die Lage der Kirchen dadurch charakterisiert, dass sie nicht mehr einer staatlichen Obrigkeit gegenüberstehen oder unterstehen und dass sich Staat und Kirche nicht mehr als klar unterscheidbare, kommensurable Größen begegnen … Die Kirchen sind vielmehr Glied unserer vielschichtigen öffentlich-rechtlichen Gesamtordnung, und zwar ein tragendes und wirkendes Glied darin … Ihre früheren Beziehungen zum ‚Staat' sind abgelöst durch diese Einordnung, die man …

mit der Position eines Standes im Ständestaat vergleichen kann, und durch die Zuordnung zu den anderen – sehr andersartigen – politischen Ständen, die jene Gliedschaft teilen."[5]

Die Auffassung, dass die Kirchen originäre Gewalt wahrnehmen, dass sie rechtlich geordnete Größen sind, die ihre Rechtspersönlichkeit und den Umfang ihres Wirkens allein aus eigenem Recht gewinnen und die Einräumung staatlicher Rechtsmacht nicht brauchen, war in den fünfziger und sechziger Jahren einflussreich.[6] Mit dem heutigen Verfassungsverständnis in der Rechtswissenschaft ist sie nicht mehr in Einklang zu bringen; dennoch wirkt sie fort.

Ein Beispiel hierfür ist die verfassungsrechtliche Beurteilung der kirchliche Gerichtsbarkeit. Das Verhältnis der Gerichtsbarkeit der Kirchen und Religionsgemeinschaften zur staatlichen Gerichtsbarkeit ist seit Jahrzehnten in der Diskussion. Verfassungsrechtlicher Ausgangspunkt der Kontroverse ist das staatskirchenrechtliche Selbstverwaltungsrecht der Kirchen und Religionsgemeinschaften (Art, 140 GG i.V.m. Art. 137 Abs. 3 Satz 1 WRV) auf der einen Seite und der Justizgewährungsanspruch des Bürgers (Artikel 19 Abs. 4 GG) auf der anderen Seite. Es ist umstritten, ob und inwieweit die Kirchen durch die Einrichtung einer eigenen Gerichtsbarkeit verhindern können, dass staatliche Gerichte kirchliche Rechtsakte überprüfen.[7] Die Linie, die das Bundesverfassungsgericht im Ergebnis bis heute verfolgt, wird durch ein Urteil des Bundesgerichtshofs aus dem Jahr 1961 geprägt.[8] Dieses Urteil ist ersichtlich noch von der Koordinationslehre beeinflusst:

„Das Grundgesetz geht von der grundsätzlichen Gleichordnung von Staat und Kirche als eigenständigen Gewalten aus. Die Kirchen sind der staatlichen Hoheitsgewalt grundsätzlich nicht mehr unterworfen und regeln ihre Angelegenheiten selbstständig und in eigener Verantwortung. Diese verfassungsrechtlich durch Art. 140 GG i.V.m. 137 WRV garantierte Autonomie der Kirchen findet … ihre Grenzen lediglich in dem ‚für alle geltenden Gesetz' (Art. 137 III WRV), das heißt in den Normen grundsätzlichen Charakters, die sich als Ausprägungen und Regelungen grundsätzlicher, jedem Recht wesentlicher, für unseren sozialen Rechtsstaat unabdingbarer Postulate darstellen … in den so abgegrenzten Hoheitsbereich der Kirche kann und darf der Staat nicht eindringen, und insoweit stehen staatliche und kirchliche Hoheitsgewalt gleichgeordnet nebeneinander."[9]

Im Ergebnis entfällt die staatliche Jurisdiktionsgewalt; die Klage ist unzulässig. Noch heute geht das Bundesverfassungsgericht davon aus, dass der Klageweg zu den staatlichen Gerichten bei innerkirchlichen Streitigkeiten unzulässig ist, wenn eine innerkirchliche Gerichtsbarkeit besteht –[10] und die Bestimmung dessen, was innerkirchlich ist, ist eher weitherzig.[11] Dieses Ergebnis wird vom überwiegenden Teil der verfassungsrechtlichen Literatur abgelehnt. Der andere Beteiligte des Rechtsstreits hat keine Möglichkeit mehr, eine inhaltliche Prüfung seines Anliegens vor den staatlichen Gerichten zu erreichen. Das kann – etwa für einen zutiefst mit seiner Kirche zerstrittenen Pfarrer – schwer zu ertragen sein.

b) Religionsfreiheit

Die hohe Wertschätzung von Religion und Weltanschauung nach 1945 drückt sich auch bei der Auslegung der individuellen Religionsfreiheit (Art. 4 Abs. 1 und 2 GG) aus. Für den Umfang des Schutzbereichs dieses Grundrechts ist zunächst maßgeblich, dass der Text der Verfassung vier verschiedene religiös-weltanschauliche Freiheiten nennt: In Artikel 4 Abs. 1 GG ist die Glaubensfreiheit, die Bekenntnisfreiheit und die Gewissensfreiheit genannt, in Artikel 4 Abs. 2 GG die Freiheit der Religionsausübung. Ungeachtet dieser vier Konkretisierungen der Religionsfreiheit sieht das Bundesverfassungsgericht diese als ein einheitliches Grundrecht mit einem einheitlichen Schutzbereich an: Die Religionsfreiheit ermöglicht, einen Glauben oder eine Weltanschauung zu haben oder auch nicht zu haben und sein Verhalten entsprechend den Grundsätzen dieses Glaubens oder dieser Weltanschauungsgemeinschaft umfassend auszurichten.

Eine wichtige Leitentscheidung zu dieser Frage hat das Bundesverfassungsgericht im Jahre 1968 getroffen. Die Entscheidung ist als der sogenannte „Lumpensammlerfall“ oder auch „Aktion Rumpelkammer“ bekannt geworden.[12] Katholische Jugendliche hatten im großen Stil Altkleidung und Altpapier gesammelt, verkauft und mit dem Erlös Jugendliche in ärmeren Ländern unterstützt. Hiergegen hatte sich ein Altstoffhändler an die Gerichte gewandt, dessen Betrieb durch die Aktion bedeutende Erwerbseinbußen hinnehmen musste. In seinem Beschluss stellte das Bundesverfassungsgericht fest, dass die Religionsausübung nach dem kirchlichen Selbstverständnis nicht nur den Bereich des Glaubens und des Gottesdienstes umfasse, sondern auch die Wirksamkeit in der Welt, die tätige Nächstenliebe. Damit ist auch das religiös motivierte Handeln, auch wenn es nicht unmittelbar dem kultischen Bereich zugehört, von der Religionsfreiheit umfasst.

Diese religionsfreundliche Beschreibung des Schutzbereichs ist nicht ohne Gefahren. Es besteht die Gefahr der Uferlosigkeit der geschützten Verhaltensweisen. Es ist von außen kaum auszumachen, ob ein Verhalten religiös motiviert ist oder nicht. Das Grundrecht der Religionsfreiheit enthält keinen ausdrücklich formulierten Gesetzesvorbehalt (wie etwa „darf nur durch ein Gesetz oder aufgrund eines Gesetzes eingeschränkt werden") und wird daher nur durch die Grundrechte anderer oder gleichwertige Verfassungsgüter begrenzt. Die neuere Rechtsprechung ist bemüht, die mit dem weiten Schutzbereich verbundene Uferlosigkeit einzudämmen. Mangels konkreter Anhaltspunkte sind die Ergebnisse aber schwer vorherzusehen.[13]

c) Wächteramt/Öffentlichkeitsauftrag

Die Kirchen haben aus den Erfahrungen des Kirchenkampfs heraus ein „Wächteramt" eingefordert und damit den Anspruch verknüpft, in der Gesellschaft und den Institutionen präsent zu sein und nicht in die Privatsphäre abgedrängt zu werden. Der Öffentlichkeitsauftrag ist in Barmen V angelegt, wenn davon die Rede ist, dass die Kirche „an Gottes Reich, an Gottes Gebot und Gerechtigkeit und damit an die Verantwortung der Regierenden und Regierten" erinnert.[14] Er wird auch im staatlichen Recht anerkannt, z.B. in Landesverfassungen und Kirchenverträgen („Loccumer Formel").[15]

Doch die Grundlage des Öffentlichkeitsauftrages ist eine andere geworden. 1933/34 gehörten schätzungsweise 95 % der Bevölkerung einer der beiden großen christlichen Kirchen an. Die neuheidnischen Tendenzen des Nationalsozialismus waren noch nicht so ausgeprägt, wie dies später der Fall war; die NSDAP bekannte sich in ihrem Wahlprogramm zu einem „positiven Christentum", ohne dass dieser Rattenfängerbegriff näher gefüllt wurde. Die These wurde in der Annahme formuliert, dass sowohl Regierende als auch Regierte christlichen Glaubens sind. Wenn die Kirche Regierende und Regierte an ihre Verantwortung erinnerte, konnte sie die Verantwortung vor dem christlichen Gott voraussetzen. Dies ist heute nicht mehr der Fall.

Somit muss auch der Öffentlichkeitsauftrag der Kirche anders begründet werden als 1934. Die Kirche muss ihre glaubensgeleitete Erinnerung „für die säkulare Vernunft sinnerschließend … ersetzen“.[16]

2. *Kirchenrecht*

a) Rechtstheologie: Etablierung eines dualistischen Rechtsbegriffs
Die Diskussion über die Grundlagen des evangelischen Kirchenrechts wurde mit besonderer Intensität zwischen 1892 und etwa 1970 geführt. *Rudolf Sohm* leitete 1892 die moderne Kontroverse über die theologische Begründung des Kirchenrechts ein mit dem berühmten Satz: „Das Kirchenrecht steht mit dem Wesen der Kirche im Widerspruch.“[17] *Sohm* stellt der geistlichen Kirche das weltliche Recht gegenüber, zwei Begriffe, die nach seiner Auffassung miteinander nicht zu vereinbaren sind. Ein weiterer Meilenstein für die theologische Reflexion des Kirchenrechts ist die Barmer Theologische Erklärung, insbesondere ihre dritte These. Diese erklärt (wie bereits oben erwähnt), die Kirche habe „mit ihrer Botschaft wie mit ihrer Ordnung“ Zeugnis zu geben mitten in der Welt der Sünde. Der positivistischen Trennung von Geist- und Rechtskirche im Sinne *Sohms* erteilt die Barmer Theologische Erklärung damit eine Absage und etabliert einen einheitlichen Kirchenbegriff.

Welche Auswirkungen hat nun diese Grundentscheidung für das Kirchenrecht? Versteht man es als eine aus dem Kirchenbegriff abgeleitete Funktion der Ordnung der Kirche, so stellt es sich als im Geltungsgrund, in seiner Struktur und in seiner Durchsetzbarkeit dem staatlichen Recht wesensverschieden dar. Daraus folgt ein „dualistischer“ Rechtsbegriff: Das Recht des Staates und das Recht der Kirche sind zweierlei. Umgekehrt kann man vom monistischen Rechtsbegriff ausgehen und die Unterschiede zum staatlichen Recht für nicht entscheidend erklären – dann stellt sich allerdings die Frage des Verhältnisses zum (einheitlichen) Kirchenbegriff.[18] Dieses Problem liegt den drei berühmten Grundlagenentwürfen von *Johannes Heckel*[19], *Erik Wolf*[20] und *Hans Dombois*[21] zugrunde.[22] Im Ergebnis dieser Entwürfe ging eine wichtige Tendenz zum doppelten Rechtsbegriff. Erst in letzter Zeit wird diese Annahme massiv infrage gestellt – insbesondere von *Wolfgang Huber*[23]. Man kann die These von der Eigengeartetheit des Kirchenrechts, vom dualistischen Rechtsbegriff als Folie für die weitere Entwicklung des Kirchenrechts und der Kirchenrechtswissenschaft nehmen – darauf wird noch zurückzukommen sein.

b) Ausbau einer eigenständigen Rechtsordnung

Die nach 1945 für die Kirche neu zur Verfügung stehenden Rechtsräume bedurften der inhaltlichen Füllung durch Kirchenrecht. Auch das Kirchenrecht wird durch das Autonomiestreben massiv beeinflusst, und auch diese Wirkung hält bis heute an. Konnte sich die evangelische Kirche im 19. Jahrhundert noch darauf beschränken, die wenigen kirchenspezifischen Lebensbereiche zu regeln, die das allgemeine Staats- und Verwaltungsrecht ihr ließ, legten die verfassungsrechtlichen Rahmenbedingungen („Es besteht keine Staatskirche") seit 1919 nahe, sich vom staatlichen Recht unabhängig zu machen. Diese Tendenz wird durch die Ergebnisse des Kirchenkampfs erheblich verstärkt.

Die Kirchen entwickeln seit 1918, verstärkt nach 1945, eine eigene Rechtsordnung. Exemplarisch kann hierbei auf das Pfarrdienst- und Kirchenbeamtenrecht sowie das kirchliche Arbeitsrecht verwiesen werden. Eine letzte Blüte dieses Prozesses ist das Verwaltungsverfahrens- und Vollstreckungsgesetz der EKD. Teilweise löst sich kirchliches Recht von staatlichen Vorbildern, teilweise nimmt es sie auf (Datenschutzrecht, Verwaltungsverfahren), allerdings mit neuen Begründungen.

Für den Ausbau der kirchlichen Rechtsordnung und damit die Zunahme der Zahl der Regelungen, die etwa für kirchengemeindliche Leitungsgremien zu beachten sind, gibt es verschiedene Gründe:

- Der zeitlich erste ist die Verarbeitung der Erfahrungen aus dem Kirchenkampf.
- Schnell wird die Erfahrung, dass eine für ihren Auftrag freie Kirche eine eigene, kirchengemäße Ordnung braucht, auch nach 1945 wieder praktisch: Entwicklungen in der Sowjetischen Besatzungszone und später in der DDR veranlassen die evangelischen Kirchen auch über die Grenzen der DDR hinaus, kirchliches Arbeitsrecht (genauer gesagt: Mitarbeitervertretungsrecht) sowie Prozessrecht zu setzen.[24] So wird versucht, den Landeskirchen in der DDR Spielräume zu sichern – mit unterschiedlichem Erfolg.

- Bei mehreren Sachgebieten, bei denen eine Zusammenarbeit mit dem Staat erforderlich ist, hat sich die Kirche veranlasst gesehen, eindeutige, rechtsstaatlichen Standards genügende Regelungen zu schaffen. Dies gilt etwa für das Mitgliedschaftsrecht als Grundlage für die Kirchensteuererhebung[25] in den siebziger Jahren, die Regelung der Loyalitätspflichten im kirchlichen Dienst im Jahr 2005[26] und zuletzt für das Gebiet der Seelsorge durch das Seelsorgegeheimnisgesetz aus dem Jahr 2009.[27]

c) Zentralisierung kirchenverfassungsrechtlicher Macht bei der EKD

Eine weitere Tendenz des Kirchenrechts, die allerdings erst etwa seit 2000 durchschlägt, ist die Zentralisierung kirchenverfassungsrechtlicher Macht.[28] Sie hat verschiedene Elemente:

- Die EKD hat an Gesetzgebungskompetenzen hinzugewonnen. Sie kann Recht mit Wirkung für die Landeskirchen nur insoweit setzen, als die Landeskirchen ihr diese Rechtsmacht eingeräumt haben. Im Jahr 2000 wurde die Grundordnung der EKD in einer Weise modifiziert, die es den Gliedkirchen leichter machte, Gesetzgebungskompetenzen auf die EKD zu übertragen.[29] Die EKD hat seitdem mehrere wichtige Kirchengesetze verabschiedet, die jeweils auch für eine Vielzahl von Gliedkirchen in Kraft getreten sind: das Pfarrdienstgesetz, das Kirchenbeamtengesetz, das Disziplinargesetz, das Verwaltungsverfahrens- und Zustellungsgesetz und andere mehr. Insgesamt ist Vereinheitlichung des evangelischen Kirchenrechts seit 2000 ein gutes Stück vorangekommen.[30]
- Zum 1. Januar 2007 sind die Verwaltungen von UEK und VELKD in das Kirchenamt der EKD integriert worden.[31] Die EKD-Synodalen, die von den Gliedkirchen eines Zusammenschlusses entsandt werden, bilden mittlerweile die Synode des gliedkirchlichen Zusammenschlusses, die jeweils in Verbindung mit der Tagung der EKD-Synode stattfindet. Die gliedkirchlichen Zusammenschlüsse handeln jetzt nicht mehr neben, sondern in der EKD. Auch dies bedeutet für diese einen Machtzuwachs.

d) Demokratisierung

Auch die Demokratisierung der Kirchenverfassungen ist ein wichtiges Thema der Entwicklungen. Allerdings wird die Thematik unter einem anderen Stichwort aus der innerkirchlichen Diktion verhandelt: Amt und Gemeinde.

Das Verhältnis von Amt und Gemeinde ist insbesondere in den Kirchenverfassungsreformen der 70er Jahre intensiv diskutiert worden. Hier kommt es zu erheblichen Verschiebungen.[32] In den aktuellen Reformpapieren taucht das Thema nur am Rande auf; eine vorsichtige Nachjustierung hin zu einer stärkeren Verantwortung des Amtes der öffentlichen Wortverkündigung und Sakramentsverwaltung für die Leitung der Kirche ist jedoch zu beobachten.[33] Verstärkt hat sich allerdings die Tendenz, Amtszeiten zu begrenzen: Ging es in den siebziger und achtziger Jahren um Leitungspositionen im Kirchenkreis und in der Landeskirche, ist jetzt auch die Begrenzung der Amtszeit des Gemeindepfarrers möglich und in einzelnen Landeskirchen schon die Regel.[34]

e) Kirchenrechtswissenschaft

Der Prozess der Verselbständigung des evangelischen Kirchenrechts ist nicht ohne Gefahren. Es ist heute ein Rechtsgebiet für Insider. Der spätere Bundesverfassungsrichter *Konrad Hesse* hat dies 1965 recht drastisch ausgedrückt: Das Kirchenrecht sei „zu einer esoterischen Disziplin und zur Angelegenheit eines begrenzten Kreises von Theologen und Juristen geworden ... Es kann kein Zweifel daran bestehen, dass das Kirchenrecht als rechtswissenschaftliche Disziplin zurück –, dass sein Bildungswert dem heutigen Juristen verlorengeht und dass es den Zusammenhang mit der übrigen Rechtswissenschaft nahezu verloren hat."[35] *Hesse* sieht eine wichtige Ursache im „dualistischen Rechtsbegriff", also in der oben dargestellten Vorstellung, Kirchenrecht sei vom staatlichen Recht wesensmäßig verschieden: Das Kirchenrecht „ist gekennzeichnet durch die jüngere Entwicklung von einem dualistischen Kirchen- und einheitlichen Rechtsbegriff zu einem einheitlichen Kirchen- und dualistischen Rechtsbegriff. Kirchenrecht wird heute als ‚eigenständiges' Recht verstanden, und es ist damit nicht nur seine Unabhängigkeit von staatlicher Setzung oder Ermächtigung, sondern seine qualitative Verschiedenheit von allem weltlichen Recht gemeint ..."[36]

Das evangelische Kirchenrecht hat im Ergebnis der Grundlagendiskussion seine qualitative Gleichsetzung mit dem staatlichen Recht verloren, auch wenn quantitativ betrachtet große Teile des Kirchenrechts – Dienstrecht, Haushaltsrecht, Verwaltungsverfahrensrecht, Wahlrecht – inhaltlich weitgehend mit dem staatlichen Recht übereinstimmen. Diese selbst vorgenommene Distanzierung findet übrigens eine Parallele im Religionsverfassungsrecht, wenn es um die rechtliche Qualität der normsetzenden Körperschaft geht. Der Status der Körperschaft des öffentlichen Rechts steht den Religions- und Weltanschauungsgemeinschaften nach Maßgabe des Art. 140 GG/ Art. 137 Abs. 5 WRV offen. Der Staat bedient sich dieses Status zunächst jedoch zur Erfüllung eigener Aufgaben; so sind Kommunen, Universitäten und berufsständische Kammern Körperschaften des öffentlichen Rechts, ebenso die Bundesländer und der Bund selbst. Doch ist mittlerweile unumstritten, dass derselbe Begriff im Religionsverfassungsrecht eine andere Bedeutung hat als im allgemeinen Staatsorganisationsrecht. Das Bundesverfassungsgericht drückt dies so aus:

> „Damit unterscheiden sich die Religionsgemeinschaften im religiös-weltanschaulich neutralen Staat des Grundgesetzes … grundlegend von den Körperschaften des öffentlichen Rechts im verwaltungs- und staatsorganisationsrechtlichen Verständnis. Sie nehmen keine Staatsaufgaben wahr, sind nicht in die Staatsorganisation eingebunden und unterliegen keiner staatlichen Aufsicht."[37]

– Ergänzen möchte man: Sie müssen auch nicht ihr Rechtsverständnis mit dem Staat teilen. Andere juristische Autoren sprechen beim Körperschaftsstatus für die Religionsgemeinschaften von einem „Status sui generis".[38]

Anders beim katholischen Kirchenrecht fehlt dem evangelischen Kirchenrecht der Bezug auf ein übergreifendes rechtliches System. Diese Bezugslosigkeit des evangelischen Kirchenrechts kann partiell sogar zu Gefährdungen seiner Rechtsqualität führen, wenn nur sehr wenige Rechtsanwender die Deutungshoheit über die Rechtssätze haben und gleichzeitig als Partei in den zu regelnden Sachverhalt verstrickt sind. Es ist daher folgerichtig, wenn die Landeskirchen mehr und mehr Rechtssetzungskompetenz an die EKD abtreten, um solche Rollenkonflikte zu vermeiden; dies erleichtert auch die wissenschaftliche Bearbeitung und Durchdringung des Stoffes.

VI. Schluss

Barmen und Dahlem haben für die innerevangelische Weiterentwicklung des Staatsverständnisses sowie der kirchlichen Ordnung wegweisende Impulse gesetzt und den Weg zu einer evangeliumsgemäßen Begründung und Ausgestaltung des Kirchenrechts gewiesen. Diese Verdienste bleiben.

Doch die Herausforderungen im Verhältnis zwischen Staat und Kirche – oder besser gesagt: Staat, Religions- und Weltanschauungsgemeinschaften – sind heute ganz andere geworden. Unter dem Vorzeichen von Mitgliederschwund und religiöser Pluralisierung sind Übergriffe des Staates in die kirchliche Ordnung kaum zu befürchten. Das Problem besteht eher in der Überforderung der Institutionen, wenn es darum geht, der religiösen Pluralisierung in angemessener Weise Rechnung zu tragen. Eine schleichende Verdrängung des Religiösen in das Private und damit ein massiver Freiheitsverlust kann die Folge sein. Diese Entwicklungen waren in Barmen 1934 nicht im Blick. Die Barmer Erklärung und ihre rechtliche Konkretisierung in Dahlem kann daher heute nur sehr begrenzt die Leitideen der Bestimmung des Verhältnisses zum Staat innerhalb der evangelischen Kirche vorgeben. Das Bundesverfassungsgericht hat als Leitidee des kollektiven Religionsverfassungsrechts den Schutz und die Unterstützung der Religionsfreiheit des Einzelnen entwickelt.

Anmerkungen

1 In Auszügen abgedruckt bei *Heinrich Hermelink*, Kirche im Kampf, 1950, S. 181 f.
2 *Andreas Kersting*, Kirchenordnung und Widerstand, 1994, S. 100 ff.
3 *Martin H. Jung*, Der Protestantismus in Deutschland 1870–1945, 2002, S. 173.
4 Diese Bedeutungsverschiebung wurde auch deutlich wahrgenommen, vgl. den programmatischen Aufsatz von *Rudolf Smend*, Staat und Kirche nach dem Bonner Grundgesetz, ZevKR 1 (1952/53), S. 4.
5 *Werner Weber*, Die Gegenwartslage des Staatskirchenrechts, in VVdStL 1952, 1954, S. 175 f.
6 Nachweise hierzu bei *Peter Badura*, Staatskirchenrecht als Gegenstand des Verfassungsrechts, in: *Listl/Pirson* (Hg.), Handbuch des Staatskirchenrechts der Bundesrepublik Deutschland, 1. Bd., 2. Auflage 1994, S. 216, 240.
7 Vgl. im einzelnen *Dietrich Pirson*, Das kircheneigene Dienstrecht der Geistlichen und Kirchenbeamten, in: *Listl/Pirson* (Hg.), Handbuch des Staats-

kirchenrechts der Bundesrepublik Deutschland, 2. Bd., 2. Aufl. 1996, S. 871 ff; *Wolfgang Rüfner*, Zuständigkeit staatlicher Gerichte in kirchlichen Angelegenheiten, a.a.O., S. 1081 ff; *Bernd Jeand Heur / Stefan Korioth*, Staatskirchenrecht, Rd.Nr. 357 ff jeweils mit weiteren Nachweisen.

8 *BGH*, JZ 1961, 449 = *ZevKR* Bd. 8 (1961/62), 419.

9 BGH ZevKR a.a.O., S. 421. Die Bestimmung des Begriffs der allgemeinen Gesetze geht auf *Johannes Heckel* zurück, vgl. hierzu *Konrad Hesse*, Das Selbstbestimmungsrecht der Kirchen und Religionsgemeinschaften, in: Listl/Pirson (Fn. 6), S. 545 ff.

10 BVerfG, Nichtannahmebeschluss vom 09. Dezember 2008 – 2 BvR 717/08 –, abgedruckt z.B. In ZevKR 54 (2009), 232–237.

11 Bei dem oben genannten Beschluss ging es um die Ruhestandsversetzung eines Pfarrers und um die Berechnung des Ruhegehalts, mithin Fragen, die auch die Vermögenssphäre des Pfarrers betreffen und damit in die Sphäre des staatlichen Rechts hineingreifen.

12 BVerfGE 24, 236.

13 Beispiele für die Schwierigkeiten bei der Anwendung von Art. 4 GG bei *Stefan Muckel / Heinrich de Wall*, Kirchenrecht 4. Aufl 2014, § 10 Rn. 8 ff.

14 Zur Entwicklung nach 1945 *Wolfgang Huber*, Art. „Kirche und Politik", in: *Werner Heun* u.a., Evangelisches Staatslexikon, Neuausgabe 2006, Sp. 1139–1144, 1140 ff.

15 Beispiele: Art. 36 Abs. 3 Satz 1 Verfassung Brandenburg; Präambel des Evangelischen Kirchenvertrages Berlin.

16 *Hans-Richard Reuter*, Die V. These der Barmer Theologischen Erklärung, in: Kirche und Recht 2009, S. 184–195, 194.

17 *Rudolf Sohm*, Kirchenrecht, Bd. 1, 1892. Vgl. auch *Sohm*, ebenda, S. 461 (Hervorhebungen im Original): „Die Kirche Christi kennt keine menschliche, rechtliche Herrschaft. Sie besteht nicht in Papstgewalt noch Bischofsgewalt, noch anderen äußeren Einrichtungen, sondern allein im Wort Gottes und rechtem Glauben. Sollte nur das *katholische* „göttliche Kirchenrecht" verworfen werden? Mit Nichten! *Luther* hat *jedem* Kirchenrecht, jederlei göttlichem Kirchenrecht und im Grundsatz ebenso dem als bloß menschliche, geschichtliche und darum veränderliche Satzung sich gebenden Kirchenrecht, er hat dem Kirchenrecht als solchem, welche Art es auch sei, *den Krieg erklärt*."

18 *Arne Ziekow* stellt zutreffend fest, dass beide Extrempositionen nicht haltbar sind; er hat daher den Begriff des „monualistischen Rechtsbegriffs" geprägt (Rechtstheologie – Eine Annäherung, in: ZevKR 51 (2006), S. 319–322).

19 1889–1963. Das Hauptwerk *Johannes Heckels* ist das Buch „lex charitatis – Eine juristische Untersuchung über das Recht in der Theologie Martin Luthers" (1953, 2. überarbeitete und erweiterte Ausgabe 1973 hg. von *Martin Heckel*).

20 *Erik Wolf* (1902–1977) ist der reformierten Tradition und der Theologie *Karl Barths* verpflichtet. In seinem Hauptwerk „Ordnung der Kirche – *Lehr*- und Handbuch des Kirchenrechts auf ökumenischer Basis" (1961) hebt er die Paradoxie der Kirche (in der Welt, aber nicht von der Welt) hervor. Kirchenrecht ist dem folgend eine „Ordnung des Paradox".

21 1907–1997. Das Hauptwerk ist „Das Recht der Gnade", Band I 1961/1969, Band II 1974, Band III 1983.

22 Zusammenfassende Darstellung und Kritik zuletzt bei *Hans-Richard Reuter*, Der Rechtsbegriff des Kirchenrechts in systematisch-theologischer Sicht, in: *Gerhard Rau / Hans-Richard Reuter / Klaus Schlaich*, Das Recht der Kirche, Band 1, 1997, S. 236ff.

23 *Wolfgang Huber*, Gerechtigkeit und Recht, 3. Auflage 2006, S. 508ff.

24 Vgl. hierzu *Martin Richter*, Kirchenrecht im Sozialismus, 2011, S. 189ff zum kirchlichen Arbeitsrecht, S. 135ff zur kirchlichen Gerichtsbarkeit.

25 Hierzu *Richter* (Fn. 24), S. 119, 133.

26 Richtlinie des Rates über die Anforderungen der privatrechtlichen beruflichen Mitarbeit in der Evangelischen Kirche in Deutschland und des Diakonischen Werkes der EKD vom 1. Juli 2005 (ABl. EKD 2005 S. 413).

27 Kirchengesetz zum Schutz des Seelsorgegeheimnisses (Seelsorgegeheimnisgesetz – SeelGG) vom 28. Oktober 2009 (ABl. EKD 2009 S. 352)

28 Das Impulspapier „Kirche der Freiheit" forderte mehr Einigkeit und Einheit im deutschen Protestantismus. Diese werden vor allem durch eine stärkere EKD hergestellt. So wird vorgeschlagen, die EKD als Identifikationsebene für die Kirchenmitglieder zu stärken (S. 98), die Ausbildungsbestimmungen und Beauftragungsformen für Prädikanten und Lektoren zu vereinheitlichen (S. 69) oder deutschlandweite Dienstleistungszentren für zentrale kirchliche Themen aufzubauen (S. 100). Die EKD würde in erheblichem Maße an inhaltlichen Gestaltungsmöglichkeiten hinzugewinnen.

29 Kirchengesetz zur Änderung der Grundordnung der Evangelischen Kirche in Deutschland vom 9. November 2000, ABl. EKD 2000, 458, in Kraft getreten am 1. April 2002, vgl. ABl. EKD 2002, 129. Noch weiter geht Art. 6 Abs. 5 der Ordnung der UEK: „Die betroffenen Mitgliedskirchen können die von der Union beschlossenen Kirchengesetze jederzeit für sich außer Kraft setzen. Ein erheblicher Zuwachs an Gestaltungsmöglichkeiten für die EKD ist die Folge."

30 In diesem Zusammenhang steht auch der Umstand, dass die Bekenntnisunterschiede an Prägekraft für die kirchliche Ordnung verloren haben. Vgl. hierzu *Richter* (Fn. 24), S. 221.

31 Zum folgenden *Jörg Winter*, Die Union Evangelischer Kirchen in der DDR, ZevKR Bd. 49 (2004), 239, 248ff.

32 Vgl. *Richter* (Fn. 24), 49ff.

33 Zwei Beispiele: Stärkung des Superintendenten in der Evangelischen Kirche in Mitteldeutschland – EKM (*Hans-Peter Hübner*, Die Föderation Evangelischer Kirchen in Mitteldeutschland, ZevKR 51 (2006), S. 3–48, 37); Stärkung der Verantwortung des Pfarrers hinsichtlich des Vorsitzes im Gemeindekirchenrat in der EKBO (*Martin Richter*, Grundordnung und Neubildungsvertrag für die Evangelische Kirche Berlin-Brandenburg-schlesische Oberlausitz, ZevKR 49 (2004), S. 739–762).

34 Beispielsweise in der EKBO.

35 *Konrad Hesse*, Freie Kirche im demokratischen Gemeinwesen, ZevKR 11 (1964/65), S. 337–362, 342.

36 Ders., S. 341f.

37 BVerfG, 2 BvR 1500/97 vom 19.12.2000, Absatz-Nr. 71, abgerufen unter www.bundesverfassungsgericht.de.

38 Nachweise hierzu bei *Jeand'Heur/Korioth*, Rn. 223 Fn. 25.

Friederike von Kirchbach

Volkskirche im Wandel

Die Barmer Erklärung

Anfang der neunziger Jahre des vergangenen Jahrhunderts lud meine damalige Nachbargemeinde zu einem Gottesdienst anlässlich der Öffnung der Turmkugel ein. Turmkugeln sind Behältnisse, in denen Dokumente von jenen aufbewahrt sind, die vor uns gebaut haben. Als der Schmied sich ans Öffnen der Metallkugel machte, war die Spannung im Raum mit Händen zu greifen – was mochten die Altvorderen da hineingetan haben, was ist ihre Botschaft an uns, an ihre Zukunft? Das erste, was sorgfältig verpackt aus der Metallkugel geholt wurde, war eine gut erhaltene Erstausgabe von Hitlers „Mein Kampf". Ein entsetztes Raunen ging durch die Reihen. Dann war es still. Irgendwie fand der Gottesdienst sein Ende, wenn auch anders als ursprünglich gedacht. Aber danach begann eine wichtige Phase der Aufarbeitung für die Kirchengemeinde und für den ganzen Ort. Die theologische Erklärung von Barmen war dabei eine wichtige Grundlage.

Vom 29. bis zum 31. Mai 1934 fand in Barmen eine Bekenntnissynode statt, die zum ersten Mal seit der Reformation die protestantischen Konfessionen – Lutheraner, Reformierte und Unierte – zusammenführte. Am Ende wurde der Text, an dessen Entstehung Karl Barth maßgeblich beteiligt war, einstimmig von den 139 Delegierten verabschiedet. Nur eine einzige Frau war darunter.

Hintergrund war die angespannte Lage, in die die Evangelische Kirche bis in die Leitungsebenen hinein geraten war. Ihre Lager hatten sich schon früh gespalten – in eine mit dem Nationalsozialismus sympathisierende Gruppierung, darin die Mehrheit der Pfarrer und in eine andere Gruppe, die aus sehr unterschiedlichen Gründen dem damaligen Staat kritisch gegenüberstand.

Die Struktur der theologischen Erklärung von Barmen ist wie in Stein gemeißelt: Bibelzitate – ausschließlich aus dem Neuen Testament, ein Leitsatz, der dem Bibelspruch entspricht und eine Verwerfung, die der damaligen Situation entspricht.

Kein Jahr ist vergangen, in dem sich die Evangelische Kirche nicht an Barmen erinnert hat, in einigen Landeskirchen, wie auch in den Grundartikeln unserer EKBO ist die Erklärung Bestandteil der Verfassung.

Natürlich muss die zentrale Aussage von Barmen, dass Jesus Christus als dem einen Wort Gottes zu vertrauen ist, in unserem Alltag immer wieder neu beschreiben. Natürlich ist es möglich und notwendig, aus heutiger Sicht Fragen und Kritik an die Barmer Erklärung zu richten. Immer wieder geht es in diesem Zusammenhang um zwei Fragen: Zum einen: Wie kann die Eintracht von Barmen gerühmt werden, wenn unter den Delegierten nur eine Frau war? Und zum anderen: Wo ist wenigstens ein Hinweis zur Lage des jüdischen Volkes in dieser Zeit?

Man hätte es wissen können. Bereits 1935, ein Jahr nach Barmen, wurde in Berlin die erste Rabbinerin weltweit ordiniert. Sie hieß Regine Jonas, wurde 1944 in Auschwitz Birkenau ermordet. Die Berliner Lehrerin Elisabeth Schmitz sammelte schon in den Tagen vor Barmen zahlreiche Belege für ihre ebenfalls im Jahr 1935 erschienene Denkschrift zur Lage der nichtarischen Christen. Die Bedeutung dieser Arbeit ist erst in den Jahren nach 1990 bekannt geworden.

Mir ist bewusst, dass diese Kritik aus heutiger Sicht wohlfeil ist. Hin und wieder macht mir der Gedanke Sorge, welche gesellschaftlichen Fehlentwicklungen von uns übersehen werden. Wo verfehlen wir heute als Kirche unseren Auftrag, die Stimme für die Schwachen zu erheben? Und wie weit geht dieser Auftrag? Tun wir zum Beispiel das Richtige für die Flüchtlinge? Die rechtlichen Fragen und Zuständigkeiten sind geklärt. Die Handlungsmacht liegt bei der Politik. Und wir versuchen das Unsre zu tun. „Wann kann die Kirche in einem Rechtsstaat ihre eigene Beurteilung über einen Einzelfall an die Stelle von Verwaltung und Gerichten stellen? Und mit welcher Legitimation?“, fragt der Innenminister und Christ Thomas de Maizière anlässlich der EKD-Synode in Dresden (zitiert aus epd vom 10. November 2014)

Ost und West leben miteinander seit 25 Jahren in einer Demokratie, die öffentlich geäußerte Differenzen nicht nur zulässt, sondern auch friedlich ausgetragen haben will. Das ist der gravierende Unterschied zur politischen Lage 1934. Die Barmer Erklärung, besonders die V. These wehrt sich gegen den Totalitätsanspruch einer Diktatur, die einen Führer auserkoren hat. Und sie kann nicht unter der Lupe einer modernen Demokratie alle Fragen beantworten.

Zur Geschichte

Am 1. Dezember 1933 publizierte der „Dresdner Anzeiger" einen Sonderdruck von fünf Thesen der Deutschen Christen.

Der Verfasser war Oberkirchrat Dr. Walter Grundmann. Unter 2. ist zu lesen: „Wir wollen eine Kirche, die den Totalitätsanspruch des Staates als Ausdruck von Gottes Gesetz anerkennt und das Evangelium von Jesus Christus rein und unverfälscht enthält."

Auf die Thesen von Grundmann hat der sächsische Pfarrernotbund unter Leitung des späteren Bischofs Rudolph Hahn geantwortet. „Wir fordern um des Gewissens willen, dass jeder Christ die Überordnung des Reiches Gottes über jede weltliche Ordnung anerkennt." Und eine These weiter: „Wir fordern um des Gewissenswillen, dass die Selbstständigkeit der Kirche dem Staate gegenüber voll gewahrt bleibt."

Kurz darauf hat mein Großvater Arndt von Kirchbach, der als Stellvertreter Hahns an der Verfassung der Thesen des sächsischen Pfarrernotbundes beteiligt war, seine Koffer gepackt und ist als Delegierter der Bekennenden Kirche in Sachsen nach Barmen gereist.

Als ich vor wenigen Tagen die Wohnung meiner Eltern auflösen musste, fielen mir seine Erinnerungen in die Hände. Für den Mai 1934 hab ich dort gelesen:

> „Unter Führung von Hahn fuhren wir alle von Leipzig gemeinsam. Der doch immerhin gewichtige Hahn schlief in der Nacht im Gepäcknetz des vollen Abteils. Wir wurden in Barmen bei Gemeindegliedern vorzüglich untergebracht und tagten in der Reformierten Kirche...wesentlich für die Zukunft war auch die These 5: Kirche und Staat.... Für uns, die wir dabei waren, bedeutete die Barmer Erklärung eine ungeheure Stärkung. Diese geistlichen Grundlagen haben sich in den Kämpfen der folgenden Jahre als entscheidende Hilfe bewährt. Sie haben vor allem klar den Strich zwischen dem geistigen Ringen um die rechte Gestalt der Kirche und dem politischen Geschehen gezogen. Wir waren vor allem in den ersten Jah-

ren überzeugt, dass unsere Aufgabe auf rein kirchlichem Gebiete lag. Freilich machten wir dann die Erfahrung, dass eben diese unsere Tätigkeit vom Staat als gegen ihn gerichtet empfunden wurde."[1]

Die Thesen von Pomeyrol

Es gibt viele Belege dafür, wie anregend die Theologische Erklärung von Barmen in Inhalt und Struktur von Anfang an für die Konsensfindung innerhalb der protestantischen Kirche war. So die Thesen von Pomeyrol, die auf Initiative der reformierten Französin Madeleine Barot den nationalsozialistischen Umgang mit dem jüdischen Volk ansprechen. Im September 1941 wurde im französischen Pomeyrol Beachtenswertes formuliert. Ich zitiere die These VI: „Der Kirche ist bewusst, dass die Erfordernisse des Gemeinwohls gewisse Ausnahmemaßnahmen notwendig machen können, erinnert aber daran, dass es Aufgabe des Staates ist, für eine Rechtsordnung zu sorgen, die jedem Bürger die Grundfreiheiten garantiert und jede ungerechte Diskriminierung, jedes auf Denunziation und Willkür basierende System, insbesondere im Bereich der Justiz und der Polizei ausschließt."[2]

Das kann und muss heute noch so gesagt werden. Und gerade die schon erwähnte, brennende Frage nach der Lage der Flüchtlinge in unserem Land gewinnt mit dieser theologischen Verschärfung der V. Barmer These neue Brisanz.

Die DDR-Geschichte

Genau an dem Punkt, den mein Großvater den Strich zwischen Kirche und Politik zieht, haben wir als Studenten in den späten siebziger Jahren in Jena und Naumburg mit heißen Herzen diskutiert.

Wir hatten den Missbrauch vor Augen, der von der damaligen CDU auch mit Barmen betrieben wurde. Die Kirche sollte sich aus allem, was öffentlich und staatlich bestimmt war, heraushalten. Heino Falcke hat das in seinem Vortag anlässlich des 75-jährigen Jubiläums von Barmen gut beschrieben: „Er (der sozialistische Weltanschauungsstaat) beanspruchte mit dem Machtmonopol zugleich das ideologische Wahrheitsmonopol und erhob damit Anspruch auf den ganzen Menschen. Diesen Anspruch hat die Kirche stets bestritten."[3]

Das ist für mich ein sehr wichtiger Punkt beim Nachdenken über Barmen V: Geht es darum, die Arbeit der Kirche auf das sogenannte Kerngeschäft zu beschränken? Früher haben wir dazu das „Eigentliche" gesagt. Dort hätte uns zumindest die Staatsmacht der DDR gern gehabt – Beerdigungen, Gottesdienste – Taufen und Trauungen eher nicht –, alles gern hinter dicken Kirchenmauern. Das wollten wir nicht.

Die sozialistische Ideologie erhob Anspruch auf den ganzen Menschen. Das verlangte – im Gegenzug – für uns an Gottes Anspruch festzuhalten. Und das konnte und musste auch da draußen geschehen, auf den Straßen, in den Schulen und Betrieben, soweit es möglich war. Wir waren erfreut, als die Puhdys in dem erfolgreichen Film „Die Legende von Paul und Paula" Texte aus dem Buch des Predigers Salomo sangen oder in den achtziger Jahren Lothar Warnecke die Kinos mit seinem großartigen Werk „Einer trage des andere Last" füllte.

Aus diesem Anspruch auf ein aktives christliches Leben jenseits der Kirchenmauern sind auch die Basisgruppen entstanden, die sich den großen Themen des konziliaren Prozesses verpflichtet fühlten – Friede, Gerechtigkeit und Bewahrung der Schöpfung. Und weil sie draußen nicht gewünscht waren, waren sie nicht selten dankbar über den Schutz und die Heimat, die ihnen die Kirchenmauern gewährten. Der Begriff „Volkskirche" wurde damals nicht verwendet.

Die Volkskirche

Die Theologische Erklärung von Barmen öffnet noch heute auf dem Hintergrund der neuzeitlichen demokratischen Gesellschaft ein großes Spektrum an Diskussionspunkten zum Verhältnis von Staat und Kirche. Ein Beispiel ist die leidenschaftliche Debatte zu Friedensethik innerhalb unserer Kirche, die gerade in diesen Tagen, 25 Jahre nach dem Fall der Mauer, vehement geführt wird. Ich kann da nicht ausführlicher eingehen, da es an der Zeit ist, mich Begriff der Volkskirche zuzuwenden.

Er ist, gerade in seiner historischen Bedeutung umstritten. Im Rahmen eines gut dokumentierten Konsultationsprozesses sind unter der Überschrift „begabt leben – mutig verändern" 10 Thesen gewachsen, die für die Zukunftsdebatte in der EKBO die Grundlinien bilden.

Ich bin froh, dass es bei dem Wort „Volkskirche" geblieben ist. Und auch sein Potenzial zur Provokation ist wichtig. Natürlich ist uns bewusst, dass die Volkskirche des 19. Jahrhunderts, die eine besondere nationale Erwählung einschloss, etwas anders ist, als das, was wir heute meinen. Volkskirche ist ein Wort mit einer langen spannungsvollen Tradition, welches wir neu füllen und erklären müssen. Für mich ist die Weite, der gesellschaftliche Anspruch, entscheidend. Es gibt kein drinnen und draußen. Wir sind Kirche und wir sind Volk.

Unser Auftrag ist klar. Die VI. Barmer These beschreibt ihn: „... Die Botschaft von der freien Gnade Gottes auszurichten an alles Volk."

Die Politologin Dr. Claudia Neusüss brachte bei einer Veranstaltung zum Reformprozess in unserer Landeskirche das Thema Volkskirche gut auf den Punkt, als sie sagte: „Ihre Kirche will Volkskirche sein. Nah am Menschen, offen und mit Einfluss auf die Gesellschaft." Ja, das wollen wir.

Ich freue mich über den Prozess, mit dem die 10 Thesen zu dem wurden, was sie heute sind: ein klarer Überblick über die Schwerpunkte unserer Arbeit und damit unseres Platzes in dieser Gesellschaft, eine Beschreibung unserer Kirche und auch weiter: eine Diskussionsgrundlage.

Mir hat gefallen, dass die Werbeagentur, die uns begleitet hat, den Begriff Volkskirche modern und passend fand.

„Begabt leben – mutig verändern"

Beim Weg in die Zukunft müssen wir immer wieder neu realisieren, was wir sind und was wir werden wollen.

Für mich ist ein einfacher Spruch des alten Pädagogen Pestalozzi sehr plausibel: „Ihr müsst die Menschen lieben, wenn ihr sie ändern wollt – euer Einfluss reicht nur so weit, wie eure Liebe." Ich denke, so ist es auch mit unserer Kirche, mit dem was schon ist und mit dem, was werden soll. Wir sollten unsere Kirche lieben, wenn wir sie ändern wollen. Auch wenn das erst einmal nicht sehr protestantisch klingt.

Die Überschrift „Begabt leben – mutig verändern" tut genau das. „Begabt leben" bezieht sich auf das, was schon ist und lobt es, dann erst geht es ans Verändern.

Als Pröpstin habe ich viel an den Schnittstellen von Staat und Kirche zu tun. Als wir zum Osterfest dieses Jahres unsere Partnergemeinden an der Wolga besuchten, lud uns in Saratow der für Kirchenfragen zuständige Minister zum Gespräch. Er kam nicht aus dem Staunen heraus, als er erfuhr, dass ich als Pröpstin das Aufsichtsgremium des Öffentlich-Rechtlichen Rundfunks, den Rundfunkrat des RBB, leite.

Ich bin dankbar für die rechtliche Basis unseres deutschen Staat-Kirchenverhältnisses.

Zukunft

Wie wird es weitergehen?

Zuerst einmal sind die drei bevorstehenden Jahre noch Teil der Reformationsdekade und wir werden damit vollauf beschäftigt sein. 2015 finden die Bundesgartenschau, das große Jubiläum „850 Jahre Domstift Brandenburg", das Ökumenische Fest der Kirchen in Berlin und der Lausitz-Kirchentag in Cottbus statt, 2017 in Berlin, Potsdam und Wittenberg der Kirchentag. Die Erinnerung an wichtige Ereignisse verknüpft sich mit unseren Fragen nach der Zukunft. Die evangelische Kirche wird mit großen Erwartungen von Ländern und Kommunen konfrontiert. Ein sehr gutes Beispiel ist die Ausstellung des Städteverbundes „Prediger in Bürger", deren Eröffnung ich am Reformationstag 2014 in Treuenbrietzen und Jüteborg miterleben konnte. Das sind auch Beispiele einer nachhaltigen, konstruktiven Zusammenarbeit von Staat und Kirche.

Ein wenig bohrt im Hinterkopf die Frage, ob sich 2018 ein erschöpftes, postreformatorisches Loch auftut. Es wäre gut, wenn es gelingt, mit den inhaltlichen Anregungen aus den zurückliegenden Jahren weiter zu arbeiten.

Die Frage der Schöpfungsverantwortung wird uns weiter beschäftigen. Wir werden nicht umhin kommen, Strukturen und Finanzen immer wieder zu überprüfen. Gott sei Dank ist in den letzten vier Monaten die Zahl der Austritte leicht zurückgegangen, aber es sind immer noch zu viele, die uns verlassen. In dem schon erwähnten Vortrag hat Frau Dr. Neusüss uns zum fröhlichen Schrumpfen ermuntert, darüber sollten wir nachdenken. Ja, wir werden vermutlich nicht wachsen, doch wir bleiben Volkskirche – „Volkskirche in der noch nicht erlösten Welt".

Auch wenn gerade in diesen Tagen das Zukunftslied meines theologischen Lehrers Klaus Peter Hertzsch ein bisschen viel gesungen wurde, möchte ich damit schließen.

Es gibt dafür einen guten Grund: Wer 1989 mit prophetischem Geist diese Zeilen schrieb, der hat es verdient, immer wieder zitiert zu werden:

> „Vertraut den neuen Wegen, auf die uns Gott gesandt! Er selbst kommt uns entgegen, die Zukunft ist sein Land. Wer aufbricht, der kann hoffen in Zeit und Ewigkeit, die Tore stehen offen, das Land ist hell und weit."

Anmerkungen

1 Arndt von Kirchbach, Lebenserinnerungen, Band 4.
2 Margot Käßmann, Gott will Taten sehen – christlichen Widerstand gegen Hitler, C.H. Beck München 2013, S. 263.
3 Heino Falcke, Begründete Freiheit, Die Aktualität der Barmer Theologischen Erklärung, Neukirchner Verlag 2009, S. 145.

Hans Michael Heinig

Entwicklungsperspektiven der Religionsfreiheit

I. Welche Religion verträgt der Staat? Eine notwendige Revision der Ausgangsfrage

Wie viel Religion verträgt der Staat? Vor zwanzig, vor vierzig Jahren wäre niemand auf die Idee gekommen, eine solche Frage aufzurufen. Schon das zeigt, dass sich in der Wahrnehmung von Religion in der Gesellschaft etwas verändert hat. Bis in die 1990er Jahre hinein erschien den meisten das Christentum als unverzichtbare Umweltbedingung einer modernen Demokratie. Menschenrechte und Menschenwürde, demokratische Teilhabe und sozialstaatliche Sekuritätsversprechen wurden leichthändig zum jüdisch-christlichen Erbe erklärt. Stark verdichtet (und häufig missverstanden) wurde dieser Befund im sogenannten Böckenförde-Theorem: „Der freiheitliche, säkularisierte Staat lebt von Voraussetzungen, die er selbst nicht garantieren kann."[1]

Inzwischen sind die gehaltvollen Debattenbeiträge um Recht und Religion, Demokratie und Christentum auch aus Kirchenkreisen vorsichtiger formuliert. In der Genealogie der Moderne spielen theologische Denkfiguren des Christentums und Judentums eine Rolle. Gerade in der nordamerikanischen Revolution kann man ihnen nachspüren. Doch die Entwicklung in Nordamerika erinnert uns auch daran, dass Demokratie und Menschenrechte viele Jahrzehnte nicht durch die Kirchen, sondern gegen die Kirchen durchgesetzt werden mussten. Es waren die in Europa verfolgten (neuprotestantischen) Dissenter, die in Nordamerika eine starke religiöse Idee von Menschenrechten durchsetzten. Sie fanden sich dabei von Anfang an verbunden mit Vertretern eines aufgeklärten Vernunftrechts, eines säkularen Vertragsrechts, das insbesondere die philosophischen Debatten in Europa prägte. Als traditionelle Gralshüter der normativen

Moderne, der Doppelung aus individueller Selbstbestimmung und kollektiver Selbstregierung, können sich die verfassten Kirchen also kaum glaubwürdig inszenieren. Eher taugt die Rolle als Träger einer lernfähigen und lernbereiten Kulturströmung, deren ideelle Ressourcen für die Ideengeschichte des freiheitlichen Verfassungsstaates von hoher, aber eben nicht exklusiver Bedeutung war.

In dieser Rolle als lernfähige Kulturströmung spielen die Kirchen aber auch heute noch eine wichtige Rolle. Womöglich taugten sie nie so sehr zum religionspolitischen Vorbild wie in diesen Tagen. Denn sie haben wesentliche Anpassungsleistungen erbracht, die von allen Religions- und Weltanschauungsgemeinschaften im Interesse eines friedlichen Zusammenlebens gefordert sind.

Entgegen fortschrittsoptimistischen Prognosen säkularistischer Weltanschauungen ist Religion im Laufe der Zeit nicht verschwunden. Ihre sozialen Erscheinungs- und Organisationsformen haben sich jedoch stark verändert. Die Soziologie spricht von Prozessen der Individualisierung und Pluralisierung. Zudem lässt sich ein starker Säkularisierungsschub nicht verkennen. Er findet Ausdruck in der Entwicklung der Kirchenmitgliederzahlen, auch wenn man Säkularisierung und Kirchenaustritt nicht einfach gleichsetzen darf. Es gibt *believing without belonging* und *belonging without believing.* Eine dritte Verschiebung in der Wahrnehmung schließlich: 9/11 hat eindrücklich vor Augen geführt, dass Religion eine gefährliche Seite hat. Religion – das ist nicht nur Sinnstiftung, Solidarbeziehungen und die Sorge um soziale Kohäsion, sondern auch Fundamentalismus, Repression, Gewalt. Doch gerade weil Religion ein Ambivalenzphänomen ist, scheint mir die titelgebende Frage missverständlich. Die Frage ist doch eigentlich nicht: *Wie viel,* sondern *welche* Religion verträgt der liberal-demokratische Staat?

II. Moderne Staatlichkeit verlangt politische Anerkennung des religiös-weltanschaulichen Eigensinns und religiöse Aneignung der säkularen Grundlagen einer liberaldemokratischen Verfassungsordnung – zu Glauben, Wissen, Freiheit bei Jürgen Habermas

Mit dieser Frage hat sich in den letzten Jahren der Sozialphilosoph Jürgen Habermas intensiv beschäftigt. Auf ihn will ich im Folgenden verweisen. Denn mit Habermas lässt sich das Religionsverfassungsrecht des Grundgesetzes verfassungstheoretisch ganz gut erschließen.

Habermas betont in seinen Schriften einerseits, dass sich die liberaldemokratische Ordnung westlicher Staaten nichtreligiösen, nachmetaphysischen Begründungen verdankt. Das spezifische Zusammenwirken von Menschenrechten und Demokratie wurde, historisch betrachtet, zunächst vernunftrechtlich durchbuchstabiert. Vernünftigkeit bedingt Verallgemeinerbarkeit. Einer besonderen religiösen Begründung bedarf der demokratische Verfassungsstaat demnach nicht. Andererseits weist Habermas immer wieder darauf hin, dass ein solches Modell nachmetaphysischer, allgemeinverbindlicher politischer Ordnung auf „entgegenkommende Lebensformen"[2] angewiesen ist. Solche entgegenkommenden Lebensformen gründen im partikularen Ethos, etwa des Christentums, Judentums oder des Humanismus.

Habermas verteidigt deshalb den säkularen Selbststand einer liberaldemokratischen Herrschaftsordnung und plädiert zugleich dafür, Religion (und Weltanschauung) in der Öffentlichkeit zu verorten. Die öffentliche Funktion der Religion sieht er auf zwei Ebenen. Zum einen bildet Religion ein „dichtere[s] Geflecht kultureller Wertorientierung"[3] aus, als die freiheitliche Demokratie selbst mit ihren formalen Prozeduren zu vermitteln vermag. Das religiöse Ethos kann Menschen auf besondere Weise motivieren, über sich selbst hinauszudenken, sich als Autoren des für alle geltenden Rechts aktiv einzubringen und in diesem Sinne gute Demokraten zu sein. Zum anderen sieht Habermas in der Religion und ihren Theologumena (etwa Schuld und Erlösung, Rechtfertigung und Gnade, Person und Werk, Schöpfung und Geschöpflichkeit) nicht ausgeschöpfte Potenziale für politische Verständigungsprozesse innerhalb der säkularen Verfassungsordnung. Religion sorgt so gesehen für produktive Unruhe im politischen Prozess.

Freilich kann Religion diese öffentliche Funktion angesichts des factum brutum religiöser Vielfalt, der Pluralität menschlicher Vorstellungen vom gelingenden Leben, nur einnehmen, wenn sie sich auf die Bedingungen der Moderne einstellt. Den Gläubigen wird eine dreifache Reflexionsleistung abverlangt: Ich zitiere aus der Rede anlässlich der Verleihung des Friedenspreises des Deutschen Buchhandels „Glauben und Wissen“: „Das religiöse Bewusstsein muss erstens die kognitiv dissonante Begegnung mit anderen Konfessionen und anderen Religionen verarbeiten. Es muss sich zweitens auf die Autorität von Wissenschaften einstellen (…). Schließlich muss es sich auf die Prämissen des Verfassungsstaates einlassen, die sich aus einer profanen Moral begründen.“[4] Die Religion muss sich mit anderen Worten so aufstellen, dass sie den Anhängern ermöglicht, trotz partikularer religiöser Identität (als Protestant, Muslima, Jude, Atheistin), anderen Bürgerinnen und Bürgern im politischen Raum als gleichberechtigt zu begegnen und die sich daraus ergebenen Begrenzungen, die parzielle Suspendierung der religiösen Wahrheitsfrage, zu verinnerlichen. Wo das misslingt, entstehen zwangsläufig besondere Konflikte. Umgekehrt gilt nach Habermas aber auch: „Das universalistische Anliegen der politischen Aufklärung erfüllt sich erst in der fairen Anerkennung der partikularistischen Selbstbehauptungsansprüche religiöser und kultureller Minderheiten.“[5] Der Satz war von Habermas bewusst im Zusammenhang mit der Beschneidungsdebatte in Deutschland 2012 formuliert.

Für die Gläubigen ist die mit der säkularen Rechtsordnung verbundene Einschränkung der praktischen Wirksamkeit ihrer Glaubenswahrheiten immer auch eine Zumutung. Diese Zumutung wird deutlich gemildert, wenn sich die Religionen „die normativen Grundlagen des liberalen Staates (…) *unter eigenen Prämissen* aneignen“, wie Habermas schreibt. Solche Aneignungsprozesse finden sich etwa für die römisch-katholische Kirche im Zweiten Vaticanum und für den deutschen Protestantismus in der EKD-Denkschrift „Evangelische Kirche und freiheitliche Demokratie. Der Staat des Grundgesetzes als Angebot und Aufgabe“. „Die erforderliche Rollendifferenzierung zwischen Gemeindemitglied und Gesellschaftsbürger muss aus der Sicht der Religion *selbst* überzeugend begründet werden, wenn nicht Loyalitätskonflikte weiter schwelen sollen", so Habermas.[6]

Doch auch den Ungläubigen werden nach Habermas Toleranzzumutungen abverlangt. Die religiös-weltanschauliche Neutralisierung staatlicher Gewalt verbietet es auch, ein säkularistisch-szientistisches Weltbild für allgemein verbindlich zu erklären. Nichtgläubigen verlangt Habermas deshalb ab, im politischen Raum religiöse Überzeugungen nicht für schlechthin irrational zu erklären, sondern die religiöse Sprache in der öffentlichen Diskussion zuzulassen und sich sogar an deren Übersetzung in allgemeine, d.h. kraft Vernunft erschließbare Gehalte zu beteiligen.

III. Offenheit des Staates für die Religionen der Bürgerinnen und Bürger oder Verdrängung der Religion?

Mir scheinen diese Überlegung von Jürgen Habermas den ethischen Selbstanspruch liberaldemokratischer Verfassungsordnung sehr gut wiederzugeben und auch für eine politische Verständigung über religionspolitische Ordnungsfragen orientierend. Es wäre dann zu prüfen, welche Ausgestaltung eher in der Lage ist, die von Habermas angemahnte Doppelung aus politischer Anerkennung des religiös-weltanschaulichen Eigensinns und religiöser Aneignung der säkularen Grundlagen einer liberaldemokratischen Verfassungsordnung zu stimulieren. Es wäre zu fragen, welche Ordnung eher in der Lage ist, eine kulturkämpferische Konflikteskalation zu vermeiden, integrativpazifizierend zu wirken und Bürgerinnen und Bürgern Freiheit in einem gehaltvollen Sinne verstanden zu garantieren. Idealtypisch lautet die Alternative: die Verdrängung der Religion aus der Öffentlichkeit, der Laizismus mit seinem säkularistisch-weltanschaulichen Überschuss und seinem halbierten Freiheitsverständnis[7] – oder ein Staat, der offen ist für die Religionen und Weltanschauungen seiner Bürgerinnen und Bürger, gerade damit er selbst nicht religiös oder weltanschaulich wird. So gestellt, beantwortet sich die Frage im Lichte der vorstehenden Überlegungen von selbst.

Man kann sicherlich lange über Sinn und Unsinn vieler Details des geltenden Religionsrechts in Deutschland diskutieren. Seine Grundkoordinaten entsprechen jedenfalls den Habermas'schen Anforderungen. Den Religions- und Weltanschauungsgemeinschaften wird Raum in der Öffentlichkeit gewährt, auch im staatlich verfassten Bereich dieser Öffentlichkeit. Dies geschieht nicht als Fortsetzung der alten Verbindung von Thron und Altar, sondern spiegelt die religiös-weltanschaulichen Präferenzen der Bürgerinnen und Bürger. Wohlwollende Kooperation und Integration statt laizistischer Ausgrenzung und säkularistischen Kulturkampfs – dieses Arrangement prägt zugleich die Religionskulturen und trägt zu deren Zivilität bei. Religionsunterricht (für alle Religionen Weltanschauungen und Bekenntnisse) an öffentlichen Schulen, (evangelische, römisch-katholische, islamische, jüdische) Theologie an staatlichen Hochschulen, der für alle zugängliche freiheitsfördernde Status der öffentlich-rechtlichen Körperschaft für Religions- und Weltanschauungsgemeinschaften, der Einbezug der religiösen Wohlfahrtspflege in den sozialstaatlich organisierten sozialen Sektor – all dies stellt die religiös-weltanschauliche Neutralität nicht etwa infrage, sondern bekräftigt und gestaltet die von der Verfassung garantierte gleiche Freiheit in rebus religionis und die darauf aufruhende Idee einer religiös-weltanschaulichen Neutralität des Staates gerade. Der Laizismus dagegen, wie er von verschiedenen linken und humanistischen Bewegungen in Deutschland propagiert wird, erweist sich bei näherem Hinsehen als stark in den Traditionen des etatistischen und paternalistischen Denkens verwurzelt. Er ist, zugespitzt formuliert, nicht Ausdruck, sondern Verrat an den Idealen der Aufklärung. Das geltende Staatskirchenrecht bietet eine profunde Grundlage für seine organische Weiterentwicklung als modernes Religionsverfassungsrecht. Der Laizismus mit seinem naiven Fortschrittsoptimismus, seiner vordemokratischen Gegenüberstellung von Staat und Gesellschaft und seinem Hang zu staatlicher Bevormundung bedeutete hingegen einen Rückfall in das Denken des 19. Jahrhunderts. Unsere religionspolitische Zukunft sieht hoffentlich anders aus.

Anmerkungen

1 Ernst-Wolfgang Böckenförde, Die Entstehung des Staates als Vorgang der Säkularisation, in: ders., Recht, Staat, Freiheit, 1991, S. 92 (112).
2 Jürgen Habermas, Treffen Hegels Einwände gegen Kant auf die Diskursethik zu?, in: ders., Erläuterungen zur Diskursethik, 1991, S. 25.
3 Jürgen Habermas, Vorpolitische Grundlagen des demokratischen Rechtsstaates?, in: ders., Zwischen Naturalismus und Religion, 2005, S. 111.
4 Jürgen Habermas, Glauben und Wissen, 2001, S. 14.
5 Jürgen Habermas, Vortrag in der Siemens-Stiftung am 6. August 2012, http://www.nzz.ch/aktuell/feuilleton/literatur-und-kunst/wie-viel-religion-vertraegt-der-liberale-staat-1.17432314
6 Jürgen Habermas, Religiöse Toleranz als Schrittmacher kultureller Rechte, in: ders., Zwischen Naturalismus und Religion, 2005, S. 258 (268f).
7 Siehe Hans Michael Heinig, „Säkularismus“ und „Laizismus“ als Anfragen an das säkulare Religionsrecht in Deutschland, in: Lothar Häberle / Johannes Sattler (Hg.), Islam – Säkularismus – Religionsrecht, 2012, S. 79ff.

Heidrun Schnell

Religionsfreiheit – Dilemma der Moderne?

Das Verbot des Ganzkörperschleiers und der vollständigen Verschleierung des Gesichts, wie es in Frankreich gilt – das hat der EuGMR jüngst bestätigt –,[1] ist mit den grundlegenden Garantien der Europäischen Menschenrechtskonvention vereinbar. Das Bundesarbeitsgericht hat hingegen entschieden, dass das Tragen eines Kopftuchs als Symbol der Zugehörigkeit zum islamischen Glauben und damit als Kundgabe einer abweichenden Religionszugehörigkeit regelmäßig mit der arbeitsvertraglichen Verpflichtung einer in einer Einrichtung der Evangelischen Kirche tätigen Arbeitnehmerin zu neutralem Verhalten nicht vereinbar ist.[2] In Wuppertal trat eine Salafistische Scharia-Polizei auf, die von Einwohnern die Einhaltung der Scharia-Regel verlangte.[3] Die Urteile und das quasi hoheitliche Auftreten islamistischer Fundamentalisten werfen Schlaglichter auf die aktuellen Probleme, die religiösen Geboten folgen und weder mit dem deutschen und europäischen Lebensstil noch mit der religiösen Pluralität und Toleranz hierzulande viel gemein haben.[4] Diese Sachverhalte machen auch deutlich, in welchen Lebensbereichen religiöses Handeln heute bedeutsam ist: zum Staat, zwischen den Bürgern und zwischen den Religionen.

Nachdem über Jahrzehnte hinweg Glaube, Religion und ihr juristischer Zwilling, die Religions- und Glaubensfreiheit, im gesellschaftlichen Leben Europas und Deutschlands eine zunehmend weniger wichtige Rolle spielten, sind sie in den letzten Jahren wieder in den Vordergrund getreten: Einer anhaltenden und gravierenden Abnahme der Bindung an die christlichen Kirchen steht eine religiöse und spirituelle Individualisierung gegenüber.[5] Durch eine seit den 1960er Jahren stetige Einwanderung von Menschen mit islamischem Glauben hat die christlich-jüdisch geprägte Basis der deutschen und westeuropäischen Gesellschaften eine Ergänzung erfahren; das Spektrum religiöser Lebenswelten ist vielfältiger geworden[6] und zumindest als Beschreibung ist der Satz „der Islam gehört zu Deutschland“ – auch wenn er die Vielfalt islamischer Glaubensrichtungen verdeckt – zutreffend; jedenfalls gehören die Muslime heute zu Deutschland. Nicht überall in Deutschland findet das Zustimmung. Diffuse Ängste haben jüngst zu Demonstrationen geführt, die vor einer Islamisierung warnen.

Vor diesem Hintergrund werden die Grundlagen der Religionsfreiheit und ihre Grenzen skizziert (I.). Anhand aktueller Beispiele werden Herausforderungen aufgezeigt, vor denen unsere Gesellschaft im Bereich der Religionsfreiheit steht (II.). Der Beitrag schließt mit einem Fazit (III.).

I. Grundlagen der Religionsfreiheit[7]

Das Recht, eine Religion zu haben, ihren Ge- und Verboten zu folgen, gehört mit zu den ältesten Freiheitsrechten und spiegelt den in Deutschland herrschenden verfassungsrechtlichen Grundkonsens. Sie sind Ausdruck des liberalen, offenen und toleranten Verfassungsstaates und das Ergebnis einer langen historischen Entwicklung. Der Kern der Religionsfreiheit als individuelles Recht bildet sich erstmals im Augsburger Religionsfrieden von 1555. Am Ende des Dreißigjährigen Krieges erlangten die protestantischen Glaubensrichtungen mit dem Westfälischen Frieden Anerkennung und den Individuen wurde eine Wahlfreiheit eingeräumt: Zwar galt das Rechtsprinzip des „cuius regio, eius religio“, aber es wurde verbunden mit der Möglichkeit des ius emigrandi, niedergelegt in § 24 des Augsburger Religionsfriedens und der Westfälischen Friedensakte.[8] Die Verfestigung der Individualisierung der Religionsfreiheit ist ein Ergebnis der Aufklärung. Sie war Schrittmacher für die Ausbildung individueller Rechtspositionen – etwa im preußischen Religionsedikt von 1788 und im Preußischen Allgemeinen Landrecht von 1794, die sich als roter Faden durch die deutsche Verfassungsentwicklung zieht: Sie findet sich in § 147 Abs. 2 der Reichsverfassung von 1849, in verschiedenen Landesverfassungen des 19. Jahrhunderts, etwa in §§ 12–18 der Preußischen Verfassung von 1850 und später in der Weimarer Reichsverfassung in Art. 135–141.[9]

Welche Bedeutung der liberale Staat der Religionsfreiheit beimisst, zeigt sich schon daran, dass das Grundgesetz die Religionsfreiheit als subjektives Recht vorbehaltslos gewährleistet: Das Grundgesetz räumt dem Gesetzgeber keine Möglichkeiten ein, Religion und Religionsausübungsfreiheit zu beschränken. Hinter der Religionsfreiheit, die der Staat garantiert, steht die Abkehr von religiöser Absolutheit, die Absage an den häufig mit der Religion einhergehenden Anspruch auf absolute Wahrheit und dem damit verbundenen Ausschließlichkeitsanspruch sowie das Versprechen von Toleranz und gegenseitiger Achtung. Seit dem beginnenden 21. Jahrhundert stehen die liberalen Gesellschaften indes in einer inneren und auch äußeren Auseinandersetzung mit – in der Hauptsache – islamischen religiösen Richtungen, die zwar für sich selbst Religionsfreiheit reklamieren, diese aber anderen nicht zubilligen. Der „clash of civilizations", der vorausgesagt wurde, ist dies hier in Europa wohl nicht.[10] Aber zumindest in den liberal verfassten europäischen Gesellschaften, in denen die Grundrechte Ausdruck einer gemeinsamen Wertordnung sind, wird dieser Grundkonsens von „totalitären" Religionsrichtungen[11] infrage gestellt. Und ISIS – der islamische Staat – bedroht im Nahen Osten, möglicherweise auch darüber hinaus, selbst Staaten auf der Grundlage eines aggressiv verstandenen Islam.[12]

a) Überblick

Das Grundgesetz räumt der kulturellen Entfaltung des Menschen einen hohen Stellenwert ein. Neben Meinungs- und Informationsfreiheit aus Art. 5 Abs. 1 GG, die nicht nur die Teilnahme am politischen Leben sicherstellt, sondern zugleich eine wesentliche Voraussetzung für die freie kulturelle Entfaltung des Menschen und für seine Teilnahme am kulturellen Leben nach eigenen Vorstellungen sind,[13] ist vor allem die Religionsfreiheit und ihr Schutzanliegen ein „Kulturgrundrecht".[14] Die kulturbezogenen Grundrechte[15] haben ihren gemeinsamen Nenner im inneren Bezug des Menschen zum „Schönen, Guten und Wahren" – und zum Spirituellen und Göttlichen. Diese innere Beziehung ist insbesondere bei der Religion und bei den individuellen Bekenntnissen, bei dem, was man glaubt oder auch nicht, höchstpersönlicher Natur.[16] Innere Einstellungen, Haltungen und Überzeugungen sind für diese Grundrechte entscheidend – was aber kein Grund ist, grundrechtlichen Schutz nicht zuzubilligen. Gerade bei der Religions*ausübung* wird der soziale Bezug des Einzelnen, seine Beziehungen und Lebensweisen deutlich: Beim religiös veranlassten Tragen des Schleiers oder eines Kreuzes, bei einer Prozession kann es zu Konflikten mit den Mitmenschen kommen.[17] Beides verdeutlicht auch: Religiöse Pluralität als Teil kultureller Vielfalt steht – zumal in einer Einwanderungsgesellschaft – in einem Spannungsverhältnis zum geltendem Recht.[18]

Die Verfassung räumt menschlichem Streben nach Sinnhaftigkeit und Wahrheit dadurch einen besonders hohen Stellenwert ein, dass sie dem Wertempfinden und Wahrheitsstreben jeweils eigene Grundrechte widmet – in Bezug auf die Religion und Religionsausübung in Art. 4 GG (Glaubens-, Gewissens- und Bekenntnisfreiheit).[19] Religion zeichnet sich dadurch aus, dass sie nach der Deutung der Welt und dem Sinn menschlicher Existenz sucht und Anforderungen für ein sinnvolles menschliches Leben aufstellt.[20] Der grundrechtliche „Schutzwall" ist angesichts des Fehlens eines geschriebenen Gesetzesvorbehalts sehr hoch. Ein im Verfassungstext vorgesehener Gesetzesvorbehalt ermächtigt den Gesetzgeber ausdrücklich, die grundrechtliche Freiheit zu beschränken – durch oder auf Grund eines Gesetzes. Da die meisten Grundrechte einen solchen Vorbehalt aufweisen, sticht es besonders ins Auge, wenn eine solche Einschränkung – wie bei der Religionsfreiheit – nicht enthalten ist. Dennoch haben auch Freiheitsgrundrechte ohne Gesetzesvorbehalt Grenzen,[21] nur die Anforderungen an den Gesetzgeber sind hier strenger als bei Grundrechten mit einem geschriebenen Gesetzesvorbehalt: Eine Beschränkung der Religionsfreiheit ist angesichts dessen immer nur dann zulässig, wenn sich die Gründe dafür aus der Verfassung selbst ableiten lassen (sog. kollidierendes Verfassungsrecht);[22] der Ausübung der Religionsfreiheit müssen Rechtsgüter von Verfassungsrang entgegenstehen.[23] Und diese Gründe müssen im Ergebnis schwerer wiegen als die Religionsfreiheit. Nur dann, wenn der Gesetzgeber sich auf andere, selbst mit Verfassungsrang ausgestattete Rechtsgüter berufen kann und diese Rechtsgüter gewichtiger sind als die Freiheit, ist ein Eingriff zulässig. Das kann etwa dann der Fall sein, wenn Art. 4 Abs. 1 GG dem staatlichen Bestimmungsrecht im Schulwesen gegenübersteht.[24] Die Religionsfreiheit verleiht indes keine Ermächtigung zur Beeinträchtigung von Rechtsgütern Dritter. Niemand darf anderen seine religiösen Überzeugungen aufzwingen. Allerdings ist es Eltern im Rahmen ihres Erziehungsrechts aus Art. 6 Abs. 2 GG erlaubt, ihren Kindern eine religiöse Erziehung zukommen lassen – oder, als Ausfluss ihrer negativen Religionsfreiheit, dies auch ablehnen.[25]

Keineswegs erfordert die Religionsfreiheit des Einzelnen ein religiöses Bekenntnis. Schutz erfährt jedes Verhalten, das von religiösen Überzeugungen getragen ist. Bekenntnisse müssen aber eine gewisse, im Zweifel auch durch Dritte nachvollziehbare Ernsthaftigkeit aufweisen und mit objektiven Kriterien unterlegt sein.[26] Der konkrete Inhalt dessen, was der Einzelne glaubt, ist nicht entscheidend: Der Staat darf kein Werturteil über die „Qualität" von Religion fällen: Jede Religion, jeder Glaube, jedes Bekenntnis verdient den gleichen verfassungsrechtlichen Schutz.[27] Glaubensinhalte können, müssen sich aber nicht mit den großen Religionsgemeinschaften decken. Höchstpersönliche Überzeugungen werden geschützt, solange der Einzelne sie nur für sich selbst als verbindlich und verpflichtend erlebt. Wenn jemand beispielsweise eine Bibelpassage für sich persönlich ganz anders versteht als die offiziellen Kirchen dies tun, so wird sein Glaube trotzdem von Art. 4 Abs. 1 GG erfasst. Daneben werden auch Minderheitspositionen, natur- oder eher privatreligiös gefärbte Überzeugungen von Art. 4 GG geschützt, selbst dann, wenn andere sie für „falsch" halten. Dabei kommt es letztlich nicht einmal darauf an, dass eine bestimmte Gruppe diesen Glauben teilt. Art. 4 GG schützt den Glauben von großen und bekannten Religionsgemeinschaften, Sekten und den höchstpersönlichen Privatglauben.

Jede verfassungsrechtlich garantierte Freiheit, etwas zu tun, schließt als Kehrseite die Freiheit ein, etwas zu unterlassen. Die Bedeutung der „negativen" Freiheit, verstanden als die Freiheit, etwas nicht zu tun und nicht zu einem bestimmten Tun gezwungen zu werden, wird besonders deutlich bei der Religionsfreiheit. Jeder hat auch das Recht, keine religiösen oder weltanschaulichen Überzeugungen zu haben. Dies bedeutet für den Staat, dass er niemanden zu einem bestimmten religiösen Bekenntnis oder zu einer bestimmten Weltanschauung zwingen darf. Deutlich wird dies etwa in Art. 136 Abs. 4

WRV, wonach niemand zu einer kirchlichen Handlung gezwungen werden darf, oder an der Eidesformel für den Bundespräsidenten und für die Mitglieder der Bundesregierung, die wahlweise mit oder ohne religiöse Beteuerung gesprochen werden kann, vgl. Art. 56 GG.[28]

Religions- und Weltanschauungsfreiheit (Art. 4 Abs. 1 und 2 GG) betreffen nicht nur die persönlichen Überzeugungen, sondern sie reichen weit in die praktische Lebensführung des Einzelnen. Sie umfasst gleichermaßen Denken, Reden und Handeln. Geschützt wird die Freiheit des Einzelnen, sein Leben und sein Verhalten ausnahmslos nach seinen religiösen beziehungsweise weltanschaulichen Überzeugungen auszurichten, so wie es ihm sein Glaube beziehungsweise seine weltanschauliche Überzeugung vorgeben.[29]

b) Inkurs: Verfassungsfragen der Mission

Unter Mission wird seit dem 16. Jahrhundert die bewusste Verkündigung der christlichen Botschaften unter Nichtchristen bezeichnet. In einem engeren Sinne bedeutet Mission Evangelisierung derjenigen Menschen, welche die christliche Botschaft noch nicht empfangen haben oder mit ihr nicht mehr in Kontakt stehen; in einem weiteren Sinne versteht man unter Mission die Sendung oder den Auftrag der Kirche.[30]

Ihren Glauben verbreiten nicht nur Christen, und in einem verfassungsrechtlichen Kontext muss man Mission als Verkündung, Verbreitung des eigenen Glaubens verstehen, als religiöse und weltanschauliche Werbung. Sie spielt in Europa für das Christentum eine Rolle in Form der inneren Mission und als Werbung zum Wiedereintritt in die Kirche. In den vergangenen Jahren machen muslimische Glaubensrichtungen – namentlich Salafisten – von sich reden, indem sie etwa den Koran kostenlos in Fußgängerzonen verteilen, um so Anhänger für ihre Religion zu gewinnen. Werbung machen auch andere Religionen, wie die Zeugen Jehovas, die an den Wohnungstüren versuchen, mit Menschen ins Gespräch zu kommen.

Bestandteil der Religions- und Religionsausübungsfreiheit ist das Recht, seinen Glauben zu verbreiten, für ihn zu werben und weitere Anhänger zu finden – wie es zur individuellen Glaubensfreiheit zählt, seinen Glauben zu wechseln. Auch wenn es eine „Missionsfreiheit"[31] dem grundrechtlichen Wortlaut nach nicht gibt, lässt sich als Teil des Schutzbereichs der Religionsfreiheit durchaus von einer Missionsfreiheit sprechen. So, wie die Religionsfreiheit schrankenlos gewährleistet ist, gilt dies grundsätzlich auch für die Mission. Sie findet im Normalfall zwischen den Individuen statt. Die klassische abwehrrechtliche Funktion von Religions- und Glaubensfreiheit, staatliche Eingriffe zu verhindern, ist nicht aktiviert. Es handelt sich um eine individuelle und persönliche, gegebenenfalls innerkirchliche oder interkonfessionelle Angelegenheit, die die staatliche Sphäre normalerweise nicht berührt. Im Konfliktfall stehen sich vielmehr gegenseitige, miteinander kollidierende Grundrechtspositionen von Individuen beziehungsweise von Trägern der Religionsfreiheit gegenüber, lediglich im Widerstreit müssen sie vom Staat zum Ausgleich gebracht werden. Modern gewendet handelt es sich um ein multipolares Grundrechtsverhältnis. Nur wenn die Individuen untereinander die Grenzen der zulässigen Religions-, Glaubens- und Religionsausübungsfreiheit überschreiten, wird für den jeweils anderen, betroffenen Grundrechtsträger die Schutzpflicht des Staates[32] aktualisiert. So wird man das kostenlose Verteilen von Koran oder Bibel, das Klingeln an Türen, um mit den Menschen über den Glauben ins Gespräch zu kommen, sowie andere Formen der Mission als von Art. 4 Abs. 1 GG geschützt ansehen müssen.[33] Erst wenn die Religionswerbung in einer Form erfolgt, der sich andere nicht oder nur schwer entziehen können oder die das Ausmaß von Zwang oder Nötigung erreicht, wird die Schutzpflicht des Staates ausgelöst.[34] Generelle Verbote sind daher grundsätzlich eher ausgeschlossen.

c) Grenzen der Religionsfreiheit

Die Grenze zu einem möglichen Missbrauch der Religionsfreiheit ist angesichts der vorbehaltlosen Gewährleistung fließend und nicht immer einfach zu ziehen. Von außen betrachtet ist es oft sehr schwer zu erkennen, ob jemand von religiösen Motiven oder doch nur von gut getarnten persönlichen Nützlichkeitserwägungen geleitet wird.[35] Manche vorgebliche Gewissensentscheidung mag ganz anderen

Motiven entspringen. Und die innere Verwurzelung der Religionsfreiheit erleichtert es, sie als Argument für sich ins Feld zu führen, das nicht hinterfragt werden kann.

Aus Respekt vor der religiösen und weltanschaulichen Grundbefähigung des Menschen nimmt das Grundgesetz Risiken in Kauf. Es gilt deswegen zwar der Grundsatz: Im Zweifel für die Freiheit. Nach dem rechtsstaatlichen Verteilungsprinzip muss sich das Individuum nämlich nicht rechtfertigen, wenn es ein Grundrecht in Anspruch nimmt, sondern der Staat muss die Beschränkung grundrechtlich geschützter Betätigungen rechtfertigen. Das fällt jedenfalls da leicht, wo die Inanspruchnahme der Religionsfreiheit die (Grund-)Rechte Dritter nicht nur tangiert, sondern beeinträchtigt.[36] Wenn der Missbrauch der Religionsfreiheit offensichtlich besonders schwerwiegend ist oder die Grundrechte anderer schwer verletzt, entfällt der Schutz des Art. 4 GG.[37] Der Aufruf zur Gewalt im Namen des Glaubens, zum Heiligen Krieg, zu terroristischen Anschlägen kann im Ergebnis keinen Schutz der Religionsfreiheit für sich beanspruchen. Die Apologie der Gewalt wird nicht vom Grundgesetz gedeckt[38] – mag sie auch im Gewand der Religion daherkommen. Wer zu Gewalt aufruft, Gewalt befürwortet oder gar gewalttätig wird, stellt sich außerhalb des Wertekanons unseres Staates, verlässt den grundrechtlichen Schutz.

d) Exkurs: Kirche und Staat

Erfasst die Religionsfreiheit in Art. 4 GG die individuelle Seite der Freiheitsentfaltung, so sichert die verfassungsrechtliche Stellung der Kirchen und Religionsgemeinschaften wichtige kollektive Voraussetzungen für die individuelle Freiheitsausübung.[39] Denn innerhalb einer Kirche beziehungsweise einer Religionsgemeinschaft kann der Einzelne seine Freiheit leichter leben als alleine auf sich selbst gestellt. Die sogenannten Kirchenartikel (Art. 140 GG i.V.m. Art. 136–139, 141 WRV)[40] betreffen die gemeinschaftliche Ausübung von Freiheit und die organisatorischen Voraussetzungen dafür. Dies gilt nicht nur innerhalb der Kirchen und Religionsgemeinschaften, sondern auch nach außen für Religionsgemeinschaften in der Welt. Das vielfältige karitative Engagement der Kirchen wird dadurch zusätzlich zu der in

Art. 4 GG gewährleisteten Religionsfreiheit verfassungsrechtlich abgesichert, z.B. kirchliche Sammelaktionen für wohltätige Zwecke.

Art. 137 Abs. 2 WRV bringt dies so zum Ausdruck: „Die Freiheit der Vereinigung zu Religionsgesellschaften wird gewährleistet." Diese Gewähr sowie die anderen Bestimmungen der Kirchenartikel gelten allerdings nicht nur für die christlichen Kirchen, sondern auch für neuartige Religionsgemeinschaften. Dies ergibt sich zwangsläufig aus der Pflicht des Staates zur Neutralität. In die inneren Angelegenheiten der Religionsgemeinschaften darf der Staat sich nicht einmischen. Die Zugangsmöglichkeit der Religionsgemeinschaften zu ihren Mitgliedern auch im „inneren" staatlichen Bereich (Krankenhäuser, Strafanstalten, Streitkräfte) wird ausdrücklich gewährleistet.

Den Religions- und Weltanschauungsgemeinschaften kann unter bestimmten Voraussetzungen auch ein besonderer Rechtsstatus (Körperschaft des öffentlichen Rechts) verliehen werden. Damit einhergehen kann ein eigenes Steuererhebungsrecht und ein eigenes, den Besonderheiten der Religionsgemeinschaft angepasstes Arbeitsrecht.

Allerdings darf der Staat trotz der grundsätzlichen Trennung von Staat und Kirche (vgl. Art. 137 Abs. 1 WRV)[41] Religionsgemeinschaften finanziell unterstützen und fördern. Insbesondere verbietet es das Trennungsgebot dem Staat nicht, den Religionsgemeinschaften, traditionell vor allem den großen christlichen Konfessionen, öffentliche Wirkungsmöglichkeiten einzuräumen und diese zu erleichtern. Es ist dem Staat nicht verwehrt, die religiösen Orientierungen und die inneren Bindungen seiner Bürgerinnen und Bürger an bestimmte Werte auf diese mittelbare Weise zu fördern. Dabei ist er jedoch zur Neutralität verpflichtet. Praktisch bedeutet dies, dass er an den Gleichheitssatz gebunden ist, d.h. er muss seine Förderungsmaßnahmen prinzipiell allen Religionsgemeinschaften, die das wollen, in gleicher Weise zugute kommen lassen.

II. Herausforderungen

Die Religionsfreiheit und die damit untrennbar verbundene Liberalität und Toleranz[42] bilden einen festen, weithin akzeptierten Grundwert unseres gesellschaftlichen Zusammenlebens. Er ist auch Teil der

Religionen, die ihre Wurzel in der jüdisch-christlichen Tradition haben. Es mag zwar politisch eher inkorrekt sein, darauf hinzuweisen – aber herausgefordert wird die Religionsfreiheit in erster Linie durch Religionen beziehungsweise religiöse Strömungen, die weniger tolerant sind, die Ausschließlichkeit und absolute Wahrheit beanspruchen und fundamentalistische Grundtendenzen haben. Das schließt indes nicht von vornherein vom Schutz der Religionsfreiheit aus, sondern nur, wenn die Anhänger oder die religiösen Bewegungen rechtsuntreu werden, die Verfassungswerte missachten und zu deren Beseitigung aufrufen.[43] Auch wenn die ganz überwiegende Mehrheit der Muslime in Deutschland und Europa friedlich, tolerant und gewaltfrei lebt,[44] lässt es sich kaum leugnen, dass es zurzeit im Wesentlichen die fundamentalistischen Richtungen des Islam[45] sind, die unsere Vorstellungen von Toleranz nicht akzeptieren. Gleichwohl finden sich solche fundamentalistischen, intoleranten Auffassungen auch – aber in Deutschland eher selten und dann als Sekten – bei christlichen Religionsgemeinschaften; sie haben gesellschaftspolitisch gesehen geringe Relevanz. Allen fundamentalistischen Religionsrichtungen gemeinsam ist die Berufung auf die Religionsfreiheit – ohne dass sie bereit sind, die der Religionsfreiheit unserer Prägung letztlich inhärente und ungeschrieben vorausgesetzte Toleranz und gegenseitige Achtung zu akzeptieren. Dementsprechend aggressiv treten sie auf, sind nicht selten militant und offensiv.

Aber selbst wenn ein solches Auftreten nicht vorliegt, sondern Menschen strengen religiösen Regeln folgen, die sich von den gesellschaftlichen Normen für das Zusammenleben der übrigen Gesellschaft unterscheiden, bilden sich Parallelgesellschaften. Sie funktionieren nach eigenen – oft religiös geprägten – Sitten, Gebräuchen und Regeln. Ein gesellschaftliches Zusammenleben ist unter solchen Umständen nicht selten schwer und oftmals konfliktreich, eine Integration in die gesellschaftliche Umwelt bleibt aus.[46] Selbst Rechtsstreitigkeiten werden – wie Medienberichte jüngst bewusst machten[47] – durch eigene „Gerichte" geregelt.[48] Vielleicht funktionieren Parallelgesellschaften für sich ohne wesentliche Nachteile; gleichwohl treten Probleme und Konflikte auf, wenn staatliche Regelungsmacht in die Individualsphäre derjenigen reicht, die sich aus religiösen (beziehungsweise kulturellen) Gründen dem staatlichen Regelungsanspruch[49] oder dem gesellschaftlichen Grundkonsens entziehen. Oftmals – wenn auch nicht immer – werden diese Konfliktfelder an der entsprechender Rechtsprechung deutlich:[50]

1. Einen der wohl prominentesten Konflikte im Hinblick auf die Religionsfreiheit gab es um Kruzifixe in Klassenzimmern.[51] Sowohl das Bundesverfassungsgericht[52] als auch der Europäische Gerichtshof für Menschrechte[53] mussten sich damit befassen. Wenn Kinder im Klassenraum „unter dem Kreuz" lernen müssen, liegt ein multipolares Grundrechtsverhältnis vor, es treffen positive und negative Religionsfreiheit – sowohl der Schüler und Eltern als auch der Lehrer – zusammen. Negative Religionsfreiheit ist hier der Anspruch des Einzelnen, von religiösen Symbolen verschont zu bleiben.[54] Die Auflösung dieses Konflikts wird durchaus unterschiedlich vorgenommen. Die einen betonen mehr die negative Freiheit – mit der Folge, dass das Kreuz bei nur einem Widerspruch abgenommen werden muss. Die anderen geben dagegen der positiven Religionsfreiheit den Vorrang. Die Besonderheit der Konstellation ergibt sich daraus, dass die Schüler staatlicherseits „gezwungen" sind, das religiöse Symbol im Klassenzimmer hinzunehmen, ihm nicht entgehen zu können. Das ist etwa anders, wenn auf einem öffentlichen Platz ein Gottesdienst abgehalten wird oder eine Fronleichnamsprozession stattfindet. Hier ist niemand gezwungen, daran teilzunehmen; Andersgläubige können ausweichen. Die negative Religionsfreiheit greift hier nicht ein.

Jedenfalls verlangt das BVerfG als Grundlage für den Ausgleich der widerstreitenden Grundrechte ein Parlamentsgesetz.[55] Die gilt umso mehr, wenn verschiedene Grundrechte an einem Ort zusammentreffen – wie in der Schule,[56] im Gerichtssaal, bei der Bundeswehr: Der Gesetzgeber hat die wesentlichen Grundlinien der Grundrechtsabwägung selbst zu treffen oder zumindest in einer Weise vorzubestimmen, dass die Verwaltung nur noch den Gesetzesvollzug sicherstellen muss.

2. Ähnlich prominent und über die Grenzen der Bundesrepublik Deutschland hinaus diskutiert wurde der Konflikt um die religiös begründete Beschneidung, dem Entscheidungen Kölner Gerichte zugrunde lagen.[57] In seiner Entscheidung führte das Landgericht aus:

Zwar sei der objektive Tatbestand der einfachen Körperverletzung erfüllt. Dieser Eingriff sei insbesondere nicht durch die Einwilligung der Eltern gerechtfertigt, weil sie nicht dem Wohl des Kindes entspreche. Denn im Rahmen einer vorzunehmenden Abwägung überwiege das Grundrecht des Kindes auf körperliche Unversehrtheit die Grundrechte der Eltern. Ihre Religionsfreiheit und ihr Erziehungsrecht würden nicht unzumutbar beeinträchtigt, wenn sie gehalten seien abzuwarten, ob sich das Kind später selbst für eine Beschneidung entscheidet. Die Beschneidung eines nicht einwilligungsfähigen Jungen ist strafbar: Das Urteil setzte sich mit den jeweiligen Grundrechten auseinander und wog die Grundrechte der Eltern aus Art. 4 Abs. 1 (Religionsfreiheit), 6 Abs. 2 (Elternrecht) GG mit denjenigen des Kindes auf körperliche Unversehrtheit und Selbstbestimmung gemäß Art. 2 Abs. 1 und 2 S. 1 GG ab. Bei dieser Abwägung gilt nach der Rechtsprechung des Bundesverfassungsgerichts, dass Grundrechtseingriffe nur verhältnismäßig sind, wenn der Grundsatz praktischer Konkordanz beachtet ist: Im Falle widerstreitender Grundrechte muss jedem die jeweils größtmögliche Wirkung zukommen. Die religiös motivierte Beschneidung (Zirkumzision) von minderjährigen Jungen und Männern wird vor allem bei Angehörigen jüdischen und muslimischen Glaubens praktiziert. Während sie bei Kindern jüdischen Glaubens grundsätzlich am 8. Tag nach der Geburt vorgenommen werden soll, herrscht bei Muslimen die Jünglingsbeschneidung zwischen dem 3. und 14. Lebensjahr vor. Unabhängig von religiösen Gründen wird die Zirkumzision mitunter auch zum Zweck der Gesundheitsvorsorge veranlasst: So wird angenommen, dass die Beschneidung die sexuelle Übertragungsgefahr für viele Infektionskrankheiten – namentlich AIDS – verringere, weshalb die Weltgesundheitsorganisation (WHO) 2007 die Zirkumzision grundsätzlich empfohlen hat.

Rechtlich hat der Fall folgenden Hintergrund: Nach geltender Rechtsprechung ist jeder ärztliche Heileingriff eine Körperverletzung, die aber aus verschiedenen Gründen straflos bleiben kann – in der Regel wegen der Einwilligung des Patienten. Die religiös motivierte Zirkumzision war indes in Rechtsprechung und Literatur sehr streitig.[58] Das Urteil des Landgerichts Köln lag auf der Linie der bisherigen Entscheidungen von Strafgerichten, nämlich Freispruch wegen eines unvermeidbaren Verbotsirrtums, weil der Angeklagte nicht wissen konnte, dass die Beschneidung als Körperverletzung strafbar ist. Trotzdem hat das Urteil des Landgerichts Köln eine große, z.T. internationale mediale und gesellschaftliche Aufmerksamkeit ausgelöst. Dies führte dazu, dass der Gesetzgeber das Gesetz über den Umfang der Personensorge bei einer Beschneidung des männlichen Kindes erließ, das die Straffreiheit von religiösen Beschneidungen gewährleisten soll (§ 1631d BGB).[59]

Diese gesetzliche Regelung regelt einen komplexen Sachverhalt und ein multipolares Grundrechtsverhältnis – Grundrechte des männlichen Kindes, der Eltern und der Religionsgemeinschaft: Dem Recht des Kindes auf körperliche Unversehrtheit stehen insbesondere die Grundrechte der Eltern auf Pflege und Erziehung ihrer Kinder (Art. 6 Abs. 2 S. 1 GG) und auf Religionsfreiheit (Art. 4 Abs. 1 GG) gegenüber, die ihnen das Recht zur Kindererziehung in religiöser und weltanschaulicher Hinsicht geben. Sowohl die Grundrechtspositionen des Kindes als auch die der Eltern sind Abwehrrechte gegen staatliche Regelungen, andererseits lösen dieselben Grundrechtspositionen auch Schutzpflichten für den Staat aus. Der Gesetzgeber muss die gegenläufigen Grundrechtspositionen in praktische Konkordanz bringen, so dass jedem die jeweils größtmögliche Wirkung zukommen kann. Keine grundrechtliche Gewährleistung darf mehr als notwendig oder gar gänzlich ihrer Wirksamkeit beraubt werden. Da die Beschneidung im frühen Kindesalter jedenfalls nach jüdischem Glauben eine unmittelbare religiöse Pflicht von höchster Verbindlichkeit darstellt, lassen sich die beiden Grundrechtspositionen nur auf Kosten der jeweils anderen verwirklichen. Einen abstrakten Vorrang der einschlägigen Grundrechtspositionen ist dem Gesetzgeber von Verfassungs wegen nicht vorgegeben. Ihm steht es daher zunächst frei, die miteinander kollidierenden Grundrechte zueinander ins Verhältnis zu setzen und – wie im besagten Gesetz geschehen – dem Recht der Eltern auf religiöse Kindererziehung den Vorrang vor dem Recht des Kindes auf körperliche Unversehrtheit einzuräumen. Die Gründe, die dafür angeführt werden (die Ermöglichung religiösen Lebens in Deutschland, zumal vor einem historischen Hintergrund), sind inhaltlich nachvollziehbar. Der Gesetzgeber trifft vorliegend auch Vorkehrungen, die geeignet sind, der körperlichen Unversehrtheit des Kindes nach Möglichkeit Rechnung zu tragen, indem er die Einhaltung der Regeln der ärztlichen Kunst ausdrücklich verlangt sowie eine besondere Ausbildung und Befähigung der religiösen Beschneider voraussetzt.

3. Schulgesetze der Länder sehen z.T. vor, dass diejenigen Kinder, die nicht am evangelischen oder katholischen Religionsunterricht teilnehmen, am neutralen Ethikunterricht teilzunehmen haben.[60] Da an vielen Schulen ein hoher Anteil von Kindern islamischen Glaubens lernt, stellt sich die Frage, ob nicht statt des Ethikunterrichts ein islamischer Religionsunterricht angeboten werden sollte oder gar müsste.

Der Staat ist – auch wenn die Vorschrift im Grundrechtsteil überrascht und Begründungen für die Verpflichtung des Staates, Religionsunterricht zu gewährleisten, einerseits differieren, andererseits die Vorschrift insgesamt für verfehlt gehalten wird[61] – dem Grunde nach verpflichtet, Religionsunterricht als ordentliches Schulfach vorzuhalten, vgl. Art. 7 Abs. 3 GG.[62] Die Verfassungspflicht zur religiösen beziehungsweise weltanschaulichen Neutralität verpflichtet ihn dabei, nicht nur den christlichen konfessionsgebundenen Religionsunterricht als ordentliches Schulfach einzuführen, sondern im Prinzip bekenntnisgebundenen Religionsunterricht für alle Religionen. Voraussetzung ist, dass über einen signifikanten Zeitraum eine ausreichende Zahl von Schülerinnen und Schülern zusammenkommt und dies auch wünscht. Unter diesen Voraussetzungen besteht – so wird man folgern müssen – ein Recht auf islamischen Religionsunterricht als ordentliches Schulfach. Der Staat muss sich dann um die Einstellung entsprechender Lehrkräfte bemühen. Den Inhalt des Religionsunterrichts darf er nicht bestimmen, wohl aber ist er zur Aufsicht verpflichtet. Dabei hat er insbesondere sicher zu stellen, dass die Inhalte des Religionsunterrichts nicht gegen grundlegende Wertungen des Grundgesetzes verstoßen wie beispielsweise das Toleranzgebot. Da Religion als ordentliches Lehrfach im Rahmen der allgemeinen Schulpflicht angeboten werden muss, ist dieser in den üblichen Unterrichtszeiten und in Deutsch zu erteilen.[63] Der Staat sollte dies auch als Chance für ein alternatives Angebot zum Unterricht durch die Religionsgemeinschaften selbst verstehen – und nutzen![64]

4. Konflikte mit dem Staat entstehen auch dann, wenn Eltern, die den Schulunterricht für ihre Kinder mit ihrem religiösen Gewissen

nicht vereinbaren können, ihre Kinder selbst zu Hause unterrichten möchten oder sie von einzelnen Fächern beziehungsweise Lehrinhalten abmelden wollen (z.B. Sexualkunde, Sportunterricht). Bei den sogenannten totalen Schulverweigerern kollidieren staatlicher Erziehungsauftrag und Elternrecht beziehungsweise die Religionsfreiheit der Eltern und Kinder miteinander. Die totale Schulverweigerung ist in Deutschland unzulässig, denn sie löst diesen Konflikt einseitig zu Lasten des staatlichen Erziehungsauftrages auf. Der Staat hat ein legitimes, verfassungsrechtlich abgesichertes Interesse daran, dass Kinder im Schulalter nicht nur durch ihre Eltern, sondern auch durch die staatliche Gemeinschaft erzogen und dabei auch an die Grundwerte unserer Verfassungsordnung wie gelebte Toleranz, soziale Kompetenz, Respekt vor dem anderen und Bereitschaft zur Kooperation mit Andersdenkenden herangeführt werden. Das Bundesverfassungsgericht hat dies so formuliert: „Die Allgemeinheit hat ein berechtigtes Interesse daran, der Entstehung von religiös oder weltanschaulich motivierten ‚Parallelgesellschaften' entgegenzuwirken und Minderheiten zu integrieren."[65]

Allenfalls bei schwerwiegenden religiösen Gewissenskonflikten kann die Abmeldung von einzelnen Fächern unter engen Voraussetzungen zulässig sein. Anerkannt wurde dies vereinzelt beim Sportunterricht für strenggläubige muslimische Mädchen in Bezug auf einen Ganzkörperbadeanzug. Beim Sexualkundeunterricht ist dies allerdings unzulässig, denn hier geht es – ähnlich wie bei der von bestimmten religiösen Kreisen mitunter infrage gestellten Evolutionstheorie – um die Vermittlung von Wissen. Dagegen kann sich niemand unter Berufung auf sein religiöses Gewissen verwahren. Eine Immunisierung gegen anerkannte Bildungsinhalte unter Berufung auf die Religionsfreiheit ist in der Schule unzulässig. Die Religionsfreiheit gibt jedenfalls in der Schule kein Recht, nichts zu wissen. Entsprechendes gilt auch für die Lektüre von Büchern wie beispielsweise „Harry Potter" im Schulunterricht. Auch insoweit ist vor falscher Toleranz zu warnen.

5. In der Schweiz gab es eine Volksabstimmung über den Bau von Moscheen. Ein solches generelles Verbot, wie dies die Schweizer mit Volksentscheid beschlossen haben, wäre mit der Religionsfreiheit im

Grundgesetz nicht vereinbar. Jedenfalls würde ein generelles Verbot einen unverhältnismäßigen Eingriff in die Religionsfreiheit darstellen. Auch das staatliche Neutralitätsgebot wäre verletzt, wenn die Errichtung von charakteristischen Sakralbauten im öffentlichen Raum einer bestimmten Religionsgemeinschaft verboten würde, andere Religionsgemeinschaften aber insoweit keinen vergleichbaren Beschränkungen unterlägen.[66]

III. Fazit

Die wenigen dargestellten Beispiele sind nur ein kleiner beispielhafter Ausschnitt der Problemlagen, die sich im Schutzbereich der Religionsfreiheit – z.T. im Zusammenspiel mit anderen Grundrechten – zutragen.[67] Die Beispiele beanspruchen keine Repräsentativität, sie verdeutlichen das Dilemma moderner aufgeklärter Gesellschaften: Liberale Rechtsstaaten europäischer Prägung gewährleisten Religionsfreiheit, ein Recht, das in langwierigen Auseinandersetzungen erkämpft wurde. Totalitäre Religionen, die die alleinige Wahrheit für sich reklamieren und offensiv einen Ausschließlichkeitsanspruch vertreten, profitieren dabei von einer Garantie, die sie selbst anderen nicht zugestehen.

Der Islam gehört zu Deutschland – mit dieser Aussage hat der ehemalige Bundespräsident Wulff für Toleranz gegenüber anderen religiösen Bekenntnissen und vor allem Menschen geworben, die anderes glauben. Er hat damit letztlich auch einen Befund beschrieben: Deutschland ist eine religiös-kulturelle plurale Gesellschaft. Dies ist so neu nicht. Nur die Gruppen, die diese plurale Gesellschaft ausmachen, sind andere als in der Geschichte Deutschlands und Europas. In einer Gesellschaftsordnung, die den Einzelnen ein Höchstmaß an individueller Freiheit und Selbstverwirklichung garantiert, muss zugleich die gegenseitige Toleranz und Akzeptanz garantiert sein. Die Politik rekurriert hierauf, wenn sie die dem Grundgesetz zugrundeliegenden Grundwerte als gemeinsame Basis für alle in Deutschland lebenden Menschen beschreibt. Allerdings ist es damit nicht getan, diese immer wieder zu beschwören. Der Staat hat auch eine aktive Wächterrolle: Er muss sein Gewaltmonopol behaupten und er muss im Rahmen seiner Zuständigkeiten die Voraussetzungen sicherstellen, dass diese Grundwerte auch zwischen den Bürgerinnen und Bürgern eingehalten werden:[68] Frühkindliche Bildung, möglicherweise eine generelle Kitapflicht, Sprachkurse, staatlich verantworteter Religions- und Ethikunterricht – die Palette staatlicher Maßnahmen ließe sich sicher noch verlängern – schaffen zwar nicht all die Voraussetzungen, von denen der Staat lebt. Dass er aber nicht mehr dafür tun kann und muss, und damit zum Erhalt dieser Voraussetzungen beiträgt, steht nicht im Gegensatz zum häufig zitierten „Böckenförde-Dictum"[69] und hat nicht nur mit Religion zu tun.

Anmerkungen

Der Beitrag gibt die persönliche Auffassung der Verfasserin wieder. Er beruht auf öffentlich zugänglichen Informationen.

1 EuGMR, Urt. v. 01.07.2014, 43835/11, http://hudoc.echr.coe.int/sites/eng/pages/search.aspx?i=001-145466#{„itemid":[„001-145466"]}; Kritisch dazu etwa Wiese, lto, http://www.lto.de/recht/hintergruende/h/egmr-urteil-4383511-burkaverbot-frankreich;
Steinbeis, Burkaverbot: Grundrechtsschutz auf Proportionalitäts-Fläschchen gezogen, VerfBlog, 2014/7/01, http://www.verfassungsblog.de/burkaverbot-grundrechtsschutz-auf-proportionalitaetsflaeschchen-gezogen/; vgl. auch VGH München, Beschluss vom 22.4.2014–7C 13. 2593, DVBl. 2014, 1109, wonach das Verbot, während des Unterrichts einen gesichtsverhüllenden Schleier zu tragen, eine zulässige Einschränkung der Religionsausübungsfreiheit darstellt.
2 http://juris.bundesarbeitsgericht.de/cgi-bin/rechtsprechung/document.py?Gericht=bag&Art=pm&Datum=2014&nr=17591&pos=0&anz=47&titel=Islamisches_Kopftuch_und_Annahmeverzug.
3 Vgl. etwa http://www.faz.net/aktuell/scharia-polizei-in-wuppertal-das-darf-sich-ein-rechtsstaat-nicht-bieten-lassen-13138063.html.
4 Auf das Spannungsfeld weist auch hin: Mager in: v. Münch/Kunig, GG, 6. Aufl. 2012, Art. 4 Rn. 1.
5 Hierzu und zum Folgenden m.w. N. Hörnle, Gutachten C zum 70. Deutschen Juristentag, 2014, C-10ff.
6 Waldhoff, Gutachten D zum 68. Deutschen Juristentag, 2010, D-10ff.
7 Vgl. hierzu Epping, Grundrechte, 5. Aufl. 2012, Rn. 296ff m.w.N.
8 Vgl. v. Campenhausen, HdBStR Bd. VI, § 136 Rn. 16; m.w.N. Pieper, Die „Staatsverfassung" des Westfälischen Friedens, in: Großfeld/Pottmeyer/Michel/Beckmann (Hg.), Westfälische Jurisprudenz – Beiträge zur deutschen und europäischen Rechtskultur, Festschrift aus Anlaß des 50-jährigen Bestehens der Juristischen Studiengesellschaft Münster, 2000, 27ff.

9 Vgl. etwa Mager in: v. Münch/Kunig, GG, 6. Aufl. 2012, Art. 4 Rn. 1; Morlok, in Dreier, GG, 2004, Rn. 1–12.

10 Samuel Phillips Huntington, The Clash of Civilizations and the Remaking of World Order, 1998; vgl. Hierzu m.w.N. Pieper, „The Clash of Civilizations" und das Völkerrecht. Kulturelle Einflüsse im internationalen Recht, in: Krawietz/Riechers/Veddeler (Hg.), Konvergenz oder Konfrontation? Transformation kultureller Identität in den Rechtssystemen an der Schwelle zum 21. Jahrhundert, Rechtstheorie Heft 3/4 1998 (Huntington-Sonderheft), 331–355.

11 Fram A. Meyer, Die totalitäre Religion, http://www.cicero.de/berliner-republik/islam-die-totalitaere-religion/58089; Traub, Der Islam und das Grundgesetz, lto 2010, http://www.lto.de/recht/hintergruende/h/diskussion-um-anerkennung-der-islam-und-das-grundgesetz/

12 Vgl. zu den internationalrechtlichen Fragen aktuell Kreß, Ein uferloser Kampf, FAZ v. 24.1.2014, http://www.faz.net/aktuell/politik/staat-und-recht/humanitaeres-voelkerrecht-zwischen-frieden-und-buergerkrieg-12766433-p3.html?printPagedArticle=true#pageIndex_3; zur völkerrechtlichen Dimension der Bekämpfung des Islamischen Staates vgl. Kreß, Hilfe in der Not, FAZ v. 08.01.2015, http://www.faz.net/aktuell/politik/staat-und-recht/gastbeitrag-hilfe-in-der-not-13358108.html.

13 Gramm/Pieper, Bürgerkommentar, 2. Aufl., S. 103.

14 Zur Vielfalt der Kulturbegriffe vgl. Hubig, Kulturbegriff – Abgrenzungen, Leitdifferenzen, Perspektivenhttp://www.philosophie.tudarmstadt.de/media/institut_fuer_philosophie/diesunddas/hubig/downloadshubig/kulturbegriff abgrenzungen_leitdifferenzen_perpsektiven.pdf.

15 Dazu gehören auch Kunst-, Wissenschafts- und Forschungsfreiheit (Art. 5 Abs. 3 GG) sowie bildungsbezogene Grundrechte (Art. 7 GG).

16 Morlok, in: Dreier, GG, Art. 4 Rn. 71 – diese Seite der Religionsfreiheit wird auch als forum internum bezeichnet.

17 Vgl. hierzu Gramm/Pieper, Bürgerkommentar, 2. Aufl., S. 103 f; s. auch Thomas de Maizière, Die Rolle der Kirche im gesellschaftlichen Wandel: Erfahrungen, Ansprüche und Herausforderungen für die Zukunft, Festveranstaltung 60 Jahre Evangelische Akademie Meißen am 31.10.2009: „Wird der Schutzbereich der Religionsfreiheit so weit ausgedehnt, dass er auch die Möglichkeit schafft, seine ganze Lebensführung an den Religionsgeboten auszurichten, dann sind die möglichen Konflikte mit der Rechtsordnung unabsehbar." http://www.bmi.bund.de/SharedDocs/Reden/DE/2009/10/bm_ea.html

18 Hörnle, Gutachten C zum 70. Deutschen Juristentag, 2014, C-22 ff m.w.N.

19 Artikel 4 Abs. 1 und 2 GG lauten: (1) Die Freiheit des Glaubens, des Gewissens und die Freiheit des religiösen und weltanschaulichen Bekenntnisses sind unverletzlich. (2) Die ungestörte Religionsausübung wird gewährleistet.

20 V. Ungern-Sternberg in: Karpenstein/Meyer, EMRK, 1012, Art. 9 Rn. 14; Mager in: v. Münch/Kunig, GG, 6. Aufl. 2012, Art. 4 Rn. 13; Morlok, in: Dreier, GG, Art. 4 Rn. 67.

21 Vgl. etwa BVerfGE 28, 243, 260 f; 30, 173, 193; 67, 213, 228; 119, 1, 23; Epping, Grundrechte, 5. Aufl. 2012, Rn. 77 ff m.w.N.

22 BVerfGE 28, 243, 260 f.

23 BVerfGE 108, 282, 297 ff.

24 VGH München, Beschluss vom 20.4.2014–7C 13. 2593, NVwZ 2014, 1109.

25 BVerfGE 41, 29, 47; 108, 282, 301; vgl. Uhle in: Epping/Hillgruber, GG, 2. Aufl. 2013, Art. 4 Rn. 51 ff; Mager in: v. Münch/Kunig, GG, 6. Aufl. 2012, Art. 4 Rn. 12 ff; Morlok, in: Dreier, GG, Art. 4 Rn. 72.

26 Dass dies im konkreten Fall nur schwer zu beurteilen ist, zeigen die Ausführungen in BVerfGE 83, 341, 351 – Bahá'í; vgl. auch Morlok, in: Dreier, GG, Art. 4 Rn. 67.

27 Vgl. etwa BVerfGE 49, 29, 50; BVerfGE 93, 1, 16 f; kritisch zur gegenständlichen Weite des Schutzbereichs der Religionsfreiheit Maunz/Dürig/Herzog, GG, Art. 4 Rn. 105; Mager in: von Münch/Kunig, GG, 6. Aufl. 2012, Art. 4 Rn. 41; Kästner, JZ 1998, 974 ff; Waldhoff, Gutachten zum 68. Juristentag, D 73 ff.

28 Vgl. zur religiösen Beteuerung in der Eidesformel Pieper, in: Epping/Hillgruber, Kommentar zum Grundgesetz, 2. Aufl. 2013, Art. 56 Rn. 4.2; Butzer, in: Schmidt-Bleibtreu/Hofmann/Henneke, GG, 13. Aufl. 2012, Art. 56, Rn. 9 f.

29 BVerfGE 32, 48, 106 f; 41, 29, 49; 108, 282, 297.

30 Vgl. Friedrich Huber, Stichwort Mission, in Heun/Honecker/Morlok/Wieland, Evangelisches Staatslexikon, 2006,1545, insbesondere zur Mission im Protestantismus 1548 f; Giancarlo Collet, Stichwort Mission, in: Staatslexikon, Bd. 3, 7. Aufl. 1990, S. 1171.

31 Richard Potz, Mission und Religionsfreiheit, in: Stowasser (Hg.), Mission im Kontext Europa, 2011, S. 57, 62.

32 Vgl. Epping, Grundrechte, 5. Aufl. 2012, Rn. 122 ff m.w.N.

33 Körting, DVBl. 2014, 1028, 1029 f m.w.N. differenziert darstellend zum religiösen und politischen Salafismus.

34 BVerfGE 12, 4, 4 (Tabak-Mission).

35 Vgl. auch Morlok, in: Dreier, GG, Art. 4 Rn. 80 mit dem Hinweis, dass derjenige, der sich auf das Grundrecht beruft, eine Darlegungslast hat, auch im Rahmen der Religionsfreiheit zu agieren.

36 Morlok, in: Dreier, GG, Art. 4 Rn. 111, 115.

37 Die verfassungsrechtsdogmatische Einordnung des Ergebnisses ist eher streitig: Begrenzt man den Schutzbereich, so dass ein Missbrauch gar nicht erst der Religionsfreiheit unterfällt, oder begrenzt man die Reichweite, indem man etwa für Delikte Einschränkungen als rechtfertigungsfähig ansieht – vgl. hierzu Hörnle, Gutachten C zum 70. Deutschen Juristentag, 2014, C 15 ff m.w.N.; nach der jüngeren Rechtsprechung des Bundesverfassungsgerichts scheint es ausgeschlossen, dass etwa eine religiöse Motivation – im Wege der Religionsfreiheit – auf die strafrechtliche Bewertung Einfluss habe, vgl. BVerfG, Beschl. v. 7.4.2005, 2 BvR 336/05; früher anders BVerfGE 32, 98, 110 f; zur Frage der Religionsausübung als strafrechtlicher Rechtfertigungsgrund umfassend-Hörnle, Gutachten C zum 70. Deutschen Juristentag, 2014, C-62 ff.

38 Vgl. Pieper, Partidos políticos y apología de la violencia, Persona y Derecho 44 (2001), 287 ff.

39 Vgl. BVerfGE 99, 100, 119; 102, 370, 387.

40 Vgl. zur Entstehung v. Campenhausen in: v. Münch/Kunig/Starck, GG, Art. 140 Rn. 6; zum Rang als vollgültiges Verfassungsrecht vgl. BVerfGE 19, 206, 219.

41 Ein Beispiel ist der Sonntagsschutz, der in Europa ein Ergebnis der christlichen Tradition ist. Die Öffnung der Geschäfte an Sonntagen wird immer wieder aus religiösen Gründen kritisiert. Art. 140 GG in Verbindung mit Art. 139 WRV stellen den Sonntag als Tag der Arbeitsruhe unter den Schutz des Grundgesetzes. Das Bundesverfassungsgericht hat betont, dass der Sonntag aus der Perspektive des Grundgesetzes nicht nur eine religiöse Dimension für Gläubige enthält, sondern daneben auch eine ganz weltliche Dimension für alle Bürger jenseits der Religionsausübung als Tag der Rekreation und als Tag des Miteinanders. Auch diese weltliche Funktion des Sonntags sei vom Schutz der Verfassung umfasst. Demgegenüber genüge ein bloß wirtschaftliches Umsatzinteresse und ein alltägliches Erwerbsinteresse („Shopping-Interesse“) potenzieller Käufer nicht, um Ausnahmen von der unmittelbar im Grundgesetz geschützten Sonn- und Feiertagsruhe zu rechtfertigen. Die Ladenöffnung an den vier Adventssonntagen im Berliner Ladenöffnungsgesetz hat das Bundesverfassungsgericht deswegen für verfassungswidrig erklärt, vgl. Urteil v. 1. Dezember 2009, 1 BvR 2857/07 und 1 BvR 2858/07 = BVerfGE 125, 39, 77 ff.

42 Zur Notwendigkeit gesellschaftlicher Toleranz etwa Mager in: v. Münch/Kunig, GG, 6. Aufl. 2012, Art. 4 Rn.2; Morlok, in Dreier, GG, 2004, Rn. 1, 9, 123.

43 Körting, DVBl. 2014, 1028 zum Salafismus.

44 So haben sich alle muslimischen Verbände gegen terroristische Gewalt gewendet und am 19.9.2014 eine Friedensmahnwache veranstaltet, auf der auch der Bundesminister des Innern gesprochen hat, vgl. http://www.bmi.bund.de/SharedDocs/Reden/DE/2014/09/friedensmahnwache.html?nn=37182169.09.2014.

45 Zum Islamismus/islamischen Terror vgl. Bundesministerium des Innern (Hg.), Verfassungsschutzbericht 2013, S. 192 ff.

46 Hörnle, Gutachten C zum 70. Deutschen Juristentag, 2014, C-10 ff m.w.N.

47 Vgl. etwa http://www.lto.de/recht/hintergruende/h/interview-ates-paralleljustiz/; http://www.faz.net/aktuell/politik/inland/scharia-gerichte-in-deutschland-cdu-fordert-null-toleranz-bei-paralleljustiz-12899334.html

48 Vgl. etwa zur islamischen Paralleljustiz die Berichterstattung in lto, http://www.lto.de/recht/hintergruende/h/interview-ates-paralleljustiz/ sowie http://www.faz.net/aktuell/politik/inland/paralleljustiz-in-deutschland-wenn-friedensrichter-ihre-visitenkarten-verteilen-12899082.html.

49 Speziell zu den strafrechtlichen Implikationen religiöser Prägungen Hörnle, Gutachten C zum 70. Deutschen Juristentag, 2014, C-62 ff (zur religiösen Prägung als Rechtfertigung und Entschuldigung gegenüber strafrechtlichem Verhalten).

50 Vgl. weitere Beispiele bei Morlok, in: Dreier, GG, Art. 4 Rn. 119 ff.

51 BVerfGE 93, 1 ff.

52 BVerfGE 108, 282 ff; anders aktuell dazu BVerfG, Beschl. vom 27. Januar 2015, 1 BvR 471/10 und 1 BvR 1181/10.

53 EuGMR, Urt. 13.3.2011, 30814/06.

54 Epping, a.a.O., Rn. 313 ff m.w.N.

55 BVerfGE 108, 282, 311 ff.

56 Ebenda, 312.

57 Amtsgericht Köln, Urteil vom 21.09.2011, Az. 528 Ds 30/11; Landgericht Köln, Urteil vom 07.05.2012, Az. 151 Ns 169/11.

58 Vgl. jüngst Hörnle, Gutachten C zum 70. Deutschen Juristentag, 2014, C-45 ff. Im strafrechtlichen Schrifttum herrschte die Auffassung vor, eine religiös motivierte Zirkumzision bei nicht einwilligungsfähigen Jungen stelle eine nicht gerechtfertigte Körperverletzung dar, da das Einverständnis oder die Einwilligung des Inhabers der Personensorge – in der Regel der Eltern – unerheblich sei. Nur ganz vereinzelt wurde vertreten, eine religiös motivierte Beschneidung sei „sozialadäquat"; schon der Tatbestand der Körperverletzung sei nicht erfüllt. Anderer Ansicht nach rechtfertigte die Religionsfreiheit der Eltern die Zirkumzision aus religiösen Gründen. Entscheidungen des Bundesgerichtshofes liegen bislang nicht vor. Soweit Strafgerichte mit den zugrundeliegenden Fallgestaltungen (Körperverletzungsvorwurf den Eltern beziehungsweise den durchführenden Ärzten gegenüber) befasst waren, entfiel – soweit ersichtlich – die Strafbarkeit wegen der zuvor gegebenen Einwilligung der Eltern.

59 Hörnle, Gutachten C zum 70. Deutschen Juristentag, 2014, C-46 ff zur Frage der Verfassungsmäßigkeit m.v.w.N.

60 Vgl. allgemein Langer, (Kein) Bekenntnis zur Bekenntnisschule, lto 2013, http://www.lto.de/recht/hintergruende/h/religionsunterricht-pflichtfach-saatliche-schule-bekenntnisschule/; Hofmann, in: Schmidt-Bleibtreu/Hofmann/Henneke, GG, 13. Aufl. 2012, Art. 4, Rn. 58 ff.

61 Zu den Einzelheiten m.w.N. vgl. Boysen in v. Münch/Kunig, a.a.O., Art. 7 Rn. 60 ff.

62 Boysen, ebenda, Rn. 73 ff.

63 Boysen, ebenda, Rn. 75 m.w.N.

64 In vielen Ländern besteht die landesverfassungsrechtliche Verpflichtung, den konfessionell geprägten Religionsunterricht als ordentliches Unterrichtsfach anzubieten. Eine Abschaffung des Religionsunterrichts ist deswegen unzulässig. Umstritten ist diese Rechtslage beispielsweise in Brandenburg, wo ein verpflichtendes Unterrichtsfach „LER" – Lebenskunde, Ethik, Religion – für alle eingeführt werden sollte (vgl. dazu Boysen a.a.O., Rn. 63). Zulässig ist sogar, dass der Staat einen verpflichtenden Ethikunterricht ohne Abmeldemöglichkeit für alle einschließlich derjenigen, die zum Religionsunterricht gehen, einführt (BVerfG, Beschl. v. 15. März 2007, 1 BvR 2780/06.http://www.bundesverfassungsgericht.de/SharedDocs/Entscheidungen/DE/2007/03/rk20070315_1bvr278006.html – bezogen auf das Land Berlin). Er hat dies mit der Erwägung begründet, dass der Gesetzgeber auf diesem Wege der Entstehung von religiös oder weltanschaulich motivierten Parallelgesellschaften entgegenwirken kann: „Die Fähigkeit aller Schüler zu Toleranz und Dialog ist eine Grundvoraussetzung für die spätere Teilnahme nicht nur am demokratischen Willensbildungsprozess, sondern auch für ein gedeihliches Zusammenleben in wechselseitigem Respekt auch vor den Glaubensüberzeugungen und Weltanschauungen. … Angestrebt wird mithin, dass sich die Schüler auch unterschiedlicher Religionszugehörigkeit und Weltanschauung untereinander über Wertfragen austauschen."

65 BVerfG 2 BvR 1693/04 v. 31.05.2006, http://www.bundesverfassungsgericht.de/entscheidungen/rk20060531_2bvr169304.html.

66 Vgl. zu Religionsfreiheit und Baurecht Hofmann, in: Schmidt-Bleibtreu/Hofmann/Henneke, GG, 13. Aufl. 2012, Art. 4, Rn. 54 ff m.w.N.

67 Nach den Anschlägen von Paris ist auch wieder das Spannungsfeld von Mohamed-Karikaturen – allgemeiner das Blasphemieverbot – im Spannungsfeld von Kunst- und Meinungsfreiheit einerseits und Religionsfreiheit andererseits aktuell, vgl. Bingener/Bubrowski, Der lange Schatten des Blasphemieverbots, FAZ v. 15.01.2015, http://www.faz.net/aktuell/politik/parteien-diskutieren-ueber-blasphemie-verbot-in-deutschland-13372270.html.

68 Vgl. dazu die Rede des Bundesministers der Justiz, Heiko Maas, zur Eröffnung des 70. Deutschen Juristentages, http://www.bmjv.de/SharedDocs/Reden/DE/2014/20140916_Deutscher_Juristentag.html?nn=1468748.

69 „Der freiheitliche, säkularisierte Staat lebt von Voraussetzungen, die er selbst nicht garantieren kann. Das ist das große Wagnis, das er, um der Freiheit willen, eingegangen ist. Als freiheitlicher Staat kann er einerseits nur bestehen, wenn sich die Freiheit, die er seinen Bürgern gewährt, von innen her, aus der moralischen Substanz des einzelnen und der Homogenität der Gesellschaft, reguliert. Anderseits kann er diese inneren Regulierungskräfte nicht von sich aus, das heißt mit den Mitteln des Rechtszwanges und autoritativen Gebots zu garantieren suchen, ohne seine Freiheitlichkeit aufzugeben und – auf säkularisierter Ebene – in jenen Totalitätsanspruch zurückzufallen, aus dem er in den konfessionellen Bürgerkriegen herausgeführt hat."
– Ernst-Wolfgang Böckenförde: Staat, Gesellschaft, Freiheit. 1976, S. 60.

Katrin Hatzinger

Mehr als ein kritisches Gegenüber

Zur Rolle der evangelischen Kirche auf europäischer Ebene

Die Botschaft Gottes ausrichten: über Grenzen hinweg

Der Öffentlichkeitsauftrag Jesu an seine Jünger lautet: „Geht aber und predigt und sprecht: Das Himmelreich ist nahe herbeigekommen" (Matthäus 10,7). Auch die Wahrnehmung öffentlicher Verantwortung ergibt sich aus evangelischer Sicht aus diesem Verkündigungsauftrag. Er kennt keine Grenzen zwischen Staaten und er will über gesellschaftliche Grenzen und Trennungslinien hinaus wirksam sein. Die Verkündigung des Evangeliums hat deshalb immer schon auch eine politische Dimension. Sie soll nicht allein im Raum der Kirche stattfinden, sondern hat den Anspruch, öffentlich zu erfolgen und in die Gesellschaft auszustrahlen. Aus diesem Anspruch des Evangeliums wird ein Ansprechen der Welt.[1] Zwar wenden sich die Kirchen in ihrem öffentlichen Wirken vornehmlich an ihre Mitglieder, doch Adressat des kirchlichen Handelns ist die Gesellschaft als ganze. Das lässt sich bereits aus dem Alten Testament ableiten. Dort heißt es beim Propheten Jeremia in der Handlungsanweisung Gottes an das Volk Israel im Exil: „Suchet der Stadt Bestes, dahin ich euch habe wegführen lassen, und betet für sie zum Herrn; denn wenn's ihr wohlgeht, so geht's auch euch wohl" (Jeremia 29,7).

Was für Israel schon im Exil galt, gilt erst recht dort, wo die Kirchen sich frei entfalten können und in einem Kooperationsverhältnis zu dem Staat stehen. Sie sind aufgefordert, sich für das Wohl aller einzusetzen und das gemeinsame Beste zu fördern, indem sie in wichtigen gesellschaftspolitischen Diskussionen Position beziehen und Orientierung geben. Sie tragen, um das berühmte Böckenförde-Diktum aufzugreifen, zu den Voraussetzungen bei, auf die jedes politische Gemeinwesen angewiesen ist, ohne sie selber hervorbringen zu können. Spätestens seit dem Abschluss des sogenannten Loccumer

Vertrags zwischen den evangelischen Landeskirchen in Niedersachsen und dem Land Niedersachsen hat sich der Begriff des „Öffentlichkeitsauftrags" auch als staatskirchenrechtlicher Terminus fest etabliert.

Die Evangelische Kirche in Deutschland (EKD) tritt jedoch nicht nur im Wege von Denkschriften, Kammerpapieren, Orientierungshilfen, Predigten, Vorträgen, Pressemitteilungen und Stellungnahmen an die Öffentlichkeit, sondern ist über ihre politischen Vertretungen in Berlin und Brüssel auch ganz unmittelbar im Raum der Politik vertreten. Dabei ist es kein Anliegen der EKD, Politik zu machen, sondern, um es mit dem vormaligen Bundespräsidenten Richard von Weizsäcker zu sagen, durch ihren Beitrag zum öffentlichen Diskurs „Politik möglich zu machen". Längst gilt das nicht mehr nur innerhalb eines Staates, sondern auch im internationalen Kontext.[2]

Europa braucht die Kirchen – die Kirchen brauchen Europa

Der Austausch von Politik und Kirche ist deshalb auch auf europäischer Ebene im beiderseitigen Interesse: Die EU hat ein ureigenes Interesse an der Mitwirkung der Kirchen und Religionsgemeinschaften am gesellschaftlichen und kulturellen Leben Europas, aber auch an dem kirchlich-diakonischen Beitrag zu Bildungseinrichtungen und sozialen Diensten. Die Kirchen tragen mit ihrem Engagement zum sozialen Zusammenhalt bei, befördern in ihrem grenzüberschreitenden ökumenischen Miteinander den Gedanken der Völkerverständigung und setzen sich u.a. in ihrer gesellschaftspolitischen Arbeit für die europäischen Werte der Freiheit, Demokratie und Rechtstaatlichkeit ein.[3] In den Kirchen haben die EU-Institutionen damit einen kritisch-konstruktiven Partner, um die europäische Integration zu befördern und ein wertebasiertes Europa zu verwirklichen.[4]

Eine große Herausforderung für die politische Zukunft wird darin liegen, Europa näher an die Menschen zu bringen. Wenn es darum geht, das europäische Wertefundament auszuformen und das Zusammengehörigkeitsgefühl zu stärken, verstehen sich die Kirchen als Partner der Politik. Die Kirchen der Reformation sehen nach der Barmer

Theologischen Erklärung ihren Auftrag darin, die Politik an Gottes Reich, an Gottes Gebot und Gerechtigkeit und damit an die Verantwortung der Regierenden und Regierten zu erinnern. Auch deshalb ist der Dialog zwischen den Kirchen, Religionsgemeinschaften und den EU-Institutionen wichtig, auf der Arbeits- wie auf der Spitzenebene.

Die Kirchen wiederum sind auf die Offenheit des politischen Gemeinwesens für ihre Impulse angewiesen und brauchen in ihm einen verlässlichen Partner zur Umsetzung gesellschaftlicher Projekte – nicht zuletzt durch Kenntnis und Akzeptanz ihrer spezifischen Verfasstheit und durch politische und rechtliche Rahmenbedingungen, die ihrem Wesen und Auftrag angemessen sind. Vorab: Die Kirchen treffen in Europa grundsätzlich auf diese Offenheit. Es besteht ein regelmäßiger Dialog, der auf den unterschiedlichen politisch-administrativen Ebenen gepflegt wird und dazu beiträgt, das notwendige gegenseitige Verständnis zu schaffen und zu erhalten. Dieser Beitrag will Hintergründe und Praxis des Dialogs erläutern und – anhand des Beispiels der europäischen Asyl- und Flüchtlingspolitik – seine Relevanz für die ganze Gesellschaft herausarbeiten. Dazu soll zunächst auf Selbstverständnis und Rolle der Kirchen als politische Akteure auf dem „Brüsseler Parkett" geschaut werden.

Als Dialogpartner sind die Kirchen notwendigerweise Akteure im Prozess der europäischen Integration und müssen sich zu Europa verhalten. Nicht ohne Grund lassen sich mit polemischer EU-Schelte einfach Wählerstimmen gewinnen, wie das Abschneiden europafeindlicher Parteien wie des Front National oder populistischer Parteien wie der United Kingdom Independence Party (UKIP) bei den Europawahlen gezeigt hat. Angesichts der zu beobachtenden Entwicklung, dass nationale Interessen zunehmend vor europäische gestellt werden, und der erschreckenden Tendenz, dass sich nationalistische, fremdenfeindliche und populistische Parteien in der europäischen Parteienlandschaft zunehmend etablieren, braucht Europa die Fürsprache der Kirchen.

Dies umso mehr, als die Motive der Integration nicht an Bedeutung verloren haben. Der Konflikt in der Ukraine und die furchtbaren kriegerischen Auseinandersetzungen im Nahen Osten führen uns vor Augen, dass die Garantie von Frieden, Wohlstand und Sicherheit als europäisches Leitmotiv weiterhin eine starke Kraft entwickelt. Während das unbestritten sein dürfte, mangelt es am Interesse der Bürgerinnen und Bürger an der praktischen Ausgestaltung Europas. So hat auch die Aussicht, bei den diesjährigen Europawahlen mit erstmals zwei europäischen Spitzenkandidaten über den künftigen Präsidenten der Europäischen Kommission mitzubestimmen, viele eben nicht motivieren können, am Urnengang teilzunehmen. Es bedarf also neuer Anstrengungen, um die Menschen wieder näher an Europa heranzuführen und einen Rückfall in nationalstaatliches Denken zu verhindern. Schließlich erreicht Europa die Herzen nur, wenn die Menschen das Gefühl bekommen, dass sie mit ihren Ängsten, Nöten, Zweifeln und Fragen ernst genommen werden. Sie müssen mitreden können und das Gefühl haben, dass es um ihre Anliegen geht. Diese Prämisse ist in Vergessenheit geraten. Als Projekt der Eliten hat die EU aber auf Dauer keine Überlebenschance.

Vorrangig steht die Politik in der Verantwortung, die Menschen zu überzeugen. Aber auch die Kirchen können ihren Beitrag dazu leisten, den Mehrwert gemeinsamen Handelns vor Augen zu führen. Die Bürgerinnen und Bürger müssen sich – auch emotional – mit der Europäischen Union identifizieren können. Mehr Demokratie und Transparenz sowie eine Rückbesinnung auf die gemeinsamen Werte sind dabei von großer Bedeutung. Das soziale Profil der EU muss gestärkt werden. Menschen, nicht Märkte, müssen im Mittelpunkt der Politik stehen. Dazu gehört, den Kampf gegen Jugendarbeitslosigkeit ernsthaft zu führen und alle an der Bewältigung der Krisenkosten zu beteiligen. Es bedarf zudem einer menschenwürdigen Asyl- und Einwanderungspolitik, einer glaubwürdigen Menschenrechtspolitik und einer Stärkung des Zivilen vor dem Militärischen in der gemeinsamen Sicherheits- und Verteidigungspolitik.

Dabei stellt sich immer wieder die Frage, was die Union im Innersten zusammenhält: Das Christentum ist in der EU der 28 sicherlich weiterhin ein starkes verbindendes Element, das Vielen Halt und Heimat gibt, allerdings darf die zunehmende Pluralisierung europäischer Gesellschaften nicht aus dem Blick geraten und auch die Ökumene steht weiterhin vor großen Herausforderungen. Deshalb gilt zweierlei:

Zum einen gilt es, die Kraft des gemeinsamen Glaubens zu aktivieren. Die Universalität der Kirche, die aus protestantischem Verständnis nicht nur politische, sondern auch konfessionelle Grenzen überschreitet, die christliche Anthropologie, die uns verbindenden Werte und Traditionen und Visionen von einer menschengerechteren Gesellschaft, von der Bedeutung des Gemeinwohls vor egoistischen Partikularinteressen, die Motive Frieden, Gerechtigkeit, Bewahrung der Schöpfung – all das sind Grundelemente eines politischen Gemeinwesens, für das „Europa" ein unverzichtbarer Schritt ist.[5] Der Prozess der europäischen Integration ist seit jeher maßgeblich von engagierten Christen gestaltet worden. Er muss zukunftsfähig gehalten werden. „Die Kirchen – gerade in ökumenischer Verbundenheit – haben die Kraft und die Reichweite, Menschen zu einem gemeinsamen europäischen Weg zu ermutigen. Sie haben die Inspiration, den europäischen Gedanken zu leben. Und sie haben Erfahrungen, praktisch zu illustrieren, was Völkerverständigung, Einheit in Vielfalt und gemeinsames Handeln über Grenzen hinweg bedeuten kann."[6]

Zum anderen gilt für die Kirchen mehr denn je, sich auch in Europa „um Gottes willen" einzumischen. Für die Protestanten ist und bleibt dabei die Bibel wichtigste Quelle protestantischer Ethik, ohne dass diese Ethik in sich abgeschlossen wäre. Sie ist vielmehr auf der biblischen Grundlage in der Lage, sich in ihrem jeweiligen zeitlichen und geschichtlichen Kontext weiterzuentwickeln und menschenfreundliche und zeitgemäße Antworten auf aktuelle Fragen zu finden. Im politischen Kontext ist es deshalb immer angezeigt, die biblische Botschaft der Nächstenliebe und der Achtung vor Gottes Welt in die Sprache (und das Handeln) des 21. Jahrhunderts zu übersetzen.

Die Kirchen sind eben nicht bloße Funktionsträger, die der Politik im Bedarfsfall beispringen und eine Art spirituelle Legitimation für die EU liefern.[7] Das wäre zu einfach. Gerade weil die EU mittlerweile mehr ist als eine Wirtschaftsgemeinschaft, bedarf sie der kritischen Begleitung und Impulsen von außen, die nicht von Partikularinteressen geleitet sind. Die Chance des Dialogs liegt deshalb auch darin, der Politik Orientierung zu bieten und als kritisches Gegenüber eine Fortentwicklung des Status quo zu befördern.

Das Brüsseler Büro der EKD als „kirchendiplomatische Vertretung“

Ein wichtiges Element der Arbeit besteht deshalb darin, die politischen Entscheidungsträger in Brüssel und Straßburg auf die kirchlichen Anliegen in der Politikgestaltung und im Gesetzgebungsprozess aufmerksam zu machen und als „Frühwarnsystem“ zu fungieren. Seit 1990 hat der Bevollmächtige des Rates der EKD bei der Bundesrepublik Deutschland dafür eine Dependance in Brüssel[8] und nennt sich nun vollständig Bevollmächtigter „bei der Bundesrepublik Deutschland und der Europäischen Union“.[9] Die Präsenz der EKD in Brüssel ist stark der Tatsache geschuldet, dass die Kirchen als Institutionen natürlich zunächst einmal Adressaten und Betroffene der europäischen Gesetzgebung sind, zum Beispiel wenn es sich um Fragen des Beihilfen- und Vergaberechts im Hinblick auf soziale Dienstleistungen handelt, das kirchliche Arbeitsrecht im Kontext der europäischen Anti-Diskriminierungspolitik in den Fokus gerät oder der kirchliche Datenschutz vor dem Hintergrund der Datenschutzreform zur Disposition steht.[10] Oft gilt es, „das Gras wachsen zu hören“ und frühzeitig, schon wenn eine Idee für eine neue Richtlinie oder Verordnung im Entstehen ist, mit den zuständigen Beamten Kontakt aufzunehmen und den Austausch über das Thema zu suchen. So ist es auch wenig verwunderlich, dass die Leitung der Dienststelle seit den Anfängen in den Händen eines Juristen beziehungsweise einer Juristin liegt.

Im Laufe der Zeit hat sich allerdings das Themenspektrum der Arbeit ausgeweitet. Kernaufgabe bleibt der Einsatz für die Berücksichtigung des deutschen Staatskirchenrechts im europäischen Gesetzgebungsverfahren. Doch das EKD-Büro Brüssel versteht sich wie die Berliner Dienststelle auch als kirchendiplomatische Vertretung. Zu diesem diplomatischen Auftrag gehört zum einen, durch kontinuierliche Information politische Entwicklungen auf EU-Ebene in die kirchlichen Gremien zu transportieren. Zum anderen kommt es darauf an, im Austausch mit den Vertretern von EU-Politik, von Rat und Kommission, der Welt der Interessenvertretungen und der Ökumene die Evangelische Kirche in Deutschland auf dem Brüsseler Parkett zu repräsentieren.

Das Büro verleiht zudem auch denen eine Stimme, die keine eigene Lobby in Brüssel haben: sozial Ausgegrenzte, Alte, Flüchtlinge und Migranten. Dabei kann die Dienststelle bei der Positionierung auf den Sachverstand in der Berliner Vertretung und im Kirchenamt der EKD in Hannover zurückgreifen, aber auch auf die Praxiserfahrung der zahlreichen evangelischen Fach- und Beratungsstellen sowie zahlreiche Synodenbeschlüsse aus Landeskirchen und EKD. Auch die Arbeit der Kammern des Rates der EKD fließt in die Arbeit ein. In Wahrnehmung des Öffentlichkeitsauftrags engagiert sich das Team in Brüssel für eine ganze Bandbreite von Themen, die sich am Besten in der Trias des konziliaren Prozesses zusammenfassen lassen: Frieden, Gerechtigkeit, Bewahrung der Schöpfung. Dabei zählen die Achtung der Menschenrechte im Rahmen der europäischen Asyl- und Migrationspolitik, das Eintreten für ein soziales Europa, der Vorrang ziviler Konfliktbearbeitung in der europäischen Sicherheits- und Verteidigungspolitik, Fragen der Religionsfreiheit im Rahmen des Mandats des Europäischen Auswärtigen Dienstes oder auch das Engagement für eine starke Rolle der EU bei den UN-Klimaverhandlungen zu den aktuellen inhaltlichen Schwerpunkten der Arbeit. Dank einer engen Kooperation mit der Arbeitsgemeinschaft der Evangelischen Jugend (aej) hat ferner die Jugend- und Bildungspolitik seit 2010 einen festen Stellenwert in der Arbeit des Büros.

Die wachsende Relevanz europäischer Gesetzgebung und Entscheidungsprozesse hat sich auch auf die Struktur des Büros ausgewirkt. War es in den Anfängen nur ein Oberkirchenrat, der für die EKD die Gesetzgebung beobachtet hat, ist es heute neben der Leiterin ein fester Mitarbeiterstab aus acht Mitarbeitenden, der die EKD in Brüssel vertritt. Das Büro bildet ferner Rechtsreferendare aus, und es besteht für junge Theologinnen und Theologen die Möglichkeit, ein Sondervikariat in Brüssel zu absolvieren.

Die Dienststelle fungierte immer schon als Ansprechpartnerin bei europarechtlichen und -politischen Fragestellungen für kirchliche Einrichtungen und Werke und gab auch Hinweise auf Fördermöglichkeiten mit EU-Mitteln. Mit der Gründung der Servicestelle EU-Förderpolitik und -projekte im November 2011 wurde die Erschließung europäischer Fördergelder für Kirche und Diakonie als ständiger Arbeitsbereich im EKD-Büro etabliert. Die Servicestelle ist im EKD-

Büro angesiedelt und wird zu zwei Dritteln von der EKD und zu einem Drittel von der Diakonie Deutschland und ihren Landesverbänden getragen. Gliedkirchen und diakonische Einrichtungen werden auf vielfältige Weise dabei unterstützt, Projektideen mit EU-Geldern zu verwirklichen. Die „FörderInfo Aktuell“ informiert online passgenau über europäische Ausschreibungen von kirchlich-diakonischem Interesse. Auch die Information einer breiteren kirchlichen Öffentlichkeit über die Brüsseler Aktivitäten der EKD ist ein Anliegen des Büros. Die „EKD-Europa-Informationen“[11] berichten vierteljährlich aus evangelischem Blickwinkel über europapolitische Themen. Beide Infodienste können kostenlos abonniert werden.[12]

Schließlich konzipiert das Brüsseler Büro Besuchsprogramme für Bischofsdelegationen, Fachgremien oder Gemeindegruppen, empfängt zahlreiche Besucher und lädt zu Kultur- und Diskussionsveranstaltungen ein. Im Rahmen verschiedener Formate gibt es Angebote für die Abgeordneten. Nach dem Vorbild der Berliner Dienststelle finden zum Beispiel regelmäßig Abgeordnetenfrühstücke statt, die immer mit einer gemeinsamen Morgenandacht des Bevollmächtigten verbunden sind. Das Angebot findet guten Zuspruch und bietet die Gelegenheit, parteiübergreifend mit den Abgeordneten des Europäischen Parlaments ins Gespräch zu kommen und konkrete Sachthemen vertieft zu diskutieren. Im Herbst jedes Jahres organisieren die evangelische und die katholische Kirche gemeinsam einen Parlamentarischen Abend in Straßburg, im Winter einen gemeinsamen Jahresempfang in Brüssel.

Angesichts der Themenvielfalt ist eine gute Vernetzung innerhalb der Brüsseler Strukturen unerlässlich: mit ökumenischen Partnern,[13] aber auch mit weltlichen Einrichtungen und Organisationen. In der Debatte um soziale Themen sind z.B. Gewerkschaften, Think Tanks, politische Stiftungen und Arbeitgeberverbände Kooperationspartner. Das Büro engagiert sich zudem in der Europäischen Sonntagsallianz, in der auch Familien-, Kultur- und Sportverbände Mitglieder sind. In der Flüchtlingspolitik gibt es eine Arbeitsplattform christlicher Organisationen, daneben ist das Büro auch Mitglied der Asyl- und Migrationsplattform (NGO platform on asylum and migration) von Flüchtlingsorganisationen und dem Hohen Kommissar für Flüchtlingsfragen der Vereinten Nationen (UNHCR).

Generell besteht eine gute Zusammenarbeit mit den übrigen kirchlichen Vertretungen in Brüssel, namentlich dem Sekretariat der Kommission der Bischofskonferenz der europäischen Gemeinschaften (COMECE), der Konferenz Europäischer Kirchen (KEK) und dem Kommissariat der deutschen Bischöfe in Berlin. Die Deutsche Bischofskonferenz unterhält keine eigene Vertretung in Brüssel, die Europareferentin des Kommissariats der deutschen Bischöfe pendelt regelmäßig zwischen Brüssel und Berlin. Andere nationale evangelische Kirchen sind in Brüssel nicht mit einer eigenen Vertretung präsent. Die orthodoxen Kirchen hingegen nehmen Brüssel zunehmend als Wirkungsfeld wahr, angefangen vom Ökumenischen Patriarchat über die griechisch-orthodoxe, die rumänische und die russisch-orthodoxe Kirche bis hin zur bulgarisch-orthodoxen Kirche, die ebenfalls beabsichtigt, einen Repräsentanten nach Brüssel zu entsenden. In der EU der 28 ist die EKD zwar nach der römisch-katholischen Kirche die größte Einzelkirche, aber eben doch nur eine nationale Kirche unter vielen. Insgesamt stellen die Protestanten kaum mehr als 13 % der europäischen Bevölkerung.

In Brüssel gibt es wenig staatskirchenrechtliche und religionspolitische Selbstverständlichkeiten

Europas Vielfalt ist daher auch eine der Konfessionen und staatskirchenrechtlichen Systeme, von der orthodoxen Nationalkirche in Griechenland über die Staatskirche in England, dem Kooperationsmodell nach deutschem Vorbild bis hin zur strikten Trennung von Staat und Kirche in Frankreich. Vor diesem Hintergrund gelten viele Selbstverständlichkeiten, wie sie aus Deutschland bekannt sind, auf der europäischen Ebene nicht. Im Gegensatz zum kirchlichen Handeln in Deutschland sind aber auch die Rahmenbedingungen für kirchliche Interessenvertretung in Brüssel andere. Belgien selbst etwa ist ein Land mit einer nominell katholischen Mehrheit, einem laizistischen Verfassungsverständnis, das aber zum Beispiel Raum lässt für die staatliche Alimentierung aller Geistlichen und weltanschaulichen Würdenträger, und schließlich einer starken Fraktion religionskritisch-antiklerikaler Gruppierungen wie den sogenannten Humanisten und politisch einflussreichen Freimaurerlogen. Laut einem Eintrag in Wikipedia sagte Henri Bartholomeeusen, ein Brüsseler Rechtsanwalt und ehemaliger Großmeister der Großorientloge von Belgien, 2008 in einem Gespräch mit dem Erzbischof von Mechelen-Brüssel Kardinal Godfried Danneels, dass seine Loge nichts gegen Religion und Glaube an sich hätte, sondern vor allem Gegner des kirchlichen Klerikalismus sei, des Einmischens der Kirchenführung in die Politik. Diese Aussage bringt eine auch in humanistischen Kreisen weit verbreitete Haltung gut auf den Punkt. Sie führt dazu, dass es aus dieser Warte immer wieder kritische Anfragen an die Präsenz kirchlicher Vertretungen bei der EU gibt und hochrangige Gespräche zwischen kirchlichen Würdenträgern und EU-Spitzenpolitikern als unzulässige Privilegierung der Kirchen gebrandmarkt werden. Im Europäischen Parlament gibt es zudem eine Gruppe von Säkularisten, die kirchliches Handeln getrieben von einer anti-katholischen Grundhaltung generell kritisch und vorurteilsbelastet hinterfragen.

Dazu kommt, dass die Europäische Kommission – selbst nach dem Vorbild französischer Verwaltungsapparate strukturiert – stark von der französischen *laicité* geprägt ist. So ist es zum Beispiel in Brüssel im Gegensatz zu Berlin keinesfalls üblich, dass die kirchlichen Vertretungen automatisch von den Kommissionsdienststellen zu aktuellen Gesetzesvorhaben konsultiert würden, selbst wenn sie Betroffene der Gesetzgebung sind. Die Kirchenvertretungen werden generell über das Register der Interessenvertreter, in dem die meisten eingetragen sind, von Konsultationen in Kenntnis gesetzt. Gezielte Bitten um Stellungnahmen kommen aber bislang eher selten vor.

Viel Wissen um das kirchliche Selbstverständnis, zum Beispiel das in Deutschland verfassungsmäßig garantierte Selbstbestimmungsrecht, das kirchliche Arbeitsrecht oder die enge Kooperation von Staat und Kirche kann schon in Deutschland immer wenig vorausgesetzt werden; in den EU-Institutionen noch weniger. Dementsprechend gilt es, die Elemente des deutschen Staatskirchenrechts als Teil der nationalen Identität begreifbar und erfahrbar zu machen und gleichzeitig zu vermitteln, dass die Stimme der Kirche im politischen Prozess eine Bereicherung des demokratischen Meinungsspektrums darstellt, keine unzulässige Einmischung.

Der Dialog zwischen der EU und den Kirchen hat „Verfassungsrang"

Vor diesem Hintergrund ist immer wieder hervorzuheben, wie bedeutsam es ist, dass mit Inkrafttreten des Vertrages von Lissabon zum 1. Dezember 2009 der Dialog zwischen Kirchen und EU-Institutionen Rechtsverbindlichkeit erlangt hat. Art. 17 III AEUV verleiht dem Dialog zwischen Kirchen und Religionsgemeinschaften auf der einen und europäischen Institutionen auf der anderen Seite eine neue Qualität und erkennt erstmals auf der Ebene des sogenannten europäischen Primärrechts die Rolle der Kirchen als Dialogpartner an. In Artikel 17 III ist nämlich geregelt, dass die Union „mit diesen Kirchen (und Gemeinschaften) in Anerkennung ihrer Identität und ihres besonderen Beitrags einen offenen, transparenten und regelmäßigen Dialog" pflegt. Damit schafft Art. 17 III AEUV eine wesentliche Grundlage für die aktive Partizipation von Kirchen und Religionsgemeinschaften bei der politischen Mitgestaltung der EU und bietet zum anderen unter Berufung auf Art. 17 I AEUV die Möglichkeit, etwaige Bedenken der Kirchen im Hinblick auf ihr Selbstbestimmungsrecht auf politischer Ebene zu Gehör zu bringen. Dieser Absatz 1 bestimmt, dass „die Union den Status, den Kirchen und religiöse Vereinigungen oder Gemeinschaften in den Mitgliedstaaten nach deren Rechtsvorschriften genießen, achtet und ihn nicht beeinträchtigt".

Ohne eine enge ökumenische Zusammenarbeit und den politischen Willen, den besonderen Beitrag der Kirchen vertraglich festzuschreiben, hätte es diesen Artikel im Vertrag über die Arbeitsweise der Europäischen Union (Art. 17 AEUV) nie gegeben.[14] Schon zur Zeit des europäischen Verfassungskonvents hatten die Kirchen stets im Blick, dass sie zur Wahrnehmung ihres Öffentlichkeitsauftrags institutioneller Bedingungen bedürfen. Sie waren deshalb sehr daran interessiert, dass gewachsene und bewährte Strukturen des Staatskirchenrechts erhalten bleiben und auf europäischer Ebene Strukturen entstehen, die das kirchliche Wirken ermöglichen und fördern. Die bisherigen Erfahrungen mit dem Kirchenartikel zeigen, dass es gelungen ist, eine solche Struktur zu schaffen, auch wenn gewisse Herausforderungen bestehen bleiben. Festzuhalten bleibt aber auch:

Ohne den politischen Willen der EU-Mitgliedstaaten hätte es den Kirchenartikel nicht geben können. Die EU hat sich in ihren Verträgen eben nicht für das französische Modell der *laicité* entschieden und das Religiöse aus dem Öffentlichen Raum verbannt, sondern will bewusst ansprechbar sein auf den „besonderen Beitrag" der Kirchen und Religionen, wie er in dem „Kirchenartikel" charakterisiert wird. Darin manifestiert sich auch der gewünschte Wandel der EU von einer Wirtschaftsgemeinschaft hin zu einer Wertegemeinschaft.[15]

Zwar standen auch vor Inkrafttreten des Vertrags von Lissabon Kirchenvertreter und Vertreter des Europäischen Parlaments oder der Europäischen Kommission bereits in einem regen Austausch, aber nun hat der Dialog eine neue Verbindlichkeit und einen anderen Stellenwert. Es ist Rechtssicherheit geschaffen worden, indem die Norm des Reformvertrages die Gewähr bietet, an diese gute Tradition anzuknüpfen, und dazu ansporns, in der Praxis nicht dahinter zurückzufallen. Der Kirchenartikel sendet außerdem das wichtige politische Signal, dass dieser Dialog auch künftig politisch gewollt und seine Spezifität, etwa in Abgrenzung zum Dialog mit der Zivilgesellschaft, nach Art. 11 EUV auch rechtlich anerkannt ist. So betonte der Präsident des Europäischen Rates, Herrman van Rompuy, 2011 anlässlich des Treffens der europäischen Religionsführer, dass der Dialog mit den Kirchen und Religionsgemeinschaften nicht nur eine rechtliche Verpflichtung der EU, sondern den Verantwortlichen auch ein politisches Anliegen sei. Wichtig ist nun zum einen den Dialog, insbesondere mit der europäischen Spitzenebene, nachhaltiger und gehaltvoller zu gestalten und auch unter der Führung von Kommissionspräsident Jean-Claude Juncker weiterzuentwickeln. Zum anderen muss Art. 17 III i.V.m. Absatz 1 interpretiert werden. Das bedeutet, dass sich der Dialog selbstverständlich auch auf den Austausch über kircheneigene Interessen erstreckt und als Teil des guten Regierens eine spezifische Konsultation der Kirchen und Religionsgemeinschaften als Betroffene umfassen muss.[16]

Der Dialog existiert in drei Spielarten. Zum einen auf der Spitzenebene: In diesem Jahr fand zum 10. Mal das Treffen europäischer Religionsführer in Brüssel statt, das 2005 von Kommissionspräsident Barroso ins Leben gerufen worden ist. Es versammelt jedes Jahr rund zwanzig christliche, jüdische und muslimische Spitzenvertreter. Im diesem Jahr stand das Thema „Die Zukunft der Europäischen Union“ im Mittelpunkt. Neben dem Präsidenten der Europäischen Kommission, José Manuel Barroso, und dem Präsidenten des Europäischen Rates, Herrmann van Rompuy, nehmen regelmäßig weitere Kommissare an dem Austausch teil. Der Präsident des Europäischen Parlaments, Martin Schulz, ließ sich in der Vergangenheit regelmäßig vom Vize-Präsidenten Lázlo Surján vertreten. Erstmals wurde in diesem Jahr eine gemeinsame Erklärung der Präsidenten und der Religionsvertreter zum Schutz der Religionsfreiheit und zur unverzüglichen Freilassung der sudanesischen Christin Mariam Jahia Ibrahim Ishak verabschiedet. Sie wurde im Sudan wegen der Abkehr vom Islam zum Tode und wegen ihrer Ehe mit einem Christen zu 100 Peitschenhieben verurteilt und war inhaftiert.

Die jährlichen hochrangigen Dialogtreffen senden ein deutliches Signal der Geschlossenheit in wichtigen gesellschaftspolitischen Fragen an die Öffentlichkeit und haben sich als anregende Austauschplattform bewährt. Die Vor- und Nachbereitung der Treffen könnte sicherlich noch intensiver und nachhaltiger sein. Es ist nun an Kommissionspräsident Juncker, diese Dialogebene weiterzupflegen, und es ist zu hoffen, dass er sich dieser Aufgabe stellen wird.

Daneben finden zwei Mal jährlich sogenannte Dialogseminare auf der Ebene der KEK und der COMECE gemeinsam mit dem Büro der Europäischen Politikberater (früher: BEPA, heute: EPSC, European Political Strategy Centre; ein Beratungsgremium des Kommissionspräsidenten) statt. Im Mittelpunkt standen in der Vergangenheit Themen wie der Schutz der Religionsfreiheit, die europäische Dimension der Europäischen Marktwirtschaft oder die europäische Klimapolitik. Bereits unter dem Parlamentspräsidenten Jerzy Buzek hat sich daneben eine jährliche Dialogveranstaltung mit Kirchen und Religionsvertretern im Europäischen Parlament etabliert, die in der ersten Amtszeit von Präsident Schulz weitergeführt wurde; allerdings erweitert um die Weltanschauungsgemeinschaften. Letzteres hatte 2013 zur Folge, dass zu dem Treffen überproportional viele Humanisten und Vertreter kleinerer Glaubensgemeinschaften und kaum Kirchenvertreter eingeladen waren, was einen – bislang unbeantworteten – Protestbrief der Kirchenvertreter zur Folge hatte.

Schließlich gibt es zu dem gesamten Themenspektrum kirchlicher Arbeit den direkten Kontakt mit der Arbeitsebene. Hier erweisen sich sowohl die Europäische Kommission als auch das Europäische Parlament immer als sehr offen und gesprächsbereit. Auf der Ratsebene sind die Zugänge allerdings einfacher über die Hauptstädte als über die Brüsseler Ratsformationen möglich. Es war insbesondere der EKD immer ein wichtiges Anliegen, möglichst viele Zugangsmöglichkeiten für den Dialog zu bewahren und sich nicht nur durch zu formalisierte Strukturen auf einen bestimmten Ansprechpartner in der jeweiligen Institution festlegen zu lassen.

Kirchliche „Advocacy" im Bereich der Asyl- und Migrationspolitik

Ein Dialog darf kein Selbstzweck sein. Ist er Teil des öffentlichen Diskurses, muss seine Relevanz über die Interessen der Beteiligten hinaus gehen. Der Dialog zwischen der EU und den Kirchen löst diese Forderungen ein. Als Beispiel sei hier der kirchliche Beitrag im Ringen um ein gerechtes und menschenfreundliches System für Migration, Flucht und Asyl exemplarisch dargestellt.

In diesem Jahr läuft das Stockholmer Programm aus, das die Agenda der EU im Bereich Innenpolitik von 2009 bis 2014 bestimmt hat. 2013 wurde in diesem Rahmen nach langen, schwierigen Debatten das Gemeinsame Europäische Asylsystem (GEAS) geschaffen. Doch trotz des Erreichten weichen Schutzstandards, Aufnahmebedingungen und die Qualität von Asylverfahren in den 28 EU-Mitgliedstaaten immer noch zu sehr voneinander ab. Weitere Veränderungen erscheinen deshalb geboten und zahlreiche landeskirchliche Synoden, die EKD-Synode sowie kirchliche Gremien arbeiten daran, die Notwendigkeit dieser Veränderungen aufzuzeigen.

Anstatt wie in der Vergangenheit ein weiteres Fünf-Jahres-Programm für das Feld der Justiz- und Innenpolitik mit detaillierten Aktionsplänen aufzulegen, vereinbarten die Staats- und Regierungschefs, strategische Leitlinien zu verabschieden. Im Vorfeld dazu veröffentlichte die Europäische Kommission am 11. März 2014 eine Mitteilung mit Vorschlägen zur Zukunft der EU-Innenpolitik.[17] Zuvor hatte sie hierzu eine öffentliche Konsultation durchgeführt, an der sich auch das EKD-Büro Brüssel beteiligt hatte. In seinem Beitrag[18] zur öffentlichen Konsultation zur Zukunft der EU-Innenpolitik sprach sich das EKD-Büro für eine stringente Umsetzung der bestehenden Rechtsinstrumente des GEAS aus, betonte aber gleichzeitig, dass die Umsetzung des Erreichten allein nicht ausreichen könne.

Das unfassbare Drama vor der Mittelmeerinsel Lampedusa im Herbst 2013 hat erneut verdeutlicht, wie wichtig eine Reform der europäischen Asyl- und Einwanderungspolitik ist. Menschenrechte und Menschenwürde müssten dabei die Richtschnur sein. Das Dublin-System sollte reformiert werden und für mehr Solidarität unter den Mitgliedstaaten und eine gerechte Teilung der Verantwortung sorgen. Eine mögliche Alternative zum bestehenden System könnte dabei die freie Entscheidung der Asylsuchenden für ein Aufnahmeland mit entsprechender finanzieller Kompensation unter den Mitgliedstaaten sein. Um zu verhindern, dass Menschen sich kriminellen Schleppern anvertrauen und auf gefährlichen illegalen Wegen in die EU einreisen, sprach sich das Büro dafür aus, kreativ zu sein und alle denkbaren Optionen für geschützte Einreiseverfahren und Visaerleichterungen für Flüchtlinge zu prüfen. Dazu zählen auch bereits bestehende Instrumente, wie z.B. das europäische Neuansiedlungsprogramm. Die EU bräuchte darüber hinaus dringend ein einheitliches und zukunftsfähiges Einwanderungssystem, das verbesserte Zugänge für Arbeitsmigranten bietet. Beim Grenzmanagement und im Rahmen von Frontex-Einsätzen müssen der Schutz von Menschenleben und die Achtung der Menschenrechte absoluten Vorrang haben.

Auf dem 14. Berliner Symposium zum Flüchtlingsschutz am 30. Juni und 1. Juli 2014 unter der Überschrift „Flüchtlingsschutz in Deutschland und Europa" gab es neben Expertenworkshops eine Podiumsdiskussion zu dem Thema „Antworten auf die Krise der Europäischen Flüchtlingspolitik" mit Vertreterinnen und Vertretern aus der Wissenschaft, vom Europäischen Flüchtlingsrat, der EU-Kommission und dem Bundesinnenministerium. Dabei waren u.a. die strategischen Leitlinien zur Zukunft der Justiz- und Innenpolitik Gesprächsgegenstand, die am 27. Juni 2014 vom Europäischen Rat verabschiedet worden waren.[19] Der Europäische Rat legt, wie auch schon die Kommission in ihrer Mitteilung vom März 2014, den

Schwerpunkt auf die einheitliche Umsetzung, wirksame Anwendung und Konsolidierung der vorhandenen Rechtsinstrumente und politischen Maßnahmen. Die vollständige Umsetzung und wirksame Anwendung des GEAS hat absolute Priorität. Ziel sollen gleiche Rahmenbedingungen für Schutzsuchende in der Union sein, wobei das Europäische Asylunterstützungsbüro eine wichtige Rolle spielen soll. Auf der Grundlage gegenseitigen Vertrauens sei es denn auch möglich, „die nächsten Schritte“ einzuleiten, wobei unklar bleibt, worin diese bestehen könnten. Die Staats- und Regierungschefs sehen die Antwort auf viele der Herausforderungen in diesem Politikbereich in der besseren Zusammenarbeit mit Herkunft- und Transitstaaten. Migration müsse stärker als bisher Bestandteil der Außen- und Entwicklungspolitik werden. Durch den Ausbau der Kapazitäten von Drittstaaten zur Migrationssteuerung und zum Grenzmanagement soll erreicht werden, dass sich Flüchtlinge und Migranten von dort aus gar nicht erst auf die Reise nach Europa machen. Dem gleichen Ziel soll die von den Staats- und Regierungschefs befürwortete Stärkung regionaler Schutzprogramme in der Nähe der Herkunftsregionen dienen, in enger Zusammenarbeit mit dem Hohen Flüchtlingskommissar der Vereinten Nationen (UNHCR).

Irreguläre Migration soll energisch bekämpft werden. Zum einen durch eine Verstärkung des Grenzschutzes, insbesondere durch den Ausbau der operativen Unterstützung von Mitgliedstaaten an den Außengrenzen durch Frontex, zum anderen durch die Bekämpfung der Schleuserkriminalität und des Menschenhandels. Die Staats- und Regierungschefs fordern die EU-Institutionen in diesem Zusammenhang auch zur Prüfung der Einrichtung eines europäischen Systems von Grenzschutzbeamten auf. In den Leitlinien werden erfreulicherweise die Vorteile legaler Migration betont und die Anwerbung von Fachkräften und Talenten befürwortet. Hierfür sollen die Möglichkeiten der Arbeitsmigration ausgebaut werden. Legale Zugangsmöglichkeiten für Flüchtlinge, wie etwa humanitäre Visa oder geschützte Einreiseverfahren, werden hingegen nicht direkt erwähnt; ebenso wenig der Punkt der gegenseitigen Anerkennung von Asylentscheidungen, der ursprünglich auf Druck der italienischen Ratspräsidentschaft aufgenommen werden sollte. Die Staats- und Regierungschefs rufen jedoch im Sinne der Kirchen zur Verstärkung des europäischen Beitrags zu Neuansiedlungsprogrammen auf. In Bezug auf die EU-Binnenmigration betont der Europäische Rat, dass diese grundlegende Freiheit der EU nicht infrage gestellt werden dürfe, wobei Missbrauch und Betrug jedoch ein Riegel vorgeschoben werden müsse.

Das Echo aus Zivilgesellschaft und Kirchen auf die Veröffentlichung war überwiegend kritisch. Diese sei sehr vage und wenig aussagekräftig. Insbesondere der zu starke Fokus auf die Kooperation mit Drittstaaten wurde bemängelt. Die EU darf ihre Verantwortung für Schutzsuchende nicht externalisieren und auf Drittstaaten abschieben. Kritisiert wird ebenso, dass die zahlreichen Probleme des Dublin-Systems nicht explizit erwähnt werden und eine gerechtere Verteilung der Verantwortung für Asylsuchende unter den Mitgliedstaaten nicht mit konkreten Maßnahmen angegangen wird. Stattdessen heißt es: „Angesichts von Herausforderungen wie der Instabilität in vielen Teilen der Welt und wegen demografischer Entwicklungen braucht die EU eine wirksame und gut gesteuerte Migrations-, Asyl- und Grenzpolitik, die sich auf die Vertragsgrundsätze der Solidarität und der gerechten Aufteilung der Verantwortlichkeiten [...] stützt."

Die Unbestimmtheit der Leitlinien mit wenigen konkreten Arbeitsaufträgen birgt die Gefahr eines Stillstands in der Asyl- und Migrationspolitik, bietet andererseits der Europäischen Kommission jedoch auch gewisse Freiräume und wurde dementsprechend von der Arbeitsebene begrüßt. Im Rahmen der Umsetzung sollte sich die Zivilgesellschaft dafür einsetzen, dass diese Freiräume auch für neue Gesetzesinitiativen genutzt werden. Hier wird es auch stark von dem neuen Innenkommissar abhängen, inwieweit politische Spielräume gestaltet werden. Nichtregierungsorganisationen und kirchliche Organisationen haben immer wieder deutlich gemacht, dass die einheitliche Umsetzung des bestehenden Asylbesitzstands zwar tatsächlich von großer Bedeutung ist, die Asyl- und Migrationspolitik hier jedoch nicht stehen bleiben darf. Es gibt weiterhin dringenden Reformbedarf und Schutzlücken, die geschlossen werden müssen. Dazu kommt, dass die finanzielle Zukunft der Seenotrettungsaktion „Mare Nostrum" der italienischen Marine unklar ist und vermehrt Fälle auftreten, in denen sich Menschen mit Schutzstatus schutzlos wiederfinden. Für diese Fälle fehlt es bislang an einer europarechtlichen Regelung. In der neuen Legislaturperiode ist es deshalb ein kirchliches Anliegen, mit den politisch Verantwortlichen in Brüssel und Berlin ins Gespräch zu kommen, um gemeinsam nach Lösungen zu suchen.

„Tun wir alles, was wir tun könnten?", fragte Bundespräsident Joachim Gauck anlässlich seines Vortrags beim Berliner Symposium zum Flüchtlingsschutz am 30. Juni 2014. Nachdem er einige Ausführungen zu der deutschen Asylstatistik und zur Lage von syrischen Flüchtlingen gemacht hatte, bemerkte er: „Eine Antwort liegt – nach den genannten Zahlen – nahe: Wir, das heißt Deutschland und auch Europa, tun viel. Aber nicht so viel, wie es selbst manchmal scheint." Angesichts des Zuwachses an Entscheidungshoheit auf EU-Ebene, aber auch angesichts der Größe der zu bewältigenden Aufgaben bleibt es eine relevante Aufgabe der Kirchen, das politische Handeln der EU und die europäische Gesetzgebung kritisch zu begleiten und zu kommentieren. Und sei es nur, um – wie der Bundespräsident anmerkt –, die Perspektive immer wieder geradezurücken.

Anmerkungen

1 Vgl. Kirchenamt der EKD (ed.), Aufgaben und Grenzen kirchlicher Äußerungen zu gesellschaftlichen Fragen: eine Denkschrift der Kammer für soziale Ordnung der Evangelischen Kirche in Deutschland, Gütersloh 1970 („Denkschriften-Denkschrift"), Ziff. 10.

2 Vgl. Katrin Hatzinger / Patrick Roger Schnabel, Religions and the European Union: A partnership in the making, in: Derecho y Religión IV (2009), S. 45–58.

3 Vgl. Katrin Hatzinger, Das deutsche Staatskirchenrecht in europäischer Perspektive: Auf dem Weg zu einem europäischen Religionsrecht? In: Deutsches Pfarrerblatt – Heft: 2/2010.

4 Vgl. zum Ganzen: Patrick Roger Schnabel, Der Dialog nach Art. 17 III AEUV, Tübingen 2014.

5 Vgl. Katrin Hatzinger, Kirche und Religion im europäischen Integrationsprozess, in: Stefan Kadelbach / Parinas Parhisi (Hg.), Die Freiheit der Religion im europäischen Verfassungsrecht, Schriften zur Europäischen Integration und Internationalen Wirtschaftsordnung, Bd. 9 (Baden-Baden 2007), S. 163.

6 „ Für eine gemeinsame Zukunft in einem geeinten Europa", Ein Wort der EKD zur Stärkung des Europäischen Zusammenhalts, Oktober 2012, S. 9.

7 Vgl. Robbers Gerhard, Rechtsbeziehungen zwischen Staat und Religionsgemeinschaften in Europa, in: Win Burton / Michael H. Weninger (Hg.), Rechtliche Aspekte der Beziehungen zwischen der künftigen Europäischen Union und den Glaubens- und Überzeugungsgemeinschaften. Die Rolle dieser

Gemeinschaften und die Zusammenarbeit für eine gemeinsame europäische Zukunft. Tagungsbericht über das Symposion vom 12./13.11.2001, GOPA Working Paper 2002, S. 18.

8 Weitere Informationen unter: www.ekd.eu.

9 Vgl. Joachim Gärtner, Der Bevollmächtigte des Rates der EKD bei der Bundesrepublik Deutschland und der europäischen Gemeinschaft, in: Axel Frhr. von Campenhausen et al. (Hg.), LKStKR, Bd. I, S. 404–406.

10 Siehe auch Patrick Roger Schnabel / Katrin Hatzinger, Der Dialog zwischen den Kirchen und der Europäischen Union nach Art. 17 III AEUV, in: Wilhelm Rees / MariaRoca / Balazs Schanda, Neue Entwicklungen im Religionsrecht europäischer Staaten, Berlin 2013, S. 653 ff.

11 http://www.ekd.de/bevollmaechtigter/bruessel/newsletter/europa_newsletter.html.

12 http://www.ekd.de/bevollmaechtigter/bruessel/newsletter/anmeldung.php.

13 Vgl. ausführlich: Patrick Roger Schnabel, Geschichte und Strukturen christlicher Vertretungen bei der Europäischen Union, in: öarr 2/2007 (54. Jhg.), S. 222–290.

14 Vgl. Patrick Roger Schnabel, Die Entstehung eines „europäischen Religionsrechts“ – Kirchliche Interessen und kirchlicher Beitrag, in: ZRG Kan. Abt. 97 (2011), S. 440–471.

15 Vgl. Patrick Roger Schnabel, Der Dialog nach Art. 17 III AEUV, Tübingen 2014, S. 282 ff.

16 Ebd., S. 275.

17 Communication from the Commission to the European Parliament, the Council, the European Economic and Social Committee and the Committee of the Regions, „An open and secure Europe: making it happen–, COM(2014) 63 final, 11. März 2014: http://ec.europa.eu/dgs/home-affairs/e-library/documents/basic-documents/docs/an_open_and_secure_europe_-_making_it_happen_en.pdf.

18 Der Bevollmächtigte des Rates der EKD, Dienststelle Brüssel, „Contribution to the consultation on the future of Home Affairs policies: An open and safe Europe – what next?–, 17. Januar 2014: http://ec.europa.eu/dgs/home-affairs/what-is-new/public-consultation/2013/pdf/0027/organisations/evangalischekirschede_en.pdf.

19 http://www.consilium.europa.eu/uedocs/cms_data/docs/pressdata/de/ec/143498.pdf.

Martin Vogel

Die politischen Auseinandersetzungen der EKBO

Das Grundgesetz bietet nicht nur den Kirchen, sondern allen Religions- und Weltanschauungsgemeinschaften einen hervorragenden Rechtsrahmen. Deutschland befindet sich in „guter Verfassung". Doch ganz offensichtlich braucht es eine Imagekampagne für das Grundgesetz, damit die großen Stärken unserer Verfassung den Bürgern deutlicher vor Augen stehen. Anhand von vier Beispielen möchte ich beschreiben, welche starke Orientierungskraft vom Grundgesetz ausgeht. Die Beispiele sollen zugleich zeigen, wie die evangelische Kirche dazu beiträgt, dass unser Land auch zukünftig „in guter Verfassung" bleibt.

Endlich Zeit zum Nachdenken

Im Zuge der Föderalismusreform wurde die Kompetenz zur Regelung der Ladenöffnungszeiten im Jahr 2006 vom Bund auf die Länder übertragen. Das Land Berlin gestattete dem Einzelhandel fortan per Gesetz, die Geschäfte an zehn Sonn- und Feiertagen zu öffnen, darunter auch an allen vier Adventssonntagen. In Baden-Württemberg gibt es seitdem an drei Sonn- und Feiertagen offene Läden, und in Brandenburg entschied man sich für maximal sechs verkaufsoffene Sonn- und Feiertage.

Die Evangelische Landeskirche und das Erzbistum legten gegen diese Berliner Regelung erfolgreich Verfassungsbeschwerde ein. Das Bundesverfassungsgericht bestätigte mit seinem Urteil vom 1. Dezember 2009 den besonderen verfassungsrechtlichen Schutz des Sonntags. „Gesetzliche Schutzkonzepte müssen erkennbar die Sonn- und Feiertage als Tage der Arbeitsruhe zur Regel erheben", sagte Gerichtspräsident Hans-Jürgen Papier bei der Urteilsverkündung. „Ein bloß wirtschaftliches Umsatzinteresse der Verkaufsstelleninhaber und ein alltägliches Erwerbsinteresse potenzieller Käufer genügen grundsätzlich nicht, um die Verkaufsstellenöffnung an diesen Tagen ausnahmsweise zu rechtfertigen." Die Freigabe aller vier Adventssonntage verletze die Religionsfreiheit und sei daher nicht mit dem Grundgesetz vereinbar. Berlin musste sein Ladenöffnungsgesetz überarbeiten.

Die Sorgen des Einzelhandels, dass die Intervention der Kirchen den wirtschaftlichen Erfolg der Einzelhändler gefährden würde, mag man angesichts der statistischen Daten mehr als bezweifeln. Auch die mehrfach geäußerte Angst, dass Touristen wegen der geschlossenen Geschäfte Berlin als Reiseziel meiden könnten, hat sich nicht bestätigt. Das belegen die Steigerungsraten der letzten Jahre bei den Übernachtungszahlen für Berlin.

Das Urteil des Bundesverfassungsgerichts hat den Schutz des Sonntags gestärkt und damit die christlich geprägte Feiertagskultur in unserem Land bestätigt.

In der Hamburger Wochenzeitung „Die Zeit" vom 11. Juli 2013 hieß es, die *Pet Shop Boys* würden für Sonntage in Berlin schwärmen. Der Sänger des erfolgreichen Popduos, Neil Tennant, sagte: „Außerdem habt ihr Deutschen so einen rührenden Hang zum Traditionellen, ihr sperrt noch immer am Sonntag die Läden zu!" Er liebe „Sonntage, wo alles geschlossen ist", betonte der Musiker. „Endlich Zeit zum Nachdenken! Ich wünschte, in London wäre es genauso." Der Zeitung zufolge hat das Popduo neuerdings einen Zweitwohnsitz in Berlin.

Enterhaken und Kirchensteuern

Am 18. September 2011 errangen die Piraten bei den Wahlen zum Berliner Abgeordnetenhaus einen beachtlichen Erfolg und zogen erstmals in ein Landesparlament ein. Das anfängliche Wohlwollen gegenüber den Newcomern im politischen Geschäft hielt allerdings nicht allzu lang an.

Im Mai 2012 forderte die Piratenfraktion unter dem Titel „Trennung von Staat und Kirche" die Abschaffung der Kirchensteuer. Der Antrag der Piraten fand im Abgeordnetenhaus keine Mehrheit. Bei einem Gespräch mit zwei Piraten stellte sich heraus: Sie wussten weder, dass es einen Kirchenvertrag zwischen dem Land Berlin und der Evangelischen Kirche Berlin-Brandenburg-schlesische Oberlausitz (EKBO) gibt, noch, dass die Kirchen für die staatliche Dienstleistung des Einzugs 2,5 Prozent des Kirchensteueraufkommens als Entgelt an das Land Berlin bezahlen. Diese Regelung ist für beide Seiten vorteilhaft. Das Land Berlin erhält für die von ihm angebotene Dienstleistung einen Betrag, der für den Staat mehr als kostendeckend sein dürfte. Die EKBO wie auch die anderen Religionsgemeinschaften profitieren ihrerseits von der Verwaltung der Kirchensteuern durch die staatlichen Finanzämter. Für die Religionsgemeinschaften wäre es finanziell aufwendiger, eigene Kirchensteuerämter aufzubauen.

Der Staat muss sich den Religions- und Weltanschauungsgemeinschaften gegenüber neutral verhalten. Doch das Grundgesetz geht nicht von einer chemisch reinen Trennung zwischen Staat und Kirche aus, sondern von einer fördernden Neutralität.

Diese fördernde Neutralität versucht der Staat nicht nur den Kirchen zuteil werden zu lassen, sondern auch anderen, insbesondere islamischen und jüdischen Religionsgemeinschaften. Der Staat fördert hierdurch die Religionsfreiheit des einzelnen Bürgers. Das Neutralitätsverständnis der Piratenpartei verkürzt dieses Neutralitätsverständnis, indem es die grundgesetzlich gebotene und gesellschaftlich wichtige Förderung der Religionsausübung durch den Staat abschneidet.

Orientierungswissen

Stellen Sie sich vor, bei einer Sendung von „Wer wird Millionär?" muss ein Kandidat die letzte Frage beantworten, um die eine Million wirklich zu gewinnen. Die Frage lautet: „Welches Unterrichtsfach wird als einziges explizit im Grundgesetz erwähnt? Deutsch, Geschichte, Religion oder Sport?" Wie hoch ist die Wahrscheinlichkeit, dass er die richtige Antwort gibt?

Die Erfahrungen des letzten Weltkrieges haben die Mütter und Väter des Grundgesetzes dazu veranlasst, das Recht auf Religionsunterricht in den Grundrechtskatalog des Grundgesetzes zu schreiben. Die Bedeutung dieses Rechts ergibt sich aus der Stellung in unserer

Verfassung: In Artikel 7 garantiert das Grundgesetz das Recht der Eltern, über die Teilnahme der Kinder am Religionsunterricht zu bestimmen. Da dieses Grundrecht ins Leere liefe, wenn es keinen Religionsunterricht gäbe, bestimmt Art. 7 Abs. 3 des Grundgesetzes, dass Religion an den öffentlichen Schulen ordentliches Lehrfach ist.

Anders als in fast allen anderen Bundesländern ist Religion in der Bundeshauptstadt kein ordentliches Unterrichtsfach. Grund dafür ist die „Bremer Klausel" (Grundgesetz, Artikel 141). Diese Bestimmung sollte den überkonfessionellen Bibelunterricht im Land Bremen schützen. Aufgrund eines juristischen Spezialfalls nimmt das Land Berlin diese Klausel für sich in Anspruch und setzt den im Grundgesetz in Artikel 7, Absatz 3 fixierten Rechtsgrundsatz „Religionsunterricht ist ordentliches Lehrfach" für seine Schulen außer Kraft.

Das Berliner Abgeordnetenhaus führte im Jahr 2006 Ethik als ein einheitliches staatliches Pflichtfach an den Berliner Oberschulen ein. Eine Abmeldungsmöglichkeit für Schüler, die den Religionsunterricht besuchen, ist nicht vorgesehen.

Die Bürgerinitiative „Pro Reli e.V." machte sich für einen Wahlpflichtbereich Ethik/Religion stark. Religions- und Ethikunterricht sollten an allen öffentlichen Schulen Berlins ordentliche Lehrfächer werden. Alle Schülerinnen und Schüler der allgemeinbildenden Schulen – so die Idee – hätten dann die Wahlfreiheit und würden entweder am Religions- oder am Ethikunterricht teilnehmen. Kooperationen zwischen den Fächern wurden ausdrücklich als erwünscht beschrieben.

Die evangelische Kirche unterstützte diese Initiative inhaltlich, finanziell und personell. Weil der rot-rote Senat keinen Grund für die Änderung des Schulgesetzes sah, initiierte „Pro Reli" ein Volksbegehren, das am 21. Januar 2009 erfolgreich abgehalten wurde. Ziel war es, die Wahlfreiheit im Gesetz zu verankern. Im sich anschließenden Volksentscheid vom 26. April 2009 stimmten 51,4 Prozent gegen die Gesetzesänderung, 48,4 Prozent befürworteten sie. Damit wurde die von Pro Reli angestrebte Gesetzesänderung abgelehnt.

In der Auswertung des kirchlichen Engagements bei „Pro Reli" wurde klar, dass es für eine Kirche mit der ihr eigenen Verfasstheit mehr als schwierig ist, sich innerhalb der äußerst polaren und angespannten Situation des Volksentscheids angemessen zu verhalten. Zurück bleibt die Wahrnehmung, dass ein Wahlpflichtbereich Ethik/Religion für die multireligiöse Berliner Situation viele Vorteile mit sich bringen würde. Die öffentlichen Diskurse der letzten Jahre belegen eindringlich, dass Bildung ohne religiöse Kenntnisse defizitär bleibt, während Religion ohne reflektierende Bildungsanstrengungen als gefährlich eingestuft werden muss.

Öffentliche Schulen in freier Trägerschaft

Die aus den Brandenburger Landtagswahlen im Herbst 2009 hervorgegangene rot-rote Regierung brachte im Sommer 2011 massive Kürzungen im Bereich der Refinanzierung öffentlicher Schulen in freier Trägerschaft auf den Weg. Der für das Finanzressort zuständige Minister Helmuth Markov begründete die Notwendigkeit der geplanten Kürzungen damit, dass die finanzielle Lage des Landes Brandenburg entschiedene Maßnahmen zur Haushaltskonsolidierung erfordere.

Im Zuge der Identifizierung von Einsparpotenzialen waren die freien Schulen ins Visier der Politik geraten. Sowohl der inhaltliche Ansatz als auch die dürftige Kommunikation mit den unmittelbar Betroffenen führten zu einem Proteststurm, der sich unter anderem in der bis dahin größten Demonstration in der zwei Jahrzehnte währenden Geschichte des Bundeslands Brandenburg äußerte.

Wenn Eltern ihre Kinder an einer Schule in freier Trägerschaft anmelden, machen sie von einem grundgesetzlich verbrieften Recht auf Schulwahlfreiheit Gebrauch. Bei der Gründung der Bundesrepublik Deutschland setzten unsere Vorfahren mit der Schulgründungsfreiheit bewusst auf bürgerschaftliches Engagement, auf Vielfalt, Freiheit und die Mündigkeit der Bürgerinnen und Bürger und nicht auf ein Bildungsmonopol des Staates.

Die Brandenburger Schulen in evangelischer Trägerschaft sind durch Gemeinde- und Elterninitiativen oder Hilfen für Menschen in Notlagen entstanden. Eltern nehmen ihre Verantwortung für die Bildung der Kinder wahr und kirchliche Werke für ihren Sozialraum. Die Hürden, die von Gründungsinitiativen Freier Schulen in den ersten Jahren überwunden werden müssen, sind enorm und erfordern einen hohen Einsatz von Kraft, Kreativität, Geduld und erheblichen finanziellen Mitteln, die oft in die Hunderttausende gehen. Auf diese Weise entlasten sie ganz nebenbei auch den Landeshaushalt und die Kommunen. Die Würdigung und der Respekt gegenüber solchen Initiativen als Ausdruck bürgerschaftlicher Verantwortungsübernahme wäre Wertschätzung von Menschen, deren Einsatz vielen anderen zugute kommt.

Für diejenigen Eltern, die ihre Kinder an einer Schule in freier Trägerschaft anmelden oder sich etwa für die Gründung einer evangelischen Schule einsetzen, hatte dies im Osten Deutschlands in ihrer eigenen Biografie verortete Gründe. Zahlreiche Eltern werteten die Bildungschancen ihrer Kinder als unmittelbare Frucht der Friedlichen Revolution und damit als zentrale Errungenschaft der mutigen Proteste vom Herbst 1989.

Der sehr hohe Anteil an Schülern mit sonderpädagogischem Förderbedarf an den Schulen in freier Trägerschaft hängt zusammen mit der historisch bedingten Verantwortungsübernahme vor allem kirchlicher und diakonischer Werke nach 1989 für Kinder und Jugendliche, die vor 1989 von Staats wegen als schulbildungsunfähig diskriminiert wurden. Die evangelisch geprägte Hoffbauer-Stiftung und die Evangelische Schulstiftung nehmen diese ihnen zugewachsene Bildungsverantwortung in verantwortlicher Weise wahr.

Unter Berücksichtigung dieser Besonderheiten werden die Brandenburger Zahlen plausibel. Etwa 9,4 Prozent der Schülerinnen und Schüler besuchen eine Schule in freier Trägerschaft. Diese Quote liegt über den Prozentzahlen von Nordrhein-Westfalen oder Rheinland-Pfalz.

Bei der Bewertung des Entstehens öffentlicher Schulen in freier Trägerschaft gingen die Einschätzungen stark auseinander. Untergründig wurde im Zuge dieser Bildungsdebatte eine heftige Diskussion über das Verhältnis von Staat und Gesellschaft geführt. Während die einen die Schule eigentlich als einen Ort der staatlichen Verantwortung für die Bildung ansehen, wehren sich andere gegen diese Form der staatlichen Dominanz und kämpfen unter Berufung auf die im Grundgesetz verankerten Rahmenbedingungen für Wahlfreiheit, für Vielfalt und damit für die Abbildung der gesellschaftlichen Pluralität in der Schule, die sie als Teil ebendieser Gesellschaft ansehen.

Im Zuge der parlamentarischen Anhörungen prallten die unterschiedlichen Auffassungen heftig und unversöhnlich aufeinander. Hinterfragt wurde dabei auch, ob das vom Land ausgegebene Einsparziel auf diesem Wege wirklich erreicht werden könne. Fachleute sprachen davon, dass der Gesetzentwurf der rot-roten Regierung lediglich auf dem Papier eine Einsparung bewirken werde. Wenn ein Land nachhaltig sparen wolle, müsste es schon aus rein finanziellen Gründen Freie Schulen fördern, weil diese kostengünstiger seien.

Doch gegen die Regierungsmehrheit halfen weder die Demonstrationen noch das Bildungscamp vor dem Landtag. Weder die Gespräche zwischen Landesregierung und Kirchenleitung noch die Interventionen der Arbeitsgemeinschaft von Schulen in freier Trägerschaft erzeugten ein Umdenken. Die Kürzungen wurden Gesetz.

Parallel zum Kürzungsbeschluss veröffentlichte die Robert-Bosch-Stiftung am 14. Dezember 2011 die Liste der für den Deutschen Schulpreis 2012 bundesweit nominierten 20 Schulen. Aus Brandenburg befand sich unter den ausgewählten Schulen ausschließlich die Evangelische Schule Neuruppin! Als öffentliche Schule in freier Trägerschaft konnte sie sich gegen die Mitkonkurrenten durchsetzen und gewann schließlich den Deutschen Schulpreis 2012.

In der Begründung hieß es: „Das Gymnasium der Evangelischen Schule Neuruppin wurde 1993 nach der Wende von einer Elterninitiative gegründet, 2004 kam die Grundschule dazu, 2009 die Oberschule. Auch zu diesen Schulerweiterungen gaben Eltern den Anstoß. Heute besuchen 982 Mädchen und Jungen aus allen gesellschaftlichen Gruppen die Hauptpreisträgerschule. ‚Dieses Gymnasium ist in allen Qualitätsbereichen exzellent', lobt die Jury. Neben dem hohen Niveau des Unterrichts beeindruckte die Jury das Schulklima: ‚Die Schüler werden im täglichen Schulbetrieb für ethisch-soziale Fragen sensibilisiert und lernen früh Verantwortung zu tragen. Gymnasiasten unterrichten Grundschüler, Schüler der Mittel- und Oberstufe kümmern sich gemeinsam um das Management des Schulcafés.'"

Das Argument, an den Freien Schulen würden nur die „Schönen, Starken und Reichen" unterrichtet, ist falsch. Viele Schüler der Evangelischen Schule Neuruppin leben in Familien, deren Jahreseinkommen sich derart gestaltet, dass diese Kinder eine Schulgeldbefreiung erhalten.

Die Oppositionsfraktionen im Brandenburger Landtag legten Normenkontrollklage gegen das beschlossene Haushaltsbegleitgesetz ein. Die Evangelische Schulstiftung und die Hoffbauer-Stiftung reichten ebenfalls eine Verfassungsbeschwerde ein. Das Landesverfassungsgericht hat die Klage der Opposition am 12. Dezember 2014 abgewiesen.

Wie viel Staat verträgt die Religion?

Andreas Goetze

Nicht überall, wo „Religion" draufsteht, ist auch Religion drin

Annäherungen an das Unvertraute: zum Verhältnis von Religion und Politik im islamischen Kontext

1. Einführung: Vielfalt wahrnehmen

Die Luft ist stickig und heiß. Eine Frau, schwarz verschleiert, hat das kleine Fenster geöffnet, doch die staubige Hitze Kairos bringt kaum Abkühlung. Es ist Freitagmittag: Wir sind als deutsche Gruppe eingeladen, beim Freitagsgebet teilzunehmen. Freundlich werden wir willkommen geheißen. Die Moschee ist überfüllt. Männer unten, Frauen oben, dicht an dicht stehen sie mit Blick in Richtung Mekka. In einer für Nicht-Muslime fast unheimlichen Geschlossenheit folgen alle dem Ruf des Imams: aufstehen, verneigen, aufstehen, niederknien, aufstehen. Die Kraft des Glaubens ist hier für jeden spürbar.

Wenige Straßen weiter, am gleichen Abend in einem Konzerthaus – eine andere Welt. Männer in modischer Kleidung. Daneben: enge Jeans, hochhackige Schuhe, dauergewellte Haare: Auch die Frauen der ägyptischen Hauptstadt haben sich schick gemacht für das Konzert des Lautespielers Anour Brahim. Unsere ägyptischen Freunde erstaunen uns: Haare, die noch am Mittag durch Schleier bedeckt waren, werden jetzt offen getragen. Stimmen, die noch vor kurzem das heilige Gebet gesprochen haben, erzählen sich jetzt Witze, lachen, sind ausgelassen. Der Islam hat in dieser Stadt viele Gesichter – er hat überhaupt viele Gesichter!

Wechselseitige Stereotypen – aber kein „Kampf der Kulturen"

In der westlichen Welt wird der Islam häufig auf eine seiner politischen Varianten reduziert: den Islamismus. Seit dem 11. September 2001 offenbar zunehmend, verbinden viele Menschen mit dem Islam vor allem jene Gruppen, die Zugriffe auf Gewalt und Terror islamisch begründen und autorisieren. Negativbilder, die mit dem Islam verbunden werden, beherrschen die Medien: Diskriminierung von Frauen, Ehrenmorde, Zwangsheiraten, harte Körperstrafen wie Steinigung und Handabhacken, al-Qaida, zuletzt die Errichtung des „Kalifatstaates" im Nordirak und Teilen von Syrien. Vielen erscheint der Islam daher irrational, fanatisch und aggressiv. Der Orient wird zum Gegenteil von Fortschritt, Rationalität, Freiheit und Demokratie.[1]

In Europa mischt sich dieser Überlegenheitsdiskurs mit alten, tiefsitzenden Ängsten vor dem Islam. Ein großer Teil der sogenannten Islamkritik hat mehr Ähnlichkeiten mit der christlichen Islampolemik des Mittelalters als mit einer sachlichen und vernunftgeleiteten Religionskritik und weist häufig deutliche Parallelen zum klassischen Antisemitismus auf.[2]

Dazu zählen auch Veröffentlichungen, die an Verschwörungstheorien anknüpfen und die Drahtzieher der „Islamisierung Europas" in Saudi-Arabien vermuten oder in der ägyptischen Muslimbruderschaft und dabei dem „Kultur-Differenz-Mythos" erliegen.[3] Diese Form des „Blockdenkens" unterstellt, der Islam sei eine quasi unveränderliche Kultur,[4] die erst im „islamischen Terror" zu sich selbst komme, und Muslime bildeten so etwas wie eine eigene Menschengattung, eine Art „homo islamicus", der die westliche Welt in ihrer Substanz gefährde.[5]

Die stereotypen Bilder vom jeweils anderen ähneln sich. Dem vielfach anzutreffenden „Feindbild Islam" im Westen entspricht ein medial vermitteltes „Feindbild Westen" in der sogenannten islamischen Welt.[6] Die Klischees von „dem Westen" sind dessen einseitig materialistische Ausrichtung, seine Doppelmoral – besonders am Nah-Ost-Konflikt festgemacht – und seine Aggressivität, wie bereits die Kreuzzüge, dann der Kolonialismus und in jüngster Geschichte der Afghanistan- und dann der Irakkrieg gezeigt hätten.[7] Verschwörungstheorien haben in der arabischen Welt Konjunktur. Die Auffassung, ein „Opfer des Westens" zu sein, wird vielfach zu einem Teil des eigenen Selbstverständnisses.[8]

Diese Andeutungen weisen auf ein Stichwort, das sich vor allem in der westlichen Diskussion eingenistet hat: Samuel P. Huntingtons

These vom „Kampf der Kulturen“[9] als Ursache zukünftiger Auseinandersetzungen und Kriege. Huntington selbst hat sich vor allem nach dem 11. September 2001 viel differenzierter geäußert und selbst dargelegt, dass seine Anfangsthese eine unsachliche und kurzsichtige Vereinfachung ist.[10] Dem ist nur zuzustimmen: Solchen Verallgemeinerungen liegt jeweils die Vorstellung zugrunde, dass Kulturen oder Religionen weitgehend abgeschlossene und homogene Einheiten seien. Und so meinte man im Gefolge von Huntington, dass sich Kulturen und Religionen und ihre Anhänger auf bestimmte Positionen und Überzeugungen festlegen ließen und dass sie sich – unabhängig vom Wandel der Zeiten – mehr oder weniger gleich deuten ließen und daher auch zu mehr oder weniger gleichen Handlungen führen würden. Die plakative Rede vom „Kampf der Kulturen“ hat sich in der politischen Diskussion als eine sehr gefährliche Falle erwiesen: Wer sein politisches Handeln nach ihr ausrichtet, führt genau den Zustand herbei, dessen Schrecken er heraufbeschwört. Inzwischen warnt Huntington selbst davor, den Kampf gegen den Terror auf dem Feld der Kultur auszutragen, zum Beispiel als Kampf Gut gegen Böse, Licht gegen Finsternis. Er hat recht. Nicht der Islam darf bekämpft werden, sondern nur die Verbrechen, die in seinem Namen verübt werden. Alles andere wird den Hass nur weiter anstacheln, Feindbilder bestätigen und die Spirale der Gewalt weiter vorantreiben. Denn die meisten Muslime in Deutschland haben kein Problem damit, ihren Glauben mit dem Grundgesetz oder dem Leben in Deutschland in Einklang zu bringen.

Mit stereotypen Vereinfachungen fördert man ein Blockdenken und spielt den Extremisten in allen (!) Kulturen und Religionen mit ihrer Weltsicht in die Hände. Die Rede vom „gerechtfertigten Kampf gegen den Terror“ und gegen die „Achse des Bösen“ (so der ehemalige US-Präsident Georg Bush jun.) unterscheidet sich strukturell nicht von dem Ziel von Al-Qaida, aus dem Krieg einer Terrororganisation gegen die zivilisierte Gesellschaft einen Kampf der Kulturen zwischen „dem Islam“ und „dem Westen“ zu machen.

Es ist eine geradezu selbstverständliche und dennoch nicht oft genug zu betonende Einsicht: Genauso wenig wie es „das“ Christentum und „die“ Christen gibt, gibt es „den“ Islam und „die“ Muslime. Die Kultur des Fremden wird jedoch eher als einheitlicher Block wahrgenommen als die eigene.

Zwei Schwerpunkte in diesem Beitrag

Zum einen möchte er eine „Annäherungen an das Unvertraute“ sein mit einer Perspektive von außen – aber doch mit dem Bestreben, dem Islam als Religion mit dem nötigen Respekt und Wertschätzung entgegenzutreten. In einem ersten Schritt werden grundlegende Voraussetzungen benannt, die das islamische Selbstverständnis prägen und sich traditionell in den Jahrhunderten islamischer Wissenschaft herausgebildet haben. Sie betreffen die Hochschätzung des Korans und mit ihm die anderen Quellen (Sunna und Prophetenbiografien) und das Verständnis des Islam als Lebens- und Gesellschaftsgrundlage. Aus ihnen ergeben sich traditionelle Haltungen gegenüber Andersgläubigen, besonders gegenüber Juden und Christen, die mehrheitlich in der islamischen Welt, im sunnitischen wie schiitischen Kontext, anzutreffen sind.

Zum anderen geht in einem zweiten Schritt der Blick auf das Verhältnis von Religion zu Kultur und Politik. Auch hier lohnt ein genaueres Hinsehen auf den Unterschied zwischen Dogma und Geschichte einer Religion, das helfen kann, dem „Kultur-Differenz-Mythos“ zu begegnen, der sich darauf beschränkt, den „Islam und den Westen als zwei unvereinbare, verdinglichte Ideologien einander gegenüberzustellen“.[11]

2. Islamische Welten – oder: Vieldeutigkeit ist islamisch

Die Einschätzungen zum Islam können unterschiedlicher nicht sein.[12] „Der Islam ist eine grundsätzlich problematische Religion.“ Nein, widersprechen andere: „Der Islam ist eine friedliche Religion. Man kann den Islam und den einzelnen Muslim nicht für den Missbrauch der Religion haftbar machen.“ Dagegen wird eingewandt: „Der Islam hat die Welt in zwei Sphären eingeteilt, in ein Haus des Islam und in ein Haus des Krieges.“ Darauf wird wiederum eingewandt: „Der Islam betont die Freiheit der Religion und das friedliche Verhalten. Kriegerische Aktivitäten waren geschichtlich bedingt und gehören nicht zum Wesen der Religion.“

Beiden Sichtweisen ist gemeinsam, dass sie davon ausgehen, der Islam sei eine feststehende Größe, die keinen Veränderungen und Entwicklungen unterworfen sei. „Beide behaupten, ein Wesen des Islams – schädlich im einen, harmlos oder heilsam im anderen Fall."[13] Beide Vorgehensweisen reichen nicht aus, die Fragestellungen angemessen zu erfassen.[14] Völlig ausgeblendet bleibt, dass sich der Islam in den verschiedenen Regionen der Welt ganz unterschiedlich entwickelt hat, je nach sozio-ökonomischem und politischem Kontext. Der Islam existiert also nicht in einem abstrakten Sinn oder in einem a-historischen Vakuum, sondern wurde und wird ständig neu interpretiert.

Von welcher Seite man sich auch immer dem Islam nähert, es ist zu unterscheiden zwischen den grundsätzlichen, islamrechtlich gewonnenen Positionen, den vormodernen Verhältnissen und den neueren Entwicklungen. Die Frage lautet damit nicht einfach nur: „Was ist der Islam?" oder: „Ist der Islam mit Demokratie vereinbar?", sondern: „Unter welchen sozialen und religionspolitischen Bedingungen lassen sich Islam und Demokratie vereinbaren?"[15]

Der Koran als verbindliche Urkunde des Glaubens

Im islamischen Selbstverständnis ist der Inbegriff der Offenbarung der Koran. Die Offenbarung ist im Islam demnach keine Selbstoffenbarung Gottes wie im Christentum, sondern Gott offenbart mit dem Koran seine Gegenwart. Insofern ist der Koran das Wort Gottes, das sich nicht einfach relativieren lässt. Aber es ist keine Verfassung, wie es Islamisten behaupten, sondern ein „Buch der Rechtleitung". Der Koran hat dementsprechend kein absolut eindeutiges Profil, sondern es finden sich je nach Anlass der Offenbarung unterschiedliche Akzente und Ansichten in diesem Buch. Das vorhandene Schriftmaterial bedarf also der Interpretation.

Thomas Bauer macht zurecht auf ein grundlegendes Missverständnis der Koranauslegung in der Moderne aufmerksam: „Während man in der islamischen Welt einst Vieldeutigkeit schätzte und sie lediglich auf ein handhabbares Maß reduzieren, nicht aber ausmerzen wollte, ist man in der westlichen Moderne bestrebt, Ambiguitäten so weit wie möglich zu beseitigen. Die klassische islamische Form der ‚Ambiguitätszähmung' wurde in der Moderne abgelöst durch den Versuch einer radikalen ‚Ambiguitätsvernichtung'. Lediglich in Kunst und Literatur hat man der Ambiguität ein Reservat eingerichtet, in dem sie sich austoben kann, ohne weiteren Schaden anzurichten. Nur wenige Beispiele: Der Korantext: Die klassische Lehre von den Koranlesarten geht davon aus, dass der Koran in einer großen Zahl verschiedener Lesarten von Gott offenbart wurde. Der Koran ist also sozusagen mitsamt seinem Variantenapparat göttlicher Text. Um diese Komplexität auf ein handhabbares Maß zu reduzieren, hat man sich darauf geeinigt, für kultische und juristische Zwecke lediglich sieben oder zehn dieser Lesarten heranzuziehen. Sie gelten alle als gleichermaßen gut und gültig. Heute stößt diese Pluralität von Lesarten auf Unverständnis, und zwar sowohl bei liberalen als auch bei fundamentalistischen Muslimen. Sowohl Reformmuslime wie der Pakistaner Shehzad Saleemals als auch Fundamentalisten wie al-Maududi bestreiten häufig sogar die bloße Existenz verschiedener Lesarten. Im Internet schlagen sich protestantische Islammissionare und muslimische Islamverteidiger die Lesarten des Korans und die Varianten des Bibeltextes wechselseitig um die Ohren, um die heiligen Texte der jeweils anderen Religion als unzuverlässig zu entlarven. Varianten passen offensichtlich nicht zu einer modernen, ideologisch konsistenten Religion."[16]

Thomas Bauer ist es zu verdanken, auf die offenere Struktur islamischer Auslegungstradition hingewiesen zu haben.[17] Auf den sicherlich unhinterfragbaren Grundlagen[18] wie dem Glauben an Gottes Einzigkeit, dem Verständnis von Muhammad als „Siegel der Propheten" und den Quellen Koran, Sunna und Prophetenbiografien („Sîra") war ein gewisser Raum zur Entfaltung gegeben. Diese Freiheit ermöglichte große Kulturleistungen und die ständige Anpassung an sich verändernde Verhältnisse. Eindeutigkeit im heutigen Sinne war für die Koranauslegung gar nicht erstrebenswert. Oder anders gesagt: Der heutige Islamismus mit seinem unmittelbaren Lesen und seiner versuchten Eindeutigkeit ist alles andere als die bruchlose Fortsetzung des frühen, gar des ganz frühen Islams. Er erweist sich vielmehr gerade in seinen unerfreulichen Aspekten als moderne Erscheinung, zum größten Teil entstanden unter dem Einfluss eines als übermächtig empfundenen Westens und in der Auseinandersetzung mit ihm.

Einer der zentralen Punkte der innerislamischen Auseinandersetzung dreht sich um diese Frage: Wie bekomme ich diese zwei Annahmen zusammen? Auf der einen Seite die Überzeugung, dass der Koran das unverfälschte und klare Wort Gottes ist. Auf der anderen Seite das Wissen darum, dass dieser Koran an einem bestimmten Ort, zu einer bestimmten Zeit offenbart wurde. Dabei ist man sich innerhalb der Islamwissenschaft bewusst, dass sich unter der Decke scheinbarer Kontinuität viel mehr Unterschiede auftun als gemeinhin geahnt wird – auch im innerislamischen Diskurs.

So gibt es ein durch die gesamte islamische Wissenschaftsgeschichte hindurch zu beobachtendes Ringen um eine angemessene Auslegung des Korans. Welche Werte oder Grundlinien sind in den Einzelbestimmungen enthalten, die im heutigen Kontext ihre Bedeutung verloren haben? So ist eine verbreitete Auffassung unter den islamischen Rechtsgelehrten, die Sklaverei als zeitbedingt einzustufen und für heute nicht mehr relevant zu erklären.

In der vormodernen Zeit war ein islamischer Gelehrter stolz, wenn er möglichst viele Interpretationen des Korans kannte und nicht nur eine einzige. Klassische Kommentatoren waren dementsprechend darauf aus, möglichst viele Interpretationen einer Koranstelle zusammenzutragen, von denen sowohl jede einzelne wahr sein konnte als auch mehrere gleichzeitig. Für den klassischen Gelehrten Ibn al-Djazarī (gest. 1429) ist die Interpretationsoffenheit ein wesentliches, gottgewolltes Merkmal des Korans: „Die Gelehrten (…) hörten seit der Frühzeit niemals auf und werden bis zum Ende der Zeit nicht aufhören, aus dem Koran (rechtliche) Hinweise, Argumente (…) Einsichten (…) abzuleiten, die noch kein Früherer erkannt hatte, ohne ihn deshalb für die Späteren auszuschöpfen. Vielmehr ist der Koran ein gewaltiges Meer, in dem man nie auf Grund stößt und nie durch ein Ufer zum Halt gebracht wird. Deshalb benötigt diese Gemeinde auch nach ihrem Propheten (…) keinen weiteren Propheten mehr, wie das mit den früheren Völkern der Fall war (…).“[19]

Natürlich hat es immer wieder Positionen gegeben, die eine exklusive Auslegung vertraten. Doch religiöse Texte zeichnen sich gerade dadurch aus, dass sie aufgrund ihrer Mehrdeutigkeit interpretierbar sind, ja interpretiert werden müssen. Aber ohne Überheblichkeit und anmaßende Besserwisserei. Das beschreibt Navid Kermani anschaulich: „Ein klassischer Korankommentar enthält stets mehr als nur eine Deutung. Erst nachdem der Exeget die möglichen Interpretationen aufgezählt hat, stellt er seine eigene vor, um mit der Floskel wa-llâhu a'lam abzuschließen: ‚… und Gott weiß es besser'. Eben weil der Koran als das reine göttliche Wort gilt, ist nach traditioneller islamischer Auffassung jede Auslegung menschlich und daher notwendig relativ. Dass niemand über die absolute Deutung verfügt, mehr noch: es diese eine Deutung gar nicht geben dürfe, gehört zu den Grundannahmen der klassischen muslimischen Exegese, die im theologischen Disput zwar immer schon übergangen, aber niemals so konsequent bestritten wurden wie heute von muslimischen Fundamentalisten und westlichen Experten, die mit dem Koran in der Hand Muslime darüber belehren, wie streng ihre Religion sei."[20]

Allerdings wohnt dem islamischen Koranverständnis eine Haltung inne, die es erschwert, die eigene Auslegungstradition selbstkritisch zu betrachten. Verbreitet ist die Skepsis der etablierten islamischen Theologie gegenüber jeder Art der historisch-kritischen Exegese, weil sich die Wahrheit als einmalig abgegrenzte und objektivierbare Wirklichkeit ein für allemal offenbart hat – durch den Erzengel Gabriel mit Hilfe von Muhammad im Koran. „Der Koran bleibt im Prinzip ein von Gott wörtlich dem Propheten eingegebener Text."[21] Die schriftliche Fixierung wurde dadurch trotz der verschiedenen Lesarten unantastbar und letztlich normativ. Kritik an einer Auslegungsart der „ulama", der islamischen Rechtsgelehrten, gerät so schnell in den Verdacht, „unislamisch" zu sein und den Islam zu verraten – worauf letztlich heftige Strafen bis hin zum Tod folgen können. Diese Tendenz zur eindeutigen Auslegung hat sich in der Moderne noch verstärkt. So weist die Koranauslegung eine Spannung auf zwischen interpretationsfähig und festgelegt, zwischen historischer Kritik und dem Vorwurf der Gotteslästerung. In diesem Spannungsfeld bewegt sich auch das Verständnis der Anderen, die anders glauben.

„ahl al-kitâb": die Leute des Buches

Judentum wie Christentum werden ernst genommen als historische Wurzeln des Islams, einen theologischen Eigenwert haben sie nicht.

Islamischerseits wird das Verhältnis von Koran zu Thora und Neuem Testament in dem Schema von „Kontinuität, Überwindung und Erfüllung“ gedeutet (wie es auch einst die Kirchenväter gegenüber dem Judentum getan haben). Da der Koran selbst kein in sich widerspruchsfreies Dokument ist, zeichnet er ein zwiespältiges Bild von Judentum und Juden, von Christentum und Christen.[22]

Auf der einen Seite gelten Juden und Christen als hochgeschätzte Vorläufer. Nach dem Koran sind Juden, Christen und Muslime durch das Erbe Abrahams verbunden. Muhammad und die Propheten vor ihm haben nach islamischem Verständnis die Aufgabe gehabt, die Menschen auf den „Weg Abrahams“ zu leiten: „Die Menschen, die Ibrahim am nächsten stehen, sind wahrlich diejenigen, die ihm (und seiner Verkündigung damals) folgten, sowie dieser Prophet (Muhammad) un die, die (mit ihm) glaubten“ (Sure 3,68). So versteht sich der Islam nicht als „Religion Muhammads“, sondern vielmehr als „Religion Gottes“, einst gegründet durch Abraham. Muslime glauben, dass Gott über die Propheten den Juden (und den Christen) Schriften sandte, die die göttlichen Lehren enthielten. Insofern besitzen sie die „wahre Religion“: „Und sagt (zu den Leuten der Schrift): ‚Wir glauben an das, was (als Offenbarung) zu uns herabgesandt worden ist und zu euch herabgesandt worden ist, unser Gott und euer Gott ist einer, und wir sind ihm ergeben‘“ (Sure 29,46).[23]

Große Teile der Heilsgeschichte, wie sie im Koran erzählt wird, beziehen sich auf alttestamentliche und (im kleineren Maße) auf neutestamentliche Erzählungen. Besonders ausführlich wird im Koran die Rolle Moses beschrieben. Juden und Christen sind als „ahl al-kitâb“, als „Besitzer/Leute des Buches“, anerkannt. Sie gelten als „Zeugen der Wahrheit“ (Sure 17,101: „Frag doch die Kinder Israels“), die durch Mose zur Rechtleitung die Schrift erhalten haben (Sure 17,2).[24]

Es ist den Muslimen erlaubt, von dem zu essen, was Christen (außer Schweinefleisch: Sure 5,3) und Juden zubereiten (Sure 5,5). Zudem dürfen Muslime Frauen aus den Reihen der „ahl al-kitâb“ heiraten. Auch aus der Prophetentradition, der „sunna“, ist überliefert, dass Muhammad sagte, dass „diejenigen, welche den Juden oder Christen ein Unrecht antun, nicht ins Paradies eingehen werden“. Desgleichen werden „die, die den Juden und Christen ein Unrecht antun, am Jüngsten Tag auf sich selbst gestellt sein“.[25]

Auf der anderen Seite werden Juden und Christen als heilsgeschichtlich überwundene Störfaktoren angesehen. Juden und Christen haben die Offenbarung Gottes in richtiger Form erhalten, sie aber nicht rein und unverfälscht bewahrt, sondern sie verändert. Der Vorwurf der Schriftverfälschung wiegt schwer und ist ein sensibles Thema im interreligiösen Dialog. Denn dadurch stehen Juden wie Christen unter dem Verdacht, unehrlich und von Falschheit bestimmt zu sein (Sure 5,13 f).[26] Sie hätten absichtlich oder unabsichtlich die Offenbarung Gottes verfälscht.[27] Der Koran warnt davor, sich insbesondere unter Juden Freunde zu suchen, eher noch seien Christen zu hören, denn sie stünden den Muslimen näher als die Juden (Sure 5,82). Grundsätzlich soll es aber keine Freundschaft mit allen beiden geben, denn „diese nehmen eure Religion zum Gegenstand von Spott und Spiel“ (Sure 5,57, vgl. auch 58,14; 60,13).

Die wahren Gläubigen

Dabei ist zunächst zu fragen: Wer sind die wahren Gläubigen?[28] Die wahren Gläubigen werden als maßvolle, auch nachts betende, die Hölle fürchtende, rechtschaffene, reuevolle, ehrliche und standhafte Menschen beschrieben, die an den einen Gott glauben (Sure 25,63–77 u.a.), die als Auserwählte Gottes brüderlich im Frieden miteinander leben (Sure 49,9 f; 17,19 ff; 27,59 u.a.). Die Gläubigen vertrauen Allâh und sind ihm gehorsam.

Diese Einheit der Gläubigen ist durch eine Reihe von inneren Feinden gefährdet, die entweder innerhalb der Familie als Ungehorsame (so werden die Schläge gegenüber Frauen legitimiert: Sure 4,34), innerhalb der Gläubigen als Abtrünnige (daher führt Apostasie Höllenstrafen nach sich) oder auch als „Spalter“ (Sure 3,105; 6,159; 15,90 f, 98,4 u.a.) auftreten können. Diesen gilt eine „gewaltige Strafe“, weil doch die Gläubigen fundamental eine Einheit bilden müssten, die „Partei Gottes“ (arabisch „hizbu 'llâhi“ = „Hisbollah“: Sure 5,56; 58,22).

Von außen wird die Einheit der Gläubigen durch die „Ungläubigen“ bedroht. In aller Eindringlichkeit werden standardisiert die Folgen des Unglaubens beschrieben. Insbesondere der Abfall von der einmal vollzogenen Unterwerfung, dem Vollzug von „islâm“, führt entsprechend die Höllenstrafe nach sich (Sure 2,117; 3,106; 4,115; 5,54; 47,34; 72,17 u.a.).

Was sind die Juden und Christen?

Unter den „Schriftbesitzern“ beziehungsweise den „ahl al-kitâb“, den „Leuten des Buches“ (Juden und Christen) erkennt der Koran auch gläubige Menschen (Sure 2,62; 3,113 ff; 5,69; 13,36; 29,46 u.a.). Diese leben wie die Anhänger der „neuen arabischen Religion“ gehorsam nach den Weisungen im Koran (nachts beten, an Allâh und den Jüngsten Tag glauben, das Rechte tun und das Böse meiden, eigene Schulden bezahlen). „Wenn das Volk der Schrift glaubte und gottesfürchtig wäre, wahrlich, wir würden ihre Missetaten bedecken und sie wahrlich in die Gärten der Wonne führen.“ (Sure 5,65).[29]

Sind nun die Juden und Christen „Ungläubige“? Wenn damit ein Unglauben im Sinne von Atheismus und Gottlosigkeit gemeint ist, dann nicht. Denn Christen und Juden gelten nach traditioneller islamischer Lesart nicht als gottlos. Nach dem Koran soll der Mensch „Dankbarkeit (...) gegenüber seinem unermüdlichen, niemals ruhenden Schöpfergott empfinden. Wer klaren Verstandes den Kosmos betrachtet und nicht tiefe Gefühle der Dankbarkeit empfindet, der leugnet das Wirken des einen Gottes, der ist ungläubig. Den Dank verweigern, ihn nicht abstatten wollen, das ist die Grundbedeutung des arabischen Wortes, das wir mit ‚ungläubig‘ übersetzen (...). Ungläubig, d.h. undankbar gegen den Schöpfer sein, bedeutet im Koran stets auch soviel wie: nicht in Gott den einzigen Quell aller Gnadengaben zu erkennen.“[30]

Das arabische Wort „kufr“ meint eigentlich „bedecken“, undankbar sein“, „verhüllen“ – im Kontext des Glaubens die Wahrheit mit anderem zudecken und damit verdunkeln. Der „kâfir“ ist demnach einer, der zu der eindeutigen Offenbarung noch anderes hinzufügt und die Botschaft Gottes verunklart. Er ist ein „Beigeseller“, arabisch: ein „mushrikûn“. Damit waren nach traditioneller islamischer Lesart die Anhänger altarabischer Kulte, also Polytheisten gemeint.[31] Als „Kuffâr“ (Plural von Kâfir) gelten diejenigen Menschen, die Gott andere Gottheiten an die Seite setzen und damit seine Autorität infrage stellen.

Und damit wird es letztlich doch spannend: Ob Juden und Christen nach dem Koran solche „kuffâr" sind, ist nicht eindeutig zu beantworten. Es gibt Koranstellen, die sie in die Nähe der Ungläubigen stellen und insbesondere die Christen als „Beigeseller" („mušrikûn") bezeichnen und sie demnach auf die Ebene der Polytheisten stellen, weil sie an drei Götter glauben und Jesus Christus für den „Sohn Gottes" halten. Andere stellen die „ahl al-kitâb" als Vorbilder gegenüber den Heiden dar. So wird betont: „Unter den Juden und Christen gibt es Gläubige, die meisten aber sind Frevler" (Sure 3,110).

Die entscheidende Frage ist, um wen es sich bei den „mušrikûn" handelt: (Nur) um heidnische Götzendiener, Polytheisten oder werden darunter (auch) Juden und Christen eingeordnet? Das hat erhebliche Auswirkungen auf das Verständnis des Zusammenlebens mit den Anderen, die anders glauben. Die klare Trennungslinie zwischen Gläubigen und Ungläubigen zieht sich durch den ganzen Koran. Und mit den Ungläubigen soll man keine Freundschaft pflegen, denn sie werden auf ewig verdammt (Sure 2,135; 4,171 f; 5,17.73; 9,30 f u.a.). Davor warnt der Koran ausdrücklich (Sure 3,28; 4,144).

Nach der islamischen Traditionsgeschichte führen die Auseinandersetzungen Muhammads mit den Juden und Christen zu einer scharfen Abgrenzung ihnen gegenüber.[32] Um die eigenen Machtansprüche religionspolitisch zu legitimieren, wird im Koran in wiederholenden Redewendungen den Zuhörenden eingeschärft, dass man sich von Juden wie Christen fernhalten solle. Bedingt durch die Einflussnahme der „westlichen Welt" im Nahen und Mittleren Osten sowie durch die Gründung des Staates Israel hat sich der polemische Ton gegenüber Christen und Juden politisch verschärft.[33]

Die negativen Passagen in Koran, Sira (Prophetenbiografien) und Hadithen (Aussprüchen des Propheten Muhammad) haben im politischen Diskurs demnach in jüngster Zeit gegenüber den positiven Aussagen ein größeres Gewicht erhalten. Dennoch greift es zu kurz, allein die entsprechenden Koranstellen zu zitieren, die auch zum Kampf gegen die „Ungläubigen" aufrufen (Sure 9,29), weil „die Muslime selbst diese Texte über weiteste Strecken ihrer Geschichte nicht als Handlungsanweisungen genommen, sondern souverän ignoriert haben".[34] Im Koran und den anderen Grundlagentexten (Hadithen und Prophetenbiographien) finden sich Anknüpfungspunkte für beide Optionen: Man kann das Gemeinsame betonen, man kann aber auch die Unterschiede hervorheben und so die Andersgläubigen zu „Kuffâr" machen.[35]

In einer politisch und religiös angespannten geschichtlichen Phase finden die einschlägigen Koranstellen und Prophetenüberlieferungen wieder verstärkt Beachtung.[36] Verstärkt wird diese Sicht nicht nur durch radikale Auslegungstendenzen aus Saudi-Arabien, mit der sich vor allem die sunnitische Welt auseinandersetzen muss,[37] sondern auch durch die islamische Auslegungsregel (Lehre des „an-nâsih wa-l-mansûh"[38]), nach der gilt: Die ältere Offenbarung wird zugunsten der jüngeren aufgehoben,[39] das heißt, die sogenannten mekkanischen Suren haben gegenüber den medinensischen ein geringeres Gewicht. Dadurch werden tendenziell die negativen Ansätze theologisch und juristisch stärker legitimiert. Gerade weil es keine eindeutige Sprache in den Grundlagentexten gibt, bedarf es einer Neubesinnung auf die Auslegungsregeln und damit einer selbstkritischen theologischen Klärung in historisch-kritischer Perspektive.[40] Ohne eine solche differenzierte Koraninterpretation besteht immer die Gefahr, Vorurteile gegenüber Christen und noch mehr gegenüber Juden unreflektiert weiterzugeben.

Die Gemeinschaft der Gläubigen

Der Aufruf, sich dem einen Gott hinzugeben und damit „islâm" zu vollziehen, schuf eine neue Gemeinschaft der Gläubigen jenseits von Stammes- und Clanbindungen, die „umma". „Sie erhob die Person aus ihren angestammten Bindungen (Familie, Clan, Stamm, soziale Schicht) heraus und integrierte sie in eine neue, eben die islamische Gemeinschaft".[41] Innerhalb der islamischen Tradition erfuhr der „umma"-Begriff unterschiedliche Akzentuierungen.[42] „Umma" steht „primär für ein politisches System mit einem religiösen Rahmen",[43] wobei die religiöse Bedeutung grundlegend und wesentlich ist. Wenn Juden und Christen den einen Gott anbeten, sind sie selbst eine „umma" (Sure 3,113; 7,159).[44] Doch die Gemeinschaft der Muslime ist die „beste Gemeinschaft, die für die Menschen hervorgebracht worden ist“ (Sure 3,110).

Der „umma“-Begriff entwickelte sich dahingehend, dass darunter dann die Gemeinschaft der gläubigen Muslime verstanden worden ist, unabhängig von Sprache, Rasse, Ethnie, Nationalität, unabhängig auch von der Zugehörigkeit zu einer bestimmten religiösen oder juristischen Form des Islams. Jeder, der an den einen und einzigen Gott glaubt und bekennt, dass Muhammad sein Gesandter ist, gehört der „umma muhamadiyya“ an. Jenseits von Clan- und Stammesbindungen und sozialem Status sind nur der strikte Monotheismus, die Aufforderung an den Einzelnen, sich Gott hinzugeben und den „islâm“ zu vollziehen, und bestimmte Konsequenzen für die Lebensführung entscheidend – insbesondere im Hinblick auf das Jüngste Gericht.

Die „umma“ als Einheit der muslimischen Gemeinschaft ist ein Konzept, das nicht nur den Glauben, sondern auch das individuelle und kollektive Handeln mit einschließt. Gudrun Krämer beschreibt von daher folgerichtig den Islam als „heilsvermittelndes ethisch-religiöses Bezugssystem“. Von daher müsse es „alle Aspekte menschlichen Lebens leiten und durchdringen“.[45]

Da die Muslime de facto weder auf theologischer noch auf politischer Ebene eine Einheit bilden, ergibt sich die Frage, wie sich dennoch eine erkennbare und zu kennzeichnende Gemeinschaft konstituieren lässt. Gerade die theologischen Differenzen zwischen Sunniten, Schiiten, aber auch die unterschiedlichen spirituellen und politischen Auffassungen zwischen reformorientierten und traditionellen Strömungen im Islam bilden die größte Herausforderung für das Ideal der Einheit (dem theologischen Konstrukt der „umma“). Diese Differenzen führen aktuell durch die Herausforderungen der Moderne zu großen innerislamischen Auseinandersetzungen um den „wahren Islam“, wie es der Religionskrieg der Kämpfer des „Islamischen Staates in Syrien und Irak“ besonders gegen andere Muslime, insbesondere gegen die „ungläubigen Schiiten“ zeigt.

Demgegenüber wird durch eine stärkere spirituelle Auslegung der „umma“ als Gemeinschaft derjenigen, die an den einen Gott glauben und sich für Frieden und Gerechtigkeit einsetzen, eine mehr ideelle, religiös geprägte Gemeinschaft beschrieben. In diesem Zusammenhang öffnet sich dann der „umma“-Begriff stärker für die „Leute des

Buches". Wie gesagt, äußert sich der Koran wertschätzend gegenüber Juden und Christen. Dementsprechend gehören sie zu der Gemeinschaft der Gläubigen an den einen Gott. Sie haben durch Mose und Jesus Anteil an dieser Gemeinschaft (Sure 23,49–52). Sure 25,5f betont die Gemeinschaft von Thora, Evangelium und Koran als Textgemeinschaft: Schriften, in denen „Rechtleitung und Licht" zu finden sind (Sure 5,44).

Zum einen wird durch den gemeinsamen Bezug auf Abraham und die anderen Propheten die Verbindung mit dem Judentum und dem Christentum bestätigt. Zum anderen betont der Koran mit Bezugnahme auf Abraham seine emanzipatorische Perspektive und sieht sich als Vollendung und Abschluss der Offenbarung („Er ist das Siegel der Propheten": Sure 33,40). Die muslimische Gemeinschaft ist eine „umma wasat" (Sure 2,143), eine „Gemeinschaft der Mitte", die „sich in der Mitte befinde zwischen der christlichen Umma, welche die Liebe zu Jesus dahingehend übertreiben, dass dieser zu Gott gemacht würde, und der jüdischen Umma, welche ihre Religion vernachlässigen und die Propheten ermorden würde".[46]

Heilsgeschichtlich verbunden wird diese Überzeugung mit der Zerstrittenheit der jüdischen und christlichen Religion als Zeichen/Strafe des Abfalls vom „wahren Weg des Glaubens": „Aber sie fielen in verschiedene Gruppen auseinander mit verschiedenen Büchern, wobei sich jede Gruppe (in kurzsichtiger Weise) über das freut, was sie als eigene Lehrmeinung bei sich hat (Sure 23,53).

Die „beste Gemeinschaft von allen" ist letztlich die „universale umma" aller Gläubigen,[47] die aber nicht immer möglich ist und daher ein erhofftes Ziel bleibt. Auf dem Weg zu dieser vollendeten Gemeinschaft werden die Gläubigen durch weise Gelehrte geleitet,[48] um „das Rechte zu tun und das Verwerfliche zu unterlassen" (nach Sure 3,110). Neben diesem mehr ethischen Verständnis der „umma" entwickelte sich eine ausgesprochen politische Deutung im politischen Islam Anfang des 20. Jahrhunderts, die zu einem exklusiven Verständnis der „umma" führte, „die nicht nur andere Religionen als mögliche Mitglieder der Umma ausschließt, sondern auch die Geltung jeder anderen politischen Theorie zurückweist".[49] Darauf und auf die säkulare Verwendung des „umma"-Begriffs, in der „umma" als Übersetzung von „Nation" erscheint wie etwa in

„al-umma al-'arabîya" („die arabische Nation"), wird noch im zweiten Teil zurückzukommen sein.

„dîn" und „milla Abraham"

Die „Gemeinschaft der Gläubigen" ist aufgefordert, den mit Gott geschlossenen Vertrag zu erfüllen und den „rechten, den geraden Weg der Wahrheit" („dîn al-haqq") zu gehen. „Dîn" meint ursprünglich das „rechte Verhalten" und bezieht sich auf die Erfüllung der Verpflichtung, die aus der Erkenntnis des wahren Glaubens erwächst.[50] Bereits im Ugaritischen als auch im Akkadischen bezeichnet das Wort „dîn/dên/dênâ" „das Urteil, den Prozess", davon abgeleitet „die Rechtssache, das Gericht", im Syro-Aramäischen „das Rechte, das Wahre" im Sinne: „das rechte Verhalten".

„Daena/dên" bedeutet dann die Fähigkeit des Menschen, den rechten Weg zu sehen, d.h. eine bestimmte Lebens- und Glaubenshaltung gegenüber Gott und der Welt zu haben, sozusagen einen „Glaubensgeist", das heißt, eine „Geisteshaltung". Das Wort „dîn" kann mit dem göttlichen Geist beziehungsweise mit der göttlichen Weisheit verbunden werden. Damit geht es um den durch Wissen und Weisheit entwickelten „wahren Glauben". Aufgrund seiner Geistesfülle ist dieser Glaube auch über alle Zweifel erhaben. So gilt es, den „dîn", den „rechten Vollzug der Glaubensvorschriften", wie es der Vertrag zwischen Gott und den Menschen vorsah, im Geiste Gottes zu erfüllen. „Dîn" weist auf ein religiöses Vertragsverhältnis hin und ist als religiöse Verpflichtung zu verstehen, die Gott seinen vernunftbegabten Kreaturen auferlegt, und nicht im Sinne von „Religion",[51] wie es z.B. in der klassischen Übersetzung von Rudi Paret heißt. „la ikraha fil-dîn" aus Sure 2,256 wäre dann besser übersetzt mit: „Keine Mühe macht es, wenn der rechte Glaube / die rechte Glaubenshaltung vorhanden ist." Man darf ergänzen: Die Wahrheit zu erkennen, um danach zu leben. Sure 2,256 bezieht sich damit nicht auf Religionsfreiheit (wie so oft im interreligiösen Dialog angeführt), sondern darauf, dass bei der Lebensführung innermuslimisch kein Zwang ausgeübt werden darf, weil jeder Gläubige allein vor Gott Rechenschaft über seine Lebensführung zu geben hat.

Gemeinsam ist dem Spektrum zwischen Orthodoxie/Traditionalismus und islamistischen Positionen, dass sie beide das Verhältnis des Individuums zu Staat und Gesellschaft ähnlich einschätzen. Islamistische Positionen können so nur beschränkt von den islamischen Rechtsgelehrten kritisiert werden, weil sie den Grundausgangspunkt selbst teilen. Daraus ergeben sich schwerwiegende, bis heute nicht wirklich gelöste Grundfragen: Denn Kritik an islamistischen Positionen wäre substanziell nur möglich mit einer historisch-kritischen Grundhaltung.[61]

Mehrheitlich geht die islamische Wissenschaft von der grundlegenden Vorrangstellung der islamischen Gemeinschaft aus, der sich zum einen jedes Individuum unterzuordnen hat und zum anderen die „beste Gemeinschaft von allen" von den Nichtmuslimen abzusetzen hat. Diese Grundhaltung unterstreicht der islamische Jurist Al-Bassiouni, wenn er schreibt:[62] „Der Koran hebt die Pflichten, nicht die Rechte hervor; er besteht darauf, das individuelle Verpflichtungen zu erfüllen sind, ehe das Individuum Rechte für sich selbst in Anspruch nehmen kann (...). Im Gegensatz zu den westlich orientierten philosophischen und politischen Auffassungen von einer Trennung zwischen Individuum und Staat lassen islamische Konzepte solche Unterscheidungen nicht zu (...). Deshalb besteht kein zwingender Bedarf, individuelle Rechte als eine Gegenposition zum Staat zu konzipieren."

Ein kritischer Diskurs zu dieser Grundposition wird nur von wenigen Intellektuellen geführt, weil dies bedeuten würde, das religionspolitische geglaubte Ideal der Anfangszeit des Islams im 7. Jahrhundert infrage zu stellen. In dem Moment, in dem die Nachahmung und Wiederherstellung dieser idealisierten Anfangsepoche zum wesentlichen Verständnis des islamischen Rechtsdenkens erklärt wird, wird Muhammad zugleich als Verkünder, Warner, Gesetzgeber, Heerführer und politische Leitfigur angesehen. Die Verbindung von Glaube und Politik wird auf dieser Grundlage enger gefasst, der Spielraum für ein offenes Verständnis der Religionsfreiheit entsprechend eingeengt.

Diese Beobachtungen machen darauf aufmerksam, wie unterschiedlich im westlichen und islamischen Kontext der Begriff „Toleranz" oft gebraucht wird.[63] Das lässt sich auch gut an den Erwartungen festmachen, mit denen Muslime nach Europa kamen. Sie erwarteten ein gewisses Maß an Toleranz, wie sie es selbst den Nicht-Muslimen z.B. im Osmanischen Reich zugestanden hatten. Erwartung und Erfahrung sind aber zweierlei. „Denn in Europa erwartete die Muslime zugleich mehr und zugleich auch weniger, als sie sich erhofft hatten. Mehr insofern, als ihnen in Theorie und oft auch in der Praxis politische Rechte zugestanden wurden, sie Zugang zum Arbeitsmarkt bekamen, alle Segnungen des Wohlfahrtsstaates, Meinungsfreiheit u.a. Doch zugleich bekamen sie signifikant weniger, als sie den Christen einst in den traditionellen islamischen Staaten gegeben hatten: Im Osmanischen Reich hatten die nicht-muslimischen Gemeinden ihre eigene Verwaltung und trieben ihre eigenen Steuern ein. Sie besaßen ihre eigenen Schulen und ihre eigenen Gesetze, was Hochzeit, Ehe, Erbe anbetraf. Die Juden hielten es genauso (...). Bigamie ist ein christliches Vergehen, ein islamisches oder osmanisches Vergehen ist es nicht.[64] Eine entsprechende Unabhängigkeit gibt es im modernen Staat nicht. Es ist unrealistisch, sie zu erwarten, aber mit dieser Haltung sind die Muslime gekommen."[65]

Freiheit ist im islamischen Kontext kein politischer Begriff, sondern ein Begriff des Rechts. Man war frei, wenn man kein Sklave war. Eine gute Regierung ist eine gerechte Regierung, in der das „heilige Recht" angewendet wird. Unter diesem Recht zu leben – und das ist muslimisches Recht – kommt dem, was im westlichen Kontext mit Freiheit gemeint ist, am nächsten. Religiöse Toleranz ist dementsprechend unter einer religiösen Rechtsordnung denkbar und sie hat gerade in dieser Hinsicht im islamischen Kontext Tradition.

Religionsfreiheit als Menschenrecht meint aber etwas anderes als Toleranz im Sinne von „Duldung" und sollte nicht mit ihr gleichgesetzt oder verwechselt werden. Wie alle Menschenrechte verlangt die Religionsfreiheit individuelle Gleichberechtigung, während Toleranz durchaus mit Ungleichheit verbunden sein kann. Religionsfreiheit ist noch nicht dann eingelöst, wenn man staatlicherseits Toleranz gegenüber Minderheiten verlangt.

Es gibt historisch und aktuell keinen Staat mit muslimischer Bevölkerungsmehrheit, der rechtlich so verfasst ist, dass er Nicht-Muslime gleichbehandelt und gleichgestellt hat. Dies festzuhalten, ist nicht „islamophob", sondern historische Redlichkeit. Und dass die islamischen Herrscher im Zeitalter der Kalifate zwischen dem 9. und 13. Jahrhundert toleranter waren als die gekrönten Häupter der Christenheit, sagt mehr über den Charakter der unheiligen Christenreiche aus als über die wirkliche Toleranz im Islam. Familiensinn, Gastfreundschaft und zuvorkommende Behandlung mögen Touristen erfahren, die Fremdarbeiter tun das nicht.[66]

Toleranz, Vielfalt, Pluralismus und Demokratie sind in der sogenannten westlichen wie islamischen Welt Maßgaben, an denen sich die jeweilige Gesellschaftsordnung messen lassen muss. Mehr noch: Die Säkularität des Rechtsstaates hat als unaufgebbare Voraussetzung den religiösen und weltanschaulich neutralen Pluralismus sowie die rechtliche Gewährung der Gleichheit aller seiner Bürger. Dazu gehört auf alle Fälle die positive wie negative Religionsfreiheit, d.h. zum einen die Freiheit zur freien Wahl der Religion wie zum anderen auch die Freiheit zur Ablehnung von Religion überhaupt. Dazu bedarf es eines bestimmten Maßes an individueller Freiheit in zentralen persönlichen Bereichen. Es stimmt nachdenklich, dass in 11 von 57 OIC-Ländern[67] ein Glaubenswechsel vom Islam zum Christentum ein Hinrichtungsgrund ist und mit dem Tod bestraft wird. Und eine 2012 vom amerikanischen „Pew Forum on Religion“ durchgeführte „face to face“-Umfrage unter 38 000 Muslimen in 39 Ländern kam zu dem Ergebnis, dass über 80 Prozent die Todesstrafe bei Apostasie befürworten – und gleichzeitig über 90 Prozent die Religionsfreiheit für einen sehr wichtigen Wert halten.[68]

Grundsätzlich hat die Regierung eines Staates die Funktion, „dass sie dem einzelnen Muslim ermöglicht, ein gutes muslimisches Leben zu führen“.[69] Dazu ist der Staat von Gott letztlich als „göttliches Werkzeug“ eingerichtet, um „das Gute vorzuschreiben und das Schlechte zu verbieten“ – eine Wendung, die oft im Koran vorkommt (Sure 3,104.110.114; 7,157; 9,67; 22,41; 31,17 u.a.). „Nach traditionell muslimischer Vorstellung erzeugt nicht der Staat das Gesetz, vielmehr wird er selbst durch das Gesetz geschaffen und aufrechterhalten. Das Gesetz seinerseits geht auf Gott zurück und wird von denen kommentiert wie auch verwaltet, die für diese Aufgaben ausgebildet sind. Die Pflicht des Herrschers besteht darin, das Gesetz, an das er nicht weniger als der geringste seiner Untertanen gebunden ist, zu verteidigen und zu hüten, aufrechtzuerhalten und durchzusetzen.“[70] Von individuellen Rechten ist im Rahmen der etablierten islamischen Theologie daher kaum die Rede.

Zusammenfassend lässt sich festhalten: Die Achtung der Menschenrechte wird sich in einem demokratischen Gemeinwesen nur langsam entwickeln. Das zeigt schon ein Blick auf die amerikanische Geschichte, bei der die schwarzen Bürger Amerikas über 200 Jahre lang den Weißen rechtlich nicht gleichgestellt waren. „Menschenrechte und Pluralismus sind jedoch nicht Ergebnisse der Säkularisierung, sondern deren Ausgangspunkt. Daher muss eine demokratische Gesellschaft, ob islamisch oder nicht, die sich den Prinzipien des Pluralismus und der Menschenrechte verpflichtet fühlt, auch den Weg der *politischen* Säkularisierung gehen."[71]

Daher lässt sich Demokratie nicht als „Theo-Demokratie"[72] entwickeln. Denn Nicht-Muslime können unter dem theokratischen Einheitsgedanken der „neuen arabischen Religion" nur eingeschränkte Rechte bekommen und müssen einen entsprechenden Tribut zahlen (Sure 9,29). Dazu kommt: Nimmt man die Vergangenheit im 7. Jahrhundert als „ideale Zeit", kommt man stärker mit dem damaligen endzeitlichen Denken in Berührung. In der Endzeit aber musste nach dem Selbstverständnis der apokalyptischen Bewegung der Abbâsiden die Reinheit der Gläubigen bewahrt bleiben.[73] Umgang mit den Ungläubigen führte dementsprechend zur Unreinheit wie der Umgang mit Tieren (Sure 8,22; 9,28; 47,12 u.a.), „denn sie tun nichts anderes als lügen und sich von der Wahrheit entfernen" (Sure 6,116; 10,66; 53,28 u.a.). Unter diesen Voraussetzungen war die Verführung zum Unglauben schlimmer als Töten (Sure 2,191.217). Gleichwohl gilt: Der ist bei Gott gut angesehen, der im Zorn nicht gewalttätig wird, sondern vergeben kann (Sure 42,37).

3. Zum Verhältnis von Religion und Politik im islamischen Kontext

Das idealistische Bild einer Einheit von Religion und Politik mit dem Grundsatz „Der Islam ist Religion und Staat" („al-islâm dîn wa-daula") wird außerislamisch vielfach als zentrales islamisches Selbstverständnis propagiert und – dadurch scheinbar bestätigt – auch von konservativ-orthodoxen Kreisen und Islamisten gerne gepflegt. Es ist allerdings nur ein dogmatisches Axiom. Dogmatisch zum einen, weil es in Wirklichkeit nicht aus der islamischen Geschichte begründet werden kann. Und zum anderen, weil der Koran selbst kaum Verse enthält, die für die Gestalt einer bestimmten politischen Ordnung wegweisend sein könnten. „Im Gegensatz zu islamischen Dogmen wie die Anerkennung des absoluten einen Gottes, der endgültigen göttlichen Offenbarung im Koran oder des Endes der Prophetie mit Mohammad findet sich nirgends ein Dogma, das die Einheit von Religion und Staat festschreibt."[74]

Schon in der Frühzeit wurde das traditionelle islamische Staatsrecht nicht ausformuliert und lässt daher die unterschiedlichsten Herrschaftsmodelle zu. Es ist daher „unsinnig zu behaupten, dass es eine spezifisch islamische Sicht auf den Staat gibt, die sich ideengeschichtlich oder historisch rekonstruieren lässt (...). Im Gegenteil: Vorstellungen und Ausprägungen von Staatlichkeit müssen gerade angesichts ihrer Vielfalt auch in diesem kulturellen Kontext als kontingent gelten. Gerade weil sich mangels einer zentralen Lehrinstanz nicht die ‚eine' islamische Theorie des Staates identifizieren lässt, gibt es eine Vielzahl von politischen Theorien, die sich selbst als authentisch islamisch deklarieren."[75]

In der Person des Gesandten Muhammad war nach islamischer Tradition eine charismatische Richtergestalt gegeben, der es gelang, die religiöse Gemeinschaft auch politisch und juristisch zu führen. „Muhammad übernahm dabei die klassische Rolle eines ‚Schiedsrichters', dem es gelang, die verfeindeten Stämme Medinas in einer relativ losen Konföderation zu einen."[76] Die Nachfolge war allerdings nicht zu Lebzeiten Muhammads geregelt. Nach dem Tod Muhammads – so wie es die islamische Traditionsgeschichte erzählt – kam es folgerichtig zu ersten Bürgerkriegen innerhalb der islamischen „umma". Jede Seite begründete die eigene Position religiös. Nach dieser Geschichtsdarstellung konnte sich der Clan der Omayyaden unter der Führung von Mu'âwija durchsetzen und ihr Kalifat[77] errichten.

Auch dieses Kalifat war und blieb umstritten. So versuchten die Omayyaden, die eigene Herrschaft religiös zu legitimieren, doch hatten sie kein Monopol auf diese Legitimation: „Sie wurden vielmehr von verschiedenen Seiten mit ebenfalls religiösen Argumenten in Frage gestellt.“[78] Wirkliche Legitimität besitzen letztlich nur die ersten vier „rechtgeleiteten Kalifen“, streng genommen sogar nur unter den Sunniten, denn auch hier haben die Schiiten bis heute eine andere Sichtweise. Nach den frühislamischen Bürgerkriegen wurde den meisten Muslimen deutlich, dass eine konsequente Orientierung des Regierungshandelns an religiösen Prinzipien sich nicht durchhalten ließ.[79] Politik und Glaube waren fortan nicht mehr eins, politisches und religiöses Handeln wurde funktionell getrennt. Die politische Autorität unterlag „nicht mehr religiöser Dominanz, sondern war weitgehend autonom, griff aber auf religiöse Legitimation zurück“.[80]

Diesen Freiraum haben die muslimischen Herrscher stets genutzt. „Ihre Erlasse und Dekrete, Richtlinien und Gesetze unterscheiden sich also nicht grundsätzlich von denen europäischer Herrscher. Man durfte sie nur nicht ‚Gesetze‘ nennen, denn nach der frommen Theorie ist Gott der alleinige Gesetzgeber. Also nannte man sie ‚Richtlinien‘, canones (arabisch: „qanûn“).“[81] Dieser kurze Blick auf die islamische Geschichte mahnt zur Vorsicht, die Vorstellungen der islamischen Religionsgelehrten, der „ulama“, mit der historischen Wirklichkeit zu verwechseln. Die islamischen Herrscher hatten meist alles andere im Sinn, als sich als Vollstrecker des göttlichen Willens darzustellen, wie es z.B. Moraltheologen wie Ahmad Ibn Hanbal (gest. 855) und Ibn Taimiya (gest. 1328) gefordert hatten. Kurz gesagt: Einen Vers aus Koran, der Sunna oder eines Gelehrten zu zitieren reicht nicht aus, der vielfältigen Wirklichkeit islamischen Lebens und seiner Herrschaftsmodelle auch nur annähernd gerecht zu werden.

Die Verfassungen der Rechtswirklichkeiten in den arabischen Staaten sind sehr unterschiedlich. Das Königreich Saudi-Arabien hat bis heute keine Verfassung. Das Grundgesetz des saudischen Staates ist der Koran. Wie die Vorschriften des Korans auszulegen und umzusetzen sind, darüber entscheiden religiöse Gelehrte und Richter. Und prinzipiell kann der Koran in allen Rechtsbereichen Anwendung finden – auch im Handels- und Strafrecht, das in Saudi-Arabien für Diebstahl Amputationen vorsieht und für Sex außerhalb der Ehe Auspeitschungen. Demgegenüber hat Tunesien das Zusammenleben der Menschen weitgehend durch Gesetze nach westlichen Vorbildern geregelt – auch wenn der Islam seit 1959 Staatsreligion ist und der Staatspräsident ein Muslim sein muss. So sind Männer und Frauen im Scheidungsrecht gleichgestellt und Männer dürfen nur eine Frau heiraten.

Entsprechend finden sich in der Neuzeit auch viele Gelehrte, die die Demokratie als das System des Islams im 20. und 21. Jahrhundert ansehen.[82] „Erhält der Muslim Sicherheit für Leib und Leben, so ist es für ihn sogar geboten, das dort geltende Recht zu respektieren. So sehen es traditionell orientierte Muslime bis heute (...). Die meisten Muslime halten die religiösen Aspekte ihrer Religion für entscheidend, während sie das geltende Recht – gerade auch in demokratischen Rechtsstaaten – respektieren und unterstützen."[83]

Auch wenn es den einen oder die andere verwundert: Die Slogans „al-islâm dîn wa-daula" oder „al-islâm dîn wa-dunyâ" („Islam ist Religion und Welt") sind vor dem 19. Jahrhundert nicht zu belegen. Sie stellen eine moderne Formulierung dar. Mehr noch: Sie sind selbst ein Produkt der Moderne.[84]

Nur „eine idealistische Geschichtsbetrachtung erlaubt dann auch ein rein normatives Konzept vom Islam",[85] das unterstellt, dass der Islam erst dann seine Erfüllung finde, wenn die Verwirklichung der Einheit von Religion und Staat gelungen sei. Das macht darauf aufmerksam, dass für eine weiterführende Antwort eine differenzierte Betrachtung notwendig ist – auch wenn diese dem Selbstverständnis mancher extremistischer und konservativ-orthodoxer muslimischer Kreise ebenso widerspricht wie dem vielfach anzutreffenden westlichen Fremdbild über „den Islam".

Eine grundlegende Skepsis ist gegenüber zu starren Zuschreibungen angebracht. Islambilder und islamische Wirklichkeiten sind vielerlei Dinge: Dem insbesondere im westlichen Kontext vorherrschenden Islambild entspricht es, von einem normativen, dogmatischen Verständnis des Islams auszugehen – als sei der Islam eine zeitlose, immerwährende und unveränderbare Religion. Das wird auch durch die Behauptung mancher islamischer Gelehrter nicht wahrer. Durch diese fehlende Differenzierung wird die islamische Geschichte nicht als Grundlage für eine kritische Auseinandersetzung mit der islamischen Zivilisation und Kultur anerkannt.[86] Reinhard Schulze fragt zu Recht: „Warum fehlt dem Westen die notwendige Souveränität im Umgang mit der islamischen Zivilisation, die es erlauben würde, im Islam ein wertgleiches kulturelles System zu sehen, das in ähnliche Auseinandersetzungen um die Vorherrschaft der Religion verstrickt war und ist wie der christliche Okzident?"[87]

Um nicht missverstanden zu werden: Islam bedeutet auch Herrschaft. Kultur und Zivilisation wurden im 7. und 8. Jahrhundert herrschaftlich über Glaubenssysteme vermittelt.[88] Hierin unterscheidet sich der Islam nicht vom Christentum oder vom Parsismus bei den Persern. Dass kulturelle Herrschaft in der Offenbarungszeit des Islams als Religion formuliert wurde, kann daher nicht überraschen. Auch wenn die Verbindung zwischen Religion und politischer Macht im Islam öfter und enger gewesen ist als im Christentum, ist es sinnvoll, „den Islam als Geschichte einer Zivilisation"[89] zu verstehen und nicht nur als „politische Religion". Politik war im islamischen Kontext weit weniger religiös geprägt als im christlichen Europa. Eine Staatsform gibt der Islam nicht vor. So lässt sich pointiert sagen: In der islamischen Welt war es immer die politische (!) Tradition, die undemokratisch war – nicht der Umgang mit der Religion.

Scharia und Fiqh – zu einer notwendigen Unterscheidung

Die Diskussion um die Bedeutung der Scharia und über die Frage, was einen Staat islamisch macht, ist in der islamischen Geschichte unterschiedlich beantwortet worden. In der Anfangszeit des Islams entstand allmählich eine spezifisch islamische Tradition – wohl verbunden, aber dennoch prinzipiell unabhängig vom Kalifat. Zwei Säulen bildeten sich heraus: zum einen die Beschäftigung mit dem Koran, zum anderen die Sammlung der Berichte (Hadithe) über Aussprüche und Handlungsanweisungen des Propheten Muhammad und die Erarbeitung eines islamischen Rechts. Über öffentliche Religionsdispute wurde schrittweise das religiös relevante Wissen systematisiert, vor allem in Gestalt der argumentativen Theologie („kalâm") und der Dogmatik („usul ad-dîn").

Die Scharia, wörtlich: „der Weg zur Quelle, zu einer Wasserstelle", bezeichnet das religiös begründete Recht im Islam.[90] Die Scharia beschreibt dementsprechend den Weg zu Gott, der Quelle des Lebens.

Und da Gott nach islamischer Überzeugung nicht weit im Himmel entfernt ist, sondern dem Menschen näher ist als die Halsschlagader (Sure 50,16), ist Gott auch im Hier und Jetzt zu erfahren und es gibt entsprechend Möglichkeiten, ihm heute zu begegnen. Die Scharia umfasst das ganze Spektrum menschlichen Handelns und betrifft insofern selbstverständlich auch die Regierungsausübung. Allerdings finden sich kaum strafrechtliche Bestimmungen. Vielmehr beschreibt die Scharia das richtige Verhalten des Menschen in Bezug auf Gott sowie in Bezug auf andere Menschen und die Schöpfung allgemein. Zur Scharia gehören z.B. das Glaubensbekenntnis, das tägliche Gebet, die Armensteuer, das Fasten im Monat Ramadan, die Pilgerfahrt nach Mekka sowie zwischenmenschliche Verhaltensweisen.[91]

Die Hauptquellen der Scharia sind[92]

a) *der Koran* (syro-aramäisch wörtlich: „das zu Lesende / das zu Rezitierende") als geoffenbartes Wort Gottes. Gilt als authentisches Wort Muhammads, der es vom Engel Djibril (Gabriel) mit dem Anspruch erhielt, Gottes Offenbarung abzuschließen (Sure 2,91 u.a.),

b) *die Sunna* (arabisch wörtlich: „Tradition"): in der Frühzeit Sammlung von durch Personen gestiftete Bräuche und Verhaltensnormen, allmählich verengt auf die Praxis des Propheten Mohammad. Dabei schwoll im 8. und 9. Jahrhundert die Zahl der Propheten-Hadithe rapide an, was zunehmend zu einer Normierung der Tradition führte,[93]

c) *die Sîra* (syro-aramäisch wörtlich „Kette"; d.h. Aneinanderreihung von Begebenheiten), hier gemeint: die Prophetenbiographie über Muhammad.[94] Die Sîra wird als „historische Quelle" angesehen, die eine „historische Einordnung" einzelner Koranverse ermöglicht.[95]

Auf der Grundlage von Koran, Hadithen und Sîra entwickelte sich allmählich eine spezifische islamische Rechts- und Werteordnung, deren Prozess im 10. Jahrhundert in groben Zügen abgeschlossen war. Für neu auftauchende Fragen, auf die man im Koran keine explizierte Antwort finden konnte, traten für die islamischen Gelehrten drei weitere Quellen hinzu:

d) *„idjihad"* (arabisch wörtlich: „sich bemühen"), hier die selbständige Rechtsfindung eines islamischen Rechtsgelehrten aufgrund rationaler Erwägungen. Ab dem 11. Jahrhundert versuchten die islamischen Gelehrten, die „Pforte der Bemühungen" zu schließen und nur noch „taqlid" (die „Nachahmung") als rechtmäßig anzusehen,

e) *„qiyas"*: Analogieschluss: ein Verfahren im islamischen Recht, mit dem ein noch nicht rechtlich geregelter Bereich mit Hilfe eines ähnlich gelagerten Falls beurteilt wird,[96]

f) *„itjima"*: die „Übereinstimmung" als Konsens der islamischen „umma" (Gesamtheit aller Muslime beziehungsweise der Gelehrten), geprägt von einem Prophetenspruch nach Abu Hanifa: „Meine Gemeinde wird niemals in einem Irrtum übereinstimmen."[97] Der Konsens der Rechtsgelehrten, ob im sunnitischen oder schiitischen Kontext, soll verbindliche Rechtsnormen mit dem Ziel schaffen, Rechtgläubigkeit herzustellen.[98]

Diese drei weiteren Quellen unterstützen die Rechtsfindung und ermöglichen die Anpassung islamischen Rechts an sich verändernde oder ganz neue Gegebenheiten. Erst alle sechs Punkte zusammen bilden die Scharia als kodifiziertes Rechtssystem. Die Scharia als „Weg zur Quelle" besteht also aus verschiedenen Quellen, die in einem ausgeklügelten und rechtlich festgelegten Prozess zu Auslegungen und Rechtssetzungen führen.

Auch wenn es Islamisten und andere salafistische Gruppen in ihrem beschränkten Islamverständnis nicht wahrhaben wollen: „Die Scharia ist auch und gerade in ihren diesseitsbezogenen rechtlichen Anteilen alles andere als ein unveränderliches Gesetzbuch, sondern ein höchst komplexes System von Normen und von Regeln, welche die Auffindung und Interpretation von Normen erst möglich machen (...). Dabei finden sich erhebliche Unterschiede zwischen sunnitischen und schiitischen Schulen, die zudem ein großes Maß an internem Meinungspluralismus kennen. Meinungsvielfalt und damit auch Ergebnisvielfalt ist geradezu ein Markenzeichen des islamischen Rechts."[99] Häufig wird auf den islamischen Grundsatz hingewiesen: „In der Vielfalt liegt die Gnade." In einzelnen Fragen sind unterschiedliche Antworten möglich. Daraus ergibt sich eine Dynamik, die auch für die Diskussion in Deutschland von Bedeutung ist.

Natürlich kann jedes Rechtssystem missbraucht werden – ganz egal, ob es auf Religion oder auf säkularen Ideen basiert. Es fehlte nicht an Versuchen islamischer Rechtsgelehrter, sich als alleinige Hüter des rechten Weges („dîn") aller Muslime zu verstehen. Mit der Institutionalisierung der Rechtsschulen nahm die Tendenz zu, auch deren Rechtsgutachten als verbindlich durchzusetzen. Auch wenn das in der Praxis innerhalb der „Volksfrömmigkeit" nur bedingt erfolgreich gewesen ist (gerade auch aufgrund der mystischen Bewegungen), hatte es dennoch weitreichende Folgen. Der einmal erzielte Konsens wurde auch für die nachfolgenden Generationen als verbindlich erklärt. Dadurch wurde vor allem die Nachahmung („taqlid") als „rechtgeleitet" angesehen, nicht mehr die Suche nach innovativen Lösungen. Das galt als „bida", als „unerlaubte Neuerung". Doch trotz der Versuche einer Dogmatisierung des Rechts verblieben aufgrund der Vielfalt der Positionen erhebliche, zum Teil grundlegende Meinungsunterschiede.[100]

Das islamische Recht – ein nicht abgeschlossenes, lebendiges System

Mathias Rohe hält daher zu Recht fest: Das islamische Recht ist als ein lebendiges System zu verstehen mit unterschiedlichsten Ausprägungen, mit vielfältigen Schlichtungsmechanismen, die manche Härte abmildern bis hin zu einer Fülle von Sonderbestimmungen und Auslegungsregeln.[101] Rechtssicherheit zum Wohle der Allgemeinheit zu gewinnen, war dabei ein wesentliches Handlungsmotiv.[102] Die durch islamistische Gruppierungen behauptete Eindeutigkeit ist selbst eine unzulässige Verkürzung islamischen Rechtsverständnisses. „Der Rigorismus islamischer Fundamentalisten ist insofern für die islamische Rechtstradition im ganzen gerade nicht charakteristisch."[103] Geprägt wurde diese Sicht durch ein „puristisches Islamverständnis" der wahhabitischen Lehre, die in Saudi-Arabien ihren Ausgangspunkt genommen hat.[104] Dieser Wahhabismus stellt aufgrund seiner aggressiven Verbreitung durch weltweit agierende saudische

Institutionen die größere Gefährdung und Herausforderung insbesondere für den sunnitischen Islam dar.[105]

Unterscheidung zwischen Scharia und Fiqh

Nun wird der Begriff „Scharia" nicht selten mit „islamisches Recht" übersetzt, „was jedoch, wenn man das übliche Verständnis von ‚Recht' anlegt, verkürzt und falsch ist":[106]

a) *Die Scharia* bezieht sich auf die Gesamtheit von Gottes Gesetzen und auf den Islam als Religion, die die Offenbarung als Lebenspraxis zum Ausdruck bringt. Sie ist heilig und ewig. Ihr Thema sind die Grundlagen (!) des Rechts sowie die Weise der Rechtsfindung, um einen ethischen Rahmen zu erstellen, die ganz entsprechend dem Verständnis von „dîn" die „vertragsgemäße Lebenshaltung" ermöglicht. Sie ist selbst nicht Recht und Gesetz.

b) *Fiqh* ist als Rechtswissenschaft kein Bestandteil der Offenbarung („wahy"), sondern Teil der Religionswissenschaft. Ihr Ziel ist es, aus dem Koran und der Sunna Scharia-Rechtssätze abzuleiten. Bei fiqh handelt es sich um eine menschliche, sich verändernde Wissenschaft. Ihr Thema ist das Recht, das sich in Gesetzen ausdrückt. Mathias Rohe zitiert entsprechend den großen nordafrikanischen Gelehrten Ibn Chaldun (1332–1406). Dieser definiert Fiqh in seinem grundlegenden Werk „al-Muqaddima" als „Kenntnis der Bestimmungen Gottes des Erhabenen zur Einordnung der Handlungen derjenigen, die diesen Bestimmungen jeweils unterworfen sind". So kann dargelegt werden, was „als geboten, verboten, empfohlen, missbilligt und schlicht erlaubt (gilt)" – nach ausführlichem Studium der Quellen: des „Koran, der Sunna und dem, was der Gesetzgeber (Gott) als weitere Quellen und Instrumente zu ihrer Erkenntnis bereitgestellt hat (…). Wenn die Bestimmungen durch diese Quellen und Auslegungsinstrumente herausgefunden werden, so nennt man sie Fiqh."[107]

Diese Unterscheidung ist ganz besonders hervorzuheben, da Fiqh häufig fälschlicherweise mit der Scharia gleichgesetzt wird – und zwar nicht nur in populären muslimischen Diskursen oder von islamkritischer Seite, sondern auch in Fachkreisen. Die Notwendigkeit dieser Unterscheidung betonen insbesondere Reformgelehrte und muslimische Intellektuelle, die sich gegen die starre Rechtsauslegung der orthodox-konservativen Kreise sowie der Islamisten wenden.[108] Sie erkennen in den Scharia-Ausführungen die Beeinflussung von Normen und Theorien der damaligen Zeit.

Die Unterscheidung zwischen der von Gott erfolgten Offenbarung und damit den von Gott gegebenen Quellen des Rechts und den Rechtsbestimmungen, die die Gelehrten daraus abgeleitet haben, ist konstitutiv. Hier liegt oft ein Missverständnis vor, das zu Fehlschlüssen verleitet.[109] „Man meint das islamische Recht in der vorliegenden Form, also den *fiqh*, nennt es aber Scharia und läuft so Gefahr, ein menschliches Produkt mit göttlichen Weihen zu versehen."[110]

Blickt man auf die islamische Geschichte, lässt sich feststellen:[111] Die Scharia wurde bis in die Neuzeit weder vereinheitlicht noch kodifiziert. Es gibt nicht „die" Scharia. Daher ist es irreführend, die Scharia mit dem islamischen Recht zu identifizieren.[112] Was Scharia war, konnte der Interessierte nur aus dem Mund oder den Schriften islamischer Rechtsgelehrter erfahren, die keineswegs dasselbe sagten – noch nicht einmal innerhalb ein- und derselben Rechtsschule.[113]

Daher auch die Probleme einer „Anwendung der Scharia – vor allem, weil die Scharia neben Koranischem auch viel Nichtkoranisches enthält".[114] Die muslimischen Herrscher griffen bei der Entwicklung des Rechts auf lokale Vorstellungen von Sitte und Anstand zurück. Das gilt z.B. für die Sitte der Verschleierung der Frau, die bereits lange vor dem Islam bestand und von den Muslimen höchstwahrscheinlich als Kleidungssitte vom christlich-byzantinischen Hof übernommen wurde.[115] Oder für die Übernahme älterer Stammesrechte, die mit dem islamischen Recht verbunden wurden. Verwaltungs- und Handlungsrecht wurde ebenso vielfach aus lokalen Quellen abgeleitet, weil die islamischen Quellen darüber keine Aussagen machten.

Es entstand ein System islamischer Rechtswissenschaft („fiqh"), getragen von den Gelehrten, die zugleich Theologen und Juristen waren, um die entstehenden Probleme zu lösen.[116] Auf der einen Seite ist festzuhalten: „Der Charakter des islamischen Rechts ergab sich aus den Umständen seiner Entstehung. Die Gelehrten, die es entwickelten, sahen die Herrscher ihrer Zeit (…) nicht mehr als wirklich religiöse Herrscher an. In Distanz oder gar in Opposition zu ihnen entwickelten sie das Recht als den ihrer Meinung nach wahren Träger islamischer Legitimität der Gemeinschaft (…) Der auf diese Weise konstituierte fiqh hatte also den Charakter eines religiösen Ideals, das (…) vielfach auch von der Praxis weit entfernt war. Die Gelehrten waren sich dieses Umstandes bewusst und bestanden nicht auf der konsequenten Umsetzung des Rechts in die Praxis, solange es nur in der Theorie anerkannt wurde."[117]

Dem entsprach auf der anderen Seite, dass in der Scharia Fragen der politischen Ordnung, der öffentlichen Verwaltung oder der Besteuerung eindeutig unterrepräsentiert sind. So ist es nicht erstaunlich, „dass sich die staatliche Rechtspraxis oft weit von den Idealen der Scharia entfernte".[118] Insofern ist es folgerichtig, dass die frühislamischen Herrscher verschiedene Rechtsvorstellungen aus ihrem lokalen Umfeld übernahmen, darunter altarabische, beduinische und jüdische, die sie in den neuen, islamischen Kontext stellten. Es ist leicht vorstellbar, dass auch dieser Prozess nicht einheitlich verlief.

Die muslimischen Machthaber im 8./9. Jahrhundert erließen vielfach eigene zivilrechtliche Anordnungen („qanûn"), die ungeachtet tatsächlicher Widersprüche formal gesehen der Scharia untergeordnet blieben. Scharia-Vorschriften, deren Anwendung man für unzweckmäßig hielt, wurden zwar in Gültigkeit belassen, aber für ihre praktische Durchführung an einschränkende Bedingungen geknüpft, so dass sie außer Gebrauch kamen. Die Scharia findet heute vor allem in der Frömmigkeitspraxis und im Ehe-, Familien- und Erbrecht Anwendung, während das Zivilrecht („qanûn") in den arabischen Ländern in der Regel säkular ausgerichtet ist und sich vielfach an europäischen Vorbildern orientiert. Bis heute gestaltet also der Staat das Rechtswesen entscheidend mit. Allerdings gab es keine alternative schriftliche Rechtstradition, die in offener Konkurrenz zur sharî'a hätte treten können. Daher wird innerhalb der islamischen Welt bis heute über die Frage gestritten, wo genau die Grenzen zwischen Scharia, Fiqh und „qanûn" verlaufen.

Mit der angesprochenen Institutionalisierung der Rechtsschulen entwickelte sich seit der Abassidenzeit im 9. Jahrhundert das unhistorische Verständnis, dass die Scharia nicht auf dem gleichen Weg entstanden sei wie die herkömmlichen Gesetze und der Scharia quasi „göttlichen Charakter“ zukomme. „Die Unterscheidung zwischen Scharia und fiqh hatte sich in dem Maß verschliffen, in dem die Kompendien anerkannter Koran- und Hadithkenner als verbindliche Auslegung der Textgrundlagen anerkannt und befolgt wurden.“[119]

Damit wurden die islamischen Gelehrten, die „ulamâ“, zu den Begründern der sunnitischen Orthodoxie. Dadurch wurde aber auch die juristische Denkhaltung in Bezug auf die Scharia als maßgeblich angesehen. Der juristische Weg beschreibt Gesetze, an die sich der Gläubige zu halten habe. Der intendierte spirituelle und ethische Weg, der auf einer Beziehung zwischen Gott und Mensch aufbaut, trat in der Folge in den Hintergrund.[120] Entgegen der islamischen Wissenschaft und ihrem Verständnis des „usul al-fiqh“, der „Wurzeln der Normenlehre“, begann sich dadurch die grundlegende Unterscheidung zwischen Scharia und Fiqh zu verwischen. Gehorsam und Befolgung der von den Gelehrten ausgearbeiteten rechtlichen Grundlagen wurden für das Leben in der islamischen Gesellschaft in dem Maße bestimmend, in dem die die „Volksfrömmigkeit“ prägende islamische Mystik und die dadurch verbreitete offene Auslegungstradition zurückgedrängt wurden.[121]

Bis heute ist eine Tendenz zu beobachten: Je konservativer die islamische Gruppe, umso mehr versucht sie, den Einfluss der Scharia auf die Gesellschaft auszudehnen – aber das hat vor allem machtpolitische Gründe. Innerislamisch besteht die Auseinandersetzung darüber, ob die Scharia als rechts-politische Grundlage anzusehen ist oder religiös-spirituell als ethische Grundlage verstanden wird.

4. Notwendigkeit einer spirituellen historisch-kritischen Perspektive

Eine vorschnelle Identifizierung bestimmter politischer Überzeugungen mit „dem Islam“, so dürfte deutlich geworden sein, ist eine unsachgemäße Verkürzung. Nur wenn die Vielfalt und der Facettenreichtum des Islams als Religion deutlicher in die Diskussion aufgenommen werden, lässt sich die in der „westlichen“ Welt wahrnehmbare unheilvolle Reduktion des Islams auf eine politische Bewegung überwinden. Der Koran ist kein „Werkzeugkasten", aus dem man sich nur das, was einem passt, herausgreifen könnte. Das gilt für islamkritische Positionen ebenso wie für den innerislamischen Diskurs. Der Gründer der ägyptischen Muslimbruderschaft, Sayyid Qutb, war ebenso wie der selbsternannte „Kalif der ISIS", Abu Bakr al-Bagdadi, kein klassischer islamischer Gelehrter. Beide schöpften nicht aus dem reichen, jahrhundertealten vielstimmigen islamischen Traditionsschatz, sondern gewannen ihr Wissen über den Islam durch Selbststudien, entsprechend verkürzt.

Aus westlicher Perspektive wird oft die Instrumentalisierung der Politik durch den Islam thematisiert. Innerislamisch liegt das Augenmerk dagegen mehr auf der Instrumentalisierung des Islams durch die Politik. „Dieser spannungsreiche und verwickelte Sachverhalt wird in populären westlichen Darstellungen häufig übersehen, wenn die Perspektive allein auf den ‚Anspruch', den der Islam gegenüber Politik und Gesellschaft erhebt, beschränkt wird."[122] Demgegenüber wird es darauf ankommen, wahrzunehmen, wie sehr der Islam als Religion „auch seinerseits durch die verschiedenen Entwicklungen und Erwartungen gesellschaftlicher und politischer Art beeinflusst, manipuliert und ‚herausgefordert' wird".[123] Tatsächlich spielt die Religion angesichts des Legitimationsdefizits vieler sich als „islamische Staaten" verstehende Herrschaftssysteme eine doppelte Rolle.[124] Zum einen, um deren Herrschaftsanspruch zu untermauern. Zum anderen aber „bietet die Religion oftmals den einzigen relativen Freiraum vor dem staatlichen Herrschaftsanspruch. Religiöse Symbole werden somit auch zu einer wichtigen Ressource bei der Legitimation von öffentlichem Protest."[125]

In diesem aktuellen und sehr hitzig geführten innerislamischen Diskurs, der seit Ende des 19. Jahrhunderts neu entfacht ist, spielen das Verständnis und die Interpretation der heiligen Quellen, insbesondere des Korans, eine wesentliche Rolle. Entscheidend wird es darauf ankommen, wieder ein offeneres Verständnis zum Koran zu entwickeln. Dazu gehört vor allem die Fähigkeit zur theologischen Selbstkritik, die sich nicht darin erschöpfen kann, „die Bedenken gegenüber dem säkularen Verfassungsmodell mit rein sozialen und politischen Missständen oder falschen Interpretationen der islamischen

Quellen"[126] zu erklären. Der Islamwissenschaftler Lukas Wick bemerkt zu Recht:[127] „Das Bewusstsein, theologische Prämissen könnten zumindest mitverantwortlich für solche Einwände sein, ist dabei stark unterentwickelt. Das Ausblenden des theologischen Konfliktpotenzials führt jedoch zu einer unvollständigen Analyse."

Die Lehre von der „Unnachahmlichkeit des Koran" („i'ǧâz al-Qur'ân") kann zu einem rein literalistischen (wort-wörtlichen) Verständnis der eigenen heiligen Schrift führen, wie sie die Wahabiten in Saudi-Arabien vertreten und die salafistischen Positionen weltweit beeinflusst haben. Doch ein offeneres Verständnis des Korans und die Fähigkeit zur Differenzierung sind, wie ein Blick auf die islamische Tradition zeigt, möglich. Denn trotz des Dogmas von der Unnachahmlichkeit des Qur'âns „gab und gibt es die vielen Interpretationen und Auslegungen des Korans. Das heißt nicht allein das Vorhandensein oder Nicht-Vorhandensein des Dogmas kann Grundlage des Glaubens sein, sondern allein das Verständnis des Korans als ein spiritueller Text."[128]

Ein mehr spirituelles Verständnis, das an sufische Traditionen anknüpft, könnte innerislamisch weiter den Weg weisen. Noch finden moderne liberale Denker wie Mouchanad Khorchide, Inhaber des Lehrstuhls für islamische Religionspädagogik an der Universität Münster, zu wenig Unterstützung in der muslimischen Gesellschaft. Die etablierten islamischen Rechtsgelehrten, z.B. der Al-Azhâr-Universität in Kairo, stehen Gleichberechtigung und Glaubensfreiheit mehrheitlich äußerst skeptisch gegenüber. „Konzepte wie etwa die Säkularisierung werden gänzlich abgelehnt, weil man darin nur eine religionsfeindliche Dimension zu erkennen vermag."[129] Die Auseinandersetzung mit den liberalen Werten findet so gut wie nicht statt. Vielmehr ist die etablierte islamische Theologie „gegenwärtig mehr darum besorgt, die Moderne zu islamisieren, d.h. mit koranischen Belegstellen zu legitimieren, als ihr weltanschauliches Fundament zu ergründen".

Die gegenwärtig vorherrschende Methode der Textauslegung behindert die Öffnung hin zur Moderne und erschwert eine Weiterentwicklung islamischen Rechtsverständnisses, weil jede Weiterentwicklung unter dem Verdacht der Abweichung, der „unzulässigen Neuerung (arabisch: „al-bida") steht".[130] Schon Ibn Hanbal, dem Gelehrten, der der hanbalitischen Rechtsschule seinen Namen gegeben hat, sagte: „Ich bin kein Mensch der Vernunft, sondern des Textes" und wies die philosophische Betrachtung des Koran als „unislamisch" zurück. Ibn Taimiya folgerte einige Jahrzehnte später daraus: „Das Tor zur Auslegung, der idjihad, ist geschlossen." Auf diese islamische Tradition berufen sich bedeutende Gelehrte bis heute wie z.B. die beiden saudischen Gelehrten Abd al-Azîz Ibn Bâz und Muhammad al-Uthaymîn oder der aus Albanien stammende Muhammad Nāsir ad-Dîn al-Albânî, die wahhabitisch-salafistisches Gedankengut in der sunnitischen Welt einflussreich propagierten. Es wird innerislamisch weiter darauf ankommen, diese Tradition nicht zu wirkmächtig werden zu lassen.

Für die aktuelle innerislamische Diskussion formuliert Navid Kermani die Herausforderung so: „Religionen sind schroff." Für ihn ist das Wesen von Religion nur noch durch eine Entpolitisierung unter demokratischen Bedingungen zu bewahren. „In seiner ganzen Gewaltigkeit, Anmaßung und Absolutheit kann es sich allerdings erst entfalten, sofern es nicht staatliches, die Andersdenkenden verpflichtendes Gesetz ist. Das heißt, die Religionen selbst bedürfen des säkularen Rahmens, wenn ihre Aussagen nicht so weit nivelliert werden sollen, dass von ihrer Botschaft (nur) ein allgemeines Gutmeinen übrig bleibt. Ihren Anspruch können sie nur in einem Staat zur Geltung bringen, der selbst religiös neutral ist, wo es also auch das Recht gibt, diesen religiösen Anspruch zu ignorieren oder abzulehnen. Glaube darf niemals mehr die Unfreiheit des Ungläubigen bedeuten. Ohnedies ist Wahrheit erst dann absolut, wenn kein Mensch sie für sich gepachtet hat. Die gegenwärtige Misere des Islams wurzelt, verallgemeinernd gesagt, hier: in der bislang nur bedingt vollzogenen – oder häufig sogar rückgängig gemachten – Säkularisierung und Offenheit der religiösen Hermeneutik."[131] Die Quellen des Islams enthalten viele solcher Elemente „pragmatischer Humanität". So wird im Koran immer wieder betont, dass Gott es den Menschen nicht unnötig schwer machen will, sein Gesetz zu wahren: „Gott will für euch Erleichterung. Er will für euch nicht Erschwernis" (Sure 2,185).

Millionen von Musliminnen und Muslimen leben in säkularen Gesellschaften, deren Grundlagen sie teilen. Denn die Quellen des Islams sind für das säkulare Prinzip so offen oder verschlossen wie

Thora und Neues Testament. Es wird entscheidend auf die Lesart und die spirituelle Haltung diesen Texten gegenüber ankommen. Da Authentizität im Denken vieler Muslime gerade in Bezug auf ihre Religion eine zentrale Rolle spielt, ist es wichtig, politische und gesellschaftliche Förderung von progressivem Denken im Islam – gerade von Seiten nicht-muslimischer Akteure – auf die Bereitstellung von Infrastruktur und die Förderung von Rahmenbedingungen zu konzentrieren, so dass für die innerislamische Debatte „freie Denkräume" und Öffentlichkeit entstehen können. Die Einrichtung islamischer Lehrstühle an deutschen Hochschulen ist dafür ein Schritt in diese Richtung. Denn einen und für alle Zeiten gültigen Islam gibt es nicht. Die religiöse Erkenntnis, so Abdolkarim Soroush, ist immer wandelbar: „Gott hat zwar mit Muhammad den letzten Propheten geschickt – nicht aber die letzte Interpretation von Gottes Wort."[132]

Anmerkungen

1 In den Darstellungen des Islam in repräsentativen Medien und auch durch bekannte Fernsehjournalisten ist häufig die Tendenz erkennbar, das in der Öffentlichkeit vorhandene „Feindbild" zu verstärken. Vgl. dazu Verena Klemm / Karin Hörner (Hg.), Das Schwert des „Experten". Peter Scholl Latours verzerrtes Araber- und Islambild, Heidelberg 1993; Gernot Rotter, Allahs Plagiator. Die publizistischen Raubzüge des „Nahostexperten" Gerhard Konzelmann, Heidelberg 1993. Zuletzt veröffentlichte Hamed Abdel-Samad seine Abrechnung mit dem Islam unter dem Titel: Der islamische Faschismus. Eine Analyse, München 2014. Das Islam-Bild in Deutschland ist nicht erst seit Karl May verzerrt, sondern es hat eine lange Tradition, wenngleich es mit unterschiedlicher Intensität im öffentlichen Bewusstsein vorhanden war und ist. Vgl. dazu Peter Heine, Die Deutschen und die islamische Welt, in: Aus Politik und Zeitgeschichte B 28/97, 4. Juli 1997, S. 14–20; Karin Hörner, Das Islam-Bild der Deutschen. Von Goethe bis Karl May, in: Gernot Rotter (Hg.), Die Welten des Islam. Neunundzwanzig Vorschläge, das Unvertraute zu verstehen, Frankfurt a.M. 1993, S. 206–210.

2 Vgl. dazu Wolfgang Benz, Die Feinde aus dem Morgenland: Wie die Angst vor den Muslimen unsere Demokratie gefährdet, München 20135. Benz beschreibt in diesem Buch die Strategien, Vorurteile und Verschwörungstheorien der Islamgegner, untersucht ihre Verbreitung und zeichnet ihre Traditionen nach. Dabei macht er sich die Erkenntnisse der Vorurteilsforschung im Allgemeinen und der Antisemitismusforschung im Besonderen zunutze, um die Mechanismen der Ausgrenzung einer Minderheit durch die Mehrheit zu verdeutlichen.

3 Necla Kelek, Himmelsreise. Mein Streit mit den Wächtern des Islam, Köln 2010; Udo Ulfkotte, SOS Abendland: Die schleichende Islamisierung Europas, Rottenburg 2008. Vgl. auch Äußerungen bei den Demonstrationen der „Pegida"-Bewegung in Dresden 2014/15.

4 Alexander Flores, Zivilisation oder Barbarei. Der Islam im historischen Kontext, Berlin 2011, S. 17.

5 Thilo Sarrazin, Deutschland schafft sich ab: Wie wir unser Land aufs Spiel setzen, München 2010.

6 Vgl. dazu Gernot Rotter, Wurzeln der Angst – das Feindbild der anderen Seite, in: Gernot Rotter, Die Welten des Islam. Neunundzwanzig Vorschläge, das Unvertraute zu verstehen, Frankfurt a.M. 1993, S. 219–222.

7 Vgl. dazu Peter Antes, Der Islam als politischer Faktor, Hannover 1991, S. 11–21: „Europa in islamischer Sicht."

8 Klemens Ludwig, Die Opferrolle. Der Islam und seine Inszenierung, München 2011. Im Kontext von Verschwörungstheorien ist Selbstkritik eher selten zu finden und die Korrekturfähigkeit begrenzt. Vgl. dazu auch Ulrich Kraetzer: Salafismus als Jugendkultur: Der Provokateur Pierre Vogel, in: ders.: Salafisten: Bedrohung für Deutschland? Gütersloh 2014, S. 133–162.

9 Samuel P. Huntington, Kampf der Kulturen, München 1998. Erstmals als Aufsatz veröffentlicht unter dem Titel: „The Clash of Civilisations"? in der Zeitschrift „Foreign Affairs" im Sommer 1993. Damals noch mit einem Fragezeichen versehen, verbreitete sich dieser Titel schnell als angebliches „Schlüsselwort" zur Erklärung der Weltlage. Der Politikwissenschaftler und Harvard-Professor Huntington erläuterte in seinem Artikel, dass der alte Staatenkonflikt vom ‚Kampf der Kulturen' abgelöst werde. Das Echo auf Huntingtons These war überwältigend, aber gespalten. Zustimmend äußerten sich viele Autoren dahingehend, dass Huntington die westliche Welt aus ihrem selbstgefälligen Schlummer reiße. Andere sahen in ihm einen Ideologen, der als Berater der damaligen US-Regierung mit seiner haltlosen Kulturtheorie nur Amerikas Anspruch auf Weltherrschaft festigen und amerikanische Kriegsvorbereitungen legitimieren wolle.
Vgl. dazu auch: Bernhard Lewis, Der Atem Allahs. Die islamische Welt und der Westen. Kampf der Kulturen?, Wien 1994; Dieter Senghaas, Die fixe Idee vom Kampf der Kulturen, in: Blätter für deutsche und internationale Politik 2/1997, S. 215–221; Thomas Meyer, Die Politisierung kultureller Differenz. Fundamentalismus, Kultur und Politik, in: Heiner Bielefeldt / Wilhelm Heitmeyer (Hg.), Politisierte Religion, Frankfurt a.M. 1998, S. 37–66.

10 Huntington selbst hat nach dem Anschlag auf das „World Trade Center" am 11. September 2001 seine kämpferische These nicht mehr vertreten: Er erkenne in der Terrorattacke keinen Kulturkampf, sondern „den Angriff gemeiner Barbaren auf die zivilisierte Gesellschaft der ganzen Welt" (New York Times, 15. Oktober 2001).

11 So Sadiq Jalal Al Azm, Die Segel des Ostens sind schlaff. Terrorismus, Islam, der Westen und die Moderne, in: Frankfurter Rundschau 5.9.2002, Nr. 206, Dokumentation, S. 14: „Auf einer konkreteren Ebene bedeutet dies, dass Werte wie Liberalismus, Säkularismus, Demokratie, Menschenrechte, Religions- und Meinungsfreiheit als die innersten Werte des Westens zu gelten

haben und dass die heutige islamische Welt von diesem System dauerhaft ausgeschlossen bleibt, weil ihre eigenen, heiligsten Werte zu ihm im tiefsten Widerspruch stehen. Die Ironie dabei ist, dass die Islamisten sogar der gleichen Meinung sind ... Ihre Theoretiker und Ideologen reduzieren Zivilisation auf ihre kulturelle Komponente, Kulturen auf ihre religiöse Komponente und Religionen auf wesensverschiedene urbildliche Konstanten, die sich gegenseitig bekämpfen. Allerdings wird aus ihrer Sicht der Islam letzten Endes triumphieren." Vgl. auch Sadiq Jalal Al Azm, Unbehagen in der Moderne. Aufklärung im Islam, hg. v. Kai-Henning Gerlach, Frankfurt a.M. 1993.
Dem „Kultur-Differenz-Mythos" erliegt auch die Handreichung des Rates der Evangelischen Kirche in Deutschland mit ihrer Schrift „Klarheit und gute Nachbarschaft. Christen und Muslime in Deutschland" (EKD-Texte 86/2006): Stets werden unterschwellig Christen und Muslime gegenübergestellt, stets mit Ausführungen, was die Muslime alles zu lernen und zu klären hätten, um ihre Demokratiefähigkeit zu beweisen. Dass es sich eben nicht um den „Kampf der Kulturen" handelt, sondern dass der Riss quer durch die Kulturen geht, formuliert die Handreichung nicht. Die Ausrichtung der Handreichung hat unter anderem Dr. Christine Schirrmacher aus Bonn bestimmt, die sich als wissenschaftliche Leiterin des „Instituts für Islamfragen der Deutschen Evangelischen Allianz" (einem evangelikalen „Dachverband") einen Namen gemacht hat und bekannt ist für ihre islamkritischen Äußerungen.

12 Zum Folgenden Alexander Flores, a.a.O., S. 11–21.

13 Ebd., S. 12.

14 Ebd., S. 21.

15 Nader Hashemi, Über die Vereinbarkeit von Islam und Demokratie, Interview am 10.10.2012, abgedruckt in: Quantara.de – Dialog mit der islamischen Welt, 2012.

16 Thomas Bauer, Musterschüler und Zauberlehrling. Wie viel Westen steckt im modernen Islam?, Festvortrag auf dem 31. Deutschen Orientalistentag, Marburg 2010 (https://www.uni-marburg.de/cnms/aktuelles/news/dot-vortrag-bauer.pdf), S. 1–12,7f „Ambiguität" meint „Doppeldeutigkeit" beziehungsweise „Mehrdeutigkeit".

17 Thomas Bauer, Die Kultur der Ambiguität. Eine andere Geschichte des Islams, Berlin 2011.

18 Hier liegt ein entscheidender Kritikpunkt an der Arbeit Bauers: Thomas Bauer stellt genau diese unhinterfragbaren Dogmen islamischer Gelehrsamkeit nicht heraus, die diese Offenheit erst ermöglichen. Nur so kann er aber den Islam als eine Vielfalt duldende Religion beschreiben.

19 Ibn al-Djazarī, Nashr, S. 5, zitiert bei Thomas Bauer, Musterschüler und Zauberlehrling. A.a.O., S. 8.

20 Navid Kermani, Wer ist wir? Deutschland und seine Muslime, München 2009, S. 109.

21 Lutz Berger, Islamische Theologie (UTB), Wien 2010, S. 169.

22 Heribert Busse, Die theologischen Beziehungen des Islams zu Judentum und Christentum. Grundlagen des Dialogs im Koran und die gegenwärtige Situation, Darmstadt 19915, S. 30–65.

23 Bei dieser grundsätzlichen Wertschätzung kommt es aber entscheidend darauf an, wie die einzelnen Begriffe („Weg Abrahams", „die wahre Religion" etc.) im Zusammenhang ausgelegt und verstanden werden. Notwendige Differenzierungen werden weiter unten aufgenommen.
24 Alexander Flores, a.a.O., S. 23.
25 Darimi, es-Sünen, Kitabu's-Siyer, 16 und Ibn Hisham, es-Sünen, Kitabu'r-Ruhun, 4. Den Hinweis verdanke ich Prof. Dr. Bekir Karlığa, Marmana-Universität Istanbul.
26 Vgl. dazu Timo Güzelmansur (Hg.), Das koranische Motiv der Schriftfälschung (tahrîf) durch Juden und Christen, CIBEDO-Schriftenreihe Bd. 3, Regensburg 2014.
27 Ebd., S. 9.
28 Zum Folgenden Andreas Goetze, Religion fällt nicht vom Himmel. Die ersten Jahrhunderte des Islams, Darmstadt 2013, S. 284f; Alan Dundee, Fables of the Ancient. Folklore in the Qur'ân, New York / Oxford 2003, S. 40–42,70.
29 Andreas Goetze, a.a.O., S. 285.
30 Tilman Nagel, Der Koran. Einführung, Texte, Erläuterungen, München 1998, S. 201.
31 Lutz Berger, a.a.O., S. 215.
32 Ebd., S. 216.
33 Ebd., S. 217. Vgl. auch Alexander Flores, a.a.O., S. 200–214.
34 Alexander Flores, a.a.O., S. 27.
35 Ebd., S. 128.
36 Lutz Berger, a.a.O., S. 217. Vgl. auch Heribert Busse, a.a.O., S. 145–157 (zur Lage der Juden und Christen im islamischen Staat).
37 Alexander Flores, a.a.O., S. 144–153.
38 Es gilt zu prüfen, welche Offenbarungsinhalte als „zu tilgend" (nâsih) und welche als „getilgt" (mansûh) zu verstehen sind.
39 Ebd., S. 25f.
40 Vgl. dazu Karl-Friedrich Pohlmann, Die Entstehung des Korans. Neue Erkenntnisse aus der Sicht der historisch-kritischen Bibelwissenschaft, Darmstadt 2012. „Bis zum 19. Jahrhundert fehlt ein Korankommentar, der die koranischen Suren, die das Christentum kritisieren, historisch-kritisch auslegt", so Mohammed Abdel Rahem, Die Einstellung der Koranexegeten im 19. Jahrhundert zur Verfälschung des Christentums, in: Timo Güzelmansur (Hg.), Das koranische Motiv der Schriftfälschung (tahrîf) durch Juden und Christen, CIBEDO-Schriftenreihe Bd. 3, Regensburg 2014, S. 45–69,67.
41 Alexander Flores, a.a.O., S. 31.
42 Vgl. dazu Maha El Kaisy-Friemuth, Politische oder religiöse Gemeinschaft? Islamische Verständnisweisen von umma, in: Hansjörg Schmid / Amir Dziri / Mohammad Gharaibeh / Anja Middelbeck-Varwick (Hg.), Kirche und Umma. Glaubensgemeinschaft in Christentum und Islam, Regensburg 2014, S. 42–59.
43 Ebd., S. 43.
44 Ebd., S. 47.
45 Gudrun Krämer, Gottes Staat als Republik. Reflexionen zeitgenössischer Muslime zu Islam, Menschenrechten und Demokratie, Baden-Baden 1999, S. 43.
46 Maha El Kaisy-Friemuth, a.a.O., S. 50.

47 Ebd., S. 48.
48 Ebd., S. 51.
49 Ebd., S. 58.
50 Zum Folgenden vgl. Andreas Goetze, a.a.O., S. 187–189,229–231.
51 Vgl. dazu auch Reinhard Schulze, Islam und Herrschaft. Zur politischen Instrumentalisierung einer Religion, in: Michael Lüders (Hg.), Der Islam im Aufbruch? Perspektiven der arabischen Welt, München 19935, S. 94–129, S. 104.
52 Vgl. dazu Silvia Horsch-Al Saad, Nash (Abrogation), Umma und intertextuelle Gemeinschaft. Zum Verhältnis des Islams zu den älteren monotheistischen Religionen, in: Hansjörg Schmid / Amir Dziri / Mohammad Gharaibeh / Anja Middelbeck-Varwick (Hg.), Kirche und Umma. Glaubensgemeinschaft in Christentum und Islam, Regensburg 2014, S. 161–171, bes. S. 165–169.
53 Das Wort „milla" wird in den Koranübersetzungen von Henning und Khoury ebenfalls sehr ungenau und damit auf eine falsche Spur führend mit dem modernen Begriff „Religion" wiedergegeben.
54 „Milla" ist dementsprechend nicht ethnisch zu verstehen, sondern im Sinne von Geistesverwandtschaft. All diejenigen, die diese Geisteshaltung Abrahams als „hanîf" teilen, sind die, die der „millat Ibrâhîm" angehören. Einige Suren (4,125; 6,161; 22,78) zeigen, dass „dîn" parallel zu „milla" gebraucht werden kann.
55 Nach Al-Bukhari, Hadith Nr. 26: „Ibn 'Umar, Allahs Wohlgefallen auf beiden, berichtete, dass der Prophet, Allahs Segen und Friede auf ihm, sagte: ‚Das Kurzschneiden des Schnurrbarts gehört zur Fitra' (…). Auch der Islam selbst als Religion gehört zu dieser Veranlagung des Menschen. Dies geht aus der Erklärung des Propheten, Allahs Segen und Friede auf ihm, hervor, in der er sagte, dass jeder Neugeborene mit der Fitra zur Welt komme, und dass seine Eltern ihn zum Juden oder zum Christen machen." Siehe auch Hadith Nr. 1385, 5890 ff, 6297 ff (http://www.alhamdulillah.net/modules.php?op=modload&name=Hadith-Bukhari).
56 Andreas Goetze, a.a.O., S. 468. Zum Begriff und Inhalt der „Volksfrömmigkeit" siehe ebd., S. 93–95.
57 Zum Folgenden vgl. Alexander Flores, a.a.O., S. 201 f.
58 Diese andere Religionsangehörige diskriminierenden Einschränkungen und Kenntlichmachungen waren in jenen Jahrhunderten auch in Europa üblich. So legte das IV. Laterankonzil 1215 im Klima der Kreuzzugsvorbereitung Entsprechendes gegen Nichtchristen fest. Vgl. dazu im Handbuch der Kirchengeschichte, hg. v. Hubert Jedin, Bd III/2, Freiburg/Basel/Wien 1985, S. 213.
59 Grundlegend dazu Johannes Schwartländer / Heiner Bielefeldt, Christen und Muslime vor der Herausforderung der Menschenrechte, Bonn 1992.
60 Ann Elisabeth Mayer, Islam and Human Rights, Boulder/Colorado 1991, S. 67 f: „Dieses islamische Fundament bietet keinen Schutz für die (individuellen) Rechte, die aus der Perspektive des Völkerrechts für Menschenrechte fundamental sind."
61 Vgl. dazu Andreas Goetze, a.a.O., S. 355–357: „Kritik ist nicht gleich Kritik. (…) Meint ‚Kritik' nur die unterscheidende Zuordnung und Gewichtung bestehender Traditionsstränge innerhalb eines als unzweifelhaft angenommenen Traditionsrahmens? Oder beinhaltet ‚Kritik' auch die wissenschaftliche Infra-

gestellung der Grundlagen selbst innerhalb einer von der Religion unabhängigen Forschung, was einen wirklichen Perspektivwechsel bedeuten würde?"

62 Cherif Al-Bassiouni, Sources of Islamic Law, in: ders., The Islamic Criminal Justice System, New York 1982, S. 23.

63 Zum Folgenden vgl. Bernhard Lewis, Die islamische Welt und der Westen. Kampf der Kulturen? Wien 1994.

64 So hat es einmal ein muslimischer Gesprächspartner formuliert: „Wir haben euch die Monogamie erlaubt, warum solltet ihr uns die Polygamie verbieten?"

65 So Bernhard Lewis, Drei Phasen des islamischen Kampfes, in „Die Welt" vom 20.04.2013 (http://www.welt.de/print/die_welt/literatur/article115449229/Drei-Phasen-des-islamischen-Kampfes.html). Diese traditionelle Grundhaltung kann dazu führen, in einer auch rechtlich selbständig agierenden „Parallelgesellschaft" keinen Anstoß zu nehmen.

66 Katar ist ein aktuelles Beispiel: Die Fremdarbeiter, die die WM-Stätten bauen, haben mindere Rechte und sind durch ihre Arbeitgeber oft schwersten Misshandlungen ausgesetzt. Vgl. dazu „spiegel-online" vom 12.11.2014: „WM-Ausrichter Katar: Amnesty kritisiert anhaltende Ausbeutung von Fremdarbeitern. Der Golfstaat Katar, Ausrichter der Fußball-WM 2022, behandelt Arbeitsmigranten schlecht. Es sei trotz vollmundiger Versprechen ‚erbärmlich wenig' passiert, kritisiert die Menschenrechtsorganisation Amnesty International (http://www.spiegel.de/panorama/wm-ausrichter-katar-amnesty-kritisiert-ausbeutung-von-fremdarbeitern-a-1002417.html).

67 Die Organisation für Islamische Zusammenarbeit, englisch: Organization of Islamic Cooperation (OIC) ist eine zwischenstaatliche Internationale Organisation von derzeit 57 Staaten, in denen der Islam Staatsreligion, Religion der Bevölkerungsmehrheit oder Religion einer großen Minderheit ist. Die Organisation nimmt für sich in Anspruch, die Islamische Welt zu repräsentieren. 1990 wurde bei der 19. Außenministerkonferenz der OIC die „Kairoer Erklärung der Menschenrechte im Islam beschlossen", die als Leitlinie der Mitgliedstaaten auf dem Gebiet der Menschenrechte gelten soll. In den abschließenden Artikeln 24 und 25 wird die religiös legitimierte islamische Gesetzgebung, die Scharia, als einzige Grundlage zur Interpretation dieser Erklärung festgelegt.

68 Alle Ergebnisse der Umfrage im Detail siehe unter www. pewforum.org/Topics/Religious-Affiliation/Muslim.

69 Bernhard Lewis, Die politische Sprache des Islam, Berlin 1991, S. 56.

70 Ebd., S. 59f.

71 Reza Aslan, Kein Gott außer Gott. Der Glaube der Muslime von Muhammad bis zur Gegenwart, Bonn 2006, S. 288.

72 Ebd.

73 Vgl. dazu Andreas Goetze, a.a.O., S. 284f.

74 Reinhard Schulze, a.a.O., S. 97.

75 So Holger Zapf, Staatlichkeit und kulturelle Authentizität im islamischen politischen Denken, in: Holger Zapf / Lino Klevesath (Hg.) Staatsverständnisse in der islamischen Welt, Baden-Baden 2012, S. 17–34, 17.

76 Dietrich Jung, Religion und Politik in der islamischen Welt, in: Aus Politik und Zeitgeschichte B 42–43/ 2002, S. 31–38, 32. Sieht man in Muhammad einen

„frühislamischen Staatsmann", projiziert man jüngere Vorstellungen des Kalifats auf die Frühzeit des Islams.

77 „khalîfat rasûl allâh" = „Stellvertreter des Gesandten Gottes".

78 Alexander Flores, a.a.O., S. 34.

79 Ebd., S. 35.

80 Ebd.

81 Heinz Halm: Islamisches Rechts- und Staatsverständnis. Islam und Staatsgewalt, S. 1–4,3. (http://www.uni-tuebingen.de/orientsem/download/halm.pdf).

82 Mathias Rohe, Der Islam im demokratischen Rechtsstaat. Festvortrag beim dies academicus der Friedrich-Alexander-Universität Erlangen-Nürnberg am 4. November 2011, Erlanger Universitätsreden 80/2012, 3. Folge, S. 25 (https://www.fau.de/files/2013/10/Der-Islam-im-demokratischen-Rechtsstaat.pdf).

83 Mathias Rohe, Das islamische Recht. Eine Einführung, München 2013, S. 11.

84 Gudrun Krämer, a.a.O., S. 43.

85 Reinhard Schulze, a.a.O., S. 99.

86 Ebd., S. 95.

87 Ebd., S. 96.

88 Ebd., S. 103.

89 Ebd., S. 105–107.

90 Vgl. dazu Alexander Flores, Die arabische Welt. Ein kleines Sachlexikon, Stuttgart 2003, S. 228–230: Artikel „Scharia"; Bernhard Lewis, Die politische Sprache des Islam, Berlin 1991, S. 39,124; Mathias Rohe, Das islamische Recht. Eine Einführung, München 2013.

91 Eben weil die Scharia für die meisten Muslime vor allem eine religiöse Quelle ist, ist zu bedenken: Wer undifferenziert sagt: „Die Scharia gehört nicht nach Deutschland", sagt damit für viele „muslimische Ohren": „Meine Religion, meine Glaubenspraxis gehört nicht nach Deutschland."

92 Peter Antes, Der Islam als politischer Faktor, Hannover 1991, S. 58f, 77.

93 Gudrun Krämer, Geschichte des Islam, München 2005, S. 95. Bekanntermaßen sind zudem zahlreiche Hadithe, Aussprüche und Handlungen des Propheten historisch nicht gesichert und zum überwiegenden Teil keine Belege für ursprüngliche Aussagen Muhammads und seiner Gefährten, sondern vielmehr Zeugnisse für die jeweils herrschenden Meinungen und Verhältnisse in den ersten Jahrhunderten nach seinem Tod.

94 Ibn Ishaq, Das Leben des Propheten. Aus dem Arabischen von Gernot Rotter, Kandern 2008 (Darlegung in Auszügen). Die nahezu komplette Sira findet sich in der englischen Übersetzung von translation of Ishâq 's Sîrat Rasul Allah, Oxford/London 1955 (englische Übersetzung von Sîra Ibn Ishâq in der Rezension von Ibn Hisham, Das Leben Muhammeds nach Muhammed Ibn Ishak bearbeitet von 'abd al-Malik Ibn Hisham, hg. von Ferdinand Wüstenfeld, 2 Bände, Göttingen 1858–60.

95 Da es kaum geschichtliche Anhaltspunkte im Koran selbst gibt, war man für die historische Einordnung auf andere Quellen angewiesen und griff auf die Prophetenbiografien und auf die sogenannten Aussprüche des Propheten in den Hadith-Sammlungen zurück. Vgl. dazu Andreas Goetze, a.a.O., S. 237–239. Zur mehr heilsgeschichtlichen als historischen Bedeutung der Sîra vgl. S. 316–322.

96 Lutz Berger, a.a.O., S. 135.

97 Hier ist deutlich kharidjitischer Einfluss zu spüren. Eine Geisteshaltung, die aktuell die ISIS („Islamischer Staat in Irak und Syrien") prägt.

98 Das entspricht der kritischen sunnitischen Haltung gegenüber allen charismatischen Persönlichkeiten, allen spirituellen beziehungsweise symbolhaften Auslegungen des Koran und gegenüber den schiitischen und sufisch geprägten Gruppierungen.

99 Mathias Rohe, Der Islam im demokratischen Rechtsstaat, S. 21. Ausführlich: Mathias Rohe, Das islamische Recht. Geschichte und Gegenwart, München 2011, S. 21 ff, 43 ff, 167 ff.

100 Mathias Rohe, Das islamische Recht, S. 15–18.

101 Ebd., S. 21,110.

102 Ebd., S. 57.

103 Johannes Schwartländer / Heiner Bielefeldt, a.a.O., S. 43.

104 Reinhard Schulze, a.a.O., S. 119–129. Johannes Reissner, Islamin Öl: der Sonderfall Saudi-Arabien, in: Gernot Rotter, Die Welten des Islam. Neunundzwanzig Vorschläge, das Unvertraute zu verstehen, Frankfurt a.M. 1993, S. 72–78.

105 Vgl. dazu Reinhard Schulze, Islamischer Internationalismus im 20. Jahrhundert. Untersuchungen zur islamischen Weltliga, Leiden 1990.

106 Mathias Rohe, a.a.O., S. 9.

107 Zitiert bei Mathias Rohe, a.a.O., S. 10.

108 Vgl. dazu Abdulaziz Sachedina, The Ideal and Real in Islamic Law, in: R.S. Khare (Hg.), Perspectives on Islamic Law, Justice and Society, New York 1999, S. 14–31.

109 Weil an dieser Stelle zu stereotyp, kritisch zu Bassam Tibi. Im Schatten Allahs. Der Islam und die Menschenrechte, München, 1996; Christiane Schirrmacher, Die Scharia: Recht und Gesetz im Islam, hg. v. Thomas Schirrmacher, Holzgerlingen 2007.

110 Alexander Flores, a.a.O., S. 38.

111 Zum Folgenden vgl. Gudrun Krämer, Geschichte des Islam, München 2005, S. 94–97.

112 Mathias Rohe, a.a.O., S. 116.

113 „Die Geschichte des Islam ist sehr geprägt von Schismen und Glaubenskämpfen, die deutlich zum Ausdruck bringen, wie offen das Wort Gottes ist für eine Vielfalt der Interpretationen (und wie anfällig für machthungrige Potentaten)", schreibt Michael Lüders, Islamistischer Kulturkampf. Eine brisante Publikation aus Mekka, in: ders. (Hg.), Der Islam im Aufbruch? Perspektiven der arabischen Welt, München 1992, S. 130–143, S. 141.

114 Peter Antes, Der Islam als politischer Faktor, Hannover 1991, S. 77, der allerdings die Sîra unerwähnt lässt.

115 Vgl. dazu Carsten Colpe, Problem Islam, Frankfurt a.M. 1989, S. 105–125.

116 „Interessant ist dabei, dass diese Herausbildung eines religiös fundierten Juristenrechts jenseits staatlicher Setzung erfolgte und in diesem Sinne privater Natur war", so Dietrich Jung, a.a.O., S. 36.

117 Alexander Flores, a.a.O., S. 39.

118 Dietrich Jung, a.a.O., S. 36.

119 Gudrun Krämer, Kritik und Selbstkritik: reformistisches Denken im Islam, in: Michael Lüders (Hg.), Der Islam im Aufbruch? Perspektiven der arabischen Welt, München 19935, S. 209–227, S. 221.
120 Darauf macht Mouhanad Khorchide in seinen Büchern aufmerksam: Islam ist Barmherzigkeit. Grundzüge einer modernen Religion. Freiburg im Breisgau 2012; ders., Scharia – der missverstandene Gott. Der Weg zu einer modernen islamischen Ethik, Freiburg im Breisgau 2013.
121 Grundlegend zur Bedeutung der islamischen Mystik insbesondere für die „Volksfrömmigkeit" vgl. Annemarie Schimmel, Sufismus. Eine Einführung in die islamische Mystik, München 2014 (5. Auflage). Im Osmanischen Reich gelang diese Zurückdrängung erst durch Atatürk Anfang des 20. Jahrhunderts, indem er die sufischen Bruderschaften insbesondere in Anatolien verfolgen ließ. Durch den in den folgenden Jahrzehnten einsetzenden wahhabitischen Einfluss auf die sunnitische Welt wurde die Tendenz zur Politisierung und „Verrechtlichung" des Islams verstärkt.
122 Andreas Meyer, Der politische Auftrag des Islam. Programme und Kritik zwischen Fundamentalismus und Reformen. Originalstimmen aus der islamischen Welt, Wuppertal 1994, S. 19.
123 Ebd.
124 Vgl. dazu Dietrich Jung, a.a.O., S. 35f.
125 Ebd., S. 36: Islam ist beides zugleich: „Quelle legitimer staatlicher Herrschaft und Quelle legitimen Widerstandes." Genau diese Perspektive ist im westlichen Kontext mit seiner säkularen bis säkularistischen und laizistischen Sicht kaum verständlich zu machen.
126 Lukas Wick, Die politische Moderne als Herausforderung für die islamische Theologie, in: Materialdienst der EZW 3/2011, S. 84.
127 Ebd.
128 Andreas Goetze, a.a.O., S. 462.
129 Lukas Wick, a.a.O., S. 85. Richtig ist, ein Augenmerk darauf zu haben, dass unter der Hand der religiös und weltanschaulich neutrale säkulare Staat seine Säkularität selbst zu einer quasi-religiösen oder postreligiösen Staatsideologie stilisiert, wie es in Form des „Säkularismus" in den laizistischen Bewegungen geschieht. Die Säkularität kann ideologisch zu einem weltanschaulichen Konzept aufgebaut werden, wie es z.B. Auguste Comte gefordert hat. Ein solch weltanschaulicher Säkularismus führt in letzter Konsequenz zur Aufhebung der Religionsfreiheit. Politische Loyalität, die der demokratische Rechtsstaat von seinen Bürgern einfordert, zielt nicht auf Gesinnungstreue.
130 Andreas Goetze, a.a.O., S. 342.
131 Navid Kermani, a.a.O., S. 108.
132 Beispielhaft seien hervorgehoben: Abdullahi Ahmed An-Na'im, Toward an Islamic reformation. Civil liberties, human rights, and international law, Syracuse/New York 1996; Abdolkarim Soroush, Reason, Freedom & Democracy in Islam. Essential Writings of Abdolkarim Soroush, Oxford 2000. Einen einführenden Überblick gibt Katajun Amirpur / Ludwig Amman (Hg.), Der Islam am Wendepunkt. Liberale und konservative Reformer einer Weltreligion, Freiburg/Basel/Wien 2006.

Lukas Wick

Religion und Macht im Islam

Über die normative Kraft der Urzeit

Religionen gelten vielen säkularen Bürgern als antiquierte und verstaubte Regelwerke, die sich inhaltlich nur unwesentlich unterscheiden. Ob nun Christentum, Hinduismus oder Islam, alle würden sich letztlich aus alten Schriften und überkommenen Vorstellungen nähren, die für die Gegenwart – geschweige denn für die Zukunft – von keinerlei Bedeutung seien. In relativistischer Perspektive kann es jenseits sozio-ökonomischen Strebens nach irdischem Glück keine anderen Handlungsmotivationen geben. Religionen erscheinen als rein interpretationsbedürftige Kondensate, als Resultat historischer Erfahrungen ohne jeden außerweltlichen Charakter. Gerade die Präsenz von Migranten, die sich fast schon störrisch an göttlich offenbarten Realitäten orientieren, rüttelt jedoch zunehmend an diesem pseudo-säkularen Selbstverständnis. Eine kurzzeitig aufgeschreckte Öffentlichkeit glaubt jeweils, diese Phänomene mittels medialer Drohkulisse (Fundamentalismuskeule etc.) zu bändigen oder sich ihrer gar zu entledigen. Solche Reaktionen verpassen allerdings den Kern der Religionen und ihrer Traditionen.

Für jede Religion hat die Gründerzeit eine ganz besondere Bedeutung. Sie steht am Beginn, ist Ursprung und entfaltet daher unter Gläubigen eine enorme Wirkung. Zu allen Zeiten ist die Urzeit die Quelle, aus der man für sein eigenes Tun und Handeln normativ im Sinne der Offenbarung schöpft. Diese Erfahrung wird noch potenziert, wenn die Urzeit mit dem Wirken einer Person und deren Anhängern in Verbindung steht. Diese erlangen nämlich unweigerlich paradigmatischen Status für die nachfolgenden Generationen. Zwar wandelt sich in der Folge der ursprüngliche Geist unter dem Einfluss kultureller und historischer Umstände, aber solche Entwicklungen mit ihren vielfältigen Spielarten, Abweichungen, Verfälschungen oder Verengungen werden früher oder später von einer Reformbewegung eingeholt, die sich wieder enger an der ursprünglichen Idee und Absicht des Religionsstifters, Propheten oder Predigers und seiner ersten „Schüler“ orientiert. Will man folglich eine Religion in ihrer historischen Entfaltung verstehen und das zukünftige Entwicklungspotenzial ausloten, kommt man nicht umhin, sich intensiv mit der Gründerzeit auseinanderzusetzen, da diese Zeit später geborenen Gläubigen immer wieder Impulse und Inspiration für das Leben in der Gegenwart verleiht.

Der normative Charakter der christlichen Urzeit

Als christliche Urzeit bezeichnet man gemeinhin die Periode des öffentlichen Wirkens Jesu und jenes seiner Jünger nach dessen Tod und Auferstehung. Insbesondere die Evangelien, die Apostelgeschichte, Schriften von Kirchenvätern und die Standhaftigkeit von Blutzeugen der ersten Jahrhunderte unserer Zeitrechnung waren und sind für viele Christen Inspirationsquelle und Orientierungshilfe, an die man immer wieder anzuknüpfen versucht. Oft spricht man von den ersten Christen in diesem Zusammenhang respektvoll auch von den Urchristen und betont damit die eigene spirituelle Abstammung. Ein Element ist dabei sehr augenfällig und in deutlichem Gegensatz zu antiken Vorstellungen: Politische Macht wird zwar nicht abgelehnt – bisweilen beteten die ersten Christen sogar für staatliche Autoritäten als Garanten für Friede und Sicherheit –, aber man setzte irdischen Allmachtsfantasien auch klare Grenzen. Die Worte Jesu „mein Reich ist nicht von dieser Welt“ (Johannes 18,31) dämpften politische Heilserwartungen. „Das neue Volk Gottes, das neue Israel, sprengt mithilfe des Gesetzes der Gnade den bestehenden politischen Rahmen und versteht sich gegenüber den irdischen Mächten als autonome religiöse Gemeinde, die einzig über geistliche Mittel verfügt.“[1] Zumindest während der ersten Jahrhunderte blieb man dieser Satzung treu. *Nolens volens* könnte man einwenden, da eine reelle Möglichkeit politischer Machtausübung gar nie bestand, und diese *Ohn*-Macht die einzig realistische Option der Selbstbehauptung darstellte. Man rühme sich bekanntlich nicht der Redlichkeit aus Mangel an Gelegenheit. Unabhängig dieser historischen Bewertung bleibt es jedoch eine unbestreitbare Tatsache, dass die ersten Jahrhunderte christlicher Ausbreitung mehrheitlich abseits der großen Politik abliefen. „Das Christentum trat nicht mit dem Anspruch auf, eine neue Ordnung dieser Welt zu schaffen, sondern es dem Menschen zu ermöglichen, auf eine neue Weise in dieser Welt zu leben."[2] Diese Epoche ist denn im kollektiven christlichen Gedächtnis auch geprägt von der Erinnerung an Verfolgung und Diskriminierung.

Mit der konstantinischen Wende 312 änderte sich dies schlagartig. Die noch vor Kurzem verfolgte christliche Religion wurde in Anlehnung an antike Vorstellungen zu einem Macht- und Identitätsfaktor, ein Garant für Stabilität, und löste insofern die Funktion der römischen Götterwelt ab. Mit dieser Wende begann eine Geschichte der Verquickungen des Christentums mit dem Staat, die teilweise – allerdings in stark reduziertem Maße – bis heute andauern.[3] Der römische Staat erhob sich zu einer Art Schutzmacht für christliche Institutionen, baute Kirchen, berief Konzilien ein und als *weltlicher Arm* der Kirche verfolgte und unterdrückte er Andersgläubige. Religiöse Ämter wurden nun erstrebenswert und die Taufe zur Vorbedingung für innerweltliche Ambitionen. Andererseits sorgte die Kirche durch ihre Verkündigung und ihre Riten für den sozialen und kulturellen Kitt innerhalb des Reiches.

Die politische Indienstnahme der Kirche war jedoch zu keinem Zeitpunkt spannungsfrei. Aus christlicher Perspektive blieb der Dualismus von Religion und Politik bestehen, und seine Verwischung war immer wieder Stein des Anstoßes. Reformbewegungen versuchten verschiedentlich theokratische Tendenzen in der Kirche zu bekämpfen oder die Kirche dem Einfluss des Staates zu entziehen. An dieser Stelle seien nur einige davon andeutungsweise erwähnt. Nach der Plünderung Roms (410) durch die Westgoten unter ihrem Anführer Alarich entkräftete Augustinus den Vorwurf, das Christentum habe diese Katastrophe nicht verhindern können, indem er der *civitas terrena* die *civitas dei* gegenüberstellte und imperiale Macht und deren irdische Erfolge als Ausdruck der Rechtgläubigkeit relativierte.[4] Auf das blutige Ringen römischer Adelsfamilien um den Stuhl Petri im 10. Jahrhundert folgte im 11. Jahrhundert die eindrückliche Reform von Cluny, die unter Papst Gregor VII. dann aber selbst politische Ansprüche erhob. Als Gegenreaktion zu kirchlicher Machtfülle im

Hochmittelalter entstanden die Bettelorden (Franziskaner, Dominikaner, Karmeliter) mit ihren charismatischen Gründerfiguren und ihrer radikalen Absage an weltliches Streben. Am Übergang zur Renaissance geißelte Jan Hus Reichtum und Ablasshandel sowie die allgemeine Sittenlosigkeit in der katholischen Kirche und predigte, allein die Bibel habe Autorität in Glaubensfragen. Innerkirchliche Missstände führten schließlich auch zur protestantischen Reformation. Luther rang explizit darum, das ursprünglich Christliche wieder freizulegen, wurde aber seinerseits sehr bald von deutschen Fürsten politisch instrumentalisiert. Politische Überladungen brachten später Wiedertäufer[5] und pietistische Strömungen hervor.[6] In jüngster Zeit kann man möglicherweise den Eifer freikirchlicher Bewegungen als Reaktion auf zeitgeistige Anbiederungen in den evangelischen Landeskirchen sehen. Insofern deutet das Diktum *ecclesia semper reformanda* an, dass eben nie ein idealer Endzustand erreicht ist und dass selbstkritisches Bemühen um die Nachfolge Christi eine Konstante christlicher Lebensführung darstellt. Katholischerseits gibt es seit dem II. Vatikanischen Konzil verschiedene kirchliche Bewegungen, die sich ganz bewusst an die Zeit der Urchristen anlehnen und damit eine gewisse Trägheit des Establishments herausfordern.[7]

Christliche Reformbemühungen richten sich jeweils an der Bibel aus, wobei vor allem das Neue Testament von Bedeutung ist. Einzelne Passagen wie etwa „Gebt dem Kaiser, was des Kaisers ist, und Gott, was Gott gehört" (Matthäus 22,21) lassen kaum Spielraum für polit-religiöse Ambitionen.[8] Man muss jedoch zugeben, dass mit anderen Passagen, hauptsächlich alttestamentarischen Textstellen, durchaus Gewalt und politische Machtausübung legitimiert werden können. In der Geschichte ist dies bisweilen sogar geschehen.[9] Aber auch solche Abweichungen können nicht darüber hinwegtäuschen, dass sich viele Reformbewegungen hauptsächlich am Vorbild Christi und seiner ersten Anhänger orientieren und damit – zumindest aus katholischer Perspektive – die Autorität der Schrift etwas relativieren. Ein Element gilt es dabei besonders hervorzuheben: Christen haben in ihrer Nachfolge stets vor Augen, dass irdisches Scheitern eine reale Möglichkeit bleibt. Die christliche Heilserwartung hat ausschließlich eine eschatologische Dimension und dies prägt das Verhältnis zur Politik entscheidend. Die Rückbesinnung auf das Ursprungscharisma ist also ein wiederkehrendes Schema, das in der Geschichte des Christentums immer wieder beobachtet werden kann. Reformbewegungen bilden ein Korrektiv gegen Anbiederungen an zeitgeistige Moden. Sie suchen jeweils den eigentlichen Kern neu freizulegen, authentische von rein historisch gewachsenen Traditionen zu trennen und überkommenen Ballast abzuwerfen. Solche Prozesse sind meist konflikthaft, da religiöse Reformer die bestehende Ordnung und Mentalität infrage stellen und sich dazu auf außerweltliche Eingaben, Offenbarungen oder Überzeugungen berufen, die sich letztlich der menschlichen Verfügbarkeit entziehen.[10]

Die Urzeit im Islam

Der Islam kennt nun eine ganz ähnliche Dynamik. Auf Zeiten expansiven Glaubenseifers folgten innerislamische Konflikte und umgekehrt. Analog zum Christentum rief dies verschiedentlich religiöse Erneuerer[11] auf den Plan, die größere Ernsthaftigkeit einforderten und ein Zurück-zu-den-Quellen anmahnten. Die normativen Pfeiler der islamischen Urzeit bilden dabei nicht so sehr der dürftige Erfolg der ersten Predigttätigkeit Mohammeds in Mekka, sondern sein Aufstieg in Medina und sein Triumph über Mekka; nicht so sehr die eschatologischen Warnungen in Mekka, sondern die schariatischen Bestimmungen in Medina. Es muss deshalb nicht verwundern, dass eine islamische Rückbesinnung Muslime über kurz oder lang mit Realitäten konfrontiert, die durch eine hohe Kompromisslosigkeit, durch Kampf und Gewalt gekennzeichnet sind. Mohammed teilt die Welt scharf in *dār al-ḥarb* und *dār al-islām* – das Haus des Krieges und das Haus des Islam –, „auf der einen Seite die Gemeinde der Gläubigen, die dem Überlieferten bedingungslos zustimmt, und die feindlich gesinnten Ungläubigen auf der anderen".[12] Diese Einteilung der Welt sollte zu einem strukturierenden Element der islamischen Weltanschauung werden.

Irdischer Erfolg – man kann es nicht genug betonen – gilt als untrügliches Zeichen göttlicher Auserwählung. Die schier unglaubliche Expansion des Islam im 7. und 8. Jahrhundert ist für gläubige Muslime ein Beweis für die Wahrheit des Islam. Die getreue Befolgung des

Islam (*Scharia*) und das Bemühen beziehungsweise der Kampf (*Dschihad*) um dessen Ausbreitung werden so zur Verheißung irdischen Erfolgs. Im Gegensatz zu Augustinus könnte man fast sagen, *civitas terrena* und *civitas dei* müssen zu einer Einheit verschmelzen, und solange diese besteht, bleibt man auf der Siegesstraße. Gott hat den Propheten des Islam zum „Imam der Religion des Diesseits gemacht".[13] Eine Trennung von Religion und Politik macht daher überhaupt keinen Sinn. „Im Islam kann es keine Trennung von Religion und Staat geben, es sei denn, man könnte den Geist vom Leib des lebendigen Menschen abtrennen, ohne ihn zu töten",[14] meint etwa der ehemalige Vorsteher der Azhar-Universität Mahmud Schaltut noch in den 50er Jahren des vergangenen Jahrhunderts. Der Islam ist aufgrund seines Ursprungs und seiner späteren Entwicklung eine politische Religion. „Wer das nicht versteht, wird nie die politische, religiöse und soziale Situation des Islam in unserer Welt verstehen."[15] Aus dieser Perspektive muss es denn auch nicht verwundern, dass die Begegnung mit der Moderne für die islamische Welt ein traumatisches Ereignis darstellt, das bis heute nicht überwunden werden konnte. Die materiellen und politischen Errungenschaften der Nichtmuslime und das eigene Unvermögen sind ein skandalöses Rätsel, das nicht entschlüsselt werden kann. Das diesseitige Scheitern bleibt dementsprechend eine unbewältigte Herausforderung, die man täglich vor Augen geführt bekommt. Die Reaktion darauf ist paradoxerweise keine selbstkritische Haltung, sondern ein empörtes Suchen nach Schuldigen. „Die Begegnung mit der Moderne begünstigt so eher eine Radikalisierung als eine Öffnung des Islam hin zu einer kritischen Perspektive."[16]

Die salafistische Bewegung und der Islamismus können nur vor diesem Hintergrund verstanden werden. Sie sind eine religiöse Reaktion auf die politische Dimension der Moderne. „Das Aufkommen des Islamismus heute bedeutet nichts anderes als einen neuen Triumph, eine neuerliche zyklische Wiedererstarkung der islamischen Orthodoxie."[17] *Salaf* bedeutet auf Arabisch Vorväter, und eben diese „Vorväter" verkörpern für die Anhänger dieser puristischen Islamauslegung das goldene Zeitalter und sind Garant für jene ursprüngliche Authentizität, die zur Eroberung der Welt geführt hatte. Inspirativ geht diese Bewegung auf Muhammed Abduh (1849–1905) zurück, der angesichts der technisch-politischen Überlegenheit des Westens gegen Ende des 19. Jahrhunderts ein Zurück-zu-den-Quellen forderte, um an die ruhmreiche Epoche der islamischen Macht und Expansion anzuknüpfen.

Abduh ist der bekannteste Protagonist neben unzähligen anderen islamischen Reformern der vergangenen 150 Jahre.[18] Er bekämpfte volkstümliche Elemente im Islam vehement, da diese den wahren Kern der Religion verzerrten. In diesem Zusammenhang ist es nicht uninteressant, dass Abduh sich in seiner programmatischen Schrift *Risālat al-tawḥīd* bewundernd über Luther äußert, da dieser das Christentum wieder zu seiner ursprünglichen Reinheit zurückgeführt habe.[19] Abduh stützt sich dabei auf den hanbalitischen Reformtheologen Ibn Taymiyya (1263–1328), der bereits Jahrhunderte früher eine ebensolche Rückkehr zur ursprünglichen Reinheit des Islam predigte und deshalb bei salafistischen Muslimen in hohem Ansehen steht.[20] Ibn Taymiyya wiederum sah sich in der Linie von Ibn Hanbal, dem Begründer der streng literalistischen und nach ihm benannten *hanbalitischen* Rechtsschule, der im 8. Jahrhundert gegen die mu'tazilitische – staatlich sanktionierte – rationalistische Theologie Einspruch erhob. Nach Ansicht verschiedener Experten legte Ibn Hanbal damit den Grundstein für die vernunftskeptische, fideistische Orthodoxie im sunnitischen Islam.[21]

Die Entwicklung der Hadith-Wissenschaft in den ersten beiden Jahrhunderten nach Mohammeds Tod unterstreicht die Wichtigkeit der islamischen Urzeit. Hadithe sind Mohammed zugeschriebene Aussprüche und Handlungen, die man nach seinem Tod als autoritative Argumente zur Regelung ganz unterschiedlicher Sachverhalte heranzog. Schon nach kurzer Zeit gab es eine unüberschaubare Anzahl echter und falscher Hadithe, die alle normativen Charakter beanspruchten. Später musste daher die Glaubwürdigkeit einer Überlieferung Mohammeds über eine lückenlose Überlieferungskette (*isnād*) abgesichert sein. Im ausgehenden 9. Jahrhundert entstanden dann die ersten kanonischen Hadith-Sammlungen, die bis heute als verbindlich gelten.[22] „Der Wunsch nach unanfechtbarer Autorität wirkte sich schließlich auf den Inhalt der Überlieferung aus. Wegen des geheiligten Zeugen wird die Aussage zum unmittelbaren Teil des idealisierten Geschehens in der Urgemeinde."[23] Im Verlaufe dieser Entwicklung wurde Mohammed immer mehr zum Ideal, zum vollkommenen

Menschen, zum unfehlbaren Sprachrohr Gottes, den es für gläubige Muslime nachzuahmen gilt und der somit auch über jeder Kritik steht.[24] Das Vorbild Mohammeds mit all seinen problematischen Seiten, die hier nicht weiter ausgeführt werden können, wird so zur Richtschnur für das Handeln des gläubigen Muslims.[25] „Das Sunnitentum am Ende des 8. Jahrhunderts, durchdrungen von asketischer, auf die idealisierte Urgemeinde zurückschauender Frömmigkeit, suchte die Verpflichtung zu einem gottgefälligen Handeln zu bewahren, sofern dieses sich im Nachvollzug des prophetischen Vorbildes erfüllte."[26]

Säkularisierung als Schock der Urzeiten

Reformbewegungen bilden also ein Phänomen, das sowohl im Christentum als auch im Islam in regelmäßigen Abständen mit großem religiösem Eifer und Ernst auftritt. Die Grundvoraussetzungen im Islam und im Christentum könnten allerdings kaum unterschiedlicher sein. Die Begegnung der abendländisch-christlichen mit der islamischen Welt im Zuge des Kolonialismus hat zwei gegenläufige religiöse, historisch-kulturelle Modelle zum Vorschein gebracht, deren normative Vorgaben Reform- und Erneuerungsbewegungen in der Gegenwart prägen und auch zukünftige Entwicklungen beeinflussen werden.

Zum einen hat sich im christlich geprägten Abendland seit dem 18. Jahrhunderten – nach Jahrhunderten religiös-politischer Verflechtungen – ein politischer Säkularisierungsprozess etabliert, der von den christlichen Kirchen insgesamt – zwar erst nach heftigem Widerstand – *inhaltlich* mitgetragen wird, weil er bei genauer Analyse quasi in den *Genen* des Christentums eingeschrieben ist:

> „Zwischen der politischen Kultur des demokratischen Verfassungsstaates – dem säkularen, liberalen und demokratischen Rechtsstaat abendländischer Prägung – und dem Christentum besteht eine *Ursprungsbeziehung*, die für diese politische Kultur konstitutiv und prägend ist. Mit anderen, nichtchristlichen Religionen [...] existiert entweder keine innerliche Beziehung oder aber eine solche der fundamentalen Unvereinbarkeit. Eine solche Unvereinbarkeit ist genau dann gegeben, wenn eine Religion Elemente enthält, die für sie *als Religion* konstitutiv sind, sich aber mit

politischen Wesensmerkmalen des säkularen demokratischen Verfassungsstaates westlicher Prägung nicht vereinbaren lassen, ja sogar zu diesen in direktem Gegensatz stehen."[27]

Die Entflechtung von Religion und Politik brauchte zwar Zeit, zu stark lastete die historische Erfahrung auf dem Selbstverständnis der Kirchen. Nachträglich hat sie sich für die Kirchen aber als Chance erwiesen, sich wieder auf ihre rein spirituellen Mittel zu besinnen und auf diese Weise die Politik kritisch zu begleiten.[28] Benedikt XVI. hat anlässlich seines Deutschlandbesuchs 2011 sogar eine *Entweltlichung* der Kirche gefordert und wertet die Enteignung von Kirchengütern oder die Streichung von Privilegien rückblickend positiv.[29] Institutionell hat die Trennung der politischen und geistlichen Sphären im säkularen Verfassungsstaat eine Form gefunden, die den beiden Bereichen größtmögliche Unabhängigkeit und Entfaltungsmöglichkeit bietet.[30]

Zum anderen hat die Begegnung mit der abendländischen Kultur in der islamischen Welt einen gegenläufigen Prozess initiiert. In der islamischen Welt klafften – entgegen landläufigen Ansichten – Ideal und Realität, d.h. die Einheit von Religion und Politik, zwar oft weit auseinander. Man kann daher durchaus von einer funktionalen Trennung der beiden Sphären sprechen.[31] Insofern hätte auch die Möglichkeit einer theoretischen Auseinandersetzung mit diesem historischen Umstand bestanden. Diese ist jedoch bis heute ausgeblieben. Seit dem 19. Jahrhundert und angesichts der technischen und ökonomischen Unterlegenheit wird lautstark ein Wiederanknüpfen an die Urzeit gefordert. Die Unterlegenheit sei eine Folge der Untreue gegenüber der ursprünglichen Offenbarung. Dieser Appell verbreitete sich im 19. und in der ersten Hälfte des 20. Jahrhunderts vornehmlich innerhalb der islamischen Welt und richtete sich gegen Kolonialismus und deren säkular-nationalistische Nachfolgeregime. In der zweiten Hälfte des 20. Jahrhundert hat die wirtschaftliche Globalisierung eine weltweite Migrationsbewegung in Gang gebracht, die für alle Beteiligten – staatliche Institutionen und Menschen – eine enorme Herausforderung darstellt, die wahrscheinlich noch nicht einmal in Ansätzen bewältigt wird. Ein Charakteristikum dieses Wandels ist die Tatsache, dass Menschen mit ganz unterschiedlichen kulturellen Grundvoraussetzungen, religiösen Vorstellungen und politischen Koordinatensystemen zusammengebracht werden.

Für muslimische Migranten stellen die institutionelle Trennung von Religion und Politik sowie Demokratie und Gewaltentrennung westlicher Länder ungewohnte politische Konzepte dar, die den eigenen Erfahrungshorizont kaum reflektieren und die religiöse Idealvorstellung in verschiedener Hinsicht infrage stellen. Die Mehrheit muslimischer Migranten arrangiert sich zwar relativ rasch mit diesem System, es scheint jedoch Hinweise dafür zu geben, dass sich diese Identifikation indirekt proportional zur Glaubenspraxis verhält. Die politischen Mechanismen der westlichen Moderne scheinen vor allem bei muslimischen Migranten mit hoher Glaubenspraxis auf wenig Gegenliebe zu stoßen.[32] Und mit zunehmendem Bevölkerungsanteil wächst insbesondere die Forderung nach kommunitaristischer Rechtsprechung auf der Grundlage der Religionszugehörigkeit. Scharia-Gerichte sind etwa in Großbritannien und in Frankreich bereits eine höchst fragwürdige Realität. Die in regelmäßigen Abständen publizierten Umfragen des *Pew Resarch Center* in Washington zeigen ebenfalls, dass ein beträchtlicher Teil der befragten Muslime – zwar je nach Umfrage und Land in unterschiedlichem Maße – eine wichtige Rolle des Islam in der Politik sowie eine strikte Befolgung koranischer Prinzipien befürwortet und wünscht.[33]

Dabei prallen zwei unterschiedliche Modelle der Gegenwartsbewältigung aufeinander. Die islamische Urzeit lässt sich weder inhaltlich noch strukturell mit der christlichen Gründerzeit gleichsetzen. Alle Versuche islamischerseits, Elemente (politisch und juristischer Art) der Urzeit als historisch kontingent und ohne normativen Charakter zu interpretieren, sind bis heute gescheitert. Das Buch *Al-islām wa usūl al-ḥukm* von Ali Abd al-Raziq,[34] der 1925 eben dies versuchte, wurde von den etablierten sunnitischen Theologen an der Azhar-Universität in Bausch und Bogen verworfen. Bis heute bemühen sich zwar zahlreiche Intellektuelle und vereinzelte islamische Theologen redlich, die politischen Dimensionen des Islam zu entschärfen,[35] aber von einer theologischen Bewegung kann keine Rede sein, und es ist höchst zweifelhaft, ob sie damit die Gründerzeit mit ihrem normativen Gewicht von 1400 Jahren überwinden können, ohne den Inhalt des Islam fundamental zu verändern.[36] Man kann den Islam nicht weichspülen.

Konvertiten als Zeugen und Sucher der Urzeit

Entscheidende Anhaltspunkte dafür, welche Elemente der Urzeit normativ von Bedeutung sind, bieten jeweils Konvertiten. Meist geht einem Religionsübertritt oder einer spirituellen Bekehrung eine intensive Suche nach Wahrheit und metaphysischer Endgültigkeit voran. Man gibt sich dabei nicht mit Halbheiten zufrieden und sucht nach dem Authentischen und Ursprünglichen.[37] Oft brüskieren Konvertiten in ihrem religiösen Eifer jene, die bereits in dieser Religion aufgewachsen und sozialisiert sind. Ihre Radikalität und Kompromisslosigkeit stört häufig den Konformismus der anderen Gläubigen, rüttelt auf, eckt an und provoziert, aber gerade dadurch verleihen Konvertiten den jeweiligen Religionen neue Impulse oder ermöglichen eine spirituelle Erneuerung. Eine Religion beziehungsweise eine Konfession ohne Konvertiten und Bekehrte wird langfristig steril und selbstgenügsam. Das Christentum ohne Paulus, Benedikt von Nursia, Cyrill und Methodius, Franz von Assisi, Theresia von Ávila, Jean Calvin, John Knox oder Ignatius von Loyola hätte sich bestimmt ganz anders entwickelt!

Zahlreiche islamische Konvertiten zeichnen sich – zumindest in der Anfangsphase – dadurch aus, dass sie sich lange Bärte wachsen lassen, Djellabas oder Kopftuch tragen, minutiös Speisevorschriften und Gebetszeiten einhalten sowie mit arabischen Floskeln um sich werfen. Damit einher geht jeweils eine intensive Beschäftigung mit dem Koran und der Sunna. Wortwörtliche Ansätze in der Auslegung des Korans überwiegen dabei, und die sufisch inspirierte Suche nach dem mystischen Sinn der Suren ist nur das Anliegen einer kleinen Minderheit. Dieses identitäre Ringen mündet für eine kleine Minderheit gar in dschihadistischen Fantasien und seit einigen Jahren vermehrt auch im Kampf gegen Un- und Andersgläubige an allen Ecken der Welt. Solche Entwicklungen werden zwar von den meisten Muslimen abgelehnt und als unislamisch beurteilt, dabei wird jedoch ausgeklammert, dass militante Akteure ihr Handeln mit unzähligen Koranstellen belegen und sich – was besonders schwer wiegt – auf das Vorbild Mohammeds und der ersten islamischen Gemeinde berufen können.[38] Man macht es sich zu einfach, Salafisten und militante Islamisten einfach als fehlgeleitete Spinner zu betrachten. Diese sehen sich nämlich in direkter Nachfolge der ersten Gefährten Mohammeds und können ihr Verhalten mit unzähligen Belegen aus der *ruhmreichen* Geschichte der ersten Gemeinde unterstreichen.

Christliche Konvertiten zeichnen sich ebenfalls durch eine intensive Glaubenspraxis aus. Sie studieren intensiv die Bibel, beten und betätigen sich karitativ oder missionarisch. Für eine Minderheit führt die Bekehrung später ins Kloster, auf eine entlegene Missionsstation oder ins Bibelseminar. Dass es keine christlichen Konvertiten gibt, die keifend mit der Waffe in den Kreuzzug ziehen, lässt sich damit begründen, dass es in der christlichen Urzeit diesbezüglich eben keinerlei Indizien gibt. Die Nachfolge Christi erlaubt keine religiöse Gewalt im Namen der Religion. Obschon in der Geschichte im Namen des Christentums unleugbar Gewalt und Intoleranz praktiziert wurden, sind diese als Abweichung vom ursprünglich Christlichen erkennbar, was immer wieder zu teils schmerzlichen Prozessen der Umkehr und Selbstreinigung geführt hat. Im Islam ist eine analoge Ablehnung von religiös motivierter Gewalt und Intoleranz wesentlich schwieriger, da die islamische Urzeit wie schon erwähnt eben auch Anhaltspunkte für deren theologische Legitimierung bietet.[39]

Fazit

Jede Religion lebt substanziell von der Gründerzeit. In der Entstehungszeit wird der Rahmen für zukünftige Entwicklungen vorgezeichnet. Dieser kann zwar im Verlaufe der Geschichte verlassen werden, aber wer auch immer Authentizität beansprucht, wird sich zwingendermaßen an die Rahmenbedingungen halten müssen. Man kann auf der ursprünglichen Basis zwar etwas Neues verkünden, es wäre dann aber nicht mehr authentisch. Eine Reform ohne Bezug zum Gründungscharisma wäre keine Reform, sondern eine Neuschöpfung. Reformer können die normativen Vorgaben der ersten Gemeinde nicht ignorieren. Insofern ist daher jenen beizupflichten, die allzu innovative Reformer bezichtigen, vom ursprünglichen Weg abgekommen zu sein. Insofern ist die Urzeit für eine Religion eben auch eine Hypothek, an der man bisweilen schwer trägt. Im Anschluss an Friedrich Gogarten könnte man daher von der *Urzeit* als Verhängnis und Hoffnung der *Zukunft* sprechen.

Das Christentum hat in der Neuzeit trotz unzähliger Irrungen und Wirrungen der Geschichte – die an dieser Stelle keinesfalls beschönigt werden sollen – und in selbstkritischer Analyse zu seinem Ursprungscharisma zurückgefunden, das die Vermischung von Religion und Politik nicht vorsieht. Muslime haben sich seit der Entkolonialisierung ebenfalls auf die Ursprünge ihrer Religion besonnen. Weltweit hat der Einfluss des Islam in den vergangenen Jahrzehnten demografisch und gesellschaftlich stark zugenommen. Diese Selbst- und Rückbesinnung zeichnet sich jedoch aus durch große Ambivalenz gegenüber dem institutionellen Rahmen der politischen Moderne, weil dieser dem islamischen Gründungscharakter nicht entspricht. Es ist nicht abzusehen, wie diese Spannung in der islamischen Welt überwunden werden kann. Viele Muslime wünschen sich zwar politische Modelle, die klar zwischen politischer Macht und religiöser Zugehörigkeit unterscheiden, aufgrund der Ursprungserfahrung ist es aber äußerst fraglich, ob ein solcher Spagat gelingen kann, ohne die Substanz des Islam grundlegend infrage zu stellen.

Anmerkungen

1 Lecler, Joseph, *Histoire de la tolérance au siècle de la Réforme*, Albin Michel, 1994 [1955], S. 63.

2 Rhonheimer, Martin, *Christentum und säkularer Staat*, Herder, Freiburg 2012, S. 37.

3 Von einer strikten Trennung von Kirche und Staat kann man eigentlich nur in den USA sprechen. Kirchenstaatliche Strukturen lassen sich zwar historisch begründen, bleiben jedoch ein Relikt der konstantinischen Wende.

4 Vgl. Rhonheimer, Martin, *Christentum und säkularer Staat*, S. 55.

5 Es ist nicht uninteressant, dass die unter dem Zürcher Reformator Zwingli verfolgten (und teilweise in der Limmat ertränkten) Wiedertäufer explizit die Trennung von Kirche und Staat forderten. Eine Forderung, die noch längere Zeit ausbleiben sollte; vgl. Haas, Martin, *Huldrych Zwingli und seine Zeit: Leben und Werk des Zürcher Reformators*, Zwingli Verlag Zürich, 1969.

6 Vgl. Troeltsch, Ernst, Die *Bedeutung des Protestantismus für die Entstehung der modernen Welt*, Druck und Verlag R. Oldenbourg, Münden/Berlin 1911.

7 Zu erwähnen gilt es hier etwa die Neokatechumenale Bewegung, Focolari, Comunione e Liberazione, Opus Dei etc.

8 Allerdings ist die christliche Absage an religiöse und politische Engführungen das Resultat des im 18. Jh. einsetzenden Säkularisierungsprozesses, wie im Weiteren noch ausgeführt wird.

9 Althoff, Gerd, *„Selig sind, die Verfolgung ausüben". Päpste und Gewalt im Hochmittelalter*, Theiss Verlag, Stuttgart 2013.

10 Ähnliches könnte man auch von Nationalstaaten oder ethnischen Volksgruppen und ihren Gründungsmythen sagen. Allerdings ist hier eine kritische Entmythologisierung insofern möglich, als man sich meist doch darauf einigen kann, dass es sich um Menschenwerk handelt. Im amerikanischen Verfassungsrecht hat sich so beispielsweise die Lehrmeinung der *Originalists* entwickelt, welche die Verfassung so verstehen möchten, wie es der Absicht ihrer Verfasser im 18. Jh. entspricht. Man wendet sich dabei ausdrücklich gegen Reinterpretationen des ursprünglichen Textes und gegen die Auffassung einer *living constitution.*

11 Erneuerer ist hier nicht in dem Sinne zu verstehen, dass diese Leute den Islam anpassen, sondern wieder auf ihren Ursprung zurückführen. Neuerung (*bid'a*) gilt gerade strenggläubigen Muslimen als häretisch, insofern Innovationen nicht in der Lehre Mohammeds verwurzelt sind. Vgl. Bid'a, in *Lexikon der Islamischen Welt,* Kohlhammer, Köln 1992.

12 D'Iribarne, Philippe, *L'islam devant la démocratie*, Gallimard, Paris 2013, S. 63.

13 Nagel, Tilman, *Die Festung des Glaubens*, C.H. Beck, München 1988, S. 308.

14 Šaltūt, Maḥmūd (~1950), *Min tawǧihāt al-'islām*, Kairo: Dār šurūq: 554.

15 Khalil, Samir Samir / Koller, Michaela, *Muslime und Christen*, Sankt Ulrich Verlag, 2011, S, 125.

16 D'Iribarne, Philippe, *L'islam devant la démocratie*, S. 176.

17 Glagow, Rainer, *Allahs Weltordnung*, Edition D21, Bobingen 2010, S. 53.

18 Zu erwähnen wären da auch Raschid Rida, Hassan al-Banna (Gründer der Muslimbruderschaft), Sayyid Qutb, al-Maududi, Yusuf al-Qaradawi, die sich alle als Reformer verstanden und eine Rückkehr zur ursprünglichen Authentizität forderten.

19 'Abduh, Muḥammad, *Risālat al-tawḥīd, Muṭābi'a dār al-kitāb al-'arabī,* Kairo [1965], S. 101.

20 Vgl. Nagel, Tilman, *Geschichte der islamischen Theologie*, C.H. Beck, München 1994, 233: „Ibn Taimīja hingegen ist überzeugt, dass es die Möglichkeit einer unmittelbaren Aneignung des unerschütterlichen Glaubens der Altvorderen gebe, und dieser sei in der Überlieferung aus der Urzeit des Islams aufzufinden."

21 Vgl. Reilly, Robert R., *The Closing of the Muslim Mind*, ISI Books, Wilmington 2010. Caspar Robert, *A Historical Introduction to Islamic Theology*, PISAI, Rom 1998.

22 Vgl. Ḥadīth, in *Dictionnaire de l'Islam*, Albin Michel, Paris 1997.

23 Nagel, Tilman, *Die Festung des Glaubens*, 212.

24 Vgl. Nagel, Tilman, *Allahs Liebling – Ursprung und Erscheinungsformen des Mohammedglaubens*, Oldenburg-Verlag, München 2008, 166.

25 Vgl. Nagel. Tilman, *ibid.* 176.

26 Nagel, Tilman, *Geschichte der islamischen Theologie*, 126.

27 Rhonheimer, Martin, *Christentum und säkularer Staat*, 328.

28 Man kann sicher sagen, dass dies der katholischen Kirche durch ihre universelle Dimension leichter fällt als den jeweiligen protestantischen Landeskirchen, da bisweilen das Korrektiv von außen fehlt.

29 Vgl. Ansprache Benedikt XVI. in Freiburg anlässlich seines Besuchs in Deutschland 2011.

30 Vgl. Wick, Lukas, *Islam und Verfassungsstaat – Theologische Versöhnung mit der politischen Moderne?*, Ergon-Verlag 2009.

31 Vgl. Gerber, Haim, *Islamic Law and Culture 1600–1840*, Brill, Leiden 1999.

32 Vgl. Khorchide, Mouhanad, *Der islamische Religionsunterricht zwischen Integration und Parallelgesellschaft: Einstellungen der islamischen ReligionslehrerInnen an öffentlichen Schulen*, VS Verlag, Wiesbaden 2009; der Autor weist statistisch relevant nach, dass ein erheblicher Prozentsatz der islamischen Religionslehrer in Österreich das bestehende politische System (Demokratie, Rechtsstaat, Religionsfreiheit etc.) ablehnt. Vgl. Nagel, Tilman, *Allahs Liebling – Ursprung und Erscheinungsformen des Mohammedglaubens*, 29.

33 Vgl. http://www.pewglobal.org/2013/09/12/chapter-4-islam-and-politics-2/ (4.6.2014) ; http://www.pewglobal.org/2013/05/16/chapter-4-islam-and-politics/ (4.6.2014)

34 Vgl. Alî Abd ar-Râziq: *Der Islam und die Grundlagen der Herrschaft. Übersetzung und Kommentar des Werkes von Alî Abd ar-Râziq. In: Leipziger Beiträge zur Orientforschung.* 24, Peter Lang, Frankfurt a.M. 2009.

35 Vgl. Amirpur, Katajun, *Unterwegs zu einem anderen Islam*, Herder, Freiburg 2009.

36 Gelegentlich werden solche Autoren der Unredlichkeit bezichtigt. Sie würden ihre Thesen zur Täuschung aufstellen. Solche Anschuldigungen entbehren jeglicher Grundlage, und aus persönlichen Begegnungen mit reformorientierten Autoren sind solche Unterstellungen schlicht verleumderisch. Diese Autoren sind überzeugt von der Notwendigkeit einer Trennung von Islam und Politik und bemühen sich, den ihrer Ansicht nach verschütteten, humanistischen Kern des Islam freizulegen. Gerade darum geraten sie aber immer wieder unter Beschuss aus den eigenen Reihen, wie die Kritik vonseiten muslimischer Verbände an Prof. Mouhanad Khorchide der Universität Münster zeigt.

37 Bewusst klammere ich hier jene Konvertiten aus, die dies aus Liebe zu einem Partner / einer Partnerin tun, da deren Beweggründe meist nicht rein religiöser Natur sind.

38 Vgl. Ibn Ishâq, *Das Leben des Propheten*, Edition Erdmann, Regensburg 1999. Besonders drastisch wird dort die Enthauptung der Männer des Stammes Quraiza beschrieben, die explizit von Mohammed angeordnet worden war. Es sollen zwischen 600–700 Männer gewesen sein (178 ff)

39 Vgl. Rhonheimer, Martin, *Christentum und säkularer Staat*, 338–339.

Idris Nassery

Das Schura-Konzept – Zwischen Realität und Mythos

„Niemals wird sich meine Gemeinde über einen Irrtum einigen“
(Prophet Muhammad)[1]

Spricht man gegenwärtig über das Staatswesen oder das Staatsrecht im Kontext muslimisch geprägter Länder, so rücken die Bilder über die Gräueltaten des „Islamischen Staats“ (IS), neue entfachte Konflikte in Libyen und Jemen und Verfolgung von christlichen und anderen Minderheiten die Diskussion in ein neues Licht. Ausgehend von diesen realen Anknüpfungspunkten über mangelnde Rechtsstaatlichkeit wird die Ursache nicht selten an der Religion des Islams festgemacht.[2] Kurzsichtig wird dabei der Blick für diese Wertung zumeist auf die arabische Staatenwelt oder den Vorderen Orient beschränkt und die vielfältige politische Kultur und rechtlichen Orientierung anderer islamisch geprägter Länder unbeachtet gelassen. Ebenso wird für derartige Bewertungen zumeist wenig zielführend eine Definition des Staatsrechts für den Vergleich mit den politischen Institutionen islamisch geprägter Länder zugrunde gelegt, bei dem eine detaillierte Kodifikation des Aufbaus des Staates und seiner Organe und ihre Beziehungen untereinander und der Gesetzgebung erwartet wird.[3] Hierbei finden historisch-politische Entwicklungen wenig bis gar keine Beachtung. Dabei waren bereits die Anfänge der islamischen Geschichte von der politischen Frage nach dem Ideal eines islamischen Gemeinwesens und der legitimen Herrschaft geprägt. So findet das bis heute noch bestehende Schisma zwischen den Sunniten und Schiiten seinen Ursprung in politischen Rivalitäten zwischen den unterschiedlichen Familienclans und Stämmen. So scheint, dass von Beginn an im Islam Religion im weiteren Sinne und Politik stets stark verzahnt waren und somit auch aufeinander einwirkten. Staatsrechtliche Abhandlungen, die etwa eine systematische Auseinandersetzung mit der politischen Landschaft des ersten Jahrhunderts vornahmen, gab es nicht oder sind zumindest heute nicht erhalten. Vielmehr lassen sich erste rudimentäre Erörterungen zum Staatswesen und Staatsrecht in abbasidischer Zeit finden, wo auch zum ersten Mal der Begriff des Staates (*daula*) auftaucht.[4] Dabei wurde, ausgehend von einigen wenigen ethischen und moralischen Prinzipien wie etwa Vertrauen (*amana*), Gerechtigkeit (*ʿadala*), Pluralismus (*taʿaddudiyya*), Gleichheit (*musawa*), Brüderlichkeit (*uchuwwa*), Frieden (*silm*) und gegenseitige Beratung (*šūrā*), versucht, Themenfelder des Staatsrechts abzuhandeln. Besonders großen Raum im Rahmen dieser Debatten erhielt der Gedanke der gegenseitigen Beratung (*šūrā*), der bis heute noch Grundlage komplexer *šūrā*-Theorien und *šūrā*-Systeme (*nizām šūrā*) bildet.[5] Daher soll im Folgenden trotz des aktuell geladenen Spannungsfelds und der negativen Assoziation mit dem Thema Staat im Kontext des Islams in gebotener Sachlichkeit über den stark diskutierten Aspekt der *šūrā* Aussagen getroffen und einige unterschiedliche Positionen zu den Anforderungen der *šūrā*-Konzeptionen hinterfragt werden. Jedoch erhebe ich in der vorliegenden knappen Einführung keinen Anspruch auf Vollständigkeit aller nennenswerten Facetten des *šūrā*-Gedankens. Vielmehr geht es mir um den Versuch eines Überblicks über diese auf den ersten Blick banal wirkende Idee des „Sich-Beratens" im Islam, die sich bei genauerem Hinschauen jedoch als komplexe und detailreiche Konzeption entpuppt. Daher sollen im Folgenden in einem ersten Schritt einige grundlegende historische und begriffsdeutende Erläuterungen illustriert werden (1.) und sodann unter der Fragestellung, ob Demokratie und *šūrā* Ein- und dasselbe sind, eine Auswahl nennenswerter Ansichten zum *šūrā*-Gedanken (2.) in aller Kürze skizziert werden und sodann in einem letzten Schritt ein Ausblick (3.) möglicher Entwicklungen gegeben werden.

1. Begriffserläuterungen

Jede gewissenhafte Auseinandersetzung, in der ein bestimmter Aspekt innerhalb der Religion des Islams näher erläutert werden soll, bedarf einiger einleitender Bemerkungen darüber, von welchem Bezugsrahmen die Rede ist. Andernfalls führen gerade Fragen im Bezug auf eine das Rechtsystem betreffende Konzeption zu Fehlschlüssen. Entsprechend widmet sich der erste Teil der nachfolgenden Ausführungen dem Versuch einer Begriffserläuterung (a) und der darauffolgende Abschnitt einigen praktisch relevanten Anforderungen des *šūrā*-Gedankens (b).

a) Begriffserläuterung

Um die richtige Einordnung des Begriffs *šūrā* wurde schon seit jeher gerungen. Jedoch erlebte die wissenschaftliche Auseinandersetzung mit dem Begriff *šūrā* seit den 1990er Jahren eine Renaissance. So wurde der Begriff *šūrā* unter diversen Aspekten umfangreich in der Literatur sowohl in der westlichen[6] Wissenschaft als auch im arabischen[7] Raum diskutiert. Ausgehend von der Wortwurzel *š-w-r* lässt sich *šūrā* lexikalisch mit „ernten", „gewinnen", „herausziehen" oder „herausholen" wiedergeben.[8] Der Etymologie des Begriffs *šūrā* lässt sich somit entnehmen, dass die Zielsetzung auf Nutzen und Zugewinn gerichtet ist. Überträgt man nun dies auf die Grundbedeutung des Begriffs *šūrā*, als gegenseitige Beratung und Konsultation von Personen, so orientiert sich die Beratung in erster Linie an einem Zugewinn oder Nutzen für die Gesprächspartner.[9] So scheint die Erwähnung, dass die Beratung oder Konsultation unter Menschen nicht etwa eine erst mit dem Entstehen des Islams entstandene Praxis ist, geradezu trivial. Vielmehr liegt ein solches Verhalten wohl in der Natur des Menschen und einer Gesellschaft. Gleichwohl ist hervorzuheben, dass der Beratungsgedanke, wenn er auch in den klassischen Abhandlungen wenig Beachtung gefunden hat, in der Praxis des Propheten Muhammad und seiner Gefährten eine zentrale Rolle spielte. Zwar werden die den Beratungsgedanken betreffenden Überlieferungen des Propheten Muhammad hinsichtlich ihrer Überlieferungskette als schwach und zweifelhaft eingestuft, jedoch wird der Inhalt dieser Überlieferungen, soweit wie vom Koran unterstützt, für das Verständnis und die Interpretation des Beratungsgedankens herangezogen.[10] Die Idee der gegenseitigen Beratung war ebenfalls maßgeblich bei der Wahl der Nachfolge Muhammads als Oberhaupt der muslimischen Gemeinde. Die Politisierung und Ideologisierung des *šūrā*-Begriffs lässt sich somit früh in der islamischen Geschichte festmachen, aber von einer Verfestigung zu einer Institution kann nicht die Rede sein.[11]

Anders als etwa in der modernen Diskussion, bei dem der Beratungsgedanke vielfach zum Dreh- und Angelpunkt einer islamischen Ordnung erhoben wird, war die gegenseitige Beratung geschichtlich in keiner Weise allein auf den Bereich der Politik, Administration und Militär beschränkt, sondern erfasste alle Lebensfragen und Angelegenheiten der muslimischen Gemeinschaft.[12] Diese Annahme lässt sich insbesondere dem *locus classicus* des Beratungsgedankens aus der Sure 42 Vers 36–39 des Korans entnehmen: „*Was immer euch gegeben wurde, ist für die Nutzung hier in diesem Leben. Was jedoch bei Gott ist, das ist besser und dauerhafter für die, die glauben und auf ihren Herrn vertrauen, die schwere Sünden und Schändlichkeiten zu vermeiden suchen und die vergeben, wann immer sie in Zorn geraten, die ihrem Herrn willfahren und das Gebet verrichten und deren Richtschnur gegenseitige Beratung ist und die von dem, womit wir sie versorgten, spenden und die, wenn sie Gewalttat trifft, sich selber helfen.*“[13] Danach stellt die Beratung, die unmittelbar nach dem Gebet in der Aufzählung folgt, eine erstrebenswerte Eigenschaft eines Gläubigen dar. Die Sure 42, die nach der Wendung „*amruhum šūrā baynahum*“ in Vers 38 ebenfalls als *aš-šūrā* bezeichnet worden ist, wurde an Muhammad in Mekka offenbart. Daher richtete sich diese Sure nicht an eine bereits bestehende muslimische Gemeinschaft, wie sie etwa später in Medina vorzufinden war, sondern an das Individuum selbst. Entsprechend kann diesem Umstand entnommen werden, dass der Beratungsgedanke sich auf alle Ereignisse des Einzelnen im Leben erstreckt. Bezieht man allerdings bei der Interpretation der Koranpassage 42:36–39 ebenfalls die häufig im Rahmen der Diskussion um den Beratungsgedanken zitierte Koranpassage 3:159 „… *Und berate dich mit Ihnen in allen Angelegenheiten von öffentlichem Interesse; dann, wenn du über eine Handlungsweise entschieden hast, setze dein Vertrauen auf Gott: denn, wahrlich, Gott liebt jene, die ihr Vertrauen auf Ihn setzen*“ mit ein, so wird deutlich, dass der Beratungsgedanke insbesondere auch das Staatswesen betreffende Angelegenheiten erfasst. Zwar richtet sich dieser Vers primär an den Propheten Muhammad, allerdings ergibt sich aus einem *argumentum a fortiori,* dass die Praxis des Propheten Muhammad nicht nur als Präzedenzfall für die Generationen nach ihm dienen soll. Denn wenn Gott schon Muhammad als dem vollkommensten Seiner Wesen die Pflicht zur gegenseitigen Beratung auferlegt, dann gilt dies um so mehr für alle anderen

Menschen.[14] Schließlich kann resümiert werden, dass das Konsultationsprinzip mit Blick auf das Gebot der *šūrā* durchaus sich aus den Quellen des Islams begründen lässt.

b) Anforderungen an das Konsultationsprinzip

Weitaus schwieriger lässt sich dagegen die Frage nach den Anforderungen an eine solche Konsultation beantworten. Wenn auch, wie soeben ausgeführt, sich der Beratungsgedanke auf alle Lebensbereiche des Menschen erstrecken kann, so konzentrieren sich häufig die aktuellen Debatten um den Beratungsgedanken auf wesentliche Aspekte des Staatswesens und Staatsrechts.[15] Zwar besteht Einigkeit unter den Gelehrten über die Notwendigkeit der Konsultation in Fragen des Staatswesens, jedoch sind Fragen in Bezug auf den beteiligten Personenkreis an einer Konsultation und die Bindung an die Entscheidung einer solchen nach wie vor umstritten.[16] Wer darf nun an einer solchen Konsultation teilnehmen? Sicher kann von der Gemeinschaft als ganzer nicht erwartet werden, dass sie beisammen sitzt und Gesetze erlässt und sich mit den Befugnissen eines Staatsorgans auseinandersetzt; deshalb muss es eine Person oder eine begrenzte Anzahl von Personen geben, denen die Gemeinschaft ihre Gesetzgebungskompetenz und somit Entscheidungsbefugnisse überträgt und deren Entscheidungen für alle bindend sind.[17] Dann aber ergibt sich die weitere Frage, welche Personen mit dieser Aufgabe betraut werden sollten. Nach der sich früh im Rahmen der Debatten um den Beratungsgedanken entwickelten Formel *ahl al- ḥal wa al-'aqd* (Leute des Lösens und des Bindens) sollen all diejenigen, die die Gemeinde auf Grund ihres spezifischen Sachwissens, ihrer Autorität, der persönlichen Fähigkeit, Abstammung oder ihres Ansehens zu führen vermögen, mit der Entscheidungsbefugnis ausgestattet werden.[18] Die Notwendigkeit einer gewissen Abstammung und des jeweiligen Ansehens in der Gesellschaft erscheinen in Anbetracht des egalitären Menschenbilds im Islam und der koranischen Botschaft sehr fragwürdig.[19] Ebenso wäre es verfehlt, allein die Teilnahme von Experten im Sinne einer Expertokratie für die Konsultation vorauszusetzen.[20] Denn möchte man die bereits oben zitierte Koranpassage 3:159 ernst nehmen, so müssten die Mitwirkenden einer solchen Konsultation, um einen Ausgleich zwischen widerstreitenden Interessen und Meinungen zu erreichen, aus der Mitte der Gesellschaft stammen. Dies lässt sich insbesondere aus dem im Koran 2:143 zum Ausdruck gebrachten Gedanken, dass die Muslime als die Gemeinschaft der Mitte (*ummat wasat*) stets nach dem mittleren Weg streben sollen, entnehmen. Um den Sinn und Zweck des Konsultationsgedankens nicht zu konterkarieren, scheint jedoch ein Mindestmaß an Bildung und Reife der Mitwirkenden einer Konsultation unverzichtbar.[21]

Ob sich die Entscheidung nach dem Stimmenverhältnis richten soll und ob die Entscheidung der jeweiligen Beratung verbindlich ist, wird unterschiedlich gewertet. Allein eine Stimmenmehrheit soll nicht wegweisend sein. So wird hierfür angeführt, dass der bloße Umstand, dass eine Mehrheit eine bestimmte Entscheidung will, nicht zwangsläufig bedeutet, dass die Entscheidung „richtig“ ist. Denn es bestehe stets die Möglichkeit, dass die Mehrheit, wie groß und wohlmeinend sie auch immer sein mag, sich irrt, die Minderheit jedoch im Recht ist.[22] Zumindest spricht für diese Erwägungen, dass die Weltgeschichte voller Beispiele falscher Entscheidungen einer törichten oder selbstsüchtigen Mehrheit ist. Alternativen zum Mehrheitsprinzip sind allerdings schwierig zu finden. Wer legt von Fall zu Fall fest, ob die Mehrheit oder die Minderheit Recht hat? Welche Ansicht ist maßgeblich? Hier die letzte Entscheidung einem Oberhaupt allein aufzulegen, würde nicht nur dem Kerngedanken des Konsultationsprinzips zuwiderlaufen, sondern auch die Möglichkeit, dass sich das jeweilige Oberhaupt irren kann, völlig außer Acht lassen. Wenn man den letzten Halbsatz der Koranpassage 3:159 „... *denn, wahrlich, Gott liebt jene, die ihr Vertrauen auf Ihn setzen*“ zutreffend verstehen möchte, so müsste man die Tatsache hinnehmen, dass irgendeine göttliche Garantie für die Richtigkeit einer Sichtweise nicht existiert, sondern die letzte Entscheidung auf Gottvertrauen aufbauen sollte.[23] Die Vertreter, die sich gegen die Orientierung am Mehrheitsprinzip wenden, plädieren ebenfalls dafür, die Entscheidung der Konsultation lediglich als unverbindliche Empfehlung zu bewerten.[24] Ihnen zufolge kommt dem beratenden Organ beziehungsweise der Versammlung (maǧlis aš-šūrā) lediglich eine beratende Funktion zu, wobei der Herrscher bzw. das Oberhaupt sogar durch ein Vetorecht die Entscheidung des beratenden Organs beziehungsweise der Versammlung gänzlich übergehen kann. Dabei basiert die Argumentation dieser Auffassung auf einer zweistufigen Auslegung der Koranpassage 3:159: In einem ersten Schritt wird, basierend auf dem ersten Teil der Koranpassage 3:159, „... *Und berate dich mit ihnen in allen Angelegenheiten von öffentlichem Interesse*", für das Erfordernis der Konsultation argumentiert. Sodann wird in einem weiteren Schritt auf den zweiten Halbsatz der 3:159 Bezug genommen: „... *dann, wenn du über eine Handlungsweise entschieden hast, setze dein Vertrauen auf Gott: denn, wahrlich, Gott liebt jene, die ihr Vertrauen auf Ihn setzen*", mit dem Argument, dass der erste Halbsatz durch den zweiten Teil des Verses abrogiert (aufgehoben) sei.[25] Dieser Argumentationsstrang wirkt nicht nur gekünstelt und macht unverkennbar deutlich, dass etwas Zusammengehörendes auseinandergenommen werden soll, sondern es soll mit solchen Auslegungen gerade die Herrschaft von Despoten unterstützt werden. Ferner konterkariert ein derartiges Verständnis gänzlich den Sinn und Zweck des Konsultationsprinzips, das gerade dem Ausgleich und der Abwägung unterschiedlicher Ansichten sowie der Aufrechterhaltung der Ordnung in der jeweiligen Gesellschaft dienen soll. In der Gesamtheit lässt sich bezüglich der Anforderungen an das Konsultationsprinzip resümieren, dass eine Vielzahl offener Fragen weder in der Praxis noch in der Wissenschaft bisher abschließend behandelt worden sind und somit weiterhin insbesondere auf theoretisch-wissenschaftlicher Ebene weitere Auseinandersetzung mit diesen Fragen erforderlich sind.

2. al šūrā und Demokratie – ein und dasselbe?

Nachdem nunmehr in einem ersten Schritt einige nennenswerte Hintergründe zu Begriff und Anforderungen des Konsultationsprinzips dargestellt worden sind, soll im Folgenden eine weitere Dimension des *šūrā*-Gedankens behandelt werden. Mit der Belebung und politischen Instrumentalisierung des Gerechtigkeitsgedankens im Islam wurde bereits seit dem 19. Jahrhundert unter muslimischen Denkern und Politikern die Frage, inwiefern das System der parlamentarischen Demokratie mit dem im Koran den Muslimen auferlegten Prinzip der gegenseitigen Beratung vereinbar beziehungsweise gleichzusetzen ist, kontrovers diskutiert. Ziel dieser Debatte war zumeist soziale und politische Reformen im Sinne der Moderne in Gang zu setzen. Wenn auch die gesamte Diskussion unter Bezugnahme auf die Vorschriften des Korans und der Praxis des Propheten erfolgte, so muss bereits hier zweifelsohne konstatiert werden, dass sich weder aus dem Koran noch der Praxis des Propheten Muhammad unmittelbar eine Gleichstellung der *šūrā* mit der westlichen Demokratie entnehmen lässt. Dies mag wenig überraschen, wenn man sich gerade vergegenwärtigt, dass die parlamentarische Demokratie eine Erscheinung der Moderne ist. Dennoch werden im Wesentlichen drei unterschiedliche Positionen vorgetragen: die *politisch-ideologische, die literalistische* und die *liberale* Ansicht.

Ausgehend von einer Idealisierung der Frühzeit des Islams, insbesondere unter Verweis auf die Designation, Wahl oder Einsetzung der ersten vier Kalifen (*al-ḫulafāʾ ar-rāšidūn*) als Nachfolger Muhammads, wird von der *politisch-ideologischen* Ansicht vertreten, dass die *šūrā* eine muslimische Pflicht sei und bei richtiger Praxis die Grundzüge moderner demokratischer Gesellschaften unter Ausgleich aller Schwächen übertrifft. Ihren Ursprung findet diese Ansicht etwa Ende des 19. Jahrhunderts in den Lehren von *Jamal al-Din al-Afghani* (gest. 1897) und seinem berühmten Schüler *Muhammad 'Abduh* (gest. 1905). Konfrontiert mit der Präsenz der Kolonialherrschaft und deren Werten und Vorstellungen, bemühte man sich, als erfolgreich empfundene Institutionen des Westens und deren intellektuelle Begründungen für die islamisch geprägten Gesellschaften zu adaptieren und dabei in der eigenen Tradition und Religion Entsprechungen für die westlichen Werte und Einrichtungen zu finden. Dabei wurde der Begriff *al šūrā* herangezogen, um etwa der westlichen Demokratie etwas „Islamisches" gleichzusetzen beziehungsweise entgegenzusetzen. Hierdurch war man bemüht zu zeigen, dass es sich nicht um eine Neuerung (*bid'ah*) in der islamischen Tradition handele, sondern bereits eine dem Islam inhärente Institution sei. Danach widerspricht das Konzept von *al šūrā* in keiner Weise der Moderne und der Vernunft, sondern ist vielmehr mit beiden kompatibel.[26] Ferner lasse sich nach *Muhammad 'Abduh* der Scharia nicht entnehmen, wie das Beratungsprinzip im Detail umzusetzen sei, so dass das Prinzip der gegenseitigen Beratung entsprechend der praktischen Gegebenheiten angepasst werden müsse.[27] Diese reformatorischen Gedanken, die gerade einen rationalen Zugang zu den Primärquellen des Islams begründeten, sollten verdeutlichen, dass die Lösung aller Herausforderungen in der Religion zu suchen seien. *Hassan al-Banna* (gest. 1949), Gründer und geistlicher Führer der Muslimbruderschaft, bezog den Beratungsgedanken nicht nur auf die Gründung von Parlamenten und Wahlen, sondern leitete darauf basierend auch die Notwendigkeit eines gerechten Staatsoberhaupts ab, der im Sinne des Allgemeinwohls das Land regiere.[28] *Sayyid Qutb* (gest. 1966), einer der Schüler von *Hassan al-Banna*, machte wiederholt unmissverständlich deutlich, dass das Konsultationsprinzip nicht mit irgendwelchen westlichen Konzeptionen gleichzusetzen sei, sondern die westliche Staatsorganisation durch die absolute Souveränität Gottes (*ḥākimiyyat Allāh*) übertreffe.[29] Ferner verweist *Sayyid Qutb* darauf, dass das Konsultationsprinzip zu Lebzeiten des Propheten nicht etwa abschließend konkretisiert und definiert worden sei, sondern durch den Wandel der Gesellschaft auch den Bedürfnissen des Menschen angepasst werden müsse.[30] Dem folgend verwenden viele gegenwärtige Vertreter eines politischen Islams, wie etwa die Muslimbruderschaft in Ägypten oder die Ennahda-Partei in Tunesien, das Konsultationsprinzip als Synonym für Demokratie und lehnen ein dem Volk auferlegtes Staatsoberhaupt gänzlich ab.[31] Einige Vertreter legen muslimischen Ländern sogar nahe, gewisse Institutionen des Staatsrechts, wie etwa das Mehrparteiensystem oder verwaltungsrechtliche Vorschriften, teilweise zu übernehmen, und berufen sich hierfür auf die Praxis des Propheten Muhammad, der ebenfalls Vorschriften und Praktiken der Perser und Byzantiner in die muslimische Gemeinde integrierte.[32] Dies darf jedoch nicht zur einer blinden Nachahmung führen, sondern muss den Eigenheiten der Kulturen in muslimischen Gesellschaften Rechnung tragen.[33] So ist das Konzept der *šūrā* nicht etwa allein auf die Sphäre des Staatrechts zu reduzieren, vielmehr sei die *šūrā* ein alle Ebenen der menschlichen Interaktion umfassender Gedanke.[34] Maßgeblich ist jedoch für jede Erscheinung des Beratungsprinzips, dass der Gegenstand der Beratung weder dem Koran noch der Sunna widerspricht und nichts erlaubt, was in diesen Quellen verboten ist, und nichts verbietet, was nach diesen Quellen statthaft ist.[35] An dieser Stelle lässt sich jedoch berechtigterweise fragen, wer die Wertung und Interpretation dieser Primärquellen letztverbindlich vornehmen darf; weiterhin, ob das Ergebnis dieser Auslegung nunmehr alle Länder mit muslimischer Bevölkerung verpflichtet oder jedes Land jeweils seiner eigenen Interpretation folgen kann. Wenn nun das Konsultationsprinzip mehr und besser als die westliche Demokratie ist, wie ist dieses dann genau strukturiert beziehungsweise wer legt diese Strukturen fest? Hier scheinen ebenfalls noch viele Fragen nicht abschließend geklärt zu sein.

Dagegen lehnen die Anhänger *einer literalistischen* Auffassung jegliche Gleichstellung des Konsultationsprinzips mit westlichen Werten und Einrichtungen ab. Vertreter dieser Ansicht, die mehrheitlich der wahabitisch-politischen Strömung Saudi Arabiens anhängen, stützen sich dabei auf das Argument, dass nichts in den Text (Koran und Praxis des Propheten Muhammad) hineingelesen werden darf, was nicht vorhanden ist. Dies bedeutet, dass jede Adaption von Elementen eines westlichen beziehungsweise modernen Staatswesens für die islamisch geprägten Gesellschaften als verbotene Neuerung (*bid'ah*) anzusehen ist und damit gänzlich abgelehnt werden muss. Ferner wird ausgeführt, dass die Werte der Muslime denen der westlichen Gesellschaften widersprechen und somit sogar die Verwendung beziehungsweise Gleichstellung gewisser Ideen des Islams mit denen westlicher bereits als Aushöhlung islamischer Werte anzusehen sei.[36] Unermüdlich verweisen die Vertreter dieser Ansicht auf diverse Gegebenheiten in westlichen Ländern, wie etwa auf die Ehe zwischen Homosexuellen, die Zulassung von Abtreibung etc., um hervorzuheben, dass all diese Werte dem Verständnis ihres Islams widersprechen und dies nicht das Ergebnis einer Konsultation im islamischen Sinne wäre. Denn anders als etwa die westlichen Regierungsformen, welche auf menschlichem Konstrukt basieren, sei das Konsultationsprinzip eine gottgegebene Konzeption und daher erfolgversprechender für den Menschen.[37] Daher sind nach dieser Auffassung Wahlen eines Staatsoberhaupts oder etwaig im Parlament verabschiedete Gesetze abzulehnen. Denn allein Gott habe jegliche Souveränität inne und die Trennung der Religion von Staat konterkariere geradezu diese Souveränität. Alles, was sich nicht dem Koran und der Praxis des Propheten entnehmen lasse, sei abzulehnen und mithin nicht „islamisch". Unter Verkennung der Vielfalt historischer Erscheinungen im Islam ist der Polemik der Anhänger der literalistischen Strömung mit keiner Silbe zu entnehmen, wie nunmehr die Konsultation im Sinne ihres Verständnisses aussehen soll und wie vor allem diese sich zusammensetzen könnte. Vielmehr dient diese Ansicht der religiösen Legitimation der arabischen Despoten in der Golfregion und der Monarchen und Militärdiktaturen Nordafrikas, um so vermeintlich „islamischer" zu wirken. Das Schweigen der Gelehrten, zu der Bereicherung der Despoten, die am kapitalistischen Wirtschaftssystem und den technologischen Errungenschaften des Westens partizipieren, einerseits, und an der Unterdrückung der eigenen Bevölkerung andererseits, offenbart wie so häufig die doppelzüngige Einstellung dieser zumeist dem Herrscherhaus nahestehenden Gelehrten.

Dieser Ansicht entgegen vertritt die dritte, *liberale*, Position, nach der die bereits erfolgreich existierende Demokratie für islamisch geprägte Länder übernommen werden sollte. Dabei heben die Vertreter dieser Auffassung zunächst hervor, dass die mehrheitlich von Muslimen bewohnten Länder einer Transformation auf allen Ebenen unterliegen, ähnlich solchen der Gesellschaften in Osteuropa und Lateinamerika. Dieser Wandel bedarf jedoch eines weiten Verständnisses des Konsultationsprinzips als ein umfassendes System und nicht etwa einer allein auf die Wortbedeutung begrenzenden Praxis. So sei die gegenseitige Beratung eine Tugend, die der Einzelne praktizieren sollte.[38] Da es bisher weder einem Rechtsgelehrten noch einem Theologen gelungen sei, eine ausführliche Systematisierung aus der Tradition schöpfend für die Gegenwart fruchtbar zu machen, sei *šūrā* als Leitgedanke in die Gegenwart zu denken.[39] Die Mängel der Demokratie in westlichen Ländern lassen sich beheben, die Wogen der Tyrannei wie sie etwa zurzeit in den meisten mehrheitlich von Muslimen bewohnten Ländern herrscht dagegen nicht. Sie können nur durch ein gänzlich neues System ersetzt werden. Entsprechend ist die gegenseitige Beratung eine Pflicht für die Staatsorgane und ihre Vertreter und ein Recht eines jeden Individuums, der dem Staat angehört.[40] Das Eintreten dieser Auffassung für eine weite Interpretationsmöglichkeit des Konsultationsprinzips und damit grundsätzlich für ein offenes Verständnis des Staatswesens weist allerdings die wesentliche Schwäche auf, nicht den kulturellen und historischen Eigenheiten muslimisch geprägter Gesellschaften ausreichend Rechnung zu tragen. So scheint eine unreflektierte und die gesellschaftlichen Bedürfnisse nicht berücksichtigende Nachahmung westlicher Demokratieformen wenig zielführend.

3. Fazit

Dem soeben dargestellten Ansichten ist gemein, dass eine systematisch begründete Lösung oder Alternative zur westlichen Demokratie nicht erbracht werden konnte, sondern vielmehr eine Gleichsetzung des Konsultationsgedankens mit dem westlichen Demokratiesystem eher realitätsfern erscheint. In jedem Falle lässt sich die Vielfalt an Meinungen und Menschen im Koran[41] belegen, so dass das Konsultationsprinzip als Instrument *par excellence* dienen kann, um diese Pluralität auch zu garantieren. Der sich nach all dem aufdrängenden Frage, wieso keine einheitliche Interpretation beziehungsweise keine neuen Impulse zum Konsultationsgedanken von muslimischen Gelehrten aus den Kernländern zu vernehmen sind, muss leider nüchtern entgegnet werden, dass die Gründe vielschichtig sind. Häufig mangelt es an den politischen Gegebenheiten, um solche Gedanken überhaupt fruchten zu lassen. So sind vielmehr von muslimischen Gelehrten, die ihre Wirkungsstätte insbesondere im Westen haben, in dieser Richtung interessante und weiterführende Denkanstöße zu erwarten, die auch Rückwirkungen auf die islamische Welt haben könnten.

Nach Ansicht des marokkanischen Professors *Ahmed Al-Raysouni* hat das Konsultationsprinzip folgende Ziele: Interessenabwägung, Gemeinwohl, Vermeidung von diktatorischen Strukturen, Partizipation der Allgemeinheit, Förderung von Diskurs, Einheit, Zusammenhalt und gemeinschaftliche Verantwortung.[42] Die Konsequenz daraus kann allein sein, entsprechend diesen Zielen, sich um die mögliche Etablierung eines auf dem *šūrā*-Konzept basierenden und in sich abgeschlossenen Regierungssystems zu bemühen.[43] Ob dabei nun die westliche Demokratie in ihren vielfältigen Erscheinungsformen als Orientierung dienen kann, sollte die jeweilige Gesellschaft für sich selbst beantworten. Gänzlich verfehlt wäre, wie auch historisch belegt werden kann, einer Gesellschaft eine Werte- und Staatsvorstellung aufzuerlegen. Die Frage, wie sich der Islam zur Demokratie positioniert, führt ebenfalls nicht zum Ziel. Vielmehr muss der Vielfalt der kulturellen und politischen Unterschiede Rechnung getragen werden, ohne, wie so oft, Ungleiches unter ungleichen Gegebenheiten zu vergleichen. So konstatierte der libanesische Soziologe *Halim Barakat* einst in einem Interview sehr treffend: *„Nicht die Religion ist der Schlüssel zum Verständnis der Gesellschaft, sondern die Gesellschaft ist der Schlüssel zum Verständnis ihrer religiösen Vorstellung.“* Dass eine auf dem Islam basierende Herrschaft zwangsläufig auf eine Theokratie oder ein Kulifat hinauslaufe, ist demnach ein von Menschen formulierter Anspruch, der keine universelle Gültigkeit beanspruchen kann, sondern stets der Dynamik gesellschaftlicher und politischer Entwicklungen unterliegt.

Anmerkungen

1 IBN MĀJAH, Sunan Ibn Mājah, Band 2, S. 1303, Hadith No. 3950. Im Ergebnis entspricht dieser Ausspruch der römischen Redensart: *Vox populi, Vox Dei* (Die Stimme des Volkes ist die Stimme Gottes), die die Grundlage vieler Demokratien heute bildet.

2 T. NAGEL, Zu den Grundlagen des islamischen Rechts, Nomos Band 14, Potsdam 2012, S. 26.

3 Ibid.

4 M. ROHE, Das Islamische Recht, München 2011, C.H. Beck Verlag, S. 142.

5 Eine ausführliche Analyse findet sich bei: R. BADRY, Die zeigenössische Diskussion um den islamischen Beratungsgedanken unter besonderen Aspekt ideengeschichterlicher Kontinuitäten und Diskontinuitäten, Stuttgart 1998, Frank Steiner Verlag.

6 Statt vieler: J.L. EPOSITO / J. PISCATORI, Democratization and Islam, Middle East Journal, Vol. 45, No.3, 1991, S. 427–440.

7 H.I. ʻALI, al-Tayyarat al-Islamiyya wa Qadiyyat al-Dimuqratiyy, Beirut 1996, Markaz Dirasat al-Wahda al-Àrabiyyya.

8 R. BADRY, Die zeigenössische Diskussion um den islamischen Beratungsgedanken unter besonderen Aspekt ideengeschichterlicher Kontinuitäten und Diskontinuitäten, Stuttgart 1998, Frank Steiner Verlag, S. 54. – Hier wird die Begriffserläuterung ihrer ursprünglichen Wortwurzel entsprechend aus der Landwirtschaft hergeleitet.

9 Ibid.

10 A. AL-RAYSUNI, Al-Shura: The Qur'anic Principle of Consultation, London 2011, IIIT Publisher, S. 2f.

11 G. KRÄMER, Demokratie im Islam, Bonn 2011, C.H. Beck Verlag, S. 121.

12 Ibid.

13 Zugrunde gelegt wird vorliegend die Übersetzung des Korans von Hartmut Bobzin. HARTMUT BOBZIN (Übers.), Der Koran, München 2012 (Beck'sche Reihe).

14 M. ABED AL-JABRI, Democracy, Human Rights and Law in Islamic Thought, London 2009, I.B. Tauris Publisher, S. 227.

15 F. RAHMAN, A Recent controversy over the interpretation of šūrā, in: History of Religions 1981, Vol. 20, S. 293.
16 M. FORSTNER, Islam und Demokratie, in: Heft Nummer 9/10-CIBEDO-Texte, Köln 1981, S. 8.
17 M. ASAD, Die Prinzipien von Staat und Regierung im Islam, Mössingen 2011, Edition Bukhara, S. 71.
18 M. FADL, Modernist Islamic Political Thought and the Egyptian and Tunisian Revolutions of 2011, in: Middle East Law and Governance, Leiden 2011, Brill Press, S. 102.
19 So sprechen u.a. die Koranpassagen 3:110 und 2:143 für ein egalitäres Verständnis des Menschenbilds.
20 G. KRÄMER, Demokratie im Islam, Bonn 2011, C.H. Beck Verlag, S. 125.
21 M. ASAD, Die Prinzipien von Staat und Regierung im Islam, Mössingen 2011, Edition Bukhara, S. 77.
22 Ibid, S. 79.
23 Ibid.
24 A. AL-MAUDUDI, Political Theory of Islam, Lahore 1985, Islamic Publications, S. 61 f.
25 M. 'ABD AL-QADIR ABU FARIS, Al-Nizam al-Siyasi fi al-Islam, Beirut 1984, Dar al-Quran al-Karim, S. 15–40.
26 M. 'IMARA, „al-A'mal al-Kamila lil-Imam Muhammad 'Abduh", 1972 Beirut, al-Mu'assasa al-'Arabiyya lil-Dirasat wal-Nashr, S. 350–366.
27 Ibid.
28 M. AL-BANNA, „Nizam al-Hukm", in: Majmu'at Rasa'il al-Imam Hasan al-Banna, 1965 Beirut, Dar al-Andalus, S. 358–383.
29 S. QUTB, Ma'rakat al-Islam wal-Ra'smaliyya, 1975 Beirut, Dar al-Shuruq, 4. Auflage, S. 86.
30 Ibid
31 T. RAMADAN, Islam and the Arab Awaking, Oxford 2012, Oxford University Press, S. 96 f; Y. QARADAWI, Min Fiqh al-Dawla fi al-Islam, 2001 Kairo, Dar al-Shuruq, S. 36; M. 'IMARA, al-Islam wa Huquq al-Insan Darurat La Huquq, 2004 Damaskus, Markaz al-Raya, Dar al-Islam, S. 61; H. AL-TURABI, Qadiyyat al-Huriyya wal-Wahda, Al-Shura wal Dimuqratiyya, al-Din wal-Fann, 1987 Jeddah, al-Dar al-Saudiyya lil-Nashr wal-Tawzi, S. 52.
32 Y. QARADAWI, „Min Fiqh al-Dawla fi al-Islam", 2001 Kairo, Dar al-Shuruq, S. 137–138, S. 151–160.
33 A.S. MARZUQ, al-Ab'ad al-Gha'iba fi Azamat al-Khalij, 1990 Ägypten, al-Markaz al-'Arabi al-Dawli, S. 13.
34 A. AL-RAYSUNI, Al-Shura: The Qur'anic Principle of Consultation, London 2011, IIIT Publisher, S. 70–74.
35 H. AL-TURABI, Qadiyyat al-Huriyya wal-Wahda, Al-Shura wal Dimuqratiyya, al-Din wal-Fann, 1987 Jeddah, al-Dar al-Saudiyya lil-Nashr wal-Tawzi, S. 45 ff.
36 M. QUTB, Waqi'una Mu'asar, 2006 Kairo, Dar al-Shuruq, S. 489–92.
37 Ibid, S. 491.
38 M. ABED AL-JABRI, „Democracy, Human Rights and Law in Islamic Thought–, London 2009, I.B. Tauris Publisher, S. 124.

39 Ibid, S. 125.
40 Ibid, S. 229.
41 z.B. 49:13, 30:21, 16:93, 2:143, 2:256.
42 A. AL-RAYSUNI, Al-Shura: The Qur'anic Principle of Consultation, London 2011, IIIT Publisher, S. 35–49.
43 Ibid, S. 70–74.

Literatur

Ibn Mājah, *Muhammad bin Yazīd al-Qazwīnī, Sunan Ibn Mājah,* Istanbul 1981, Cagri Yaginlari.

T. Nagel, *Zu den Grundlagen des islamischen Rechts,* Nomos Band 14, Potsdam 2012.

M. Rohe, *Das Islamische Recht,* München 2011, C.H. Beck Verlag.

R. Badry, *Die zeigenössische Diskussion um den islamischen Beratungsgedanken unter besonderen Aspekt ideengeschichterlicher Kontinuitäten und Diskontinuitäten,* Stuttgart 1998, Frank Steiner Verlag.

J.L. Eposito / J. Piscatori, *Democratization and Islam,* Middle East Journal, Vol. 45, No.3, 1991.

H.I. 'Ali, *al-Tayyarat al-Islamiyya wa Qadiyyat al-Dimuqratiyy,* Beirut 1996, Markaz Dirasat al-Wahda al-Àrabiyyya.

A. Al-Raysuni, *Al-Shura: The Qur'anic Principle of Consultation,* London 2011, IIIT Publisher.

G. Krämer, *Demokratie im Islam,* Bonn 2011, C.H. Beck Verlag.

H. Bobzin (Übers.), *Der Koran,* München 2012 (Beck'sche Reihe).

M. Abed al-Jabri, *Democracy, Human Rights and Law in Islamic Thought,* London 2009, I.B. Tauris Publisher.

F. Rahman, *A Recent controversy over the interpretation of šūrā,* in: History of Religions 1981, Vol. 20.

M. Forstner, *Islam und Demokratie,* in: Heft Nummer 9/10-CIBEDO-Texte, Köln 1981.

M. Asad, *Die Prinzipien von Staat und Regierung im Islam,* Mössingen 2011, Edition Bukhara.

M. Fadl, *Modernist Islamic Political Thought and the Egyptian and Tunisian Revolutions of 2011,* in: Middle East Law and Governance, Leiden 2011, Brill Press.

A. al-Maududi, *Political Theory of Islam,* Lahore 1985, Islamic Publications.

M. 'abd al-qadir Abu Faris, *Al-Nizam al-Siyasi fi al-Islam*, Beirut 1984, Dar al-Quran al-Karim.

M. 'Imara, *„al-A'mal al-Kamila lil-Imam Muhammad 'Abduh"*, 1972 Beirut, al-Mu'assasa al-'Arabiyya lil-Dirasat wal-Nashr.

M. al-Banna, *„Nizam al-Hukm"*, in: Majmu'at Rasa'il al-Imam Hasan al-Banna, 1965 Beirut, Dar al- Andalus.

S. Qutb, *Ma'rakat al-Islam wal-Ra'smaliyya,* 1975 Beirut, Dar al-Shuruq, 4. Auflage.

T. Ramadan, *Islam and the Arab Awaking,* Oxford 2012, Oxford University Press.

Y. Qaradawi, *Min Fiqh al-Dawla fi al-Islam,* 2001 Kairo, Dar al-Shuruq.

M. 'Imara, *al-Islam wa Huquq al-Insan Darurat La Huquq*, 2004 Damaskus, Markaz al-Raya, Dar al-Islam.
H. al-Turabi, *Qadiyyat al-Huriyya wal-Wahda*, Al-Shura wal Dimuqratiyya, al-Din wal-Fann, 1987 Jeddah, al-Dar al-Saudiyya lil-Nashr wal-Tawzi.
A.S. Marzuq, *al-Ab'ad al-Gha'iba fi Azamat al-Khalij*, 1990 Ägypten, al-Markaz al-'Arabi al-Dawli.
A. Al-Raysuni, *Al-Shura: The Qur'anic Principle of Consultation*, London 2011, IIIT Publisher.
H. al-Turabi, *Qadiyyat al-Huriyya wal-Wahda, Al-Shura wal Dimuqratiyya, al-Din wal-Fann*, 1987 Jeddah, al-Dar al-Saudiyya lil-Nashr wal-Tawzi, S. 45 ff.
M. Qutb, *Waqi'una Mu'asar*, 2006 Kairo, Dar al-Shuruq.

Selçuk Doğruer

Staat als abstraktes Konstrukt – Staat als kollektive Konzeption

Eine islamische Sicht

Das Verhältnis von Macht, Religion und Politik ist auch in den Staaten nicht endgültig festgelegt, in denen vom Gesetz her Religion und Staat klar getrennt werden. Eine von jeher hochbrisante, leider teils bittere Konfrontation zwischen religiösen und säkularen, teilweise auch antireligiösen Anschauungen prägt bis in die Gegenwart die gesellschaftspolitischen Debatten. Das seit der Antike kontrovers diskutierte Verhältnis von Staat und Religion wird heutzutage in folgenden Fragen formuliert:

- Ist die Religion eine öffentliche oder eine private Angelegenheit?
- Welche Rolle spielt die Religion für den Staat?
- Wie ist das Machtverhältnis zwischen Religion und Staat?
- Wie viel Religion darf überhaupt in der Öffentlichkeit vorkommen?

Vier Modelle zum Verhältnis von Staat und Religion: Antireligiös – Religionskritisch – Religionsfreundlich – Proreligiös

In der heutigen Zeit sind sehr unterschiedliche Modelle Praxis, die das Verhältnis von Staat und Religion bestimmen. So verstand sich z.B. Albanien in den Jahren 1968–1990 als ein besonders religionskritischer Staat, der die Religionsausübung im öffentlichen Raum vehement zu unterdrücken suchte. Aufgrund eines konsequenten Staatsatheismus sollte Religion gänzlich in den privaten Raum zurückgedrängt werden. Dieses Modell versteht sich als eine außergewöhnlich *antireligiöse* Staatsform.

Ein zweites Modell ist der Laizismus. Diesem Modell liegt das Prinzip einer strengen Trennung von Staat und Kirche zugrunde. Es ist gemäßigter als der Staatsatheismus, pflegt aber dennoch einen kritischen Umgang mit der Religion. Diese ursprünglich in Frankreich entstandene Staatsform verdrängte zwar die Religion nicht aus dem öffentlichen Raum, schwächte sie jedoch durch die hegemoniale Stellung des Staates. Dieses Modell versteht sich insbesondere durch seine Entstehungsgeschichte als eine *religionskritische Staatsform.*

Eine dritte Form entwickelte sich in Deutschland im Jahr 1919 mit der Weimarer Reichsverfassung.[1] Im Vergleich zu den beiden ersten Formen konstituierte sich diese Form als ein *religionsfreundliches* Modell. Festgehalten im Staatskirchenrecht billigt der Staat religiösen Gemeinschaften unter gewissen Voraussetzungen den Status einer Körperschaft des öffentlichen Rechts zu. Durch diesen Status genießen Religionsgemeinschaften eine starke Autonomie, dies gilt insbesondere für die anerkannten Kirchen. Sie spielen eine relativ aktive Rolle in der Öffentlichkeit, bekommen zum Beispiel staatliche Subventionen für ihre Wohlfahrtseinrichtungen und sind Träger des öffentlichen Religionsunterrichts.[2] Bei diesem Modell gelten die konstitutionelle Religionsfreiheit, die weltanschauliche Neutralität des Staates und die Selbstbestimmung der Religionsgemeinschaften. Für den Staat und für die Religionsgemeinschaften sind die Bereiche der Angelegenheiten definiert, die in Staatsverträgen festgehalten ist („res mixta“). Dieses *religionsfreundliche* Modell entwickelte sich zunächst als ein Kompromiss zwischen Staat und Kirche und bewährte sich später als eines der besten Staatsmodelle. Denn heute können wir beobachten, dass in vielen Bereichen des öffentlichen Lebens diese partnerschaftliche Kooperation zwischen Staat und Kirche ihre Früchte trägt. Aufgrund ihrer historischen Entstehungsbedingungen kann diese Staatsform nur vor dem Hintergrund der Entwicklung und Dynamik der spezifischen deutschen Geschichte verstanden werden.

Das vierte Modell bilden die Staaten, die eine bestimmte Religion bevorzugen: die Staatsreligionen. Der Staat erkennt eine Religion als seine Religion an. In europäischen Ländern wie England, Dänemark und Griechenland gilt dieses Modell in gemäßigter Form. Eine noch stärkere Form eines *proreligiösen* Staates wäre eine, die sich zur Aufgabe stellt, die Religion zu schützen und religiöse Regeln zur Grundlage des Gemeinwesens zu erheben. Dieses Modell versteht sich als eine *proreligiöse* Staatsform.

Moderne Rationalität und die weltliche Vernunft

Die modernen religionskritischen und anti-religiösen Staatsformen sind nach der Aufklärung entstanden. Im Zeitalter der Aufklärung drohte das rationale Denken alle religiösen und politischen Strukturen zu vernichten, die den Fortschritt zu behindern drohten.

Die Rationalität wurde zum Postulat der Moderne, was die Kirchen durch seine Ausschließlichkeit in große Erklärungsnot brachte. Die Kirche musste versuchen, den Glauben mit der Vernunft in Einklang zu bringen und sich neu zu behaupten. Doch Glaube und Vernunft wurden auf diese Weise zu einem Gegenüber. Die Aufklärung setzte sich schließlich gegen die religiösen Modelle der Welterklärung durch. Die Vernunft entwickelte sich kultur- und begriffsgeschichtlich zu einer weltlichen Rationalität (Säkularisierung), in der es kaum noch Raum für religiöse Urteile gab. Später reduzierte sich diese sogar in ihrer strengsten Form auf den Szientismus.

Der Islam hat im Unterschied zu dieser kulturgeschichtlichen Episode des Abendlandes ein von Grund auf anderes Verhältnis zu Vernunft und Freiheit. Die Vernunft galt als unmittelbares Postulat für das islamische Denken und Handeln. Sie ist eine tief im islamischen Weltbild verwurzelte Überzeugung und kein im Diskurs herbeigeführtes Motiv oder apologetisches Argument. Im Koran wird der Mensch als edelstes Geschöpf mannigfach als vernunftbegabtes Wesen verehrt. So steht in einem Vers: „Die auf das Wort hören und dem Besten davon folgen, das sind die, die Gott rechtleitet, und das sind die Einsichtigen.“[3] Dieser Vers fordert zum Dialog auf. Er ruft auf, sich für den argumentativen Diskurs zu öffnen, und erst nach der Kommunikation und dem Hören zu urteilen. Umgekehrt heißt es an einer anderen Stelle im Koran: „Die schlimmsten Tiere bei Gott sind die tauben und stummen, die keinen Verstand haben.“[4] Damit sind Menschen gemeint, die sich Scheuklappen angelegt haben und stur sind. Diese Aufforderung zur Kommunikation mit dem sozialen

Umfeld und die Handlung nach überzeugenden Ansichten ist im Islam die Basis für das soziale Zusammenleben. In diesem Zusammenhang bildet die Vernunft die Voraussetzung für den gesellschaftlichen Austausch und die Grundlage für die religiöse und politische Meinungsbildung. Gott hat im Schöpfungsakt den Menschen mit Vernunft begabt und die Vernunft zu einer universellen Anlage aller Menschen erhoben.

Ausgehend von diesem Standpunkt kann kein Unterschied zwischen weltlichen und geistlichen Urteilen gemacht werden. Ein Dualismus von weltlicher und geistlicher Vernunft ist nicht möglich. Der Islam zeigt hier sein Anliegen als eine allgemein zugängliche Beweisführung und fordert zu einem offenen Diskurs auf. In den Wissenschaften geht es um universell zugängliche und prüfbare Erkenntnisse. Theologie, Rechtswissenschaft, Medizin, Mathematik und Logik sind allesamt Teilwissen des gleichen einen Kosmos, der einen Schöpfung. So blühte der Islam im Mittelalter mit seinen wissenschaftlichen Fortschritten und seinen hochintellektuellen Gelehrten. Die Philosophie der Antike fand in der islamischen Welt großes Ansehen und wurde weiterentwickelt, bis sie auch in Europa Einfluss nahm. Muslimische Philosophen wie Averroës[5] rezipierten die klassischen Werke und prägten mit ihrer Philosophie die westlichen Sprachen und das gesamte Abendland. Gelehrte wie al-Farabi[6] und Avicenna[7] leisteten als Universalgelehrte für Logik, Ethik, Politik, Medizin, Jura, Mathematik, Astronomie, Physik, Chemie, Philosophie und Musik einen großen Beitrag. Mathematiker wie al-Khawarizmi[8], der Entdecker des Algorithmus, Astronomen wie al-Biruni[9], der den ersten Globus fertigte, und Ibn al-Haitham (Alhazen)[10], der die Höhe der Atmosphäre berechnete, waren bedeutende Wegbereiter der europäischen Aufklärung. Der Islam öffnete die Tür zur Forschung und lieferte in dieser Epoche der europäischen Geschichte einen großen Beitrag zur gesellschaftlichen Entwicklung.

Im Mittelalter wetteiferten diverse islamische Schulen um der Erkenntnis und der Wahrheit willen in unterschiedlichen Disziplinen. Denn nach dem Koran gilt die Erforschung der Welt um der Forschung willen zu den guten Werken.[11] Ihren Schülern wiesen sie den Weg des Wissens und öffneten Perspektiven über ihr eigenes Milieu hinaus auf den breiteren europäischen Kontext. Muslimische

Gelehrte galten nicht nur als religiöse Fachleute, sondern auch als Experten in allen Bereichen des religiösen und politischen Lebens. Als Muslime verstanden sie ihren Beruf der Wissenschaft als eine göttliche Berufung. Wissenschaft versteht sich als Erforschung der Schöpfung und somit als ein Gottesdienst.

Die Moderne und die Säkularisierung

In der abendländischen Aufklärung emanzipierte sich der Staat von der Kirche; die geistliche Autorität wurde durch die weltliche Autorität abgelöst. Durch diesen Prozess der „Entsakralisierung" entstand der säkulare Staat. Diese teils sehr emotional aufgeladenen Agitationen gegen die Kirchen entwickelten sich im Laufe der Geschichte sogar zu einer allgemein religionskritischen Haltung. Die im Abendland geführten kontroversen Diskussionen, insbesondere die über den Gegensatz von Vernunft und Glauben, von „weltlich" und „geistlich", waren für die islamische Welt befremdlich. In dieser Zeit trugen muslimische Wissenschaftler selbstverständlich mit ihren Erkenntnissen zu ihren Staatssystemen bei. Es gab einen regen Austausch zwischen Geistes- und Naturwissenschaften. Unter dem Kalifat der Abbasiden blühten die Wissenschaften, so dass man für diese Zeit von einer islamischen Hochkultur sprechen kann. Bis gegen Ende des osmanischen Reiches gab es die Trennung zwischen Staat und Religion, so wie sie sich in Europa entwickelte, nicht. Zwischen den Gelehrten und ihren Schulen galt die Durchsetzungskraft von Argumenten. Dies bestimmte, was in der Gesellschaft zur Geltung gelangte. Eine Polarisierung zwischen geistlichen und weltlichen Autoritäten, wie sie sich im Abendland ausdehnte, gab es hier nicht. Die Rechtsgelehrten trugen zur Gesetzgebung ihres Landes bei und galten durch ihre weitsichtigen Erkenntnisse als Experten für die islamische Jurisprudenz. Als Rechtsgelehrte waren sie oft sogar Richter und nahmen als Experten eine wichtige Rolle in der Gesellschaft ein. Die Entsakralisierung im Abendland und die säkulare Form der staatlichen Autorität waren ihnen fremd.

Doch welche Autorität hat der Staat eigentlich nach der Entsakralisierung? Wie religiös neutral kann der entsakralisierte Staat überhaupt sein? Der Staatsrechtler Ernst Wolfgang Böckenförde stellte schon vor einigen Jahren fest: „Der freiheitliche, säkularisierte Staat lebt von Voraussetzungen, die er selbst nicht garantieren kann." Nach Böckenförde ist dies „das große Wagnis, das der Staat um der Freiheit willen eingegangen ist". Der Staat ist nicht wertneutral, er hat aber den Anspruch, religionsneutral und weltanschaulich neutral zu sein. Ist dies kein Widerspruch in sich? Welche politischen Entscheidungen können überhaupt ohne eine moralische Bewertung getroffen werden? Haben nicht ausnahmslos alle politischen Entscheidungen normative Voraussetzungen? Da durch die weltanschauliche Neutralität des Staates Weltanschauungen tabu sind, werden die weltanschaulich motivierten politischen Entscheidungen nicht als solche beim Namen genannt, sondern auf die geheißene Neutralität scheinheilig transzendiert. Werte, religiöser und areligiöser Art, werden im sogenannten weltanschaulich neutralen Staat zum Abstraktum gemacht. Die deutsche Gesellschaft lebt allerdings mehrheitlich nach einem konkreten Verständnis von Werten, und diese sind vorwiegend religiös begründet. Zusammen bilden diese Werte den Wertecodex dieser Gesellschaft. Die historische Trennung von Religion und Staat, die nur aus einer staatskirchlichen Entwicklungsgeschichte des Abendlandes erklärt werden kann, sollte als historisch gewachsen anerkannt und enttabuisiert werden. In einem pluralen Diskurs muss die Debatte über die Werte der Gesellschaft paritätisch für alle Akteure der Gesellschaft zugänglich sein. Die Moderne denkt hier eindimensional und despotisch. Hier muss umgedacht werden. Die neue Herausforderung der Postmoderne ist die Pluralisierung, insbesondere die der weltanschaulichen Diversität.

Es muss eine neue Epoche anfangen, in der Kunst, Kultur und Religion nicht mehr durch derartige Prämissen vereinnahmt werden. Die Säkularisierung und die Verweltlichung des Staates haben ein Vakuum für das moralische Urteilen im breiten gesellschaftlichen Diskurs zur Folge gehabt. Im Zuge der „Befreiung von der Religion" wurde die Teilhabe von Religion an öffentlicher moralischer Wertebildung weitgehend tabuisiert. Die Säkularisierung hat zwar nach der Aufklärung einerseits eine wichtige Leistung für das demokratische Denken und für die Demokratie gebracht, wird andererseits jedoch ihrer Aufgabe nicht mehr gerecht, zur Beantwortung zwingender zeitgenössischer

Fragen beizutragen, was auf einer behaupteten, tabuisierten „Neutralität" des Staates basiert.

Vor dem Hintergrund der brennenden ethischen Fragen wie Gentechnologie, erneuerbare Energien, Sozialstaat, Sterbehilfe, Wirtschaftsethik, Ökologie usw. sollten sich die Religionen mit ihrem konkreten Schöpfungsverständnis und ihren moralischen Urteilen viel stärker an demokratischen Entscheidungsprozessen, insbesondere wenn es um moralisch begründete Rechte geht, beteiligen. Fast 100 Jahre nach 1919 steht eine Versöhnung zwischen Religion und Staat an. Die in Deutschland geltende Religionsfreiheit gestattet zwar die private Ausübung der Religion, die Entwicklung der individuellen religiösen Identität und die Teilhabe der Religionen am öffentlichen Diskurs, doch in Prozessen der Legislative wird die Mitgestaltung der Religion durch Restriktionen und Tabuisierungen zu sehr beschränkt. Obwohl 70 Prozent der deutschen Bevölkerung sich einer religiösen Gemeinschaft zugehörig fühlen, spiegelt sich das Interesse der Gläubigen in demokratischen Prozessen, wie in einer möglichen Form von Volkstabstimmung, nicht verhältnismäßig wider. Je mehr mächtige, am Gewinn orientierte Lobbygruppen in unseren westlichen Gesellschaften die Politik beeinflussen, desto mehr bilden die an Moral und Sinn orientierten Gruppen ein wichtiges und relativierendes Korrektiv. Um die Kluft zwischen Arm und Reich, zwischen Wissen und Handeln zu überwinden, bedarf unsere Gesellschaft der Ressourcen materieller und immaterieller Art. Die Wertschätzung des Immateriellen ist in der Moderne für das Wohlbefinden in den westlichen Gesellschaften einer der größten Herausforderungen.

Enttabuisierung von Religion

Religionsgemeinschaften prägen in der heutigen deutschen Gesellschaft durch ihr soziales Engagement, insbesondere im Bereich der Wohlfahrt, den Staat noch aktiv mit. Sie werden jedoch immer stärker durch religionskritische Interessensgruppen angegriffen, die neben dieser Einbindung der Religion in die Gesellschaft auch teils deren Existenz infrage stellen. Manche dieser Interessensgruppen verstehen sich sogar als die wahren Träger des säkularen Staates und versuchen, die Entwicklung zu einem ausgesprochen religionskritischen Staat zu forcieren. Dabei wird oft vergessen, welche essenzielle Bedeutung das religiöse Erbe für die Entwicklung des heutigen säkularen Staates und der Demokratie hatte.

In der anstehenden Epoche muss dringend der öffentliche Charakter der Religion erneut erkannt und ein gerechter und für alle zugänglicher Diskurs stattfinden, um eine öffentliche Vernunft um ihrer selbst willen zu begründen.

In einer Zeit der Individualisierung und starken Pluralisierung muss Säkularität neu definiert werden. Ähnlich wie sie unter den Bedingungen der Säkularisierung ihren Beitrag durch moralische Urteile und in verfassungsrechtlichen Konzeptionen geleistet haben, werden die Religionen auch in Zukunft, und dabei insbesondere die der abrahamitischen Tradition, ihren Beitrag in der Gesellschaft leisten.

In der Zukunft müssten allerdings die Bedingungen und Regeln im Diskurs gerechter angelegt sein, so dass die Religionen mit ihren Ressourcen die Gesellschaft aktiv mitgestalten können. Mit Blick auf die verfassungsrechtlich gewährten Grundrechte, wie die individuelle Meinungsfreiheit, sollten diese Institutionen mehr Raum zugestanden bekommen, um an demokratischen Entscheidungsprozessen mitzuwirken. Eine in der Gesellschaft sichtbar werdende Relevanz einer bestimmten Weltanschauung darf sich nicht zu einer autoritären Dominanz gegenüber anderen Weltanschauungen wandeln. Die plurale Gesellschaft kann nur durch die Achtung der Diversität funktionieren. Gesellschaftliche Prozesse müssen unabhängig von der Weltanschauung der Akteure für alle paritätisch zugänglich sein. Das Recht, am öffentlichen Diskurs auf institutioneller Ebene teilzuhaben, darf nicht manchen Gruppen erlaubt und anderen verwehrt werden. Im offenen Diskurs wird die Relevanz jeglicher Inhalte und ihre Gültigkeit nur durch die Qualität der individuellen Argumentationen bestimmt. Mit einer Dominanz oder Privilegierung von einzelnen Weltanschauungen entsteht eine Ungleichheit. Dieses wiederum erschwert die Möglichkeit der gleichberechtigten Teilhabe am gesellschaftlichen Diskurs und kann zur Ausgrenzung von bestimmten Gruppen führen. Die radikale Dominanz einer Weltanschauung erzeugt in den meisten Fällen eine gruppenbezogene Stigmatisierung und Marginalisierung. Durch die Identitätsmöglichkeit mittels institutioneller Partizipation wächst die Identitätsfähigkeit einzelner Gruppen in der Gesellschaft, und damit die ausgewogene und harmonische Teilhabe an Prozessen der politischen Meinungsbildung.

Auch in der Postmoderne ist Religion ein reales Phänomen. Weltweit sind etwa 80 Prozent der Menschen gläubig, doch seit der Aufklärung bis in unsere Gegenwart dominiert die Denkmuster der strikte Dualismus von geistlicher und weltlicher Autorität. Die weltanschauliche Neutralität des Staates ist für jeden Menschen, der weltanschaulich sozialisiert ist, eine unausführbare Illusion. Denn eine jede Identität hat Grenzen, und durch diese Grenzen findet eine Abgrenzung statt. Jede Abgrenzung gründet auf einer Weltanschauung. Jede Weltanschauung folgt einem bestimmten Paradigma. Deshalb bleibt die Objektivität eine Illusion. Sprich: Es gibt keine Neutralität.

Individuen agieren in der Politik nach einem Werteverständnis und damit geleitet von ihrer weltanschaulichen Sozialisation. Gibt es denn eine neutrale Erziehung? Auch eine sogenannte religionsneutrale Sozialisation ist eine bestimmte Form von Sozialisation. Kann man in einem Staat, in dem Menschen in bestimmten Weltanschauungen sozialisiert sind und mit diesem Hintergrund in der legislativen und exekutiven Macht tätig sind, von einem neutralen Staat sprechen? Ich denke nicht. Die sogenannte Neutralität des Staates ist eine Abstraktion und ein unerfüllbares Ideal, dem ein klares Bekenntnis zu unseren Werten widerstrebt. Das Denken und Handeln der Individuen im Staatsapparat ist von deren weltanschaulichen Werten motiviert, so dass auch der Staat in all seinen Entscheidungsprozessen von den hier vorhandenen weltanschaulichen Wertesystemen profitiert. Doch durch die Tabuisierung der Religion bleibt eine transparente Beziehung zwischen dem Individuum und seinem weltanschaulichen Wertesystem verwehrt und es entsteht eine Zwangslage für die Person. Da der Staat für sich jegliche Weltanschauung verbietet, fühlen und denken Individuen im Staat, dass sie neutral sein müssen, und verneinen die religiöse Inspiration und die umstrittenen Denkmuster ihres Handelns in ihrer Zerrissenheit. Wenn auch diese Prägungen klar benannt würden, wäre der gesellschaftliche Diskurs transparenter, demokratischer und sachlicher. Im Vergleich zu dominierenden humanistischen Interessengruppen wird unter dem Vorwand der Neutralität die Religion immer mehr in die Passivität gedrängt. Als Beispiel für solch einen Fall ist das Bekenntnis zur „Würde des Menschen" im Grundgesetz, das im abendländischen Menschenbild begründet ist. Doch dieses Menschenbild der Verfassung ein christliches Menschenbild zu nennen, ist im weltanschaulich neutralen Staat ein Tabu. Hier zeigt sich die Neutralität als autoritärer Säkularismus. So verfügt man einerseits über einen historisch gewachsenen Wertekodex, der gehütet werden soll, aber gleichzeitig gilt es als Delikt im Staat und als Sünde für manche Religionsgemeinschaften, die Quellen dieser Werte und Überzeugungen explizit zu benennen.

Religion und Pluralisierung

Die Zukunft der demokratischen Staatsform wird deutlich pluraler sein, die gesellschaftliche Entwicklung dahin dynamischer und kreativer sein als bisher. Die Integration, insbesondere von Minderheiten, wird die demokratischen Prozesse und somit die Demokratie bereichern. Die Diskussionen darüber werden Horizonte erweitern und der Umgang mit der Diversität wird neu interpretiert werden. Doch dafür müssen Mehrheiten in demokratischen Prozessen die Minderheiten stärker einbeziehen. Der Mensch lebt in der Balance von Leib und Seele. Er braucht für die Festlegung seiner Grenzen und Freiheiten gesetzlich formulierte Rechte, die auch mit Leben gefüllt werden. Die Wirklichkeitsnähe kann nur durch die Integration der diversen Gruppen gewährleistet werden. Für das Bestimmen dieser Grenzen und Freiheiten sollten in Zukunft auch die Religionen stärker in demokratische Prozesse miteinbezogen werden. Mit der Einbindung der verschiedenen Gruppen kann durch die Interaktion eine Art öffentliche Vernunft für gesellschaftlich relevante Themen entwickelt werden. Diese kann als Grundlage für Identität und Zusammenleben fungieren.

Religion darf in einer pluralen Gesellschaft aus staatlicher Sicht keine misstrauisch beäugte Privatangelegenheit sein. Die Religionen tragen mit ihrer Spiritualität zur Glückseligkeit der Gesellschaft und zum friedlichen Zusammenleben aktiv bei. Religion darf keinesfalls in den privaten Raum verdrängt werden. Ihr muss im Gegenteil das

Recht zugestanden werden, in demokratischen Prozessen ihre Verantwortung wahrzunehmen und diese zu gestalten. Für diesen Durchbruch darf man nicht mehr in den mittelalterlichen dualen Denkmustern der weltlichen und der geistlichen Macht verhaftet bleiben. Die Pluralisierung moderner Gesellschaften kann beispielsweise nicht unter autoritären anti-religiösen Institutionen funktionieren, die gegenüber bestimmten Lebens- und Glaubensformen und Minderheiten einen hegemonialen Anspruch pflegen. Die gegenseitige Abgrenzung von staatlicher und religiöser Autorität hat in langwierigen Auseinandersetzungen als Kompromiss parallele Institutionen geschaffen. Die gut funktionierende Kooperation zwischen Staat und Religion muss zweifellos als großer demokratischer Ertrag gewürdigt werden, aber zugleich für die Zukunft sicherer gestaltet werden. Eine der zentralen Herausforderungen in einer sich immer stärker globalisierenden Welt ist die Überwindung der weltlichen und geistlichen Polarisierung. Doch mit moralischem Beistand und einer liberalen Bürgertugend können die neuen Herausforderungen in einer kulturell zerrissenen und fragmentierten Welt bewältigt werden. Bedingung ist allerdings, dass die Religionen und andere Weltanschauungen mehr Zugang zu gesellschaftlichen Diskursen erhalten und in demokratischen Entscheidungsprozessen mitgestalten können.

Die Herausforderungen der modernen Gesellschaft sind dabei vielfach: das Ablegen der modischen Neigung zum Übermaß und das Neuentdecken von Genügsamkeit; das Überwinden von pragmatischen Kategorien wie Gewinn und Verlust; die Entdeckung von moralischen Urteilen wie Gut und Böse. Die Religionen werden insbesondere für diese Dimensionen in Zukunft ihren Beitrag leisten und die verfassungsmäßige Ordnung mit noch mehr Leben füllen.

Der Staat ist kein Selbstzweck – Eine Balance von materiellen und immateriellen Gütern

Der Staat ist kein Selbstzweck, sondern ein Vehikel im Dienst der Gesellschaft und der Individuen. Er ist eine dynamische Ordnung, die wächst und sich kontinuierlich in gesellschaftlichen Diskursen formt. Der Staat ist ein Konstrukt gesellschaftlicher Auffassungen, deren

Kraft und Macht in bestimmten Institutionen Gestalt gewinnt. Der Islam ist eine teleologische Religion: Sie ist zielorientiert und eine Quelle der Inspiration in allen Momenten des Lebens. Sie ist eine Religion, die diverse Lebensabschnitte und -umstände mit Hoffnung, Mäßigkeit und Sinn erfüllt. Aus dieser Quelle des Glaubens schöpft jeder Muslim Motivation und Glück für sein Leben und ehrenamtliches Engagement. In der Moderne sind der materielle Wohlstand und die Selbstverwirklichung zu Zielen des modernen Menschen geworden. Mit der steigenden Neigung zum Narzissmus und zum Hedonismus droht gesellschaftliche Dekadenz. Der moderne Mensch hat sich verweltlicht, seinen Geist vernachlässigt, und durch die Unausgewogenheit sein Glück gefährdet. Dieser Zustand geht auch auf den mittelalterlichen Dualismus zurück, der bis heute die Lebenswirklichkeit der Gesellschaft prägt. Denn in vielen Köpfen der Menschen herrschen immer noch die Gegensätze des geistlichen und des weltlichen Lebens. Die Religion kann wie am Beispiel des Islam auch eine Harmonie zwischen dem irdischen und dem seligen Leben herstellen. So steht in einem Vers im Koran:

> „Und strebe mit dem, was Gott dir zukommen ließ, nach der jenseitigen Wohnstätte, und vergiss auch nicht deinen Anteil am Diesseits. Und tu Gutes, so wie Gott dir Gutes getan hat. Und suche nicht das Unheil auf der Erde, Gott liebt ja nicht die Unheilstifter."[12] Und in einem Spruch des Propheten Muhammed heißt es: „Allah der Barmherzige erweist dem Barmherzigkeit, der (seinerseits anderen) barmherzig ist. Seid (darum) allen auf Erden barmherzig, dann ist euch barmherzig, Der im Himmel ist."[13]

So soll aus der islamischen Motivation und Lehre heraus eine Balance und Harmonie zwischen der materiellen und der immateriellen, der irdischen und der himmlischen Existenz hergestellt werden. Der Geist des Abendlandes hat zwar mit der Aufklärung die Vernunft entdeckt, die Demokratie entwickelt und den Rechtsstaat etabliert, doch sie hat die Transzendenz vernachlässigt. Die westlichen Gesellschaften haben die Spiritualität verlernt. Mit großer Sehnsucht sucht die gereifte Vernunft des Okzidents nach Ruhe und Glück. Die Menschen im Westen zählen zwar zu denjenigen mit hohem Wohlstand, doch der Wohlstand reicht allein für das Glück nicht aus. So leben nach einer repräsentativen Studie des „Happy Planet Index" die glücklichsten Menschen in der Gegenwart nicht in den wirtschaftlich reichsten Ländern der Welt.[14] Denn neben der materiellen hat das Glück auch eine immaterielle Komponente. Dies begründet die Sehnsucht unserer Gesellschaft nach Spiritualität. Nur in einer Balance von materiellen und immateriellen Gütern kann ein friedliches Zusammenleben in Glück verwirklicht werden. Zu einer glücklichen Gesellschaft, die in Frieden, Hoffnung und Achtung das Zusammenleben gestaltet, wird der Islam positiv beitragen und seinen kulturellen Beitrag leisten.

Er sagte „Er ist der Herr des Ostens und des Westens und dessen, was dazwischen ist, so ihr Verstand habt."[15]

Anmerkungen

1 In Art. 137 Abs. 5 WRV.
2 GG Artikel 7 Abs. 3.
3 Quran 39:18.
4 Quran 8:22.
5 Abū l-Walīd Muḥammad b. Aḥmad b. Muḥammad b. Rušd; geb. 14. April 1126 in Córdoba.
6 Abū Naṣr Muḥammad al-Fārābī; geb. 872 in Otrar.
7 Abū ʿAlī b. al-Ḥusain b. ʿAbdullāh b. Sīnā; geb. um 980 in Afschāna bei Buchara.
8 Abū Ǧaʿfar Muḥammad b. Mūsā al-Ḫwārizmī, Var. al-Ḫwārazmī; geb. um 780.
9 Abū 'r-Raiḥān Muḥammad b. Aḥmad al-Bīrūnī; geb. 4. September 973 in Kath.
10 Abū ʿAlī al-Ḥasan ibn al-Haiṯam, latinisiert Alhazen; geb. um 965 in Basra.
11 Quran 2:148.
12 Quran 28:77.
13 Hadith: Sunan Abī Dāwūd, 4941.
14 http://www.happyplanetindex.org/data/ (10.02.2015).
15 Quran 26:28.

Sarah Albrecht

Gilt die Scharia auch im Westen?

Zum innermuslimischen Diskurs über die Auslegung islamischer Normen für Muslime in nicht-muslimischen Mehrheitsgesellschaften

Als im September 2014 elf junge Männer, bekleidet mit orangefarbenen Westen mit der Aufschrift „Sharia Police“, durch Wuppertal zogen, war das Wort „Scharia“ wieder einmal in aller Munde. Nicht nur auf einschlägig islamfeindlichen Internetseiten wurde in militärisch anmutendem Jargon vor „patrouillierenden“ „Scharia-Polizisten“ gewarnt. Auch in seriösen Medien fanden sie ein enormes Echo, das nicht nur dem Drang dieser Männer nach medialer Selbstinszenierung ungehindert in die Hände spielte, sondern zugleich ein Schlaglicht auf das Unbehagen und die Verunsicherung warf, die das Auftreten selbsternannter Ordnungshüter im Namen der Scharia hervorzurufen vermag. Wenngleich jene vermeintliche Parallel-Polizei faktisch keine polizeilichen Aufgaben übernahm, sondern das Ziel verfolgte, andere Muslime in ihre Moschee einzuladen und sie aufzurufen, sich von deren vermeintlich unislamischem Lebensstil – sei es der Konsum von Alkohol, der Besuch von Nachtclubs oder das Nicht-Tragen des Kopftuchs – abzukehren, löste ihr provokantes Auftreten ein heftiges Echo auf politischer Ebene aus. Nachdem die „Scharia-Polizisten“ ihre Aktion selbst gefilmt und auf der Video-Plattform *Youtube* veröffentlicht hatten, reagierte die Bundesregierung mit klaren Worten: „Die Scharia wird auf deutschem Boden nicht geduldet“, erklärte Innenminister Thomas de Maizière unmissverständlich seine Null-Toleranz-Position, und Justizminister Heiko Maas fügte hinzu: „Für die Durchsetzung von Recht und Gesetz ist allein der Staat verantwortlich.“[1] Mit Hilfe der skandalisierenden Berichterstattung sensationsbegieriger Journalistinnen und Journalisten hatten es die selbsterklärten Sittenwächter somit vermocht, die Scharia wieder einmal auf die Titelseiten großer Tageszeitungen zu bringen und eine hitzige Debatte über die Anwendung islamischer Normen in Deutschland anzustoßen.

Während das Auftreten dieser jungen Männer von Vertretern der etablierten islamischen Verbände unmissverständlich als „schrille und völlig unsinnige Aktion" verurteilt wurde, die „dem Islam und den Muslimen extrem geschadet"[2] habe, ist inmitten des medialen Getöses und politischen Aktionismus jedoch vollkommen untergegangen, dass jene Möchtegern-„Scharia-Polizisten" keineswegs die Einzigen, geschweige denn die Ersten waren, die die Frage nach der Anwendung der Scharia in nicht-islamisch geprägten Ländern aufgeworfen hatten. Fernab von derlei provokativem Gebaren und abseits von jeglicher öffentlicher Aufregung wird bereits seit über zwei Jahrzehnten eine intensive Debatte geführt, in der sich islamische Gelehrte und muslimische Intellektuelle ernsthaft und differenziert mit der Interpretation und Anwendung islamischer Normen in westlichen, mehrheitlich nicht-muslimischen Gesellschaften auseinandersetzen.

Die Anfänge der innermuslimischen Debatte über die Scharia in nicht-islamischen Ländern

Der aktuelle innermuslimische Diskurs über die Auslegung der Scharia für Musliminnen und Muslime in westlichen Ländern nahm seinen Anfang in den 1990er Jahren, als islamische Gelehrte – die zum Teil selbst in Europa oder Nordamerika und zum Teil in islamisch geprägten Ländern leben – auf Konferenzen in Europa zusammenkamen und begannen, Fragen rund um die Interpretation und Anwendbarkeit islamischer Normen in nicht-islamisch geprägten Gesellschaften grundlegend zu diskutieren. Das Bedürfnis und die Notwendigkeit, sich überhaupt mit derlei Fragen auseinanderzusetzen, ist insbesondere vor dem Hintergrund zu verstehen, dass der Einhaltung religiöser Gebote bei rituellen und anderen Handlungen im Islam – ähnlich wie auch im Judentum – im Allgemeinen große Bedeutung beigemessen wird. Ausgangspunkt der Debatte war die sich zu jener Zeit durchsetzende Erkenntnis, dass Musliminnen und Muslime, die seit den 1960er Jahren als sogenannte Gastarbeiter, aber auch als Studierende oder Flüchtlinge nach Deutschland und in andere europäische Länder gekommen waren, mehrheitlich nicht – wie zunächst sowohl von Seiten der Politik als auch von den Zugewanderten selbst angenommen – in ihre Herkunftsländer zurückkehren, sondern langfristig in Europa bleiben würden. Angesichts dieser neuen *dauerhaften* Präsenz einer großen Zahl von Musliminnen und Muslimen in westlichen Staaten setzten sich zunehmend auch islamische Gelehrte mit der Frage auseinander, wie der Aufenthalt von Muslimen in westlichen Ländern und die dortigen Lebensbedingungen mit islamischen Normen in Einklang gebracht werden können. Zwar hatte es zuvor bereits Diskussionen um das religiöse Leben inmitten nicht-muslimischer Mehrheitsgesellschaften gegeben, allerdings waren diese weniger systematisch und umfassend geführt worden, da das Leben in Ländern wie Deutschland bis dato zumeist als *temporär* betrachtet worden war.

Obwohl die aktuelle Debatte, deren Vorläufer bis in die Mitte des 20. Jahrhunderts zurückreichen, eine direkte Folge der Migrationserfahrung von Millionen von Muslimen ist, die ihren Lebensmittelpunkt in den vergangenen Jahrzehnten nach Europa und Nordamerika verlagert haben, ist das Bemühen heutiger Gelehrter um eine zeitgemäße Interpretation und Adaption islamischer Normen keineswegs ein Novum. Tatsächlich liegt es im Wesen der Scharia selbst begründet, dass Muslime sie in unterschiedlichen historischen Kontexten im Lichte der jeweiligen politischen, kulturellen und gesellschaftlichen Gegebenheiten immer wieder neu ausgelegt haben. Denn anders als vielfach angenommen, ist die Scharia kein festgeschriebenes Gesetzeswerk, sondern vielmehr eine sich stets im Wandel befindliche umfangreiche Sammlung von Regelungen und Normen. Hergeleitet aus den Hauptquellen des Islam, dem Koran und der Sunna, das heißt der Prophetentradition, basiert die Scharia in großen Teilen auf Quellen, die Muslime als Wort Gottes beziehungsweise als Worte und Taten des Propheten Muhammad verstehen. Trotz ihres *göttlichen* Ursprungs ist die Auslegung jener Texte und die Ableitung von Normen, die im Arabischen als „Fiqh" (wörtlich: „Verstehen", auch: „Jurisprudenz") bezeichnet wird, seit jeher ein Produkt *menschlicher* Reflexion. Somit ist die Definition dessen, was unter „Scharia" verstanden wurde, schon immer ein kontinuierlicher Prozess der Interpretation und

Reinterpretation gewesen, im Zuge dessen muslimische Gelehrte sich darum bemühen, die Heilige Schrift des Islam sowie die Aussprüche und Handlungen des Religionsstifters im Lichte ihrer eigenen Lebenswirklichkeit zu verstehen und als Richtschnur für ein gottgefälliges Leben anwendbar zu machen. Folglich ist auch der Koran nicht als ausformuliertes Gesetzbuch misszuverstehen. Faktisch enthalten lediglich einige Dutzend der über 6 000 Koranverse explizite rechtlich relevante Aussagen. Der Begriff „Scharia", der ursprünglich den „Weg zur Wasserstelle" bezeichnet, wird im Koran in nur einer Sure (45:18) erwähnt, in der er den von Gott vorgesehenen, „gebahnten Weg" beschreibt. Wenngleich er im Deutschen vielfach als „islamisches Recht" übersetzt wird, geht der Begriff in seiner Grundbedeutung doch weit über das hinaus, was gemeinhin als „Recht" verstanden wird: Während die Scharia in der Tat Bereiche umfasst, die im juristischen Sinne eine „rechtliche" Relevanz haben, wie beispielsweise strafrechtliche Fragen, so machen diese nur einen kleinen Teil der Gesamtheit der darin enthaltenen Regelungen und Nomen aus. Denn zum überwiegenden Teil umfasst die Scharia Fragen, die in das breite Spektrum der religiösen Praxis fallen, einschließlich der „fünf Säulen" des Islam und anderer religiöser Riten sowie des Umgangs mit den Mitmenschen.[3]

Als islamische Gelehrte nun in den 1990er Jahren begannen, sich intensiv damit zu befassen, wie die Scharia im Kontext westlicher Gesellschaften ausgelegt werden sollte und inwieweit ein dauerhafter Aufenthalt in einem nicht-islamisch geprägten Land überhaupt mit der Scharia vereinbar sei, waren derlei Überlegungen keineswegs präzedenzlos. Tatsächlich konnten sie bereits auf eine lange Geschichte islamrechtlicher Diskussionen über eben jene Thematik zurückblicken, da islamische Gelehrte bereits seit der Frühzeit des Islam mit ähnlichen Fragen konfrontiert worden waren. Denn schließlich hat es seit jeher Muslime gegeben, die unter nicht-muslimischer Herrschaft lebten: Zunächst waren es vor allem Händler und andere Reisende, die sich vorrangig temporär in nicht-islamischen Ländern aufhielten, bevor in späteren Jahrhunderten große muslimische Bevölkerungsgruppen unter nicht-muslimische Herrschaft gerieten, als vormals von muslimischen Herrschern regierte Territorien von Nichtmuslimen erobert wurden. Dies geschah insbesondere ab dem 13. Jahrhundert, als die Mongolen weite Teile islamischen Herrschaftsgebiets in der

Region östlich des Mittelmeers einnahmen und später im Zuge der Reconquista, das heißt der Rückeroberung der iberischen Halbinsel durch christliche Herrscher. Infolge der Kolonialisierung weiter Teile der sogenannten islamischen Welt von Westafrika bis nach Südostasien gerieten aber auch in der Moderne große muslimische Bevölkerungsgruppen zwangsläufig unter nicht-muslimische Herrschaft.

Auch die Auswanderung (arab. *hijra*) in nicht-muslimische Länder ist keineswegs ein Phänomen des 20. Jahrhunderts. Die früheste Erfahrung mit einer bewussten Emigration in ein von Nichtmuslimen beherrschtes Territorium reicht bereits in die ersten Jahre islamischer Geschichte zurück, als der Prophet Muhammad und dessen Anhänger in ihrer Heimatstadt Mekka von nicht-muslimischen Mekkanern verfolgt wurden. Auf der Flucht vor ihren Verfolgern suchten einige der ersten Muslime Zuflucht im christlichen Königreich Abessinien, dem heutigen Äthiopien, dessen christlicher Herrscher ihnen Schutz gewährte und ihnen gestattete, ihre Religion weiterhin zu praktizieren. Da mehrere Muslime noch dort blieben, nachdem Muhammad bereits die Herrschaft über Medina übernommen hatte, das heißt, nachdem sie bereits hätten in Sicherheit auf die arabische Halbinsel zurückkehren und unter islamischer Herrschaft leben können, und da Muhammad sie auch nicht aufforderte, sofort nach Medina auszuwandern, deuten heutige Gelehrte diese Episode vielfach als historischen Präzedenzfall für den *freiwilligen* Aufenthalt unter nicht-islamischer Herrschaft.

Seit jeher haben sich islamische Gelehrte somit mit der Frage nach der Legitimität des Lebens unter nicht-islamischer Herrschaft auseinandergesetzt und diese in ihrem jeweiligen historischen, politischen und demografischen Kontext immer wieder neu interpretiert und bewertet.[4] Während einige der Ansicht waren, dass Muslime bevorzugt oder ausschließlich in Gebieten leben sollten, die von Muslimen regiert werden und in denen eine islamische Rechtsordnung gilt, vertraten andere die Meinung, dass Muslime grundsätzlich auch unter nicht-muslimischer Herrschaft leben dürfen, solange sie dort in Sicherheit sind und ihre Religion praktizieren können. Angesichts der Tatsache, dass der Islam, ebenso wie das Christentum, eine missionarische Religion ist, haben manche Gelehrte es auch immer schon für wünschenswert erachtet, dass Muslime unter Nichtmuslimen leben, um diese mit dem Islam in Kontakt zu bringen. Die absolute Mehrheit zeitgenössischer Gelehrter, die sich in den Diskurs um Muslime im Westen einbringen, betrachtet den dauerhaften Aufenthalt in nicht-muslimischen Mehrheitsgesellschaften in der heutigen Welt als selbstverständlich und keineswegs als inkompatibel mit islamischen Normen.

Neben der Rechtmäßigkeit des Lebens unter nicht-muslimischer Herrschaft ist auch die Frage, inwieweit die Scharia auch für jene Muslime gültig ist, die außerhalb eines islamischen Rechtssystems leben, über die Jahrhunderte hinweg kontrovers diskutiert worden. Die Mehrheit der islamischen Rechtsschulen, das heißt der unterschiedlichen Rechtstraditionen, vertrat die Haltung, dass islamische Normen – unabhängig vom Aufenthaltsort – generell für alle Muslime gelten, wobei sie allerdings immer unter Berücksichtigung der jeweiligen Lebensumstände interpretiert werden müssten. Während *rituelle* Vorschriften somit als allgemein verpflichtend galten, wurde die Anwendung der *rechtlichen* Aspekte der Scharia im Rahmen der jeweils geltenden Rechtsordnung erörtert, so dass beispielsweise strafrechtliche Regelungen in nicht-islamischen Ländern unter Umständen nicht angewandt werden konnten. Vormoderne Gelehrte erachteten Verstöße gegen islamische Normen in nicht-islamischen Ländern dennoch entweder als Sünde, für die ein Muslim im Jenseits Rechenschaft ablegen müsse, oder gar als Straftat, für die er bei seiner Rückkehr in islamisch beherrschtes Territorium bestraft werden solle. Eine Rechtsschule, die der Hanafiten, postulierte hingegen, dass gewisse islamrechtliche Regelungen außerhalb muslimischer Herrschaftsgebiete grundsätzlich nicht gälten und somit eine Übertretung weder eine Sünde noch ein rechtliches Vergehen darstelle. Hierzu zählten insbesondere der Handel mit Alkohol und der Umgang mit verzinsten Krediten, der für Muslime in islamischen Ländern weithin als verboten erachtet wird. Prinzipiell stimmten jedoch alle Rechtsschulen darin überein, dass es für Musliminnen und Muslime verpflichtend sei, sich an das an ihrem Aufenthaltsort geltende Recht zu halten und betonten, dass die Einhaltung nicht-islamischer Gesetze in der Tat ein religiöses Gebot darstelle.

Die aktuelle Debatte über die Auslegung der Scharia für Muslime im Westen

Anknüpfend an diese historischen Debatten über die Interpretation und Gültigkeit der Scharia in Minderheitenkontexten haben zeitgenössische islamische Gelehrte und muslimische Intellektuelle neue Ansätze und Konzepte entwickelt, um islamische Normen speziell auch für Musliminnen und Muslime in Westeuropa und Nordamerika auszulegen. Das bedeutendste jener Konzepte ist das sogenannte *fiqh al-aqalliyyāt*, das man als „Minderheiten-Fiqh" übersetzen könnte oder, genauer gesagt, als die Interpretation der Scharia für Muslime, die in einer Minderheitensituation leben.

Einer der einflussreichsten Vordenker des *fiqh al-aqalliyyāt* ist der ägyptische Gelehrte Yusuf al-Qaradawi (geb. 1926), der gemeinhin als der populärste sunnitische Gelehrte der Gegenwart gilt. Neben den über 100 Büchern, die er bereits geschrieben hat, ist er auch durch seine außergewöhnliche Präsenz im Internet und durch seine regelmäßigen Auftritte in einer religiösen Talkshow im arabischen Satellitensender *al-Jazeera* bekannt geworden. Al-Qaradawi ist in den 1960er Jahren aufgrund von politischer Verfolgung aus Ägypten in das Emirat Katar emigriert, wo er sich bis heute niedergelassen hat. In einem westlichen Land hat er selbst nie gelebt. Anders ist dies bei einem weiteren bedeutenden Wegbereiter des *fiqh al-aqalliyyāt*, dem aus dem Irak stammenden Gelehrten Taha Jabir al-Alwani (geb. 1935). Er lebte rund 20 Jahre in den USA und war dort aktiv am Aufbau islamischer Organisationen beteiligt, bevor er seinen Lebensmittelpunkt vor einigen Jahren nach Ägypten verlagerte. Sowohl al-Qaradawi als auch al-Alwani, die beide ein traditionelles Studium in islamischem Recht an der renommierten al-Azhar-Universität in Kairo absolvierten, haben zum Thema „Minderheiten-Fiqh" publiziert und sich in vielfacher Weise in die Kontroverse um die Auslegung der Scharia für Muslime im Westen eingebracht.[5]

Unter dem Schlagwort *fiqh al-aqalliyyāt* beziehungsweise „Minderheiten-Fiqh" verhandeln al-Qaradawi, al-Alwani und andere Gelehrte seither unterschiedlichste Themen und Fragen rund um das Leben von Musliminnen und Muslimen in westlichen Gesellschaften. Während sie davon ausgehen, dass Muslime, die anderswo als religiöse

Minderheiten leben – wie zum Beispiel in Indien, Russland, China oder diversen afrikanischen Ländern –, bereits seit Jahrhunderten dort etabliert sind und ihre eigenen Wege gefunden haben, ihre Religion dort zu praktizieren, und somit keiner derart spezifischen Rechtsauslegung bedürfen, ist die Idee des „Minderheiten-Fiqh" vorrangig für diejenigen Muslime gedacht, die seit der zweiten Hälfte des 20. Jahrhunderts in westlichen säkularen, demokratischen Staaten leben. Da sich zahlreiche Gelehrte in diesen Diskurs eingebracht und ihr jeweils eigenes Verständnis des *fiqh al-aqalliyyāt* entwickelt haben, ist es genau genommen zu kurz gegriffen, von *dem* „Minderheiten-Fiqh" zu sprechen. Vielmehr haben die Protagonisten jeweils eigene Akzente gesetzt und Interpretationen vorgebracht, so dass unterschiedliche Verständnisse dieses Konzepts koexistieren. Dass sich selbst die Ansätze der beiden Vordenker, al-Qaradawi und al-Alwani, – wie im Folgenden gezeigt wird – voneinander unterscheiden, verdeutlicht beispielhaft die Vielfalt und Komplexität, von der die Debatte über die Auslegung der Scharia im Westen gekennzeichnet ist.

Während diese beiden Gelehrten diese Debatte angestoßen und seither stark beeinflusst haben, haben sie die Idee des „Minderheiten-Fiqh" jedoch nicht allein vorangebracht, sondern mit Hilfe sogenannter „Fiqh Councils". Das sind Zusammenschlüsse islamischer Gelehrter, die gemeinsam über die Auslegung des islamischen Rechts debattieren und Fatwas, das heißt islamische Rechtsgutachten, veröffentlichen, in denen sie ihre Interpretation der Scharia zu bestimmten Fragen kundtun. Der einflussreichste dieser Räte, die sich explizit mit Fragen rund um das Leben in westlichen Ländern befassen, ist der von al-Qaradawi gegründete, in Dublin ansässige *Europäische Rat für Rechtsgutachten und Forschung* (*European Council for Fatwa and Research*). Er besteht aus über 30 Gelehrten, von denen die Mehrzahl in Europa, einige aber auch in islamisch geprägten Ländern leben. Auf jährlichen Zusammenkünften beraten sie über Fragen, die zumeist von in Europa lebenden Musliminnen und Muslimen, von Imamen und Vertretern islamischer Organisationen an sie gerichtet werden, und beantworten diese in Form von Fatwas, die u.a. über das Internet (http://e-cfr.org) abrufbar sind. In den USA war al-Alwani als Präsident einer ähnlichen Institution tätig, dem *Nordamerikanischen Fiqh-Rat* (*Fiqh Council of North America*), dessen Mitglieder allesamt in den USA und Kanada leben. Im Vergleich zu seinem europäischen Pendant ist er zwar weniger produktiv und einflussreich, widmet sich jedoch ebenfalls ausschließlich den Fragen von Musliminnen und Muslimen, die in einer nicht-muslimischen Mehrheitsgesellschaft leben.

Die Themenfelder und Fragen, die im Zentrum des „Minderheiten-Fiqh“ stehen und mit denen sich diese Fiqh-Räte befassen, sind äußerst vielfältig. Ähnlich wie bereits seit der Frühzeit des Islam haben sich Gelehrte auch in den 1990er Jahren mit Fragen rund um die Legitimität des Aufenthalts in nicht-islamischen Ländern und die Anerkennung geltender nicht-islamischer Rechtsnormen beschäftigt, wobei die überwiegende Mehrheit zu dem Schluss gekommen ist, dass Musliminnen und Muslime heutzutage selbstverständlich problemlos im Westen leben können und sie sich zweifelsohne an die dortigen Gesetze zu halten haben. Darüber hinaus haben sich mehrere Themenkomplexe herauskristallisiert, denen im Diskurs über das „Minderheiten-Fiqh“ besondere Bedeutung zukommt. Diese thematischen Schwerpunkte ergeben sich aus den Fragen, die Musliminnen und Muslime an die Gelehrten beziehungsweise an die Fiqh-Räte richten, und aus den Fatwas, das heißt aus den Rechtsgutachten, die von den Räten veröffentlicht werden, die allerdings einen ausschließlich *beratenden* Charakter haben, nicht aber *verbindlich* von den Fragenden oder anderen Muslimen befolgt werden müssen.

Zu eben jenen Bereichen, in denen ein erhöhter Bedarf gesehen wird, islamische Normen in nicht-muslimischen Mehrheitsgesellschaften kontextspezifisch zu interpretieren, zählen vor allem familienrechtliche Angelegenheiten, so zum Beispiel Fragen rund um Eheschließung, Scheidung und Erbschaft, da traditionelle islamische Vorstellungen in diesem Bereich zuweilen von den vorherrschenden gesellschaftlichen Gegebenheiten in westlichen Ländern abweichen. Während es beispielsweise einer Muslimin nach traditioneller Auffassung nicht erlaubt ist, eine Ehe mit einem Nichtmuslim zu führen, hat der *Europäische Rat für Rechtsgutachten und Forschung* erklärt, dass es legitim sei, wenn eine in Europa lebende Frau, die zum Islam konvertiert, die Ehe mit ihrem nicht-muslimischen Ehemann fortführe, da man ihr in ihrem gesellschaftlichen Kontext keine zu schwere Bürde auferlegen solle und zudem die Hoffnung bestehe, dass auch ihr Mann sich dem Islam zuwende.

Daneben spielen Fragen zu Riten und Etikette eine zentrale Rolle im „Minderheiten-Fiqh", wie zum Beispiel Konflikte aufgrund der religiösen Praxis am Arbeitsplatz, die Bestimmung der Fastenzeit im Ramadan, der Verkauf von Alkohol, der Umgang mit Speisevorschriften und die Beziehungen zu Nichtmuslimen im Allgemeinen. So wurden beispielsweise Fatwas veröffentlicht, denen zufolge Muslime, die die regulären Gebetszeiten aufgrund ihrer Arbeitszeit nicht einhalten können, einige Gebete auch zu einem späteren Zeitpunkt nachholen dürfen. Und Frauen, die es als religiöse Pflicht verstehen, ein Kopftuch zu tragen, wurde es gestattet, dies unter Umständen abzulegen, wenn ihr Arbeitgeber dies vorschreibt. Um ihren Lebensunterhalt verdienen zu können, dürfen sie der Arbeit weiterhin nachgehen, sollen aber zugleich nach einer alternativen Arbeitsstelle suchen.

Auch finanzielle Fragen werden vergleichsweise häufig thematisiert, da die traditionelle islamische Vorstellung des Zinsverbots vielfach in Konflikt mit dem in zahlreichen Ländern üblichen Versicherungs- und Kreditwesen steht. So haben sich Gelehrte intensiv mit der Frage befasst, ob in Europa lebende Muslime, die keinen Zugang zu einem islamischen Banksystem haben, einen regulären, das heißt verzinsten Kredit aufnehmen dürfen, um dadurch den Kauf eines Hauses zu finanzieren. Nach kontroversen Diskussionen hat der *Europäische Rat für Rechtsgutachten und Forschung* mehrheitlich entschieden, dass dies mangels Alternativen erlaubt sei, da jenen Muslimen keine Nachteile aufgrund ihrer religiösen Praxis entstehen sollten. Unterstützend wurde hier angeführt, dass dies ohnehin kein Präzedenzfall sei, da Gelehrte der hanafitischen Rechtsschule, wie oben angemerkt, seit jeher die Meinung vertraten, dass das Zinsverbot für Muslime, die unter nicht-muslimischer Herrschaft lebten, nicht gelte, um sicherzustellen, dass auch sie Zugang zu ausreichend finanzieller Absicherung hätten.

Fragen zur politischen Partizipation kommt im Rahmen des „Minderheiten-Fiqh" ebenfalls große Bedeutung zu. Dazu wurden Fatwas veröffentlicht, die Musliminnen und Muslime dazu ermutigen, sich aktiv am politischen und gesellschaftlichen Leben in westlichen Gesellschaften zu beteiligen, wie zum Beispiel durch die Teilnahme an Wahlen. Auch die Frage, ob Muslime sich als Soldaten der US-Armee an Auslandseinsätzen in islamisch geprägten Ländern wie Afghanistan beteiligen dürfen, wurde bereits von al-Qaradawi und anderen Gelehrten diskutiert. Sie kamen zu dem Schluss, dass dies erlaubt sei, da amerikanische Muslime prinzipiell zur Loyalität gegenüber den USA verpflichtet seien.

Ein weiterer Themenbereich, mit dem sich Vertreter des „Minderheiten-Fiqh“ vielfach befasst haben, betrifft Fragen bezüglich Konvertiten zum Islam, zum Beispiel mit Blick auf den Umgang mit möglichen innerfamiliären Konflikten, die Ehe mit Nichtmuslimen oder Erbschaftsregelungen. Zahlreiche Fatwas thematisieren darüber hinaus den Status von Frauen, insbesondere im Hinblick auf familiäre Beziehungen und ihre Rolle in einer mehrheitlich nicht-muslimischen Gesellschaft. Dass derlei Fragen besondere Aufmerksamkeit gewidmet wird, mag zum einen damit erklärt werden, dass sich der gesellschaftliche und rechtliche Status von Frauen in Westeuropa und Nordamerika in mancherlei Hinsicht zum Teil erheblich von dem in stärker patriarchalisch geprägten Gesellschaften, beispielsweise im Nahen Osten, unterscheidet. Zum anderen mag die verstärkte Beschäftigung mit Genderfragen aber auch darin begründet liegen, dass die Erwartungen und Vorstellungen in der heutigen Welt – nicht nur in westlichen Gesellschaften – zum Teil stark von den zur Zeit klassischer islamischer Gelehrter herrschenden Ansichten abweichen, so dass vielfach eine Neuinterpretation traditioneller Rollenvorstellungen eingefordert wird.

Angesichts dieser Vielfalt an Themen, die im Kontext des „Minderheiten-Fiqh“ diskutiert werden, lässt sich zusammenfassend sagen, dass die Mehrzahl der Fragen nicht direkt Bereiche betrifft, die man im engeren Sinne als „rechtlich“ relevant erachten würde. Da das geltende Recht grundsätzlich anerkannt wird, spielen also Fragen, die das politische oder rechtliche System westlicher Staaten betreffen, wie beispielsweise strafrechtliche Aspekte der Scharia, faktisch keine Rolle. Vielmehr stehen rituelle und ethische Aspekte der Scharia im Mittelpunkt der Debatte, die zum großen Teil die Privatsphäre von Musliminnen und Muslimen betreffen. Andere Fragen berühren das Berufsleben – zum Beispiel die nach dem Tragen des Kopftuchs oder das Einhalten der Pflichtgebete während der Arbeitszeit –, für die in den Fatwas vielfach pragmatische Lösungen gefunden werden. Nur vereinzelt können spezifische Fragen tatsächlich einen Konflikt mit der geltenden Rechtsordnung darstellen, insbesondere im Bereich familienrechtlicher Fragen. Angesichts dieser in Einzelfällen möglichen Unvereinbarkeit zwischen einer traditionellen Auslegung islamischer Normen und dem geltenden Recht betonen Gelehrte, die sich mit der Interpretation der Scharia für Muslime im Westen befassen, jedoch stets, dass die Idee des „Minderheiten-Fiqh" im Kern darauf abziele, Muslimen den Weg zu ebnen, fromme und zugleich gesetzestreue Bürger zu sein. Das heißt, dass Muslime grundsätzlich dazu angehalten werden, das geltende Recht des Landes, in dem sie leben, zu achten. In Fällen, in denen das jeweilige Recht Dinge verbietet, die gemäß islamischem Recht erlaubt, jedoch nicht verpflichtend sind, werden diese üblicherweise verboten. Wenn das geltende Recht Dinge verbietet, die nach islamischem Recht als verpflichtend verstanden werden können, so werden Muslime gelegentlich dazu aufgerufen, innerhalb des legitimen Rahmens Protest zu üben. So haben einige Gelehrte zum Beispiel im Fall des Kopftuchverbots für Schülerinnen in Frankreich zur Beteiligung an Protestaktionen gegen dieses Gesetz aufgerufen.

Ziele, Prinzipien und Legitimität des „Minderheiten-Fiqh"

Vor diesem Hintergrund zielt die Auslegung der Scharia für Musliminnen und Muslime im Westen in erster Linie darauf ab, ihnen dabei behilflich zu sein, ihre Religion inmitten einer mehrheitlich nicht-muslimischen Gesellschaft und im Rahmen einer nicht-islamischen Rechtsordnung zu praktizieren. Ausgehend von der Annahme, dass in westlichen Ländern lebende Muslime mit besonderen Herausforderungen konfrontiert sind, soll der „Minderheiten-Fiqh" sie von möglichen Erschwernissen, die ihnen in einem mehrheitlich muslimisch geprägten Land mutmaßlich nicht entstehen würden, entlasten. Zu diesem Zweck vereint die Idee des *fiqh al-aqalliyyāt* eine Reihe von Prinzipien und Maximen, die es Muslimen im Westen ermöglichen sollen, auch in einem Minderheitenkontext ein gottgefälliges, an islamischen Normen orientiertes Leben zu führen.

Obwohl der „Minderheiten-Fiqh" als Reaktion auf die veränderten demografischen und gesellschaftlichen Gegebenheiten im späten

20. Jahrhundert entwickelt wurde, sind die Prinzipien, auf denen dieses Konzept fußt, keineswegs Erfindungen zeitgenössischer Gelehrter, sondern stammen aus dem traditionellen Rechtsdenken vormoderner islamischer Gelehrter. Hierzu zählt die bereits erwähnte grundlegende Idee der Entlastung oder Erleichterung (arab. *taysīr*), also der Grundsatz, dass die Scharia den Gläubigen nicht das Leben zusätzlich erschweren sollte, sondern sie vielmehr von Erschwernissen entlasten und ihnen das Überwinden von Hindernissen erleichtern sollte. Daneben berufen sich Vertreter des „Minderheiten-Fiqh" auf die islamrechtliche Maxime, dass dringende Notwendigkeiten (*ḍarūrāt*) dazu führen können, dass Praktiken, die üblicherweise verboten sind, in einem speziellen Kontext erlaubt werden (so zum Beispiel die Aufnahme eines verzinsten Kredits). Eine zentrale Rolle spielt zudem das seit jeher angewandte Prinzip, dass Gelehrte bei der Auslegung der Scharia grundsätzlich die Zeit, den Ort und die jeweiligen Umstände berücksichtigen müssen. Auch die Idee der Gradualität (*tadarruj*) findet gelegentlich Anwendung, das heißt ein schrittweises Vorgehen bei der Umsetzung islamischer Normen, die beispielsweise dazu dienen soll, Konvertiten nicht durch das Einfordern einer in vollem Umfang „islamischen" Lebensweise zu überfordern. Schließlich verweisen die Gelehrten auch auf das Konzept des Gewohnheitsrechts (*ʿurf*), demzufolge die Interpretation islamischer Normen immer auch die vor Ort üblichen gesellschaftlichen Normen, Praktiken und Verhaltensweisen berücksichtigen sollte.

Neben der praktischen Anwendung dieser Grundsätze dient der Rückgriff auf traditionelle islamrechtliche Prinzipen letztlich auch dazu, die Authentizität und somit die Legitimität des „Minderheiten-Fiqh" zu untermauern. Dies ist vor allem deshalb erwähnenswert, weil die Frage nach der Rechtmäßigkeit beziehungsweise Rechtfertigung einer eigenen Auslegung der Scharia speziell für Muslime im Westen von Anbeginn der Debatte der Dreh- und Angelpunkt der Kontroversen war, die aus der Entwicklung des *fiqh al-aqalliyyāt* hervorgingen. Während Kritiker – auf die im Folgenden noch genauer eingegangen wird – vielfach argumentieren, dass die Scharia doch grundsätzlich überall für alle Muslime in gleicher Weise gelten müsse, legitimieren Vertreter des „Minderheiten-Fiqh" ihren Ansatz auf ganz unterschiedliche Weise. Dass sogar die beiden Vordenker dieses Konzepts, al-

Qaradawi und al-Alwani, hier deutlich voneinander abweichen, zeigt anschaulich die Pluralität und Vielfältigkeit, die diesen Diskurs, wie auch islamrechtliche Diskurse im Allgemeinen, auszeichnet.

Al-Qaradawi begründet die Legitimität einer gesonderten Auslegung der Scharia im Westen in erster Linie mit einer grundlegenden *Andersartigkeit* westlicher Länder gegenüber islamisch geprägten Ländern. Aus eben dieser mutmaßlichen Divergenz sowie auch aus der Tatsache, dass Muslime im Westen eine Minderheit darstellen, folgert er, dass diese sich per se in einer Position der Schwäche und Bedrängnis befinden und aufgrund dessen einer Stärkung oder Entlastung bedürfen, die er mittels einer spezifischen Interpretation der Scharia herbeiführen will. Woran macht al-Qaradawi diese inhärente Andersartigkeit, die er westlichen Gesellschaften pauschal zuschreibt, nun aber fest? Wie begründet er die strikte Grenzziehung in der Auslegung religiöser Normen in islamisch geprägten Staaten einerseits und westlichen Staaten andererseits, obgleich derartige Trennlinien im Zuge der Globalisierung – insbesondere infolge erheblicher Migrationsbewegungen und der zunehmenden Vernetzung mittels neuer Kommunikations- und Informationstechniken – doch vielfach zu verschwimmen scheinen?

In der Tat ist auch al-Qaradawi der Ansicht, dass die Welt in gewisser Hinsicht zu einem „globalen Dorf" zusammengewachsen sei. So räumt er ein, dass einige politische Merkmale, wie demokratische und säkulare Strukturen, bei Weitem nicht auf westliche Länder beschränkt seien, sondern in der ein oder anderen Form ebenfalls in einigen islamisch geprägten Ländern, wie beispielsweise in der Türkei oder Tunesien, auszumachen seien. Und er stellt, nicht ohne kritischen Unterton, fest, dass auch die Rechtssysteme „islamischer" Staaten keineswegs allein auf islamischen Normen fußten. Um dennoch an der von ihm propagierten mutmaßlichen Andersartigkeit westlicher Gesellschaften festhalten zu können, beruft er sich auf eine traditionelle Einteilung der Welt, die ihren Ursprung in der Frühzeit des Islam hat. Im Zuge der Ausbreitung des Islam und der damit einhergehenden Auseinandersetzungen hatten islamische Rechtsgelehrte die Welt in zwei Territorien untergliedert: *dār al-islām*, das „Gebiet des Islam", und *dār al-harb*, das „Gebiet des Krieges", das häufig auch als *dār al-kufr*, das „Gebiet des Unglaubens", bezeichnet wurde. Im Zuge erster Waffenstillstandsabkommen und Vertragsschlüsse zwischen muslimischen und nicht-muslimischen Herrschern wurde schon bald eine dritte Kategorie hinzugefügt, das „Gebiet des Vertrages" (*dār al-'ahd* oder *dār al-sulh*). Al-Qaradawi greift dieses historisch gewachsene Modell wieder auf und reinterpretiert es im Lichte der heutigen Weltordnung. Dabei kommt er zu dem Schluss, dass diejenigen Staaten, die mehrheitlich von Muslimen bewohnt werden und deren Staatsoberhäupter Muslime sind, auch heutzutage als *dār al-islām* oder „Gebiet des Islam" zu betrachten sind. Westliche Länder hingegen, in denen Muslime eine Minderheit darstellen, die zugleich aber Mitgliedsstaaten der Vereinten Nationen sind und somit in seinen Augen mittelbar in einem Vertragsverhältnis mit Muslimen stehen, betrachtet er als „Gebiet des Vertrags" oder schlichtweg als „nicht-islamisches Gebiet" (*ghayr dār al-islām*). Basierend auf eben dieser althergebrachten Trennung zwischen „islamischem" und „nicht-islamischem" Gebiet begründet al-Qaradawi, dass westliche und mehrheitlich muslimische Länder als Vertragspartner einander zwar grundsätzlich wohlgesinnt, jedoch inhärent unterschiedlich seien. Damit legitimiert er, dass jene vermeintlich immanente Andersartigkeit eine gesonderte Auslegung der Scharia erfordere, die folglich prinzipiell auf Minderheitenkontexte begrenzt bleiben solle.

Ganz anders sieht das al-Alwani. Während auch er sich auf die in der Vormoderne entstandene Einteilung der Welt in geo-religiöse Territorien beruft, interpretiert er sie auf andere Art und Weise. Für ihn sind die entscheidenden Kriterien, die ein Gebiet „islamisch" machen, nämlich weder demografische Mehrheitsverhältnisse noch ein muslimisches Staatsoberhaupt. Vielmehr argumentiert er, gestützt auf die Meinungen einiger vormoderner Gelehrter, dass ein Land dann zum „Gebiet des Islam" (*dār al-islām*) zähle, wenn es zwei Bedingungen erfülle: erstens, wenn Muslime dort in Sicherheit leben, und zweitens, wenn ihnen die freie Ausübung ihrer Religion garantiert ist. Somit kommt er zu dem Schluss, dass westliche Länder heutzutage letztlich sogar „islamischer" seien als mehrheitlich muslimische Länder und folglich auch Europa und Nordamerika zum „Gebiet des Islam" gezählt werden können. Da al-Alwani somit der Klassifizierung westlicher Staaten als „nicht-islamisches Gebiet" widerspricht, begründet er sein Konzept des „Minderheiten-Fiqh" demgemäß nicht mit jener territorialen *Andersartigkeit*, die al-Qaradawi ihnen attestiert. Stattdessen betont er, dass die *besonderen Lebensumstände* in säkularen, liberalen Demokratien zuweilen tatsächlich eine Neuinterpretation islamrechtlicher Normen erfordern, da sich Muslime in westlichen Ländern mitunter mit Fragen konfrontiert sehen, die sich ihnen in mehrheitlich muslimischen Gesellschaften nicht in dieser Form stellen. Anders als al-Qaradawi betrachtet er sie dabei jedoch nicht als schwach oder machtlos, sondern vielmehr als Bürgerinnen und Bürger von Staaten, in denen die Intentionen und höheren Ziele der Scharia, die sogenannten *maqāsid al-sharīʿa*, zu denen er insbesondere auch das Recht der muslimischen Minderheit auf Sicherheit und freie Religionsausübung zählt, *besser* gewahrt sind als in vielen mehrheitlich muslimischen Ländern, und appelliert daher an sie, sich aktiv in jene Gesellschaften einzubringen. Zudem betont al-Alwani aber auch – im Gegensatz zu al-Qaradawi –, dass die grundlegenden Ideen des „Minderheiten-Fiqh" *nicht* auf den Minderheitenkontext begrenzt bleiben sollten. Vielmehr versteht er diesen Ansatz zur Neuinterpretation islamrechtlicher Normen als eine Art Avantgarde-Fiqh, das heißt als ein Sprungbrett für eine weiterreichende Reform der Interpretation islamischer Normen, die aus seiner Sicht langfristig auch in mehrheitlich muslimische Gesellschaften hineinwirken sollte.

Kontroversen und Kritik

Eben diese Frage nach der Legitimität einer gesonderten Rechtsauslegung für Musliminnen und Muslime im Westen hat in den vergangenen Jahren kontroverse Diskussionen unter muslimischen Gelehrten und Intellektuellen in westlichen sowie auch in islamisch geprägten Ländern ausgelöst. Zu den wohl prominentesten Kritikern – die aus den unterschiedlichsten Milieus des breiten Spektrums islamischer Strömungen und Bewegungen kommen – zählt Tariq Ramadan, ein aus einer ägyptischen Familie stammender, in der Schweiz lebender Intellektueller. Er lehrt als Professor für Islamwissenschaft unter anderem an der Universität von Oxford und genießt große Popularität unter jungen Musliminnen und Muslimen in Europa, aber auch in Nordamerika und im Maghreb. Ramadan lehnt den „Minderheiten-

Fiqh" in der Form, wie er von al-Qaradawi und vom *Europäischen Rat für Rechtsgutachten und Forschung* verbreitet wird, ab und vertritt die Meinung, dass Muslime in westlichen Ländern keineswegs benachteiligt oder in einer Position der Schwäche seien und somit keiner gesonderten Auslegung der Scharia bedürften. Zudem kritisiert er, dass der Fokus auf ihren Status als *Minderheiten*, der bereits im Begriff „Minderheiten-Fiqh" zum Ausdruck kommt, die Darstellung von Muslimen als unterprivilegierte und machtlose Gruppe verstärke, die Ramadan für die Identifizierung jener Muslime mit der Gesellschaft, in deren Mitte sie leben, als destruktiv erachtet. Stattdessen appelliert er an Musliminnen und Muslime im Westen, ähnlich wie al-Alwani, sich als vollwertige Mitglieder westlicher Gesellschaften zu begreifen und die Möglichkeiten, die sich ihnen dort in Bezug auf die Ausübung ihrer Religion, aber auch hinsichtlich politischer und sozialer Partizipation bieten, wahrzunehmen und sich aktiv in gesellschaftliche Debatten einzubringen.

Ramadans Kritik an einer räumlich auf westliche Länder begrenzten Auslegung der Scharia spiegelt sich auch in seiner grundsätzlichen Ablehnung der von al-Qaradawi und vom *Europäischen Rat für Rechtsgutachten und Forschung* vertretenen Einteilung der Welt in „islamisches" und „nicht-islamisches" Territorium wider. Da Ramadan der Auffassung ist, dass jene historisch gewachsenen geo-religiösen Trennlinien zwischen *dār al-islām* und *dār al-harb* in der globalisierten, vielschichtig vernetzten Welt des 21. Jahrhunderts keinerlei Relevanz mehr haben, plädiert er dafür, die Welt vielmehr als einen allumfassenden „Raum des Bekenntnisses" (*dār al-shahāda*) zu begreifen. Dieser bietet seiner Meinung nach allen Musliminnen und Muslimen unabhängig von ihrem Aufenthaltsort die Möglichkeit, ihren Glauben auf die ein oder andere Weise zu leben – sei es in Form ritueller Glaubenspraxis, oder auch, indem sie Widerstand leisten gegen Unterdrückung und sich für ihre Rechte einsetzen.[6]

Eine andere Art von Kritik ist aus Kreisen zu vernehmen, die gemeinhin dem salafistischen Spektrum zugerechnet werden. Dabei handelt es sich um Muslime, die für sich in Anspruch nehmen, ihr Leben – vermeintlich mehr als andere Gläubige – am Vorbild des Propheten Muhammad, am Koran und an den ersten drei Generationen von Muslimen, den sogenannten rechtschaffenen Vorfahren (arab.

al-salaf al-ṣāliḥ) auszurichten. Ausgehend von einem fundamentalistischen, das heißt literalistischen Verständnis des Koran lehnen sie religionsgeschichtliche Entwicklungen sowie auch die Pluralität innerhalb ihrer religiösen Tradition weitgehend ab. Einige Vertreter salafistischen Gedankenguts haben sich dezidiert gegen das Konzept des „Minderheiten-Fiqh" ausgesprochen, da es eine illegitime Neuerung (*bid'a*) darstelle, die jeglichen Ursprungs in den Quellen des Islam entbehre. In ihren Augen bringt es unzulässige Ausnahmeregelungen mit sich, die islamische Normen „aufweichten" und unerlaubte Privilegien für Muslime im Westen schufen, die letztlich zu einer Spaltung der weltweiten Gemeinschaft der Muslime (*umma*) führten. Ohnehin benötigen jene Muslime diesen Kritikern zufolge keinerlei gesonderte Auslegung der Scharia, da sie prinzipiell nur dann in nicht-islamisch geprägten Ländern – die sie vielfach als „Gebiet des Unglaubens" (*dār al-kufr*) klassifizieren – leben dürften, wenn sie in ihrer Religionsausübung nicht maßgeblich eingeschränkt sind.[7]

Neben diesen und anderen *methodischen* und *inhaltlichen* Kritikpunkten spielt in der Kontroverse um die Auslegung der Scharia für Muslime im Westen ein weiterer Faktor eine entscheidende Rolle: die dahinterliegende Frage nach *religiöser Autorität*. Wie auch in zahlreichen anderen Debatten über Fragen religiöser Interpretation und Repräsentation – sei es im Kontext der Deutungsmacht christlicher Kirchen oder anderer religiöser Traditionen und Institutionen – ist auch hier die Frage von zentraler Bedeutung, wer befugt ist, wo und für wen religiöse Normen authentisch auszulegen. Während die einen die Meinung vertreten, dass ein Gelehrter, der die Scharia für Muslime in Europa interpretiert, auch vor Ort leben müsse, um vollends mit deren Lebensumständen vertraut zu sein, entgegnen andere, dass dies keine notwendige Bedingung sei.

Ein weiterer, damit zusammenhängender Streitpunkt, in dem sich das Ringen um religiöse Autorität widerspiegelt, ist die Frage nach der Übertragbarkeit des „Minderheiten-Fiqh" oder einzelner in diesem Kontext entwickelter Rechtsmeinungen auf islamisch geprägte Länder. Während einige Gelehrte, allen voran al-Alwani, sich offen dafür aussprechen, die im Rahmen jener Debatte entworfenen methodischen und inhaltlichen Überlegungen in mehrheitlich muslimische Gesellschaften zu exportieren, lehnen al-Qaradawi und andere Vertreter des „Minderheiten-Fiqh" dies grundsätzlich ab. Dennoch gab es in der Vergangenheit bereits Fälle, in denen auch jene Gelehrten diese strikte räumliche Trennung durchbrochen haben. Als al-Qaradawi beispielsweise einst erklärte, dass die vom *Europäischen Rat für Rechtsgutachten und Forschung* vertretene Rechtsmeinung, der zufolge das allgemeine Verbot verzinster Kredite für Muslime in Europa aufgrund mangelnder Alternativen keine Gültigkeit hat, auch für Muslime in Marokko gelte, kam es zu heftigen Protesten seitens marokkanischer Gelehrter. Obwohl diese sich bewusst waren, dass in dem sich als „islamisch" verstehenden Königreich Marokko faktisch kein umfassendes, auf islamischen Normen gründendes Banksystem existiert, übten sie scharfe Kritik an al-Qaradawis Äußerungen. Während sie sich lauthals gegen die Anwendung jener im Rahmen des „Minderheiten-Fiqh" entworfenen Fatwa in einem sich als „islamisch" verstehenden Land aussprachen, war der Stein des Anstoßes letztendlich nicht in erster Linie die Rechtsmeinung als solche. Vielmehr empörten sie sich über die vermeintlich illegitime Einmischung eines in Katar lebenden ägyptischen Gelehrten, der sich verstärkt für die Belange von Muslimen im Westen einsetzt, in die Angelegenheiten marokkanischer Gelehrter, die für sich beanspruchten, die alleinige religiöse Autorität für Muslime in Marokko zu repräsentieren.

Auswirkungen auf das religiöse Leben von Musliminnen und Muslimen in Deutschland

Bedenkt man, dass diese kontroverse Debatte um die Interpretation islamischer Normen für Muslime im Westen vorrangig von muslimischen Gelehrten und Intellektuellen geführt wird, stellt sich die Frage, inwiefern sie sich überhaupt auf das Leben von Muslimen in westlichen Ländern, beispielsweise in Deutschland, auswirkt. Obgleich die regen Diskussionen über die Prinzipien und die Legitimität des „Minderheiten-Fiqh" in der Tat in einem begrenzten Kreis muslimischer Gelehrsamkeit stattfinden und bislang keine vergleichbare mediale Reaktion hervorzurufen vermochten wie das öffentlichkeitswirksame Auftreten der selbsternannten „Scharia-Polizisten", ist die Debatte bei genauerem Hinsehen keineswegs vollkommen abgekoppelt von der muslimischen Öffentlichkeit und vom religiösen Leben von Musliminnen und Muslimen in Deutschland.

Dass es in derlei Diskursen notwendigerweise eine Verbindung zwischen Gelehrten und Gläubigen geben muss, liegt bereits im Wesen des *iftā'*, das heißt der religiösen Beratung auf Grundlage der Interpretation der Scharia, begründet, da Diskussionen über die Auslegung islamischer Normen nicht in einem gesellschaftlichen und politischen Vakuum stattfinden, sondern vielmehr die Anliegen und Probleme von Musliminnen und Muslimen in ihrem jeweiligen Lebenskontext widerspiegeln. So gründen auch die Fatwas, die al-Qaradawi oder der *Europäische Rat für Rechtsgutachten und Forschung* eigens für Muslime im Westen erstellt haben, üblicherweise auf konkreten Fragen, mit denen sich Gläubige an sie gewandt haben. Unter den Ratsuchenden – die sowohl interessierte Privatpersonen, als auch Imame oder Vertreter islamischer Organisationen sein können – waren auch bereits Muslime aus Deutschland. Der *Zentralrat der Muslime in Deutschland* (ZMD) wandte sich beispielsweise einst mit der Frage an den *Europäischen Rat für Rechtsgutachten und Forschung*, ob es professionellen muslimischen Fußballspielern erlaubt sei, ihr Fasten im Ramadan zu brechen, wenn ihr Beruf, also das Fußballspielen, dies erfordere. Anlass der Frage war Berichten zufolge die Entscheidung des FSV Frankfurt, eine Klausel in die Verträge muslimischer Spieler aufzunehmen, denen zufolge sie nicht ohne Zustimmung des Vereins fasten dürften. Nach Angaben des ZMD nahmen sich die Gelehrten der Frage an und kamen zu dem Schluss, dass der Verzicht auf das Fasten in diesem konkreten Fall erlaubt sei. Darüber hinaus folgt der ZMD, ebenso wie andere islamische Verbände – darunter auch der Koordinationsrat der Muslime in Deutschland, der oberste islamische Dachverband des Landes – weiteren Rechtsgutachten des *Europäischen Rats für Rechtsgutachten und Forschung*, so zum Beispiel der Bestimmung des Mondkalenders und somit der Festlegung der Feiertage und der Fastenzeiten im Ramadan.

Neben einer solchen direkten Übernahme von Fatwas durch islamische Organisationen in Deutschland, die diese dann an ihre Mitglieder weiterleiten, können deutsche Musliminnen und Muslime auch auf anderen Wegen mit jenen Gelehrten in Kontakt treten und auf deren Fatwas zugreifen. Dies geschieht in erster Linie über die

Website des *Europäischen Rats für Rechtsgutachten und Forschung* (http://e-cfr.org), über die persönlichen Internetauftritte der Gelehrten (zum Beispiel http://www.qaradawi.net) oder auch über spezifische Onlineforen und Datenbanken, die auf Fatwa-Ratgebung spezialisiert sind und zum Teil auch Rechtsmeinungen von al-Qaradawi und anderen Gelehrten veröffentlichen (z.B. http://www.onislam.net). Darüber hinaus sind deren Fatwas teils auch in gedruckter Form erhältlich, wobei diese zumeist auf Arabisch verfasst sind und gelegentlich ins Englische oder Französische, jedoch äußerst selten ins Türkische und Deutsche übersetzt werden, so dass sie vielen in Deutschland lebenden Musliminnen und Muslimen sprachlich nicht unbedingt zugänglich sind.

Abschließend lässt sich sagen, dass sich – fernab von den häufig populistischen und skandalisierenden medialen Debatten über die Scharia im Westen – seit nunmehr zwei Jahrzehnten ein reger und ernsthafter Diskurs über die Auslegung islamischer Normen für Muslime in nicht-muslimischen Mehrheitsgesellschaften entfaltet. So relevant diese Diskussionen in Gelehrtenkreisen und sicher auch für manche Gläubige sein mögen, darf dennoch nicht aus dem Blick geraten, dass es sich dabei um eine in hohem Maße normative Auseinandersetzung mit religiösen Fragen handelt, die nicht zwangsläufig den Alltag und die religiöse Praxis von Musliminnen und Muslimen in Deutschland bestimmt. Ebenso wie auch Christinnen und Christen oder Angehörige anderer Religionen sich nicht unbedingt täglich mit theologischen, kirchenrechtlichen oder anderen normativen Fragen im Rahmen ihrer jeweiligen Tradition befassen, so verstehen auch Muslime die Scharia häufig nicht in erster Linie als rechtliches Regelwerk, sondern vielmehr als ethische Richtschnur für ein rechtschaffenes und gottgefälliges Leben, die ihnen Leitlinien für rituelle, zwischenmenschliche und gesellschaftliche Fragen an die Hand gibt. Vor diesem Hintergrund vermag es nicht zu überraschen, dass sich die Mehrzahl der praktizierenden Musliminnen und Muslime in Deutschland und anderswo nicht alltäglich – womöglich auch nie – mit Fatwas beschäftigen, die einzelne Gelehrte oder Institutionen wie der *Europäische Rat für Rechtsgutachten und Forschung* unter dem Label „Minderheiten-Fiqh" verbreiten. Denn abseits jenes normativen Zugangs zu religiösen Fragen beschreiten sie – ähnlich wie Christinnen und Christen oder andere Gläubige – vielfach einen eigenständigen pragmatischen Weg, der es ihnen ermöglicht, ihren Glauben inmitten einer nicht-muslimischen Mehrheitsgesellschaft zu leben.

Anmerkungen

1 http://www.zeit.de/politik/deutschland/2014-09/salafisten-wuppertal-reaktion-bundesregierung (06.09.2014).

2 Ayman Mazyek, Vorsitzender des *Zentralrats der Muslime in Deutschland*, zitiert in http://www.islamiq.de/2014/09/06/ salafisten-aktion-muslime-kritisieren-scharia-polizei und http://www.ruhrnachrichten.de/nachrichten/politik/aktuelles_berichte/Selbsternannte-Ordnungshueter-Muslim-Vertreter-verurteilen-Scharia-Polizei;art29862,2475666 (15.09.2014).

3 Für eine ausführlichere Einführung in die Thematik siehe Rohe, Mathias: *Das islamische Recht. Eine Einführung.* München: C.H. Beck 2003.

4 Für einen tieferen Einblick in historische islamrechtliche Debatten um Muslime unter nicht-islamischer Herrschaft siehe Abou El Fadl, Khaled: „Islamic Law and Muslim Minorities: The Juristic Discourse on Muslim Minorities from the Second / Eighth to the Eleventh / Seventeenth Centuries", in: *Journal of Islamic Law and Society* 22 (1) 1994: 141–187.

5 Siehe dazu auch Albrecht, Sarah: *Islamisches Minderheitenrecht: Yūsuf al-Qaraḍāwīs Konzept des fiqh al-aqallīyāt.* Würzburg: Ergon 2010. Al-Alwanis Schrift zum Minderheiten-Fiqh ist auch in englischer Übersetzung erhältlich: al-Alwani, Taha Jabir: *Towards a Fiqh for Minorities.* London: IIIT 2003.

6 Für eine weitergehende Beschäftigung mit Ramadans Ansatz siehe z.B. sein *To be a European Muslim: A Study of Islamic Sources in the European Context.* Markfield: The Islamic Foundation 1999.

7 Eine vergleichsweise umfassende Kritik am „Minderheiten-Fiqh" hat beispielsweise ein in Großbritannien lebendes Mitglied der islamistischen Vereinigung *Hizb ut-Tahrir* verfasst: Khan, Asif. *The Fiqh of Minorities – the New Fiqh to Subvert Islam.* London: Khilafah Publications 2004.

Mustafa Hadžić

Islamisches Minderheitenrecht – Erfahrungen und Perspektiven

Nach Angaben der UN leben über 500 Millionen Muslime in nicht-muslimischen Ländern, was bedeutet, dass jeder dritte Muslim in einem nicht-muslimischen Staat lebt. In Anbetracht dessen ist es sehr verwunderlich, dass es nur eine geringe Anzahl an muslimischen Intellektuellen und Gelehrten gibt, die sich aktuellen religiösen Fragestellungen widmet und selbst in Ländern lebt, in denen Muslime die Minderheit darstellen.

Stattdessen lebt der Großteil muslimischer Gelehrter, die sich mit der Thematik des „*fiqh* muslimischer Minderheiten" befassen, in muslimischen Ländern, hauptsächlich arabischen Staaten.[1]

Das arabische Wort *fiqh* bedeutet wörtlich „Verstehen" oder „Erkenntnis von etwas haben", ein terminus technicus der islamischen Theologie, unter dem man die Kenntnis der praktischen islamischen Normen versteht, die von detaillierten islamischen Quellen abgeleitet werden.[2]

Demzufolge beinhaltet *fiqh*, bezogen auf muslimische Minderheiten: Verstehen der Situation und der Befindlichkeit von Muslimen in nicht-muslimischen Ländern; Antworten finden auf Fragen, die sich aus dieser Minderheitensituation ergeben, im Einklang mit der modernen Zeit einerseits und den Gesetzen der Scharia andererseits.

Die islamische Rechtswissenschaft sieht ihre Aufgabe darin:[3]

1. muslimischen Minderheiten (Personen, Familien, Gruppen) zu helfen, ein angenehmes Leben im Licht des Islam zu leben, ohne Erschwernisse in der Religion und Überlastungen im Diesseits;
2. ihnen zu helfen, die Essenz der islamischen Identität und Persönlichkeit zu wahren;
3. der muslimischen Minderheit Halt zu geben, damit diese dynamisch und offenherzig bleibt – in dem Maße, wie es die religiösen

Grundsätze zulassen – und ihren Beitrag im Zusammenleben mit Nichtmuslimen leistet, im Einklang mit den Lehren und den Erkenntnissen der Islamwissenschaften;
4. ihnen zu helfen, positive Ergebnisse im Bereich Bildung zu erzielen und konstruktiv an kulturellen, religiösen, gesellschaftlichen, sozialen, wirtschaftlichen und politischen Prozessen teilzuhaben in den Ländern, in denen sie leben.

Im Folgenden werden einige unterschiedliche Positionen zu aktuellen Fragestellungen vorgestellt, die insbesondere Muslime betreffen, die als Minderheiten in nicht-muslimischen Ländern leben.

Rechtsstandpunkt der *fiqh* zum Aufenthalt von Muslimen in nicht-muslimischen Ländern

Es gibt zwei widerstreitende Meinungen bei islamischen Rechtsgelehrten bezüglich des Aufenthalts von Muslimen in nicht-muslimischen Staaten.

Erste Position:
Die Protagonisten dieser Meinung sind der Auffassung, dass Muslimen das Verweilen in nicht-muslimischen Ländern nicht gestattet ist. Hier folgen Intellektuelle der malikitischen Rechtsschule und dem Gelehrten Ibn Hazm[4]. Diese Meinung stützen sie mit den Wörtern des Koran: „Wer für die Sache Allahs auswandert, der wird auf Erden genug Stätten der Zuflucht und der Fülle finden."[5]

Ihren Standpunkt untermauern sie mit einigen Hadithen (Aussprüche und Handlungen des Propheten Mohammed, Anm. der Redaktion) und Belegen, welche aufzeigen, dass Muslime als Minderheit unterdrückt und entrechtet werden. Sich in eine solche Situation zu bringen, erlaubt der Islam nicht.

Zweite Position:
Die Vertreter der zweiten Ansicht sind Experten der hanafitischen, schafiitischen und hanbalitischen Rechtsschulen.[6] Ihrer Meinung nach kann keine generelle Aussage über die Legitimität des Aufent-

halts in nicht-muslimischen Ländern getroffen werden, sondern Vorschriften werden je nach Wahrung der Grund- und Menschenrechte und der Freiheit der Muslime in diesen Staaten erbracht. Hier stehen vor allem die Freiheit der Religionsausübung, der Schutz des Lebens, der Ehre und des Besitzes im Fokus. Sofern ein Muslim oder eine Muslimin in einem nicht-muslimischen Staat unterdrückt wird und die Ausübung des Glaubens bedroht ist, ist es ihm und ihr verboten, in solch einem Land, ob Einwanderer oder Einheimischer, zu residieren, ferner sind sie verpflichtet, auszuwandern. Im Fall von Nichtunterdrückung und der Möglichkeit der Ausübung der islamisch-religiösen Pflichten und bei Bewahrung von Grundrechten und Freiheit ist das Leben in einem solch nicht-muslimischen Staat erlaubt.

Ihren Standpunkt stützen sie mit Versen aus der *Sura An-Nisaa*: „Zu jenen, die – Unrecht gegen sich selbst tuend – von Engeln dahingerafft werden, werden diese sprechen: ‚Wonach strebtet ihr?' Sie werden antworten: ‚Wir wurden als Schwache im Lande behandelt.' Da sprechen jene: ‚War Allahs Erde nicht weit genug für euch, dass ihr darin hättet auswandern können?' Sie sind es, deren Aufenthalt die Hölle sein wird, und übel ist die Bestimmung, ausgenommen nur die Schwachen unter den Männern, Frauen und Kindern, die außerstande sind, einen Plan zu fassen oder einen Weg zu finden. Diese sind es, denen Allah bald vergeben wird; denn Allah ist allvergebend, allverzeihend."[7]

Dieser Vers ist ein Beleg dafür, dass die Auswanderung Pflicht ist, wenn die Ausübung des Glaubens nicht gegeben ist, und bezeugt, dass das Leben in einem nicht-muslimischen Land, in dem man seinen Glauben ausleben darf, erlaubt ist.

Der Prophet Mohammed hat Muslimen den Aufenthalt in Mekka, als sie damals eine nicht-islamischer Stadt war, nach seiner Auswanderung erlaubt. Genauso hat er einigen Muslimen das Verweilen in ihren nicht-muslimischen Stämmen erlaubt, da diese die Ausübung des Islam zuließen.

In der heutigen Zeit hat sich bei der großen Mehrheit der islamischen Rechtsgelehrten die Ansicht durchgesetzt, dass Muslimen das Leben in nicht-muslimischen Ländern gestattet ist, sofern ihre Grundrechte und die Freiheit bewahrt werden. Dies sei gerechtfertigt aufgrund der

Tatsache, dass heutzutage fast alle Staaten dem Völkerrecht und den Resolutionen der Vereinten Nationen unterliegen, die allen Bewohnern und Immigranten irgendeines Landes innerhalb dieser Territorien Recht und Freiheit gewähren. So sei ein Ausländer in irgendeinem Land genauso gesetzlich geschützt wie ein Einheimischer, ungeachtet seiner religiösen und nationalen Dazugehörigkeit.

Muslime sind verpflichtet, sich in die Gesellschaft, in der sie leben, zu integrieren, im Sinne einer aktiven Teilnahme an der Gestaltung des Lebens. Eine Assimilation ist ihnen jedoch untersagt.

Beantragung politischen Asyls in einem nicht-muslimischen Land

Zur Frage des politischen Asyls haben sich die klassischen islamischen Rechtsgelehrten nicht beraten oder ihre Meinung geäußert, denn zu ihrer Zeit war dieses Thema nicht aktuell. Moderne islamische Rechtswissenschaftler haben dieser Frage ebenso wenig Beachtung geschenkt. Aufgrund der heutigen politischen Situation und des gesellschaftlichen Wandels, welchen muslimische Staaten gerade durchlaufen, ist sie jedoch sehr aktuell.

Grundrecht der Scharia ist die Achtung von Menschlichkeit und Würde, unabhängig von Nationalität und Hautfarbe. Daher ist es im Islam inakzeptabel, dass irgendein Mensch schutzlos, erniedrigt und unterdrückt lebt, unabhängig davon, welche ideologischen Überzeugungen und Ansichten er vertritt. Der Islam lehrt, dass alle Menschen Brüder und Schwestern sind und von einem Mann und einer Frau abstammen. Dieser Glaubensgrundsatz wird im Koran klar hervorgehoben:

> „Wir haben doch wahrlich die Kinder Adams geehrt und sie über Land und Meer getragen und sie versorgt mit guten Dingen und sie ausgezeichnet, eine Auszeichnung vor jenen vielen, die Wir geschaffen.“[8]

> „O ihr Menschen, Wir haben euch von Mann und Frau erschaffen und euch zu Völkern und Stämmen gemacht, dass ihr einander kennen lernt. Wahrlich, der Angesehenste von euch ist vor Allah der, der unter euch der Gerechteste ist. Siehe, Allah ist allwissend, allkundig.“[9]

Die Lehre des Islams besagt, dass alle Länder Allah gebühren und von ihm keine politischen oder geographischen Grenzen gezogen werden.

> „Mit islamischem Land ist jeder Staat gemeint, in dem ein Muslim frei und in Frieden Allah folgen kann."[10]

Insofern ein Muslim sich gezwungen sieht, sein muslimisches Heimatland aufgrund von Einschüchterungen und Folter oder aufgrund seiner politischen Ansichten zu verlassen, ist es ihm unter folgenden Voraussetzungen erlaubt, politisches Asyl eines nicht-muslimischen Landes zu suchen:[11]

1. Er oder sie muss sichergehen, dass im Staat, in dem Asyl beantragt wird, ihm/ihr und seiner/ihrer Familie Freiheit und Sicherheit inklusive seines/ihres Besitzes gewährleistet wird. Ferner, dass die Religion freier ausgelebt werden kann als im Land, aus dem man flüchten musste.
2. Er darf auf keine Weise ein Verräter seines Landes sein.
3. Man muss sich in neuer Umgebung mit erlaubten Mitteln dafür einsetzen, dass auf zivilisierten und demokratischen Wegen das ungerechte politische System des Herkunftslandes, welches der Grund des Asyls war, verändert wird.

Die Staatsbürgerschaft eines nicht-muslimischen Staates

Diese Frage war in der Vergangenheit nicht aktuell, hat aber jetzt an Bedeutung gewonnen. Die klassischen islamischen Rechtsgelehrten haben sich mit dieser Frage nahezu gar nicht beschäftigt. Zu diesem Thema liegen keine konkreten Belege vor. Viele der heutigen islamischen Rechtsgelehrten[12] stützen sich bei dieser Frage auf religiöse Argumente, die mit der Auswanderung und dem Aufenthalt in nicht-muslimischen Staaten zusammenhängen. Den Muslimen ist die Staatsbürgerschaft eines nicht-muslimischen Staates demnach unter folgenden Bedingungen erlaubt:

1. Die Annahme einer solchen Staatsbürgerschaft ermöglicht eine größere Sicherheit, mehr Freiheit und den Schutz des eigenen Glaubens und der eigenen Familie. Imam Ahmed überliefert einen Hadith in seinem Werk *Musnad*, den der Prophet Mohammed ver-

kündete: „Das Land gehört Allah und die Menschen sind Allahs Diener. In welchem Land auch immer du Gutes findest, lasse dich dort nieder."[13]

2. Die Annahme dieser Staatsbürgerschaft darf zu keiner Leugnung grundlegender Prinzipien des Islam führen, sie darf einen Menschen oder seine Familie nicht in eine Lage der Erniedrigung bringen oder zu Handlungen zwingen, die im Islam strikt verboten sind.

Für den Fall, dass ein Muslim in einem muslimischen Staat nicht in der Lage ist, die fünf Säulen des Islam zu bewahren und zu schützen, dies in einer nicht-muslimischen Gesellschaft durch Annahme von deren Staatsbürgerschaft aber möglich wäre, wird die Annahme dieser Staatsbürgerschaft zur Pflicht.

Öffentliche Funktionen in nicht-islamkonformen Regierungen

Es gibt zwei widerstreitende Positionen.

Erste Position:
Die Rechtsmeinung zu dieser Frage besagt, dass es jedem Muslim verboten ist, öffentliche Funktionen in nicht-muslimischen Staaten anzunehmen. Dies wird durch eine große Anzahl an Koranzitaten gestützt:

> „Wer nicht nach dem richtet, was Allah hinabgesandt hat – das sind die Ungläubigen."[14]

> „… und wer nicht nach dem richtet, was Allah hinabgesandt hat – das sind die Ungerechten."[15]

> „…wer nicht nach dem richtet, was Allah hinabgesandt hat – das sind die Empörer."[16]

Eine Handlung, die der Scharia zuwiderläuft, widerspricht dem Glauben.

> „Aber nein, bei deinem Herrn, sie sind nicht eher Gläubige, als bis sie dich zum Richter über alles machen, was zwischen ihnen strittig ist, und

dann in ihren Herzen kein Bedenken finden gegen deinen Entscheid, und sich in Ergebung fügen."[17]

Aus den aufgeführten Versen lässt sich klar schließen, dass es nicht erlaubt ist, sich in eine Regierung einzubringen, die nicht der Scharia folgt, unabhängig davon, ob diese Regierung in einem muslimischen oder nicht-muslimischen Staat agiert.

Zweite Position:
Allerdings erlauben die islamischen Gelehrten der heutigen Zeit, von der generellen Meinung abweichend, sich in solche Regierungen in besonderen und extremen Situationen einzubringen. Dies stützen sie auf folgende Beweisführung:

Der Prophet Josef, Frieden und Heil seien auf Ihm, hat sich beispielsweise in eine polytheistische Regierung eingebracht und verlangte selber: „Es sprach: ‚Setze mich über die Schatzkammern des Landes, denn ich bin ein Hüter, ein wohlerfahrener.' Also setzten Wir Joseph im Land fest. Er weilte darin, wo immer es ihm gefiel. Wir gewähren Unsere Gnade, wem Wir wollen, und Wir lassen den Lohn der Rechtschaffenen nicht verloren gehen."[18]

Imam Mawdudi sagt zu Prophet Josefs Fall Folgendes: „Das ist der Beweis dafür, dass die Partizipation der Muslime, sogar der Propheten, in einem nicht-islamkonformen System erlaubt und legal ist. Nicht nur das, es ist sogar eine kollektive Pflicht (arab. *wadschib*) in einigen Situationen, denn Josefs Aufforderung an den ägyptischen Pharao, ihn zum Finanzminister zu ernennen, ist nicht nur der Beweis dafür, dass zu einer solchen Sache ihm etwas offenbart wurde und es erlaubt ist, sondern dass er es als Pflicht (*wadschib*) betrachtet hat."[19]

Imam Ibn Taymija erwähnt als Beispiel den äthiopischen König der Najashi, der durch den Einfluss muslimischer Auswanderer (arab. *Muhadschirun*) den Islam kennenlernte und ihn als Religion annahm. Als Herrscher richtete er sich jedoch nicht nach der Scharia, sondern reformierte die weltlichen Gesetze seines Landes. Auf Grundlage des Koran herrschen konnte Najaschi nicht, nach dem Koran herrschen, denn sein Volk hätte dies nicht akzeptiert.[20]

Das Einbringen in eine nicht-muslimische Regierung ist erlaubt, solange es dem Interesse aller Bürger inklusive der muslimischen Bürger in diesen Staaten dient, sofern es zur Verwirklichung bürgerlicher und religiöser Rechte und Freiheiten der Muslime beiträgt sowie zur Förderung von Institutionen, die den Erhalt und den Fortschritt der religiösen Identität der Muslime garantieren.

Meiner persönlichen Meinung nach ist es nicht nur erlaubt, sondern sogar unabdingbar für Muslime, sich politisch als auch sozial in den verschiedensten Institutionen und auf verschiedenen politischen Ebenen zu engagieren.

Denn wie Imam al-Shatibi[21] lehrt, verfolgt der Islam fünf Ziele (*al-maqasid*): das Leben bewahren, die Menschheit schützen, die Vernunft sowie Familie und Wohlstand gedeihen lassen, die Religionsfreiheit schützen. Die Mittel, diese Ziele zu erreichen, müssen nicht ausschließlich im Koran gesucht werden. All jenes, was dazu dient, diese Ziele zu erreichen, wird zu einem Teil des Islam. Mit dieser Theorie öffnete al-Shatibi die Tore des Islam für das gesamte zivilisatorische Erbe der Menschheit und für all ihre universellen Werte.

Es ist gar nicht notwendig zu beweisen, dass die Demokratie in den Quellen des Islam wiederzufinden ist. Es genügt, festzustellen, dass die Demokratie uns hilft, nach diesen Zielen zu streben – und das lässt sich sehr leicht feststellen.

Professor Dr. Fikret Karcic[22] sieht in der Erfahrung der Muslime in Bosnien und Herzegowina während des Prozesses des Übergangs von einem muslimischen Staat – dem Osmanischen Reich – in ein säkulares System – zunächst die Österreichisch-Ungarische Monarchie, das Königreich Jugoslawien und darauf folgend Jugoslawien – ein positives Beispiel für den Erfolg der Integration einer muslimischen Minderheit in einen säkularen Staat. Einer der Hauptgründe für deren Erfolg war, so Karcic, die gesetzliche Anerkennung des Islam von Seiten Österreich-Ungarns, die dies erst ermöglichte und eine Unabhängigkeit vom Staat garantierte.

In seiner Analyse definiert er den säkularen Staat als einen Staat, der sowohl einzelne als auch kollektive Religionsfreiheit garantiert, das Individuum als Bürger vollkommen unabhängig von dessen religiöser Zugehörigkeit ansieht, sich in der Verfassung weder auf eine Religion bezieht noch sich bemüht, eine solche zu fördern oder sich in religiöse Angelegenheiten zu mischen. Dies könnte man als „Neutralität mit Respekt“ bezeichnet. Die Analyse relevanter gesetzlicher

Gegebenheiten in Bosnien und Herzegowina ergab, dass dieser Staat gesetzlich alle drei Elemente der Definition[23] eines säkularen Staates übernommen hat: Religionsfreiheit, Staatsbürgerschaft in Unabhängigkeit von der religiösen Zugehörigkeit und Trennung zwischen Staat und Religion.

Momentan wird davon ausgegangen, dass die Übernahme eines säkularen Konzeptes starken Einfluss auf die Praktizierung sowie Institutionalisierung des Islam hat. Im Hinblick auf den Umfang der Praktizierung des Islam zeigt sich, dass er in einem säkularen Staat wie Bosnien und Herzegowina die Glaubenspraxis umfasst, die auf den Bereich der Riten und gesellschaftlicher Belange beschränkt ist. Dabei haben die Normen der Scharia nur noch den Charakter von religiös-moralischen Normen. Das bedeutet, dass die religiösen Aspekte dieser Normen gelten, jedoch nicht ihre juristischen. Institutionell äußert sich solch eine Rolle der Scharia im Prozess der Interpretation sowie Umsetzung von Vorschriften in Bildung, Erziehung, Beratung, alternativen Konfliktlösungen sowie der Schaffung alternativer islamischer Institutionen wie islamische Banken, Kindergärten, Schulen.

Daher ist der beste Weg, ein erfolgreiches und produktives Wirken von Muslimen in einem säkularen und neutralen Staat wie Deutschland zu erreichen, Muslime als Religionsgemeinschaft anzuerkennen und die Schaffung muslimischer Institutionen wie Kindergärten, Schulen, Altersheime und anderer sozialer Einrichtungen zu ermöglichen, wie dies die christlichen und jüdischen Religionsgemeinschaften erfolgreich vormachen.

Zudem ist es eine wichtige Aufgabe bereits existierender Fakultäten und Instituten der islamischen Theologie in Deutschland und europäischen Staaten, die wissenschaftliche Forschung im Bereich des *Fiqh* zu fördern. Diese kann langfristig adäquate Antworten auf bestehende Fragen und Herausforderungen liefern, welche Muslime in westlichen Ländern betreffen, und klare Ziele und Rahmenbedingungen für die Zukunft der islamischen Theologie formulieren.

Fazit

Dabei sollte die wissenschaftlich Disziplin des *Fiqh akalliyat muslime* nicht bloß auf dessen politische Bedeutung für muslimische Minderheiten reduziert werden. Vielmehr hat er Relevanz für positive zwischenmenschliche Beziehungen schlechthin, und es sollte der *Fiqh at-Tearuf*, das gegenseitige Kennenlernen, in den Fokus gestellt werden. Denn der Hauptgrund unseres Daseins auf Erden ist, wie im Koran in Bezug auf die Existenz unterschiedlicher menschlicher Gruppen, verlautet:

> „O ihr Menschen, Wir haben euch von Mann und Frau erschaffen und euch zu Völkern und Stämmen gemacht, dass ihr einander kennen lernt. Wahrlich, der Angesehenste von euch ist vor Allah der, der unter euch der Gerechteste ist. Siehe, Allah ist allwissend, allkundig."[24]

> „Allah verbietet euch nicht, gegenüber denjenigen, die nicht gegen euch der Religion wegen gekämpft und euch nicht aus euren Wohnstätten vertrieben haben, gütig zu sein und sie gerecht zu behandeln. Gewiss, Allah liebt die Gerechten."[25]

Die muslimische Gesellschaft hat zu verschiedenen Zeiten praktisch bewiesen, dass sie multireligiös, multinational und multikulturell sein kann. Dies ist ganz natürlich, wenn die Prinzipien des Islam, auf welchen die Beziehungen einer Gesellschaft aufbauen, in Betracht gezogen werden: kein Zwang im Glauben; Integration an Stelle von Assimilation; Internationalität statt Globalisierung; die Überzeugung, dass alle Menschen Allahs Geschöpfe sind und am besten diejenigen, die seiner Schöpfung – Menschen, Tieren, Umwelt – von größtem Nutzen sind. Die Gerechtigkeit ist absolut und steht über Rasse, Nation, Territorien, Zeit und Sprachen.

Die Rolle und Aufgabe jedes Muslims und jeder Muslimin, welche in nicht-muslimischen Staaten leben, ist es, die eigenen religiösen moralischen Werte in die multinationale, multikulturelle und multireligiöse Gesellschaft zu integrieren und diese zu bereichern.

Anmerkungen

1 Dr. Abdul Majid An-Nagar: „Fiqh al-muwatan al-muslimin fi-Europa", Dr. Yusuf al-Qaradawi: „Figh al-´aqaliyat al-muslimin", Taha Jabir al-Alawani, „Madhal ilaa fikhul akaliyat", Abdullah bin Bejte, „Dawabit al-Fatwa wa fiquhl – aqallliyat", Alijj ibn Najif as-Schuhud, „Al-Khalasatu fi fiqhil aqalliyat".
2 Hasan ibn Alijj Al Scherneblali, Al Miftah-Scharh Nurul Idah.
3 Dr. Yusuf al-Qaradawi „Konzepts des fiqh al-aqalliyat – Islamisches Minderheitenrecht".
4 Imam Malik, „Mulhalkul-Mudenevvenetil-Kubra", 5/466, Ibn Hazm, Al-Muhalla, 7/349.
5 Surah „An-Nisaa": 100.
6 Jessas, Ahkamul-Kur an 2/305, Nawawi, Rawdatut-Talibin, 10/2282, Ibn Kudame, Al-Mugni, 1/505.
7 Sura An-Nisaa: 97–99.
8 Surah „Al-Israa": 70.
9 Surah „Al-Hudschurat": 13.
10 Dr. Sulejman Topoljak, „Savremena fikhska pitanja", 541. „Aktuelle islamische Rechtswissenschaftliche Themen."
11 Dr. Sulejman Topoljak, „Savremana fikhska pitanja", 542. „Aktuelle islamische Rechtswissenschaftliche Themen."
12 Dr. Yusuf Qaradawi, Dr. Wahbe Zuhayli, Mustafa Zarqa.
13 „Musnad", Imam Ahmed, 1/166.
14 Surah „Al-Ma'ida": 44.
15 Surah „Al-Ma'ida": 45.
16 Surah „Al-Ma'ida": 47.
17 Surah „An-Nisa": 65.
18 Surah „Yusuf": 55,56.
19 Abul-Ala al-Mawdudi, „Al Hukumetul-islamijjetu", 56.
20 Ibn Taymijja, Majmu ul-Fatawi, 19/218–219.
21 Ibrāhīm Ibn-Mūsā aš-Šāṭibī, ein während des 14. Jahrhunderts in Spanien lebender Gelehrte.
22 Professor Dr. Fikret Karčić, geboren 1955 in Višegrad, ist Mitglied des Präsidiums der islamischen Gemeinschaft von Bosnien-Herzegowina und war von 2002 bis 2008 Präsident ihres Gerichtshofes. Er lehrt vergleichende Rechtsgeschichte an der juristischen Fakultät der staatlichen Universität Sarajevo sowie islamische Rechtsgeschichte an der Fakultät der islamischen Wissenschaften Sarajevo, deren Träger die islamische Gemeinschaft ist. Darüber hinaus hatte er Gastprofessuren u.a. in Istanbul, Kuala Lumpur und Oslo.
23 Donald Eugen Smith, India as a Secular State (Princeton, N.J.: Princeton University Press, 1963), 4–8.
24 Surah „Al-Hugurat": 13.
25 Surah „Al-Mumtahana": 8.

Walter Homolka

Im Zeichen des Bundes

Jüdisches Religionsrecht und Staatliches Recht im Wechselspiel

1. Das Jüdische Recht: eine Einführung in seine Eigenart

Das Jüdische Recht ist nicht das Recht eines Staates, sondern eines Volkes: des Volkes Israel. Dieses Volk hat in seiner mehr als 3000-jährigen Geschichte nur selten einen eigenen Staat mit politischer Souveränität gehabt. Der überwiegende Teil der jüdischen Geschichte war durch das Leben unter fremder Herrschaft und vor allem auch in der Diaspora gekennzeichnet: Juden lebten und leben in vielen verschiedenen Ländern und Kulturen und in ganz unterschiedlichen Herrschafts- und Rechtssystemen. Diese haben zwar immer wieder auch Einfluss auf die Entwicklung des Jüdischen Rechts genommen, aber dennoch hat es über die Jahrhunderte hinweg seine Eigenständigkeit bewahren können. Maßgeblich dazu beigetragen hat die Tatsache, dass die jüdischen Gemeinden oft eine – in Abhängigkeit von Zeit und Ort unterschiedlich stark ausgeprägte, aber meist relativ weitgehende – Autonomie in Rechtsangelegenheiten genossen. Diese rechtliche Autonomie und die dadurch erforderliche praktische Anwendung des Rechts gewährleisteten, dass es sich stetig fortentwickelte. Ein anderer Grund dafür, dass das Jüdische Recht seine Eigenständigkeit und Eigenart bis heute bewahrt hat, ist jedoch noch weitaus wesentlicher und fundamentaler: Es beruht nicht auf der Autorität eines irdischen Gesetzgebers, sondern gründet in letzter Instanz im Bund des Volkes Israel mit Gott. Gerechtigkeit ist demgemäß die Gnadengabe Gottes, mit der er die Welt nach seinem Willen ordnet. Die ursprüngliche Quelle des Jüdischen Rechts und sein eigentlicher Kern ist daher die göttliche Offenbarung, wie sie in der Tora und in den anderen Büchern der Hebräischen Bibel ihren Niederschlag gefunden hat. Einmal dem Volk gegeben, ist das Recht, wenngleich göttliches

Recht, sozusagen auch der Gottheit selbst entzogen – es soll nun an die Nachkommen weitertradiert werden: „Du sollst sie deinen Kindern einschärfen und immer davon reden, wenn du zu Hause sitzt oder auf Reisen bist, wenn du dich niederlegst und wenn du aufstehst“ (Dtn 6:7; 11:19). Eine Intervention der Gottheit hinsichtlich der Anwendung des Rechts kennt das Judentum nicht, sondern es soll durch den Menschen allein verwirklicht werden.[1] Der Prozess der fortlaufenden Interpretation dieses göttlichen Willens und die aktuelle Anwendung der daraus entstandenen Rechtsnormen sind die traditionell vornehmsten Aufgaben des Rabbiners als des jüdischen Rechtsgelehrten. Das jüdische Prozessrecht kennt keine übernatürlichen Beweise. So wurde einem Rechtslehrer, der sich in einem Rechtsstreit auf eine übernatürliche Stimme berufen wollte, erwidert: „Das Gesetz ist nicht im Himmel.“[2] In anderen Worten: Die Wirklichkeit des Jüdischen Rechts ist göttlich, aber sie ist keine *tora min ha-schamajim*, keine Tora vom Himmel. Alle Menschen sind in gleicher Weise dem religiösen Recht unterworfen, womit jeder staatlichen und nichtstaatlichen Gewalt und Willkür vorgebeugt ist. Diese einzigartige Verbindung von religiösem und weltlichem Recht hat bisweilen, zum Beispiel im Recht der Vertretung, eine Beeinflussung des weltlichen Rechts herbeigeführt, wie sie etwa im Römischen Recht, das zwischen *ius* und *fas* scharf trennt, nicht möglich gewesen wäre. Sie prägte außerdem in erheblichem Maße die Entwicklung des jüdischen Eherechts, für das seit jeher sein sittlich-religiöser Zweck eine wesentliche Rolle gespielt hat. Es lohnt sich also, der gegenseitigen Beeinflussung von religiöser und säkularer Rechtssphäre weiter nachzugehen. Dazu ist es nötig, einen Blick auf die Quellen des Jüdischen Rechts zu werfen.

2. Die Quellen des Jüdischen Rechts

Die erste und wichtigste schriftliche Quelle des Jüdischen Rechts überhaupt ist die Hebräische Bibel und in ihr insbesondere die Tora (Pentateuch, Chumasch oder fünf Bücher Mose). Die traditionelle jüdische Auffassung zählt in den fünf Büchern der Tora insgesamt 613 Rechtsvorschriften, sogenannte *mitzwot*; sie bilden die Basis aller späteren jüdischen Rechtskodifikationen und des jüdischen Rechtssystems überhaupt. Die nächste autoritative literarische Quelle des Jüdischen Rechts sind die Propheten (Nevi'im) und Hagiographen (Ketuvim), auch wenn sie im Vergleich zur Tora nur wenige juristisch relevante Abschnitte enthalten. Dabei kann es um so unterschiedliche Dinge gehen wie das Erwerbsrecht (Ruth 4; Jer 32), das Königtum (1Sam 8; 1Kön 21), Fragen der Bürgschaft (Spr 6:1–5) oder die (individuelle beziehungsweise kollektive) Haftung bei Rechtsverstößen (2Kön 14:6).

In der nachbiblischen Zeit ist die Epoche zwischen der Zerstörung des Zweiten Tempels (70 n.d.Z.) und dem Abschluss des Talmud (ca. 600 n.d.Z.) für die Entwicklung des Jüdischen Rechts von besonderer Bedeutung: In ihr entstehen die klassischen Quellen des Jüdischen Rechts, von denen – bis zum heutigen Tage – das Studium desselben und jegliche praktische Rechtsfindung ausgeht: die Mischna, die Tosefta und die beiden Talmude, der palästinische (oder Jerusalemer) und der babylonische Talmud sowie die halachischen Midraschim. Bereits die Vorsteher der Akademien in Babylonien (die sogenannten Geonim) legten fest, dass Rechtsfälle nach dem babylonischen Talmud zu entscheiden seien. Moses Maimonides (1138–1204) unterstrich diesen Lehrsatz, indem er erklärte, dass es die Pflicht eines jeden Juden sei, dem babylonischen Talmud zu folgen, da sich ganz Israel diesem unterworfen habe.[3] Seit dieser Zeit wird versucht, Begründungen für rechtliche Regelungen am babylonischen Talmud auszurichten. Der babylonische Talmud entwickelte sich so zu dem von den Gelehrten am intensivsten studierten gesetzlichen Referenzwerk des Jüdischen Rechts überhaupt, während der im Vergleich weniger ausführliche, schwerer verständliche palästinische Talmud nicht die gleiche Bedeutung erlangte. Dies ist schon ein erster Hinweis auf die Bedeutung fremden Rechts bei der jüdischen Rechtsentwicklung, hier die Einflüsse der persischen Diaspora.

Nach der Epoche seiner biblischen Grundlegung ist die Zeit zwischen der Zerstörung des Zweiten Tempels (70 n.d.Z.) und dem Beginn des 3. Jahrhunderts für die Entwicklung des Jüdischen Rechts besonders bedeutsam. In dieser Periode wird das tradierte Recht in einer neuen Weise geordnet und systematisiert, und dadurch bildet sich ein neuartiges Jüdisches Recht heraus, das fortan als „Halacha" bezeichnet wird. Das Wort *halacha* ist eine Ableitung von dem hebräischen Verb *halach* (gehen). Dass es zu einer Bezeichnung für die Gesamtheit des Jüdischen Rechts geworden ist, gründet sich auf die metaphorische Deutung von Ex 18:20: „(...) ihnen aber die Gesetze und die Lehren einschärfst und ihnen den Weg bekannt machst, welchen sie gehen sollen und was sie zu tun haben." Die Halacha ist demnach „der zu gehende Weg". Das Wort *halacha* (Pl. *halachot*) kann dann in der Folge, abhängig vom Kontext, ebenso das gesamte Jüdische Recht bezeichnen wie auch eine spezifische Vorschrift, ein auf eine bestimmte Sache bezogenes Gesetz.[4] Als Gesamtheit des jüdischen Normensystems umfasst die Halacha Rechtsfragen des Lebens in all seinen Erscheinungen. Meine Beispiele sind aus dem Eherecht gewählt, weil es heute noch die größte Anwendung findet. Außerdem berührt es andere Rechtsbereiche, vor allem das Vermögens-, Straf- und Staatsrecht.

3. Das nationale Rechtsmonopol und die jüdische Rechtsautonomie

Die Juden besaßen abhängig von Raum und Zeit stets ein sehr unterschiedliches Maß an Rechtsautonomie. Das Spektrum des Geltungsbereichs des Jüdischen Rechts reicht von staatlicher Souveränität zu biblischen Zeiten über eine relative Rechtsautonomie als griechische oder römische Provinz in der Antike bis hin zu einer nur einige Teilbereiche umfassenden rechtlichen Eigenständigkeit in der Diaspora. Der Staat, der über ein institutionelles Monopol bezüglich der Rechtssetzung und Rechtsprechung verfügt, ist ein vergleichsweise junges Phänomen: In der Antike und in den muslimischen und christlichen Staatswesen des Mittelalters blieben eine Vielzahl von Rechtsbereichen den einzelnen religiösen, ethnischen, sozialen oder ökonomischen Gemeinschaften überlassen. Das änderte sich mit der Herausbildung des modernen Staates in der Neuzeit und dann vor allem mit der Französischen Revolution: In ihrem Gefolge trat auch außerhalb Frankreichs – freilich meist in einem längeren Prozess – die moderne bürgerliche Gesellschaft an die Stelle der alteuropäischen ständischen Gesellschaft. Eine Konsequenz dieser Entwicklung bestand darin, dass die jüdischen Gemeinden, so wie andere Rechtspersonen auch, das Maß an juristischer Autonomie verloren, das sie zuvor genossen hatten. Rechtsbereiche, die zuvor nach dem Jüdischen Recht verhandelt wurden, gelangten unter die Gerichtsbarkeit des Staates. Dadurch, dass der moderne Staat im 19. Jahrhundert seinen ausschließlichen Anspruch auf die Gesetzgebung konsequent durchsetzte und – über die Einführung eines allgemeinen, für alle geltenden Zivilrechts hinaus – auch die rechtliche Gestaltung von Ehe und Familie mehr als bisher an sich zog, wurde das Jüdische Recht (ähnlich wie das kanonische Recht der katholischen Kirche) in seiner praktischen Anwendung und Anwendbarkeit stark zurückgedrängt.

Dennoch kommt das Jüdische Recht innerhalb der Gemeinden bis zum heutigen Tage zur Anwendung. Im Generalreglement für die Juden in Preußen, das Friedrich der Große 1750 erließ, war noch ausdrücklich vorgesehen, dass für bestimmte innerjüdische Angelegenheiten nach den Bestimmungen des mosaischen Gesetzes zu entscheiden sei. Auch das Allgemeine Bürgerliche Gesetzbuch Österreichs (ABGB) sowie das frühere russische Gesetzbuch sahen die Anwendung des Jüdischen Rechts vor, und zwar ausdrücklich auch auf dem Gebiet des Eherechts. Damals wie heute galt jedoch: Die Mitglieder der jüdischen Gemeinschaft können keine Ehe absegnen, die mit dem Landesgesetz im Widerspruch steht.[5] Das bedeutet: Das jüdische Eherecht kann nur innerhalb der Grenzen angewandt werden, die das Landesgesetz setzt. Und selbst innerhalb dieser Grenzen kann es nicht zwangsweise durchgesetzt werden. Die jüdischen Autoritäten können keinen Juden dazu zwingen, eine jüdische Ehe einzugehen oder eine jüdische Scheidung zu akzeptieren. Sie können niemanden davon abhalten, zivilrechtlich zu heiraten oder sich scheiden zu lassen. Lediglich ex negativo ist das jüdische Eherecht durchsetzbar, indem die zuständige jüdische Autorität sich im Einzelfall entweder einer jüdischen Ehe widersetzt oder eine jüdische Scheidung verweigert. In diesem Sinne können jüdische Gerichte zurückweisen, was das Landesgesetz erlaubt; sie können aber nicht gestatten, was das Landesgesetz verbietet. Infolge der gesellschaftlichen Umbrüche und politischen Entwicklungen seit der Aufklärung und besonders im Laufe des 19. Jahrhunderts hat das rabbinische Eherecht also einen erheblichen Teil seiner praktischen Wirksamkeit verloren – teils dadurch, dass sein

Anwendungsbereich beschnitten wurde, teils dadurch, dass der alternative Rückgriff auf das staatliche Recht auch für Mitglieder der jüdischen Gemeinschaft zur Option gemacht wurde.

Die Aufklärung und die auf ihr basierende rechtliche Gleichstellung (Emanzipation), die vom Ende des 18. Jahrhunderts an in den europäischen Staaten vollzogen wurde, brachten also die Teilhabe und Teilnahme der Juden an der modernen europäischen Kultur mit sich. Die aktuellen Fragen und Herausforderungen führten aber auch zu heftigen Auseinandersetzungen unter den Juden Europas, aber auch Nordamerikas, die das ganze 19. Jahrhundert hindurch andauerten. Schließlich bildeten sich drei jüdische Grundströmungen heraus, die das Jüdische Recht unterschiedlich anwenden und weiterentwickeln sollten. Bei der praktischen Anwendung des Jüdischen Rechts spielen also zwei Faktoren eine besondere Rolle: zum einen die unterschiedlichen Auffassungen, die in den verschiedenen Strömungen innerhalb des Judentums über die leitenden Prinzipien der Rechtsanwendung bestehen, und zum anderen sein Verhältnis zum „Gesetz des Landes“, also zu dem jeweils geltenden Recht des Staates, in dem es praktiziert wird.

4. „Das Gesetz des Landes ist Gesetz“

Ganz entscheidend dafür, dass diese Inkulturation des Jüdischen Rechts in das jeweilige nationale Recht gelingen konnte, ist ein früh entwickelter Rechtsgrundsatz. Bereits im 3. Jahrhundert v.d.Z. formulierte der babylonische Gelehrte Samuel das Prinzip „Dina demalchuta dina“ – aramäisch für „Das Gesetz des Landes ist Gesetz“. Es verdankt sich den historischen Gegebenheiten des babylonischen Exils und hat vier klassische Belegstellen im Talmud.[6] Als biblische Belegstellen, dass Juden die Gesetze ihrer nichtjüdischen Obrigkeit beachten sollten, wird nachträglich Neh 9:37 herangezogen (vgl. auch Jer 29:4).[7] Das Konzept „Dina de-malchuta dina“ entfaltet sich in der rabbinischen Literatur und ist wesentlich für das Verständnis des jüdischen Eherechts. Denn es bedeutet, dass sich Juden in zivilen Angelegenheiten (*dinim*) – jedoch nicht bei rituellen Verboten (*issurim*) – der Rechtsprechung des Landes, in dem sie leben, unterwerfen, soweit es nicht im Widerspruch zu den religiös-sittlichen Gesetzen des Judentums steht. Diese Anerkennung der jeweiligen staatlichen Gesetze galt zunächst vor allem für das Vermögensrecht und insbesondere für die Steuergesetzgebung. Später weitete sich die Bedeutung des Grundsatzes „Dina de-malchuta dina" auf weite Bereiche des täglichen Lebens aus.

Was bedeutet dies z.B. für das Ehe- und Familienrecht? Heute ist es in den meisten Ländern mit Ausnahme des Staates Israel so, dass Ehe und Familie durch ein umfassendes staatliches Normensystem geregelt sind. Sehr präzise sagt es Leo Baeck: „Wie wir kein eigenes bürgerliches Recht mehr haben, haben wir streng genommen auch kein Eherecht mehr. Wir haben nur noch ein Trauungsrecht, aber kein Eherecht. Was vollzogen wird, ist keine Copulatio, sondern nur eine Benedictio. Es ist nicht mehr ein Rechtsakt, der vollzogen wird, sondern fast nur ein homiletischer Akt, bei uns und bei den Orthodoxen."[8] Wenn auch die rechtliche Bindung für Staatsbürger jüdischen Glaubens durch die Zivilehe bereits gegeben ist: Die jüdische Eheschließung behält sinnstiftende Symbolkraft, und so hat das religiöse Familienrecht im Judentum heute noch große Bedeutung.

Mit dieser Herangehensweise fand das Judentum eine Möglichkeit, zwischen religiösem und staatlichem Recht einen Ausgleich zu finden, wo sich dies als sinnvoll herausstellt. Dieser Mechanismus findet allerdings da seine Grenzen, wo es um wesentliche und identitätsstiftende Aspekte des Judentums geht.

5. Wenn religiöses und säkulares Recht kollidieren – die Beschneidungsdebatte 2012

Ein besonders prägnantes Beispiel für den Widerstreit von religiöser und staatlicher Rechtsordnung stellte die deutsche Diskussion um die Beschneidung jüdischer und muslimischer Kinder aus religiösen Gründen dar.

Am 7. Mai 2012 hatte das Kölner Landgericht die religiöse Beschneidung eines Jungen als Körperverletzung gewertet und damit eine heftige Debatte ausgelöst, auch der Deutsche Ethikrat befasste sich mit dem Thema. Es galt, das Recht auf körperliche Unversehrtheit mit dem Recht auf freie Religionsausübung in Einklang zu bringen. Nach einer teils sehr hitzig geführten Debatte beschloss der Deutsche Bundestag § 1631d des Bürgerlichen Gesetzbuchs zur Regelung der „Beschneidung des männlichen Kindes".[9] Darin heißt es:

> (1) Die Personensorge umfasst auch das Recht, in eine medizinisch nicht erforderliche Beschneidung des nicht einsichts- und urteilsfähigen männlichen Kindes einzuwilligen, wenn diese nach den Regeln der ärztlichen Kunst durchgeführt werden soll. Dies gilt nicht, wenn durch die Beschneidung auch unter Berücksichtigung ihres Zwecks das Kindeswohl gefährdet wird.
>
> (2) In den ersten sechs Monaten nach der Geburt des Kindes dürfen auch von einer Religionsgesellschaft dazu vorgesehene Personen Beschneidungen gemäß Absatz 1 durchführen, wenn sie dafür besonders ausgebildet und, ohne Arzt zu sein, für die Durchführung der Beschneidung vergleichbar befähigt sind.

Die öffentliche Auseinandersetzung konzentrierte sich auf den Vorwurf, mit dem medizinisch nicht erforderlichen und irreversiblen Eingriff werde von den Eltern nicht zum Wohle des Kindes gehandelt. Vielmehr würden Traumatisierungen und körperliche Schäden des Kindes in Kauf genommen, das später religiös mündig selbst entscheiden könne, ob es diesen Eingriff vornehmen lassen wolle.

Dagegen haben Vertreter des Judentums aber auch der Kirchen mit der Argumentation reagiert, dass Kinder ein Recht auf religiöse Identität hätten. Dafür jedoch müssten sie in diesen Glauben hineinwachsen können. Der damalige Ratsvorsitzende der EKD, Nikolaus Schneider, sagte dazu in einem Interview:

> „Die Beschneidung von Jungen ist im Judentum identitätsstiftend. Wenn ihnen die Beschneidung verwehrt wird, müssten Juden von Deutschland aus ins Ausland fahren, um dort die Beschneidungen vornehmen zu lassen. Wenn man diese Art der religiös begründeten Beschneidung hierzulande nicht mehr akzeptiert, ist das durchaus ein Angriff auf die jüdische Identität."[10]

Drei Monate später hatte sich die Debatte keineswegs beruhigt. Vielmehr drohte sie sich zu einer jakobinischen Hetzjagd auf alles Religiöse auszuweiten, das dem Anspruch der Rationalität nicht genügt.

Nikolaus Schneider kommentierte dies anlässlich seiner Auszeichnung mit dem Leo-Baeck-Preis des Zentralrats der Juden in Deutschland:

> „Es beunruhigt mich durchaus, dass Stimmen laut werden, die Religionslosigkeit zum Normalfall erheben und religiöse Bindung begründungspflichtig machen wollen."[11]

Am 5. September 2012 hatte sich bereits die frühere Präsidentin des Zentralrats der Juden in Deutschland, Charlotte Knobloch, in der *Süddeutschen Zeitung* mit einer persönlichen Stellungnahme zu Wort gemeldet:

> „Sechzig Jahre lang habe ich als Überlebende der Schoah Deutschland verteidigt. Jetzt frage ich mich, ob das richtig war. Besserwisser schwadronieren beim Thema Beschneidung ungehemmt über ‚Kinderquälerei' und ‚Traumata'. Damit schaffen sie nur eines: Die verschwindend kleine jüdische Existenz in Deutschland infrage zu stellen (...). Nicht einmal in meinen Albträumen habe ich geahnt, dass ich mir kurz vor meinem achtzigsten Geburtstag die Frage stellen muss, ob ich den Judenmord überleben durfte, um das erleben zu müssen."

Dieser Artikel hatte einen großen Widerhall gerade bei jungen Juden in Deutschland. Astrid Zajdband, Promotionsstipendiatin des Ernst Ludwig Ehrlich Studienwerks (vgl. http://www.eles-studienwerk.de), fasste ihre Gefühle angesichts der Beschneidungsdebatte so zusammen:

> „Das Urteil [des Kölner Landgerichts] und die ganze Diskussion ist ein massiver Eingriff in unsere im Grundgesetz verbriefte Religionsfreiheit und ermöglicht darüber hinaus den Eingriff des Staates in die Unversehrtheit der jüdischen Familie. Die garantierte Zugehörigkeit unserer Söhne zum Judentum, die durch die Beschneidung manifestiert wird, wird uns vom deutschen Staat streitig gemacht.
>
> Aber es geht noch weit darüber hinaus: Unsere Brüder, Väter, Söhne und auch wir jüdischen Frauen werden in Frage gestellt. Wir alle werden als minderwertig wahrgenommen, denn wir halten stur und unbelehrbar an einem ‚überkommenen Ritual' fest. Uns Frauen wird unterschwellig vorgeworfen, schlechte Mütter zu sein, denn wir lassen zu, dass unsere Kinder missbraucht und misshandelt werden. Dazu kommt noch die voyeuristische Diskussion um den jüdischen Penis. Durch den fasziniert-angewiderten Blick der Deutschen auf ihn und das Beschneidungsritual als Merkmal unserer Religion wird Antisemitismus wieder salonfähig.

Es darf jetzt öffentlich das Judentum und somit Juden angeprangert werden, denn endlich haben Deutsche einen Weg gefunden, ihren Hass, ihre Ignoranz und ihre Menschenverachtung zu kanalisieren. Hatte sich unser Volk nicht erst vor einer Generation der öffentlichen Diskussion, diesen Blicken und der Entblößung aussetzen müssen, um dann misshandelt, erschossen oder vergast zu werden?"[12]

Channa Trzebiner, Promovendin in Strafprozessrecht, formulierte damals ihr Unbehagen so:

„Als ich von dem Kölner Beschneidungsurteil erfuhr, saß ich in der ELAL auf dem Rückflug von Tel Aviv nach Frankfurt (...). Du fliegst in die falsche Richtung, sagt mein Unterbewusstsein, noch bevor ich den Sachverhalt durchdrungen habe. Ich schnappe nur Fetzen auf Beschneidung, Verbot, Strafrecht. Judengesetze, schießt es mir durch den Kopf. Ich frage mich, ob ich vielleicht träume. Wie bitte? Was soll verboten werden? Unser Ursprung. Nicht weniger. Vor siebzig Jahren hetzen sie Juden hinterher, ziehen unseren Männern die Hosen runter, um zu schauen ob sie beschnitten sind und deswegen ins Gas geschickt werden können und jetzt wollen sie die jüdischen Jungen vor den eigenen Ritualen der Eltern schützen? Heuchelei! (...) Ich kann rational anerkennen, dass es sich juristisch um eine Körperverletzung handelt. Ich kann anerkennen, dass eine gesetzliche Regelung helfen kann. Gerade um festzustellen, dass es sich bei der Beschneidung um eine legitime Art der Selbstbehauptung [diesen Begriff übernehme ich von Micha Brumlik im Gespräch mit Ayala Goldmann] handelt, die ohne Risiken für das Kind durchgeführt wird. Was ich nicht ertragen kann, ist, dass man uns erklären will, was für unsere Kinder am besten ist. Das ist anmaßend, es ist herabwürdigend und irgendwie fühlt es sich so an, als wäre man wieder Bürger zweiter Klasse (...).

Deutschland (...) ist in vielen Hinsichten ein gutes, ein vorbildliches Land. Trotzdem brauchen wir keinen Rat zum Wohle unserer Kinder. Emotionale Rituale, wie die Beschneidung, mögen vielen Deutschen fremd sein. Ich verstehe das. Mir ist auch Vieles, was ‚nichtjüdisch' ist, fremd. Deswegen schwinge ich mich noch lange nicht auf und erkläre Andersdenkenden, wie sie es besser machen und drohe mit Strafe (...).

Wir sind das, was unsere Eltern sind, was unsere Großeltern waren. Wir sind verbunden. Und ja, die Verfolgung hat wahrscheinlich dazu geführt, dass unsere Identität ein kollektives Moment hat. Teil dieses Moments ist die Beschneidung."[13]

Diese drei Reaktionen auf das Urteil des Kölner Landgerichts machen deutlich, wie sehr die jüdische Gemeinschaft ins Mark getroffen war. Deutschland schien verbieten zu wollen, was Juden weltweit als identitätsstiftendes Merkmal ansehen. Es war der Bundesregierung unter Führung von Dr. Angela Merkel ein Anliegen, angesichts des Aufeinanderprallens der Positionen zügig Rechtssicherheit herzustellen. Noch am 28. Dezember 2012 entschied der Deutsche Bundestag die Einfügung des § 1631d ins Bürgerliche Gesetzbuch und balancierte den Rechtsanspruch auf körperliche Unversehrtheit und den auf freie Religionsausübung wieder aus. Zu dieser Gesetzgebung kommentierte die Bundesregierung am gleichen Tag:

> „Damit stellt Deutschland erneut unter Beweis, dass es ein weltoffenes und tolerantes Land ist und bleibt. Juden und Muslime sind willkommen. Denn Religionsfreiheit und religiöse Toleranz sind tragende Pfeiler unserer demokratischen Gesellschaft."[14]

6. Fazit

Wir haben gesehen, dass das Jüdische Recht von jeher in vielfältigem Austausch mit den umgebenden Rechtskulturen stand. Schon bei den Rechtsquellen ist der Einfluss der Diaspora unverkennbar. Denn der im Exil entstandene babylonische Talmud steht in seiner Verbindlichkeit über dem palästinischen. Vor allem der Rechtsgrundsatz Rabbi Samuels „Das Gesetz des Landes ist Gesetz" aus dem 3. Jahrhundert v.d.Z. hat eine Anpassung jüdischer Rechtsgrundsätze an das jeweilige nationale Recht möglich gemacht. Das war eine wesentliche Voraussetzung für das Gelingen der jüdischen Emanzipation im Westeuropa des 19. Jahrhunderts. Die sich daraus ergebenden Problemfelder, Wechselwirkungen und Entwicklungsansätze haben wir kurz beleuchtet, z.B. auch die Beschneidungsdebatte in Deutschland 2012. Das Verhältnis des Jüdischen Rechts zum staatlichen Recht in jüngerer Zeit war also keineswegs bloß defensiv und durch einen stetigen Rückzug gekennzeichnet. Seine Aufgabe bleibt die Setzung von Rahmenbedingungen jüdischer Identität. Aus der eingangs beschriebenen Eigenart des Jüdischen Rechts ergibt sich überdies eine bleibende höhere Aufgabe: als ethischer Prüfstand. Das Jüdische

Recht muss kraft seiner eigenen Fundamente in der Lage sein, etwaigen Missbräuchen oder Perversionen des staatlichen Rechts, wie sie etwa zur Zeit des NS-Regimes gegeben waren, standzuhalten und ihnen etwas entgegenzusetzen. Hier liegt seine vornehmste Aufgabe.

Anmerkungen

1 *Walter Homolka*, Offenbarung und Ethos im Judentum, in: Küng, Hans / Homolka, Walter, Weltethos aus den Quellen des Judentums, Freiburg i. Br. 2008, 28–53.
2 bT BM 59b.
3 *Berachyahu Lifshitz*, The Age of the Talmud, in: An Introduction to the History and Sources of Jewish Law, Oxford 1996, 179.
4 *Peretz Segal*, Jewish Law during the Tannaitic Period, in: Hecht, N.S. / Jackson, B.S. / Passamaneck, S.M. (Hg.), An Introduction to the History and Sources of Jewish Law, Oxford 1996, 101–140.
5 Bisher waren in Deutschland kirchliche oder andere religiöse Trauungen nur nach einer vorherigen standesamtlichen Eheschließung erlaubt. Bei einem Verstoß hiergegen lag seitens des Geistlichen eine Ordnungswidrigkeit gemäß §§ 67, 67a Personenstandsgesetz vor. Mit dem Personenstandsreformgesetz von 2007 wurden mit Wirkung ab 1. Januar 2009 beide Paragraphen aufgehoben. Damit wird die religiöse Trauung eines zivilrechtlich nicht verheirateten Paares nicht mehr als Ordnungswidrigkeit sanktioniert. Der Wegfall der Standesamt-Pflicht für die Eheschließung bedeutet, dass kirchliche oder andere religiöse Eheschließungen zukünftig auch dann durchgeführt werden dürfen, wenn das Paar nicht standesamtlich verheiratet ist. Allerdings hat die religiöse Ehe keinerlei zivile Rechtsfolgen. Nur eine vor dem Standesamt geschlossene Ehe ist eine gesetzlich anerkannte Ehe im Sinne des § 1350 Bürgerliches Gesetzbuch. Eine religiöse Trauung begründet keine Fürsorgepflichten der Partner, benachteiligt den Vater beim Sorgerecht für Kinder, hat keine unterhalts-, steuer-, und erbrechtlichen Folgen. Insbesondere besteht kein Anspruch auf Hinterbliebenenrente.
6 bT Ned 28a, bT Git 10b, bT BK 113a, bT BB 54b–55a.
7 EJ 1971, Bd. 6, 515–5 (Art. Dina de-malkhuta dina).
8 *Leo Baeck*, Fragen des Jüdischen Ehegesetzes. Stenographischer Bericht der Verhandlungen der liberalen Rabbiner Deutschlands zu Berlin am 22. Mai 1929: Meyer, Michael / Such, Bärbel (Hg.), Leo Baeck Werke. Band 6. Briefe, Reden, Aufsätze. Gütersloh 2003, 505.
9 Einen Überblick zur Diskussion bietet *Stefan Gatzhammer*, Simboli e segni – Commento alla sentenza del Landgericht Köln del 7 maggio 2012 in tema di circoncisione e commento alla nuova normativa § 1631d del codice civile tedesco (BGB), in: « il diritto ecclesiastico », Fabrizio Serra editore, Pisa – Roma No. 1–2 2013, 259–266.

10 Interview im Evangelischen Pressedienst mit Karsten Frerichs und Ingo Lehnick, 23.8.2012.

11 „Der Dialog ist unverzichtbar." Nikolaus Schneider über den Leo-Baeck-Preis, das christlich-jüdische Miteinander und zunehmende Religionsferne, in: Jüdische Allgemeine (Nr. 48), 28.11.2013.

12 Walter Homolka, Johannes CS Frank (Hg.): Ein Leben in Deutschland – Inspiration für kommende Generationen. Ernst Ludwig Ehrlich Studienwerk Potsdam 2012, 85–86.

13 Ibid., 93–97.

14 http://www.bundesregierung.de/ContentArchiv/DE/Archiv17/Artikel/2012/07/2012-07-17-beschneidung.html

Susanne Talabardon

Diná de-Malkhutá Diná – Fremdherrschaft und jüdisches Recht

1. Zur Einführung

Auf den Trümmern des Zweiten Tempels zu Jerusalem, nach zwei katastrophal gescheiterten antirömischen Aufständen entwickelte eine Gruppe von judäischen und galiläischen Gelehrten eine Überlebensstrategie für ihr Volk, die als „Judentum" die Jahrhunderte überdauern sollte. Jenes anfangs eher randständige und wenig organisierte Netzwerk von Männern – späterhin als „Rabbinen"[1] bezeichnet – durchforstete, interpretierte und aktualisierte die biblische Überlieferung mit dem Ziel, den Verlust des Heiligtums, das Ende von Kult und Priesterdienst zu kompensieren. Lange Zeit vollzog sich diese Arbeit gewissermaßen am Rande der von Krieg und römischen Strafmaßnahmen paralysierten Mehrheitsbevölkerung Palästinas.[2]

Als mutmaßlich ältestes uns erhaltenes schriftliches Dokument ihrer Bemühungen gilt die Mischna, die vermutlich Ende des 2./ Anfang des 3. Jahrhunderts CE zusammengestellt wurde.[3] Sie repräsentiert bereits das Meisterstück im Versuch, ungeachtet der widrigen äußeren Umstände, der drückenden römischen Fremdherrschaft, ein quasi virtuelles Königtum der Ordnung und Heiligkeit mitten im Alltag einer unerlösten Welt zu konstruieren. Die Grundideen dieses Königtums fanden die Rabbinen (selbstverständlich) in der Hebräischen Bibel – wo es beispielsweise in Exodus 19,6 heißt:

> Ihr aber: Seid mir ein Königtum [mamlekhet] von Priestern und ein heiliges Volk [goj qadosch] – dies sind die Worte, welche du zu den Kindern Israel sprechen sollst!

Die Heiligkeit von Tempel und Priesterschaft sollte auf jeden Einzelnen transferiert, das jüdische Haus zu einem Heiligtum sui generis werden. Zu Grundpfeilern dieses Projekts bestimmten die Rabbinen das Studium der Tora (die Internalisierung und Weitergabe der Tradition), die Wahrung der Gebote (und deren Durchsetzung in einem teilautonomen Rechtssystem) sowie das Gebet (u.a. zu den Zeiten, da einst im Tempel geopfert wurde). Der Alltag sollte gänzlich von Tora durchdrungen werden – wodurch ein Leben in ständiger Vergewisserung der göttlichen Herrschaft über Israel ermöglicht würde.

Im Laufe der folgenden Jahrhunderte rückten die rabbinischen Gelehrten von den Rändern der jüdischen Gemeinschaft in ihr Zentrum. Ihr Konzept, die biblischen Traditionen an eine dauerhafte Situation von Fremdherrschaft und Minderheiten-Existenz zu adaptieren, setzte sich als Leitkultur des Judentums durch. Es sollte sich gerade unter wechselnden Bedrückungen, in Vertreibung und Rekonstitution, Flucht und Rückkehr als höchst tauglich erweisen.

2. Der Grundsatz: Diná de-Malkhutá diná

Mit dem wachsenden Druck auf die jüdische Gemeinschaft im Gefolge der nachkonstantinischen Jurisdiktion im späten 4. Jahrhundert verlagerte sich das Zentrum jüdischer Gelehrsamkeit zunehmend in das sassanidische Reich, nach Mesopotamien – eine Region, die in der jüdischen Tradition beharrlich als „Babylon“ bezeichnet wird. Nachdem das Imperium Romanum die kulturelle und rechtliche Autonomie der jüdischen Gemeinschaft beständig und schließlich empfindlich eingeschränkt hatte, blieb den Rabbinen keine andere Wahl, als dem Heiligen Land den Rücken zu kehren.[4]

Die Diaspora-Gemeinde im Zweistromland, vermutlich seit Beginn des Babylonischen Exils (598/587 BCE) kontinuierlich bestehend, entwickelte sich bereits im Zuge der antirömischen Aufstände des (ersten und) zweiten Jahrhunderts zu einem bedeutenden Fluchthafen für die judäische Bevölkerung.[5] Unter sassanidischer Herrschaft (bis 642/651) etablierte sich, trotz gelegentlicher Rückschläge und Phasen wachsender Bedrückung, ein funktionierendes System weitgehender kultureller Autonomie. An deren Spitze stand (vermutlich ab dem 3. Jahrhundert) ein Exilarch,[6] der zugleich ein hoher Würdenträger der sassanidischen Regierung war, in deren Auftrag er die jüdischen Belange regelte.

In der langen Periode relativer Sicherheit gelang es den rabbinischen Gelehrten Babylons, die gewaltige Menge an Lehrtraditionen, die sich im Laufe der Zeit innerhalb und außerhalb Palästinas angesammelt hatte, in einem enzyklopädischen Werk – dem Babylonischen Talmud – anzuordnen und zu strukturieren. Als Leitsystem dieses Unterfangens diente, wie auch schon dem palästinischen Parallelunternehmen (dem Jerusalemer Talmud), die Mischna. Der Babylonische Talmud, das all-umfassende Kompendium jüdischer Gelehrsamkeit, wurde vermutlich im 7. Jahrhundert fertiggestellt.

In ihm findet sich der für die jüdische „politische Existenz" zentrale Grundsatz, dessen Interpretation Schwerpunkt des folgenden Essays darstellt: Diná de-Malkhutá Diná – das Recht des Königtums ist [geltendes] Recht. Diese knappe, aber überaus grundlegende Feststellung wurde von den talmudischen Redaktoren einem gewissen (Mar) Schmu'el zugeschrieben, dessen Wirken traditionell in das dritte Jahrhundert datiert wird.[7] Der Grundsatz wird innerhalb des Talmud in unterschiedlichen Traktaten zitiert und angewendet,[8] muss also verhältnismäßig früh anerkannt und verbreitet gewesen sein. Auf den ersten Blick überrascht jedoch der Zusammenhang, in welchem auf Schmu'els Dictum zurückgegriffen wird. Es wird nämlich gefragt, inwieweit man Zollpächter oder Steuereintreiber als vollgültige Rechtssubjekte zu behandeln habe:

> Und von Steuereintreibern.[9] Aber es sagte Schmu'el: Das Recht des Königtums ist [geltendes] Recht!? Sagte Rav Chaniná bar Kahaná, sagte Schmu'el: [Dies gilt] von einem Steuereintreiber, der maßlos ist. Die Schule Rabbi Jannajs sagte: Von einem Steuereintreiber, der nur für sich steht. [...] Es gibt [Leute,] die Folgendes lehren: Man darf Mördern, Räubern und Zolleintreibern schwören, dass etwas Teruma[10] sei, dass es dem königlichen Hof gehöre – auch wenn es nicht Teruma ist und nicht dem König gehört. Den Steuereintreibern: Aber sagte Schmu'el nicht: Diná de-Malkhutá Diná!? Sagte Rav Chaniná bar Kahaná, sagte Schmu'el: [Dies gilt] von einem Steuereintreiber, der maßlos ist. Die Schule Rabbi Jannajs sagte: Von einem Steuereintreiber, der nur für sich steht. Sagte Rav Ischi: Von einem kana'anäischen Steuereintreiber.[11] (bBabá Qammá 113a)

Auf den zweiten Blick erweist sich die Fixierung auf Zollpächter und Steuereintreiber als nicht besonders erstaunlich. Waren sie es doch, die im Alltag der Menschen am häufigsten und am ärgerlichsten als

Repräsentanten der fernen Staatsmacht in Erscheinung traten. Die talmudische Rechtsprechung ringt mit einem Dilemma: Die (palästinisch) geprägte Mischna hatte mit äußerster Klarheit Zöllner und Steuerpächter mit Räubern auf eine Stufe gestellt.[12] Vor diesem Hintergrund stellte sich die Frage, wie es um das Dictum Schmu'els stand, welches ja unmissverständlich zur Anerkennung der nichtjüdischen Herrschaft aufforderte. Kontext und Struktur dieser Auseinandersetzung lassen vermuten, dass es sich bei Diná de-Malkhutá um einen erprobten Grundsatz mit großer Anwendungsbreite handelte, der ursprünglich mit Zoll und Steuerpacht nichts zu tun hatte. Die Redaktoren des Talmud mussten sich also fragen, ob Schmu'els Aussage *sogar* Zollpächter und Steuereintreiber einschloss. Die Antworten der Gelehrten bestätigen das Prinzip: Nur korrupten Zollpächtern („maßlose") oder solchen, die über kein königliches Mandat verfügen (die „für sich selbst stehen"), darf der schuldige Gehorsam verweigert werden. Die Reichweite der Maxime wird gewissermaßen bis an die Schmerzgrenze ausgedehnt: Selbstverständlich muss das Recht der fremden Macht zur Eintreibung auch von Sondersteuern respektiert werden, solange die betreffenden Agenten nicht extensiv in die eigene Tasche wirtschaften.

Auch im folgenden Fall geht es um einen Konflikt zwischen zwei Rechtssystemen, jedoch nicht zwischen der Mischna und dem „Babylonier" Schmu'el, sondern um einen Widerspruch zwischen der jüdischen und der sassanidischen Gesetzgebung.

> Sagte Rav Jehuda, sagte Schmu'el: Besitztümer eines Nichtjuden: Siehe, sie sind wie Wüste.[13] Jeder, der sie in Besitz nimmt, hat Rechte an ihnen. Wie das? Sobald der Nichtjude den Gegenwert des Geldes in der Hand hat, gibt er es[14] auf. Der Israelit besitzt es erst, wenn er den Gegenwert des Scheins in Händen hält. Daher: Siehe, sie sind wie Wüste. Jeder, der sie in Besitz nimmt, hat Rechte an ihnen. Sagte Abbaje zu Rav Josef: Wie konnte Schmu'el dies gesagt haben?! Sagte Schmu'el nicht: Diná de-Malkhutá Diná? Und der König sagt: Nicht erwirbt man Land, es sei denn durch eine Urkunde!? (bBabá Batrá 54b)

Jehuda und Schmu'el sind sich darin einig, dass Land, für das noch keine Besitzurkunde vorliegt, als herrenlos zu betrachten sei. Daher könnte es durch regelmäßige Nutzung[15] auf einen anderen Besitzer übergehen. Diese Auffassung steht jedoch der sassanidischen Festlegung entgegen, der zufolge man eine Urkunde besitzen muss, die den Landbesitz attestiert. Schmu'el befindet sich also im Widerspruch zur eigenen Maxime, wonach die Rechtsprechung der Sassaniden anzuerkennen sei. Was nun?

Der Talmud führt zwei Präzedenzfälle an, die jedoch die an der vorgetragenen juristischen Diskussion Beteiligten nicht wirklich zu überzeugen wissen. Die Übereinkunft, die man letztlich erzielt, scheint darauf hinzudeuten, dass die babylonischen Meister das Problem als eine innerjüdische Angelegenheit betrachten wollten, die man nach eigenen Maßstäben beurteilen könne. Offensichtlich hatte es damit jedoch kein Bewenden, da – ausgerechnet unter Hinweis auf den Exilarchen Uqban bar Nechemja (Mar Uqba III, frühes 4. Jahrhundert) – sowohl Diná de-Malkhutá als der übergeordnete Grundsatz als auch das persische Rechtsverständnis erneut aufgerufen werden:

> Sagte Rabba: Siehe, drei Sätze teilte mir Uqban bar Nechemja, der Resch Galutá, im Namen Rav Schmu'els mit: Diná de-Malkhutá Diná. Die persische Pachtfrist [, nach der man sich ein Grundstück ersitzt,] beträgt vierzig Jahre. Und siehe, Männer, welche die Grundsteuer entrichteten [oder: Steuereintreiber?], die Land zur Steuer erwarben, deren Erwerb ist gültig. (bBabá Batrá 55a)

Letztlich gilt also auch hier: An der prinzipiellen Gültigkeit fremder Gesetzessysteme hinsichtlich der Außenbeziehungen gibt es nichts zu rütteln. Auch wenn diese dem eigenen Rechtsempfinden widersprechen, gilt: Diná de-Malkhutá Diná.

3. Kommentare zum Grundsatz im Mittelalter

Bis Mitte des 18./Anfang des 19. Jahrhundert verfügten die jüdischen Gemeinschaften West- und Zentraleuropas über eine weitreichende gemeindliche Autonomie. Sie konnten ihre internen Angelegenheiten selbst regeln. Die rechtlichen und finanziellen Bedingungen, unter denen sie als Minderheit zu leben hatten, gestalteten sich jedoch oft prekär. Sie mussten den ihnen von christlichen Herrschern (zumeist Königen) gewährten Schutz mit schweren fiskalischen Lasten erkaufen. In ihren Außenbeziehungen zur Mehrheitsgesellschaft konnten sie sich nicht auf verlässliche Standards stützen.

Die im Talmud festgesetzte Prämisse des Umgangs mit fremden Herrschern und ihren Rechts- und Verwaltungssystemen wurde auch von den mittelalterlichen und frühneuzeitlichen Gelehrten bestätigt: Das Recht des Königtums galt. Dennoch mühte man sich in Kommentaren und Responsen um Interpretationen und Präzisierungen dieser Auffassung, um möglichst unbehelligt inmitten der christlichen Mehrheitsgesellschaft existieren und gleichzeitig die kulturelle Identität einer Minderheit schützen zu können.

Als der maßgebliche Kommentator der Bibel und des Talmud gilt Rabbi Sch'lomo ben Jitzchaki (Rasch"i, 1040–1105).[16] In traditionellen Ausgaben dieser beiden zentralen Texte findet sich Rasch"is Kommentar stets beigefügt. Sch'lomo ben Jitzchaki repräsentiert idealtypisch die nordfranzösisch-aschkenasische Gelehrsamkeit, die sich wesentlich auf die Interpretation und Aktualisierung des Talmud stützte.[17] In seinen Anmerkungen zu bBabá Qammá präzisiert er die Definitionen legitimer beziehungsweise inakzeptabler Steuereintreiber:

> Diná de-Malkhutá Diná: Dies [gilt von einem,] der die königliche Steuer entgegennimmt, in definiertem Titel, so und so oft pro Jahr. Er ist kein Räuber. Jemand, der maßlos ist: vielmehr nimmt, wonach ihm der Sinn steht. Für sich selbst: Wenn er nicht vom König [kommt], auch wenn er nicht maßlos ist.

Dem harschen Verdikt der Mischna, dem zufolge jeder Steuereintreiber qua Amt als ein Räuber anzusehen sei, wird von Rasch"i dezidiert widersprochen. Nur korrupte oder illegitime Vertreter ihrer Zunft dürften unter das Verdikt der Mischna fallen. Was im Talmud noch implizit formuliert wird, erscheint hier expressis verbis. Im Unterschied zum Talmud, der keine (biblische) Begründung für Mar Schmu'els Dictum angibt, sieht der nordfranzösische Gelehrte die Relevanz nichtjüdischer Rechtsprechung in den sogenannten Noachidischen Geboten verankert.[18] Diese, allen Menschen geltenden Bestimmungen, enthalten u.a. die Einrichtung gerechter Gerichte.

Die Ausführungen des Rabbi Schmu'el ben Meir (Raschba"m, ca. 1085–1158), eines Enkelsohnes Rasch"is,[19] zum Grundsatz Diná de-Malkhutá deuten diesen als umfassende Prämisse jüdischen Umgangs mit der nichtjüdischen Herrschaft:

Wie konnte Schmu'el dies gesagt haben?! – Vom zweiten Erwerb des Landes eines Nichtjuden durch Ersitzen [be-chasaqa] und ohne Urkunde vom Nichtjuden. Sagte Schmu'el nicht: Diná de-Malkhutá Diná? – Für alle Steuern, Zölle [auf landwirtschaftliche Produkte],[20] und Ausführungsbestimmungen [minhagot] der königlichen Gesetze [mischpatim], die gewöhnlich in ihren Königreichen ausgeführt werden, [gilt]: sie sind Recht [diná]. Denn alle Kinder des Königtums haben sie freiwillig auf sich genommen: Satzungen des Königs und seine Gesetze. Daher also sind sie vollkommen [gültiges] Recht. Daher kann man den Besitz seines Landsmannes aufgrund königlicher Satzung nicht ersitzen, wie sie in der betreffenden Stadt gepflogen haben wegen des Raubes. (Schmu'el ben Me'ir ad Babá Batrá 54b)

Der Raschba"m fügt seiner Deutung des Dictums Mar Schmu'els eine interessante Begründung und eine bedeutsame Bestimmung hinzu, an welche folgende Generationen wiederholt anknüpfen werden.[21] Die Gültigkeit fremden Rechts – im konkreten Fall der Satzungen von nichtjüdischen Königen – ergibt sich aus der freien Entscheidung seiner Untertanen (wie eben hier der jüdischen Minderheit), in diesem Lande leben zu wollen. Mit der Wahl ihres Wohnorts[22] akzeptiere deren Bewohnerschaft die Autorität ihres Herrschers, Gesetze zu promulgieren und diese durchzusetzen. Zum Weiteren fordert Schmu'el ben Me'ir, die als gültiges Recht anzuerkennenden Satzungen müssten im jeweiligen Territorium allgemein verbindlich sein. Willkürliche Sonderregeln würden demnach *nicht* unter die generelle Anerkennung als *Diná de-Malkhutá* fallen.

Eine ähnliche Position findet sich auch bei Mosche ben Maimon (Maimonides, Ramba"m; 1138–1204), dessen äußerst einflussreiches Kompendium zur Kodifizierung talmudischen Rechts, der Mischné Tora, gleichermaßen heftige Kontroversen auslöste wie auch höchste Anerkennung erfuhr.[23] Die entscheidenden Stellungnahmen hinsichtlich des jüdischen Verhältnisses zu nichtjüdischen Herrschaftsformen finden sich im elften Teil des Mischné,[24] den Hilkhot G'sela wa-Aveda.[25] Maimonides legt seinen Ausführungen drei der wesentlichen talmudischen Stellungnahmen zum Diná de-Malkhutá Diná zugrunde (vgl. bBabá Qammá 113a, 113b sowie bBabá Batrá 54b–55a).[26] Es finden sich (wie bei Maimonides eigentlich immer) klare Bestimmungen darüber, in welchem Fall ein Steuereintreiber als Räuber zu gelten hat (V, 10–12). Hinsichtlich der generellen Reichweite königlichen Rechts äußert sich der Autor des Mischné Tora wie folgt:

> Die allgemeine Regel [k'lal] der Angelegenheit ist: Jedes Recht [dîn], das dieser König für alle und nicht [nur] für einen Menschen für sich genommen promulgiert – es ist kein Raub.[27] Und alles, was er ausschließlich von diesem Menschen nimmt – da es nicht dem für alle bekannten Usus [dat] entspricht, sondern diesem Gewalt antut [chamaś]: sieh, dies ist Raub. (Mischné Tora, Hilkhot G'sela wa-Aveda V, 14)

Der Aktionsradius königlichen Rechts schließt, so Maimonides, auch die Möglichkeit ein, missliebige Untertanen durch Konfiskation von deren Besitztümern zu bestrafen (V, 13): „denn dies ist Recht aller Könige: allen Besitz ihrer Untertanen zu nehmen, über die sie erzürnten". Wer immer ein rechtmäßig konfisziertes Haus oder Grundstück erwirbt, begeht keinen Raub am ursprünglichen Besitzer.[28] Auch in einem weiteren juristischen Grenzfall bestätigt der Ramba"m die Rechte eines nichtjüdischen Herrschers: Sollte dieser privates Eigentum (wie Holz oder Grundstücke) zum Zwecke des Straßen-, Mauer- oder Brückenbaus beschlagnahmen, so muss der Betroffene dies akzeptieren, denn „Recht des Königs ist [geltendes] Recht" (vgl. V, 17 mit bBabá Qammá 113b). Wie tief auch immer die Eingriffe eines Herrschers in das private Vermögen seiner jüdischen Untertanen sein mögen: Solange dies allgemein gültigen Normen entspricht, ist eine solche Praxis zu respektieren.

Schließlich wendet sich Maimonides einem weiteren dringenden rechtspolitischen Problem zu: Woran erkennt man einen legitimen König überhaupt? Die Antwort, die der große mittelalterliche Gelehrte bereithält, erscheint ebenso einfach, wie vielleicht überraschend:

> Auf welcher [Grundlage] sind die Dinge festgestellt? Von einem König, der seine Münze in ebendiese Länder aussendet und, sieh, die Kinder dieses Landes haben ihn autorisiert und anerkennen, dass er ihr Herr ist und sie seine Untertanen. Aber wenn seine Münze nicht ausgeht: siehe, er ist wie ein Räuber, ein Gewalttäter, und wie eine bewaffnete Räuberbande, deren Recht kein [geltendes] Recht ist. (Mischné Tora, Hilkhot G'sela wa-Aveda V, 18)

Wie Raschba"m, so stützt sich auch Maimonides auf das Einverständnis der Bewohner einer Region (gesellschaftlicher Konsens), ihren

König als befugt zu betrachten.[29] Als äußeres Merkmal, einen mit Gewalt und Einschüchterung „Zustimmung“ erzwingenden Herrscher von einem legitimen König zu unterscheiden, gilt die Einführung einer anerkannten Münze. Sie setzt eine etablierte Herrschaft voraus und erfordert ebenso ein gewisses Vertrauen seitens der Bürger in die promulgierte Währung. Blinde Gefolgschaft für jeden hergelaufenen Usurpator wäre, so der Ramba“m, vom Diná de-Malkhutá-Prinzip nicht abzuleiten.

Andere Gelehrte rückten bei der Legitimierung von Herrschern vom Konsensprinzip ab. So begründete Mosche di Trani (Mabi“t, 1505–1585) königliche Macht ganz „klassisch“ mit einer göttlichen Berufung.[30] Isaak Or Saru'a (wie auch Sch'lomo ben Adret)[31] leiteten das königliche Recht aus dem Besitz des Landes ab, über das sie herrschen. Folgerichtig könne das Prinzip des Diná de-Malkhutá beiden Autoren denn auch nicht auf die Könige Israels Anwendung finden:[32]

> Von einem Steuereintreiber, der maßlos ist. Was bedeutet, dass er nicht entsprechend des Rechts handelt. Und das Recht des Königtums ist [geltendes] Recht. Aber Raub eines Königtums ist nicht rechtens. Daher kommentieren die Tossafot im Namen des Rabbi Eli'eser: Exakt geltend von den Königreichen der Weltvölker sagt man: Diná de-Malkhutá Diná. Und daher findet man: Er sagte ihnen: Wenn ihr meine Gebote nicht tut, dann werde ich euch vertreiben. Denn das Land gehört ihm. Aber von den Königen Israels [gilt] nicht: Diná. Denn er kann von ihnen [den Juden] nichts nehmen, da ganz Israel am Land Israel teilhat und in ihm gibt es niemanden, über einen anderen Menschen zu herrschen. (Sch'lomo ben Adret, Chidusché Sch'lomo Nedarim 28a)

Mit der Bestätigung des Dictums und seiner Anpassung auf die mittelalterliche Rechtspraxis begründeten die jüdischen Gelehrten zugleich ihre juristische Autonomie und volle Zuständigkeit in „inneren Angelegenheiten“: Was nach der Tora erlaubt und verboten (*issur we-heter*), wurde intern geregelt und war (tatsächlich!) vom Grundsatz der Diná de-Malkhutá nicht tangiert.

4. Das Ende der internen Rechtsautonomie und deren Probleme

Mit der Entstehung „säkularer" Staaten nach den großen Religionskriegen im 17. und 18. Jahrhundert wurde die Selbstverwaltung der jüdischen Gemeinden West- und Zentraleuropas zunehmend eingeschränkt. Die mittelalterliche Ständeordnung sah sich durch absolutistische Herrschaftsformen abgelöst. Die Bindung – insbesondere diejenige der jüdischen Bewohner urbaner Zentren – zur traditionellen Lebensweise erodierte, gerade aufgrund zunehmender kultureller Kontakte zur Mehrheitsbevölkerung. Die rabbinische Rechtsprechung war von diesen beiden Entwicklungen selbstredend besonders betroffen.[33]

Von den Eingriffen absolutistischer Herrscher in die jüdische Selbstverwaltung waren das interne Strafsystem,[34] das Personenstandswesen und sogar rituelle Belange unmittelbar betroffen. So definierte Kaiser Joseph II. (1765 bis 1790) in seinem „Ehepatent" von 1783 die Ehe als einen bürgerlichen Contract, zu dessen Gestaltung allein landesherrliche Befugnis maßgeblich war.[35] Etliche seiner Regularien standen zum jüdischen Eherecht in eklatantem Widerspruch.[36] Als mindestens ebenso problematisch für die traditionelle jüdische Lebensweise erwies sich die im 17. und 18. Jahrhundert grassierende Angst, lebendig begraben zu werden. Sie mündete letztlich in Vorschriften einer verzögerten Beerdigung (Leichenschau). So promulgierte Herzog Friedrich von Mecklenburg-Schwerin im Jahre 1772 ein Edikt, welches die jüdische Praxis der sofortigen Beerdigung (innerhalb von 24 Stunden) untersagte und stattdessen eine dreitägige Wartefrist vorsah.[37]

Niemand geringerer als der berühmte Moses Mendelssohn (1729–1786) verfasste für die verunsicherte jüdische Gemeinde zu Schwerin ein Gutachten zum Stellenwert der sofortigen Beerdigung in der jüdischen Tradition. Mendelssohn verfolgte gegenüber den Kontrahenten eine Doppelstrategie: Dem Herzog erläuterte er in einem auf Deutsch verfassten Schreiben die hohe Bedeutung des traditionellen Beerdigungsritus und schlug die Konsultation eines befähigten Arztes zur sicheren Feststellung des Todes vor. Die Gemeinde hingegen wies er in einem (hebräischen) Gutachten darauf hin, dass sich Beerdigungsformen im Laufe der langen jüdischen Geschichte gewandelt hätten und man daher weitaus gelassener mit dem vom Herzog gewünschten Verfahren umgehen könne. Im Übrigen hätte angesichts der schlichten Möglichkeit eines Scheintods die Pflicht zur Lebensrettung vor derjenigen einer frühen Beerdigung Priorität. Der von der Gemeinde ebenfalls beauftragte Gutachter, der Altonaer Rabbiner Jakob Emden (1697–1776),[38] bezog hingegen eine strikt traditionalistische Position: Die durch biblische und rabbinische Autorität etablierte Sitte der frühen Beerdigung sei keinesfalls infrage zu stellen.

An dieser Debatte, die im Übrigen im 18. Jahrhundert eine intensive innerjüdische Fortsetzung erfuhr,[39] zeigen sich bereits paradigmatisch die Bruchkanten zwischen den im 19. Jahrhundert entstehenden jüdischen Strömungen („Konfessionen") der Moderne. Im Kern ging es um die Frage, ob die Halakha[40] historischen Entwicklungen unterliege und daher an moderne Gegebenheiten angepasst werden müsse (so liberal-progressive und gemäßigt konservative Positionen), oder ob man die Halakha systemisch eher als Offenbarung zu betrachten hätte (so die moderne Orthodoxie und das haredische Lager).[41]

Eine frühe und äußerst einflussreiche theoretische Stellungnahme zum Thema stammt wiederum aus der Feder Moses Mendelssohns. In seiner Programmschrift „Jerusalem oder über religiöse Macht und Judentum" aus dem Jahre 1783 äußerte er sich grundsätzlich zum Problem von Staat und Religion aus jüdischer Perspektive.[42] Während Mendelssohn im ersten Teil seiner Abhandlung aus einer naturrechtlichen Position heraus grundsätzliche Erwägungen zum gegenseitigen Verhältnis beider anstellte,[43] wandte er sich in deren zweiten Abschnitt den spezifisch religiösen Aspekten von Recht und Macht zu.

Allen Bewohnern eines Landes kommen, Mendelssohn zufolge, die gleichen Menschen- und Bürgerrechte zu. Der Mensch qua Staatsbürger unterliege der Pflicht, den staatlichen Vorgaben zur Gewährleistung eines sinnvollen Zusammenlebens zu entsprechen. Über dessen Gewissen, seine innere Disposition oder Gesinnung habe der Staat allerdings keinerlei Gewalt. Dies ist die Domäne der Religion, welche wiederum keine Zwangsmittel anwenden dürfe:

> Hier zeigt sich schon ein wesentlicher Unterschied zwischen Staat und Religion. Der Staat gebietet und zwinget, die Religion belehrt und überredet; der Staat erteilt Gesetze, die Religion Gebote. Der Staat hat

physische Gewalt und bedient sich derselben, wo es nötig ist; die Macht der Religion ist Liebe und Wohltun. [...] Die bürgerliche Gesellschaft kann, als moralische Person, Zwangsrechte haben und hat diese auch durch den gesellschaftlichen Vertrag würklich erhalten. Die religiöse Gesellschaft macht keinen Anspruch auf Zwangsrecht und kann durch alle Verträge in der Welt kein Zwangsrecht erhalten.[44]

Die Trennung zwischen Staat und „Kirche", wie Mendelssohn sie skizziert, ist radikal. Den Herrschern geht jedes Recht ab, auf das (religiöse) Denken und Bekenntnis ihrer Untertanen Einfluss zu nehmen. Andererseits dürften jedoch die Religionsgemeinschaften keinerlei Zwangsmaßnahmen (also auch keinen *Cherem* oder andere rabbinische Strafen) verhängen. Hier nun beginnt das Dilemma. In seiner Darstellung der Grundsätze des Judentums im zweiten Teil seines Traktats befasst sich Mendelssohn mit dem Anwurf, die „Gesetze Moses [seien nichts] anders als ein System von religiöser Regierung, von Recht und Macht der Religion".[45] Das Judentum, so führt der Autor aus, halte für seine Anhänger kein dogmatisches System bereit, zu deren Anerkennung man die Anhänger (auch gegen deren Überzeugung) nötigen müsse. Wohl aber eine

„göttliche Gesetzgebung, Gesetze, Gebote, Befehle, Lebensregeln, Unterricht vom Willen Gottes, wie sie sich zu verhalten haben, um zur zeitlichen und ewigen Glückseligkeit zu gelangen".[46]

Zwar differenzierte Mendelssohn innerhalb der offenbarten Gesetzgebung zwischen ewigen Wahrheiten und „zeitlichen Geschichtswahrheiten" (ibid., S. 408–409), zwischen [ethischen] Geboten und den „Zeremonialhandlungen" (ibid., S. 420; 444–446) – er ließ jedoch keinen Zweifel daran, dass sie alle gleichermaßen fundamental seien.[47] Nun erhebt sich natürlich die Frage, wie einerseits die Beachtung der Gebote ohne jedes Druckmittel seitens der Rabbiner durchzusetzen wäre, und andererseits das Problem, wie man etwaige Konfliktfälle zwischen der Halakha und staatlichen Vorgaben behandeln solle.

Die von Mendelssohn gelegte Basis erwies sich als derart weitgespannt, dass sich in der Folgezeit sowohl radikale Reformer, wie auch Verfechter einer strikten Observanz der Tradition mit Recht auf ihn berufen konnten.[48] Die Differenzierung zwischen ethischen Geboten und „Zeremonialgesetzen" – obwohl nicht für diesen Zweck konzipiert – erlaubte es den Verfechtern einer durchgreifenden Reform der Halakha, letztendlich die Konfessionalisierung des Judentums voranzutreiben.[49] Während die Verfechter einer Akkulturation jüdischen Lebens an die Mehrheitsgesellschaft die „sittlichen" (ethischen) Gebote den „zeremoniellen" strikt vorordneten und sich auf die Wandelbarkeit von „Geschichtswahrheiten" beriefen, betonten die Traditionalisten den fundamentalen Charakter der *einen* Tora.[50]

Das bei Mendelssohn sichtbare Dilemma zwischen strikter staatlicher Neutralität in Religionsfragen und dem umfassenden Anspruch der Halakha auf verbindliche Lebensgestaltung entfaltete im Frankreich der revolutionären und der napoleonischen Ära erstmals Wirkung. Trotz erheblicher Widerstände dekretierte die Assemblée nationale im September 1791, dass den Juden der Republik die vollen Bürgerrechte zuerkannt würden.[51] Insbesondere die ländliche Judenheit im Elsass widersetzte sich jedoch lange erfolgreich der Auflösung ihrer korporativen Strukturen. Mischehen, die Verstaatlichung von Schulden und die Einbeziehung von Juden in die allgemeine Wehrpflicht repräsentierten frühe Konfliktfelder.[52] Unter Napoleon Bonaparte nahm der Anpassungsdruck sowohl in Frankreich als auch in den von ihm eroberten Gebieten massiv zu. Er überstellte den Repräsentanten der jüdischen Gemeinschaft einen Katalog mit zwölf Fragen mit dem Ziel, den

> „jüdischen Glauben mit den Pflichten der Franzosen in Übereinstimmung zu bringen und nützliche Bürger aus ihnen zu machen; entschlossen, dem Übel Abhilfe zu schaffen, das viele von ihnen auf Kosten unserer Untertanen verursachen".[53]

Die jüdischen Deputierten verabschiedeten im August 1806 eine Deklaration, welche die Gültigkeit des Prinzips Diná de-Malkhutá Diná weit über den im Mittelalter üblichen Horizont ausweitete und somit die prinzipielle Überordnung staatlichen Zivil- und Strafrechts über die Halacha anerkannte.[54]

> Wir deklarieren, dass das göttliche Recht, das fromme Erbe unserer Vorväter, religiöse und politische Vorgaben enthält; dass die religiösen Vorgaben – ihrem Wesen nach – absolut und von Zeit und Umständen unabhängig sind. Dies gilt jedoch nicht in gleicher Weise von den politischen Vorgaben, d.h., von denjenigen, welche Herrschaft konstituieren

> und die dazu bestimmt waren, das Volk Israel in Palästina zu regieren, als es seine Könige, Hohepriester oder Amtsleute hatte. Diese politischen Vorgaben sind nicht anwendbar, seit [das Volk Israel] keine Nation mehr darstellt. Mithin gebieten wir, im Namen Herrn, unseres G'ttes, all unseren Glaubensgenossen, ob Mann oder Frau, unsere Entscheidungen, Statuten und Vorschriften treu zu beachten; und stellen im Vorhinein fest, dass alle diejenigen in Frankreich oder im Königreich Italien, die deren Befolgung verletzen oder vernachlässigen, als offenkundige Sünder gegen den Willen des Herrn, des G'ttes Israels, zu betrachten sind.[55]

Die Argumentation, der zufolge die politischen Maßgaben der Bibel (und der Tradition) nur für das Volk Israel in Palästina Gültigkeit hätten, findet sich bereits in Spinozas Tractatus (vgl. Kap. 5); die Differenzierung in „religiöses" und „politisches" Recht gründet letztlich im talmudischen Dictum des *Diná de Malkhutá* ebenso, wie es sein Echo in der Argumentation Mendelssohns findet. Die Anerkennung der staatlichen Autorität, und darin unterscheidet sich der Grand Sanhédrin von seinen mittelalterlichen Vorgängern, erstreckt sich ausdrücklich auch auf den Code civile und deklariert: „dass die Unterwerfung unter die staatlichen Gesetze in zivilen und politischen Angelegenheiten eine religiöse Pflicht darstellt".[56]

Die vielfältig antijüdischen Unterstellungen, die im Fragekatalog Napoleons sichtbar sind – wenn etwa Polygamie (Art. 1), „nützliche Arbeit" (Art. 7) oder Zinsen (Art. 8,9) thematisiert werden – kontert der Große Sanhédrin mit einer klaren Verpflichtung aller Juden Frankreichs und Italiens, *sofern sie von den staatlichen Gesetzen als Bürger anerkannt werden*, diese Staaten als ihr jeweiliges Vaterland zu betrachten.[57] Die große Leistung der jüdischen Gelehrten, die hier im Einzelnen nicht gewürdigt werden kann, bestand darin, die (teilweise sehr weitgehenden) Forderungen des säkularen Staates erfolgreich mit der jüdischen Tradition zu vereinbaren.[58] Sie konnte somit als Grundlage staatlicher Vorschriften behauptet werden.

Insbesondere die dritte Frage im Napoleonischen Katalog – diejenige zur Möglichkeit von Mischehen[59] – löste indessen schwere Kontroversen aus, so dass sich der Kaiser schließlich „genötigt" sah, der jüdischen Gemeinschaft verbindliche Strukturen zu verordnen: Er dekretierte die Einrichtung des Grand Sanhédrin (1807) als jüdische Legislative und eines Consistoire central israélite de France (1808) als kultische Administrative.

Die Restaurationszeit nach dem Wiener Kongress 1815 brachte vor allem schwere Rückschläge im Kampf um die bürgerliche Gleichstellung der Juden Westeuropas mit sich. Gleichzeitig führte die Auflösung geistlicher Territorien zu einem neuen Säkularisierungsschub, der sich mitunter (vgl. Bayerisches Judenedikt von 1813) direkt auf die Verfassung der jüdischen Bewohner auswirkte.

5. Konsequenzen und Ausblick

In der ersten Hälfte des 19. Jahrhunderts vollzog sich überall in Westeuropa die weitgehende Aufhebung der autonomen jüdischen Gerichtsbarkeit, die auf rein kultische Fragen („Kirchenzucht" und liturgische Entscheidungen) begrenzt wurde.[60] Ausgestattet mit dem Instrumentarium der talmudischen Überlieferung und den Neuansätzen der frühneuzeitlichen Gelehrten, gelang es der jüdischen Gemeinschaft jedoch, diesen Prozess nicht nur zu erdulden, sondern aktiv mitzugestalten – und, wie man es am Beispiel des Grand Sanhédrin erkennen kann, sogar weitgehend in die eigene Rechtspraxis einzugliedern. Diese gewaltige adaptorisch-integrative Leistung vollzog sich noch dazu, vor allem in der Restaurationszeit, unter den sehr ungünstigen Bedingungen einer andauernden Verweigerung umfassender bürgerlicher Emanzipation in weiten Teilen Westeuropas.

Das talmudische Grundprinzip *Diná de-Malkhutá Diná*, wie es in der Spätantike statuiert und im Mittelalter in einen umfassenden Diskurs über die Diaspora-Existenz eingebettet wurde, konnte vermutlich deshalb als permanenter Begleiter dieses Prozesses Anwendung finden, weil es bereits im Talmud zur Reflexion unterschiedlicher Akkulturationsprobleme herangezogen worden ist. So unverbunden es auftauchte, so generell konnte es auch als übergeordnete Maxime verwendet werden.

Die integrative Leistung eines Moses Mendelssohn – wie sie sich in seinem grundlegenden Traktat „Jerusalem oder über religiöse Macht im Judentum" niederschlägt – zeigt sich gerade darin, dass er nahezu allen entstehenden Strömungen des modernen Judentums einen Schirm bot, unter dem sie ihre überaus unterschiedlichen Konzepte ansiedeln konnten. Es ist zweifelsohne zutreffend, dass Mendelssohn zwar die Gewissens- und Religionsfreiheit der Juden bündig begründen, nicht aber die Verbindlichkeit der Halakha philosophisch abzusichern vermochte.[61] Entscheidend erscheint hier jedoch die universale Rezeption seiner Aussagen – die zwar schon Samuel Holdheim beklagte, die aber letztlich zu einem gemeinsam-unterschiedlichen Zugriff radikaler Reformer *und* energischer Traditionalisten auf das philosophische Erbe der europäischen Aufklärung führte.

Die jüdische Gemeinschaft Westeuropas hatte mit diesem Balanceakt die Möglichkeit ergriffen, sich in säkulare Staaten mit ihren konfessionellen Rahmenbedingungen aktiv einzufinden – wenn man sie denn ließ. Um den Preis hoher Diversität im Inneren formulierte sie unterschiedliche Antworten auf die Herausforderungen der modernen Gesellschaft, von denen etliche fest mit der alten Tradition verbunden waren.

Anmerkungen

1 Von hebr. Rav, Meister.

2 Vgl. dazu grundlegend: Heszer, Catherine, The Social Structure of the Rabbinic Movement in Roman Palestine, Texte und Studien zum antiken Judentum 66, Tübingen 1997; Stemberger, Günter, Das klassische Judentum. Kultur und Geschichte der rabbinischen Zeit, München 2009; sowie Schwartz, Seth, Imperialism and Jewish Society 200 B.C.E. to 640 C.E., Princeton, Oxford 2001.

3 Von hebr. sch"n"h – lernen, wiederholen. Das klassische orientierende Werk zum Korpus der rabbinischen Literatur: Stemberger, Günter, Einleitung in Talmud und Midrasch, München [9]2011. Eine sehr brauchbare Einführung in die Mischna präsentiert Zlotnick, Dov, The Iron Pillar – Mishnah. Redaction, Form and Intent, New York 1988. Jüngst wurde wiederholt argumentiert, dass nicht die Mischna, sondern ihre umfänglichere und weniger strukturierte Begleiterin, die Tosefta (von hebr. j"s"f, hinzufügen), das älteste Werk der rabbinischen Literatur darstelle. Vgl. Hauptman, Judith, Mishnah as Response to „Tosefta"; in: Cohen, Shaye J., (Hg.), The Synoptic Problem in Rabbinic Literature, (BJS 326), Province 2000, S. 13–34.

4 Vgl. etwa die Bestimmungen des Codex Theodosianus II,1.10, promulgiert im Jahre 398, welche die Zuständigkeit rabbinischen Rechts auf wenige, ausdrücklich „religiöse" Bereiche beschränkte.

5 Zur Geschichte Babylons als jüdischer Siedlungsraum vgl. Stemberger, Klassisches Judentum, S. 39–46; zur Rechtslage vgl. zusätzlich Gil, Moshe, Jews in Islamic Countries in the Middle Ages, Leiden, Boston 2004, S. 49–116.273–532.

6 Resch Galutá (aram., Haupt der Exils[gemeinschaft]).

7 Vgl. Stemberger, Einleitung, S. 101. Grundlegend zur Interpretation dieses Rechtssatzes in Spätantike und Mittelalter: Shilo, Shmu'el, Dina De-Malkhuta Dina, Jerusalem 1974.

8 Vgl. bNedarim 28a (Eide gegenüber unwürdigen Personen), bGittin 10b (Gültigkeit nichtjüdischer Urkunden), bBabá Qammá 113a.b, bBabá Batrá 54b-55a. Vgl. Zum Folgenden: Quint, Emanuel B., A Restatement of Rabbinic Civil Law. Adaptation of Joseph Karo's Hoshen Mishpat, Bd. 9, Jerusalem 2003, S. 301–359; Bleich, David J., Contemporary Halakhic Problems, Bd. 4, Hoboken 1995, S. 62–91.

9 Der Talmud interpretiert die folgende Satzung der Mischna: „Man [nehme] kein Wechselgeld aus dem Kasten der Steuereintreiber und nicht von den Steuern der Steuerpächter. Auch nehme man von ihnen keine Spenden. Aber man kann von ihm nehmen inmitten seines Hauses oder vom Markt." (mBabá Qammá X,1)

10 Hier: ein dem Heiligtum gewidmete Abgabe. Diese Tradition wird auch in bNedarim 28a zitiert.

11 Hier stellt sich die interessante Frage, ob sich der Begriff „kana'anäisch" allgemein auf nichtjüdische Agenten bezieht. Die Verwendung des Terminus „kana'anäisch" wirkt umso mehr anachronistisch, als dass das Lehrwort dem Rabbi Aschi, einem großen *babylonischen* Gelehrten des 4./5. Jh., zugeschrieben wird. Der Talmud zumindest scheint „kana'anäisch" im Sinne von „nicht jüdisch" verstanden zu haben, da er an die zitierte Passage eine Diskussion anfügt, ob man denn etwa Nichtjuden berauben dürfe (Darf man nicht, vgl. bBabá Qammá 113a-b). Spätantike und mittelalterliche Quellen spiegeln den Umstand, dass in der Regel Einheimische als Steuerpächter und Eintreiber von Sonderabgaben fungierten (vgl. Lk 5,27–30, Zöllner Levi), weil sie mit den Verhältnissen vor Ort vertraut waren. Ebendies trug wesentlich dazu bei, dass man sie als Parias, als Verräter am eigenen Volk betrachtete.

12 Das äußerst negative Sozialprestige, das Steuerpächter und Zolleintreiber in Palästina „genossen", spiegelt sich bekanntermaßen auch in den synoptischen Evangelien – etwa in der geläufigen Redewendung „Zöllner und Sünder" (Mk 2,15–16 parr Mt 9,10–11; Lk 5,30; Mt 11,19 par Lk 7,34; Lk 15,1).

13 Wie herrenloser Besitz, den man sich aneignen kann.

14 Das verkaufte Stück Land.

15 Normalerweise muss drei Jahre lang eine regelmäßige, unbestrittene (landwirtschaftliche) Nutzung stattfinden (chasaqa), bevor man sich das betreffende Land ersitzt (bBabá Batrá 28a ff). Wenn Land über einen längeren Zeitraum nicht bestellt wird, könnte es immerhin verwildern. Der nichtjüdische Besitzer erscheint insofern relevant, als dass nur in diesem Fall eine Zuständigkeit der persischen Verwaltung zu erwägen wäre, obwohl der Streit letztlich zwischen zwei Juden stattfindet.

16 Zu seiner Biografie vgl. Schwarzfuchs, Simon, Rachi de Troyes, Paris 2005; zu seinem Talmudkommentar vgl. Touati, Charles, Rashi, commentateur du Talmud, in: Sed-Rajna, Gabrielle (Hg.), Rashi 1040–1090: Hommage à Ephraim Urbach, Paris 1993, S. 28–42. Alle Übersetzungen und Belege aus Rasch"i, Raschba"m und anderen mittelalterlichen Dezisoren nach dem Global Jewish

Database-Responsa-Projekt der Bar-Ilan-Universität Tel Aviv, Version 19, http://responsa.biu.ac.il/index.html.

17 Das sich auf der Iberischen Halbinsel entfaltende sefardische Judentum war nicht ganz so auf den Talmud „fixiert", sondern entwickelte und pflegte – unter Einfluss der islamischen Kultur – in größerem Umfang auch philosophische, linguistische und poetische Traditionen, teilweise auch ohne Bezug zum religiösen Erbe.

18 Rasch"i, ad Gittin 9b. Die sieben Noachidischen Gebote werden zum Beispiel in bSanhedrin 56a-59a, tAvoda Sara IX,4 oder BerR 16,6 aufgelistet. Zur traditionellen Interpretation der noachidischen Gebote vgl. einführend: Zohar, Noam J., Gentiles, in: Walzer, Michael u.a. (Hg.), The Jewish Political Tradition, Bd. 2: Membership, New Haven, London 2003, S. 445–471.

19 Er gehörte denjenigen Gelehrtengenerationen an, die das große Kommentarwerk Rasch"is mit Ergänzungen („Tossafot") versahen und die man daher als „Tossafisten" bezeichnet. Die traditionelle Bezeichnung „Tossafot" führt indessen insofern in die Irre, als dass Rasch"is Enkel (und nach ihnen viele andere v.a. französische Talmudkommentatoren) weniger „ergänzten", sondern vielmehr mit ihrem großen Vorläufer diskutierten, seine Ansichten revidierten, präzisierten oder seine Methodik modifizierten. Die Tossafot gehören – neben Rasch"is Glossen – zum Standardrepertoire traditioneller Talmuddrucke.

20 Von lat. Annona.

21 Vgl. Jitzchak ben Mosche (Ri"az, um 1180–1260), Or Saru'a, Babá Qammá III, § 447; Ascher b. Jechiel Aschkenasi (Ro"sch; 1250/1259–1327), bBabá Batrá III,66 u.ö.

22 Die „Wahl des Wohnorts" impliziert natürlich die für eine (gegebenenfalls) verfolgte Minderheit typische Perspektive. Insgesamt mutet das Konzept fast modern an. Die Begründung königlicher Macht durch allgemeine Zustimmung der Untertanen war jedoch dem Mittelalter nicht völlig fremd, vgl. Kosuch, Andreas, A deo electus?: Klerus und Volk als Verkünder des göttlichen Willens bei der Königserhebung des frühen Mittelalters. Von Wirkung und Wandel einer alten Vorstellung, in: Erkens, Franz-Rainer (Hg.), Das frühmittelalterliche Königtum: ideelle und religiöse Grundlagen, Berlin, New York 2005, S. 407–426.

23 Zu Maimonides' juridischen und politischen Theorien vgl. Funkenstein, Amos, Maimonides: Political Theory and Realistic Messianism, Miscellanea Mediaevalia 11, 1977, S. 81–103; Rakover, Nahum (Hg.), Maimonides as Codifier of Jewish Law, Proceedings of the Second International Seminar on the Sources of Contemporary Law, Jerusalem 1987. Zur Einführung in den Mischné Tora vgl. Twersky, Isadore, Introduction to the Code of Maimonides, New Haven 1982; eine sehr empfehlenswerte allgemeine Einführung in Leben und Werk des Maimonides bietet Halbertal, Mosche, Maimonides: Life and Thought, Princeton 2013. Darin zum Mischné Tora: S. 164–195.

24 Sefer Nesiqin (Buch der Schadensfälle), also das rabbinische Strafrecht betreffend.

25 Satzungen von Raub und Verlorenem [Gut].

26 Mischné Tora, Hilkhot G'sela wa-Aveda, V, 3.17 (bBabá Qammá 113b), V, 9–12 (bBabá Qammá 113a) sowie V, 13–16 (bBabá Batrá 54b–55a). Alle Übersetzun-

gen und Bezugnahmen im Folgenden, vgl. Maimonides, Mischné Tora, 8 Bde., Jerusalem 1987.

27 In den vorangegangenen Paragraphen hatte Maimonides spezifiziert, in welchen Fällen der König Steuern erheben oder den Besitz eines Untertanen konfiszieren kann, ohne dass es als Raub betrachtet werden kann (V, 12–13).

28 Mosche ben Maimon nimmt auch zu der bei mittelalterlichen Gelehrten vieldiskutierten Frage Stellung, in welcher Weise ein Jude, der für einen anderen die Kopf- oder Grundsteuer bezahlt hat, sich aus dem Eigentum oder der Arbeitskraft des Schuldners entschädigen darf (V, 14–16).

29 Chajim Or Saru'a (Responsa 80), der Sohn des berühmten Dezisoren Jitzchak Or Saru'a (um 1180–1250), modifizierte die Konsens-Theorie dahingehend, dass die Legitimität eines Herrschers auf seiner bewährten Praxis und der seiner Vorgänger beruhe.

30 Unter Hinweis auf 1 Sam 8,11–17. Vgl. Kirjat Sefer zu Ramba"m, Hilkhot G'sela wa-Aveda, 5, New York 1953. Im Gegensatz zu anderen Autoren wendet Mosche di Trani die biblische Grundlegung auf jüdische wie nichtjüdische Herrscher gleichermaßen an. Vgl dazu Quint, Restatement, S. 306–310.

31 Raschb"a, 1235–1310. Ebenso argumentierte Nissim Gerondi (Ra"n; 1135–1204) ad bNed 28a.

32 Die Frage, inwiefern Diná de-Malkhutá auch auf den modernen (säkularen!) Staat Israel Anwendung finden sollte, ist seit Bestehen ebendieses Staates Gegenstand hitziger Debatten, die hier nicht referiert werden können. Im haredischen Lager („Ultra-Orthodoxie"), in welchem der Staat Israel eben wegen seines säkularen Charakters oft abgelehnt wird, hält man deshalb mitunter das Prinzip Diná de-Malkhutá für wirksam, weil dieser als ein nichtjüdisches Gemeinwesen betrachtet wird. Innerhalb der religiös-zionistischen Strömung (Misrachi) gibt es hingegen Gelehrte, die Diná de-Malkhutá im positiven Sinne auf den modernen Staat Israel anwenden und sich um eine halachische Begründung seiner Verfassung bemühen. Vgl. dazu Washofsky, Mark, Halakhah and Political Theory: A Study in Jewish Legal Response to Modernity, Modern Judaism 9, 1989, S. 289–310. Zur politischen Theorie vgl. Gershon Weiler, Jewish Theocracy, Leiden u.a. 1988.

33 Vgl. Graff, Gil, Dina de-Malkhuta Dina in Jewish Law, 1750–1848, University of Alabama Press 1985, S. 30–35 sowie Meyer, Michael A., Jüdische Gemeinden im Übergang, in: Brenner, Michael u.a. (Hg.), Deutsch-Jüdische Geschichte in der Neuzeit, Bd. 2: Emanzipation und Akkulturation 1780–1871, München 2000, S. 96–134.

34 So zum Beispiel der Cherem (Bann) – der zeitweise oder dauerhafte Ausschluss aus der Gemeinschaft – oder auch Geldstrafen, körperliche Züchtigungen oder der (temporäre) Verlust von Rechten und Funktionen. Der „Erlass eines Revidierten General-Privilegiums und Reglements für die Judenschaft im Königreich Preußen" von 1750 enthielt z.B. (einschränkende) Vorschriften für die rituelle Schlachtung, die Gemeindekonstitution, das synagogale Gebet (!) und eben auch die rabbinische Rechtsprechung. Vgl. Breuer, Mordechai, Die jüdische Minorität im Staat des aufgeklärten Absolutismus, in: Breuer, Mordechai, Graetz, Michael (Hg.), Deutsch-Jüdische Geschichte in der Neuzeit, Bd. 1:

Tradition und Aufklärung 1600–1780, München 2000, S. 141–159; Gotzmann, Jüdisches Recht, S. 50–61.

35 „Die Ehe an sich selbst, als ein bürgerlicher Vertrag (Contract) betrachtet, wie auch die aus diesem Vertrage herfließenden, und den Vertrag errichtenden gegen einander zustehenden bürgerlichen Gerechtsame und Verbindlichkeiten erhalten ihre Wesenheit, Kraft und Bestimmung ganz und allein von den landesfürstlichen Gesetzen; die Entscheidung der hierüber entstehenden Streitigkeiten gehört also für die landesfürstlichen Gerichtsstellen." (Ehepatent § 1; http://de.wikisource.org/wiki/Ehepatent_1783_%28 %C3 %96sterreich%29#.C2. A7._1.)

36 Graff, Dina, S. 46.

37 Vgl. dazu: Krochmalnik, Daniel, Scheintod und Emanzipation. Der Beerdigungsstreit in seinem historischen Kontext, Trumah 6, 1997, S. 107–149; hier S. 129–130.

38 Emden hatte der Gemeinde empfohlen, den berühmten Mendelssohn zu konsultieren, da man auf ihn eher hören würde. Der Altonaer Rabbiner war über das Schreiben Mendelssohns an die Gemeinde entsetzt. Beide Männer traten in eine direkte Auseinandersetzung über diese Frage ein, in deren Verlauf Emden die von Mendelssohn gebilligte Leichenschau zu einem Fall von Götzendienst erklärte – am von der Tora etablierten Brauch einer Beerdigung innerhalb von 24 Stunden sei unbedingt festzuhalten.

39 Vgl. Heinrich, Gerda, Akkulturation und Reform: Die Debatte um die frühe Beerdigung der Juden zwischen 1785 und 1800, ZRGG 50, 1998 S. 137–15; Andreas Gotzmann, Jüdisches Recht im kulturellen Prozeß. Die Wahrnehmung der Halacha im Deutschland des 19. Jahrhunderts, Tübingen 1997, S. 107–124. Eine Übersicht zeitgenössischer Stellungnahmen bietet Gotzmann, Jüdisches Recht, S. 108–109.

40 Von hebr. h"l"kh gehen; „der Wandel". Halakha beschreibt das umfassende System des (traditionellen) jüdischen Lebenswandels, von seinen rechtlichen bis zu seinen alltagspraktischen Dimensionen.

41 Der „Schlachtruf" des haredisch-orthodoxen Lagers lautet dann auch folgerichtig: Tora min-ha-Schamajim (Die Tora [stammt] vom Himmel). Dieses Statement – ursprünglich gegen die historisch-kritische Bibelinterpretation gerichtet – schließt die „Mündliche Tora" (alles, was in Auslegung der Hebräischen Bibel gesagt wurde und wird), also Mischna, Talmud und alle ihre anerkannten Kommentare und auf ihnen basierende Responsa ein.

42 Baruch Spinoza war ihm mit seiner (deutlich radikaleren) Stellungnahme vorausgegangen. Auf den Tractatus theologico-politicus (1670) nahm Mendelssohn jedoch kaum explizit, sondern allenfalls implizit Bezug. Da Mendelssohn seinerzeit weitaus intensiver die innerjüdische Debatte bestimmte, als es Spinoza vergönnt war, soll es im Folgenden nicht um den Tractatus gehen, wiewohl es überaus interessant ist, beide Stellungnahmen synoptisch zu betrachten. Vgl. Goetschel, Spinoza's Modernity: Mendelssohn, Lessing, and Heine, Madison, London 2004, S. 147–169.

43 Vgl. Mendelssohn, Moses, Jerusalem, in: Thom, Martina (Hg.), Moses Mendelssohn: Schriften über Religion und Aufklärung, Berlin 1989, S. 353–395.

44 Mendelssohn, Jerusalem, S. 365.

45 Ibid., S. 402. Hervorhebungen im Original.

46 Ibid., S. 408. Hervorhebungen im Original.

47 „Aber Gesetze leiden keine Abkürzung. In ihnen ist alles fundamental, und insoweit können wir mit Grunde sagen: Uns sind alle Worte der Schrift, alle Verbote und Gebote Gottes fundamental.“ (Mendelssohn, Jerusalem, S. 420) und: „Persönliche Gebote, Pflichten, die dem Sohne Israels ohne Rücksicht auf Tempeldienst und Landeigentum in Palästina auferlegt worden sind, müssen, soviel wir einsehen können, strenge nach den Worten des Gesetzes beobachtet werden, bis es dem Allmächtigen gefallen wird, unser Gewissen zu beruhigen und die Abstellung derselben laut und öffentlich bekanntzumachen.“ (ibid., S. 452)

48 So beklagt sich Samuel Holdheim (1806–1860), einer der radikalen Reformrabbiner, in seiner Schrift „Moses Mendelssohn und die Denk- und Glaubensfreiheit im Judenthume mit besonderer Beziehung auf die Confirmation“ (Berlin 1859, S. 17–18): *„Moses Mendelssohn* ist nicht nur der Hort der jüdischen Neuzeit, sondern auch der Hort zweier entgegengesetzten [sic!] Parteien im Judenthum geworden, nämlich der Hyperfreien und der Hyperorthodoxen. Seine über allen Ausdruck bedeutungsvolle und Epoche machende Schrift, *Jerusalem*, theilt das Schicksal des Ortes, nach dessen Namen sie genannt ist [...]. Die Hyperfreien berufen sich auf Moses Mendelssohn, daß man, um Jude zu sein, *Nichts zu glauben brauche*, und die Orthodoxen berufen sich gleichfalls auf ihn, daß man, um Jude zu sein, *Alles thun müsse.*“ (Hervorhebungen im Original)

49 Hierbei ist immer zu beachten, dass die Reform- und Konfessionalisierungsprozesse bei weit in das 19. Jahrhundert hinein auf die urbanen Zentren (wie Berlin, Frankfurt a.M. oder Breslau) beschränkt war. Das ländliche Judentum, das bis Mitte des 19. Jh.s die Mehrheit repräsentierte, blieb davon weitgehend unberührt.

50 Vgl. zum folgenden Andreas Gotzmann, Jüdische Autonomie in der Frühen Neuzeit: Recht und Gemeinschaft im deutschen Judentum, Göttingen 2008 sowie ders., Jüdisches Recht.

51 Einer der engagiertesten Verfechter der vollständigen Emanzipation der Juden war Honoré Gabriel de Riqueti, der Marquis de Mirabeau (1749–1791), der in seinem Anliegen wesentlich von Moses Mendelssohn beeinflusst war, dessen Ansichten er in Frankreich verbreitete. Mirabeau verfasste zu diesem Zweck seinen Essay „Sur Moses Mendelssohn, sur la réforme politique des juifs et en particulier sur la Révolution tentée en leur faveur en 1753 dans la Grande-Bretagne“ (London 1787).

52 Der überaus einflussreiche orthodoxe Rabbiner Mosche Chatam Sofer (1762–1839) bestätigte in einem Responsum unter Hinweis auf Diná de-Malkhutá das Recht eines Staates, Juden zum Militärdienst heranzuziehen (vgl. Liqqúté Schu“t Chatam Sofer, Bratislava 1864, Nr. 29). Vgl dazu die Deklaration des Grand Sanhédrin Frankreichs mit seiner *sehr* weitgehenden Festlegung: „Déclare en outre, le Grand Sanhédrin, que tout Israélite, appelé au service militaire, est dispensé par la loi, pendant la durée de ce service, de toutes les observances qui ne peuvent se concilier avec lui.“ (Article VI)

53 „Notre but est de concilier la croyance de Juifs avec les devoirs des Français, et de les rendre citoyens utiles, étant résolu de porter remède au mal auquel beaucoup d'entre eux se livrent au détriment de nos sujets.“ Napoléon Ier,

Correspondance, Bd. 12, Paris 1863, S. 571–572, Nr. 10537. Der Fragenkatalog findet sich ibid., S. 572, Nr. 10538.

54 Vgl. Graff, Dina de-Malkhuta, S. 79–80. Vgl. weiterhin Jay R. Berkovitz, The Shaping of a Jewish Identity in Nineteenth-Century France, Wayne State UP 1995 sowie ders., Rites and Passages: The Beginnings of Modern Jewish Culture in France, 1650–1860, Philadelphia 2004.

55 „En conséquence, déclarons que la loi divine, ce pieux héritage de nos ancêtres, contient des dispositions religieuses et des dispositions politiques. Que les dispositions religieuses sont, par leur nature, absolues et indépendantes des circonstances et des temps. Qu'il n'en n'est pas de même des dispositions politiques, c'est à dire de celles qui constituent le gouvernement, et qui étaient destinées à régir le peuple d'Israël dans la Palestine, lorsqu'il avait ses rois, ses pontifes et ses magistrats. Que ces dispositions politiques ne sauraient être applicables depuis qu'il ne forme plus un corps de nation. [...] Partant, nous enjoignons, au nom du Seigneur notre Dieu, à tous nos corrélationnelles de tous sexes, d'observer fidèlement nos décisions, statuts et ordonnances, regardant d'avance tous ceux de France et du royaume d'Italie qui les violeraient ou en négligeraient l'observation, comme pêcheurs, notoirement contre la volonté du Seigneur Dieu d'Israël." Décision du Grand Sanhédrin Convoqué à Paris en vertu des Ordres de Sa Majesté l'Epereur et Roi, le 8 Mars 1807 (Moniteur Universel du 11 Avril 1807, pages 398 à 400); zitiert nach: http://nice.algerianiste.free.fr/pages/textes/sanhedrin.html

56 „que la soumission aux lois de l'État, en matière civile et politique, est un devoir religieux."

57 [Article VI Rapports civils et politique] Déclare qu'il est de devoir religieux, pour tout Israélite né et élevé dans un état, ou qui en deviennent citoyens par résidence ou autrement, conformément aux lois qui en déterminent les conditions, de regarder ledit état comme sa patrie. [...]En conséquence, le Grand Sanhédrin statue que tout Israélite, né et élevé en France et dans le royaume d'Italie, et traité par les lois des deux Etats comme citoyen, est obligé religieusement de les regarder comme sa patrie, de les servir, de les défendre, d'obéir aux lois, et de se conformer, dans toutes ses transactions, aux dispositions du Code Civil. [...] En conséquence, le Grand Sanhédrin statue que tout Israélite, né et élevé en France et dans le royaume d'Italie, et traité par les lois des deux Etats comme citoyen, est obligé religieusement de les regarder comme sa patrie, de les servir, de les défendre, d'obéir aux lois, et de se conformer, dans toutes ses transactions, aux dispositions du Code Civil.

58 Vgl. Article 1 (Verbot der Polygamie) wird unter Hinweis auf die berühmte Takkana des Rabbi Gerschom von Mainz begründet.

59 „Une Juive peut-elle se marier avec un Chrétien, et une Chrétienne avec un Juif ? ou la loi veut-elle que les Juifs ne se marient qu'entre eux ?" (Correspondence, ibid., S. 572.)

60 Eine Übersicht zu den Fundstellen der entsprechenden Gesetze bietet Gotzmann, Jüdisches Recht, S. 65.

61 So Christoph Schulte, Die jüdische Aufklärung. Philosophie, Religion, Geschichte, München 2002, S. 180–181.

MICHA BRUMLIK

Diná de-Malkhutá Diná – eine rabbinische Theologie der Diaspora

I. Die Heiligkeit des Landes Israel

Die Juden – also historisch, nicht theologisch betrachtet –, die Anhänger der von Esra und Nehemia nach der Rückführung der judäischen Oberschicht ins Land Israel gegründeten Religion,[1] leben und lebten bis ins 21. Jahrhundert hinein in ihrer überwiegenden Mehrheit nicht im Land Israel, sondern diasporisch in anderen Ländern. Das war in der Antike nicht anders. So schreibt der Historiker Joseph Klausner – nach der Gründung des Staates Israel Kandidat der rechtsgerichteten Cheruth-Partei Menachem Begins für das Amt des Staatspräsidenten – in seinem erstmals 1950 auf Englisch, 1980 auf Deutsch erschienenen Buch *Von Jesus zu Paulus*, nachdem er die Grundzüge der jüdischen Diaspora im augustäischen Zeitalter skizziert hatte:

> „Zu dieser Diaspora kam es nicht nur deshalb, weil die Könige von Assyrien und Babylonien einen gewissen Teil der Einwohner Israels und Judäas ihrem Mutterland entrissen hatten, sondern auch als Folge einer freiwilligen Zerstreuung, die mit ihren Handelsgeschäften zusammenhing. So wie sich die Phönizier schon in früher Zeit fast über die ganze Welt verbreitet hatten, zerstreuten sich auch Bewohner Israels und Judäas über verschiedene Länder."[2]

Besonders anschaulich wird dieser Umstand in einem von dem Philosophen Philo von Alexandrien überlieferten Brief Agrippas I. an den römischen Kaiser Caligula geschildert:

> „Jerusalem ist die Mutterstadt nicht nur Judäas, sondern auch der meisten Länder wegen der Kolonien, die es zu geeigneter Zeit in die Nachbarländer ausssandte: nach Ägypten, Phönizien, Syrien, Coelesyrien und in die noch entfernteren Länder: Pamphylien, Kilikien, in viele Teile Asiens bis Bithynien und in die entlegensten Winkel des Pontus; ebenso nach Europa: nach Thessalien, Böotien, Makedonien, Aetolien, Attika,

Argos, Korinth, in viele der besten Landstriche des Peloponnes. Und nicht nur sind diese Hauptländer voll jüdischer Kolonien, sondern auch die höchst geschätzten Inseln Euböa, Kypros und Kreta. Ich spreche nicht über die Länder jenseits des Euphrat, da es in Babylon und anderen Satrapien von einem kleinen Teil abgesehen überall jüdische Einwohner in einem höchst fruchtbaren Landstrich gibt."[3]

Jerusalem und sein Tempel freilich blieben das Kultzentrum dieser Religion, ein zentraler Wallfahrtsort[4], wie es deren in der Antike, etwa in Ephesus[5], durchaus mehrere gab. Die Theologie der Landverheißung und Landnahme aber, wie sie in unterschiedlichen Schriften der Hebräischen Bibel, besonders deutlich im Buch Josua, entfaltet wird, ist aller Wahrscheinlichkeit nach im babylonischen Exil entstanden – historisch/archäologisch jedenfalls gibt es nicht den mindesten Beweis für eine gewaltsame Landnahme.[6]

Das geografisch-demografische Missverhältnis zwischen dem Land Israel und der Diaspora in Hinblick auf jüdische Präsenz änderte sich sowohl nach der Zerstörung des Jerusalemer Tempels im Jahre 70 als auch vor allem nach der Niederschlagung des Bar-Kochba-Aufstandes im Jahre 135. Zwar kann inzwischen die Behauptung, dass die Juden in der Folge dieser militärischen Niederlage aus der zunächst noch „Judäa" genannten Provinz planvoll deportiert worden seien, als widerlegt gelten.[7] Gleichwohl bleibt festzustellen, dass hunderttausende jüdischer Bewohner des Landes im Verlauf des Krieges umgekommen sind und so viele jüdische Kriegsgefangene gemacht wurden, dass die Preise für jüdische Sklaven dramatisch sanken.[8] Jüdisches Leben im Land Israel entfaltete sich für die nächsten drei-, vierhundert Jahre in der fortan nicht mehr Judäa, sondern Palästina genannten Provinz (nun) im Rahmen des römischen Imperiums, und zwar vor allem in Galiläa, nicht mehr in der für Juden verbotenen Stadt Jerusalem, die Kaiser Hadrian in „Aelia Capitolina" umbenennen ließ. Unter diesen Bedingungen entstand die politische Theologie der Rabbinen[9], sowohl im Lande Israel – Galiläa[10] – als auch vor allem in Babylon.[11] Die politische Verfassung der Juden in Galiläa schon nach der Zerstörung des Tempels kann als spannungsreiches Nebeneinander einer von den Römern geduldeten, quasimonarchischen Herrschaft, dem Haus des Patriarchen auf der einen Seite, sowie einer gleichsam regierenden Gelehrtenaristokratie, den Rabbinen, betrachtet werden.[12] Welchen Blick hatten nun vor allem die Rabbinen auf die (theologische) Bedeutung des Landes Israel?

Als grundlegend darf der Traktat „Kelim“ (Geräte) der wahrscheinlich im zweiten Jahrhundert redigierten Mischna, der im zweiten Jahrhundert verschrifteten „mündlichen Lehre“, also des Herzstücks des Talmud[13], gelten, in dem die Heiligkeitsgrade von Orten genannt werden: endend mit dem Allerheiligsten des damals schon nicht mehr bestehenden Tempels und beginnend mit dem Land Israel im Vergleich zu allen anderen Ländern der Welt:

> „Zehn Heiligkeitsgrade gibt es: das Land Israel ist heiliger als alle anderen Länder. Worin besteht seine Heiligkeit? Darin, dass man von ihm das Omer Opfer, die Erstlinge und die zwei Brote darbringt, was man in allen anderen Ländern nicht tun kann.“[14]

Diese Passage gilt der heutigen Judaistik und der alttestamentlichen Wissenschaft als eine „utopische Vision [...], Idealvorstellung der verlorenen Tempel-Epoche und Projektion in eine messianische Zukunft gleichermaßen“.[15] In dieser rabbinischen Sicht galt die materiale Erde des Landes Israel als im theologischen Sinne besonders rein, weshalb Juden, die im Lande Israel begraben liegen, als entsühnt[16] oder als unter dem Altar des Allerheiligsten begraben liegende[17] gelten; entsprechend meinten manche Rabbinen (Rabbanim), dass die Toten außerhalb des Landes nicht auferstehen werden.[18] In einem Midrasch, also einer bild- und lehrhaften Auslegung, die in der späten Antike verfasst wurde,[19] gilt das Land Israel in kosmischer Perspektive geradezu als Nabel der Welt:

> „So wie sich der Nabel in der Mitte des Menschen befindet, so befindet sich das Land Israel in der Mitte der Welt, wie es heißt (Ez. 38,12): Das wohnt auf dem Nabel der Erde. Von ihm geht die Gründung der Welt aus, wie es heißt (Ps 50,1.2.): Ein Psalm Asaphs: Der Gott der Götter, der Herr hat geredet, und er rief die Erde vom Aufgang der Sonne und bis zu ihrem Untergang – woher? – vom Zion her, der vollendetsten Schönheit ist Gott erschienen. Das Land Israel liegt in der Mitte der Welt, Jerusalem liegt in der Mitte des Landes Israel, der Tempel liegt in der Mitte Jerusalems, das Allerheiligste liegt in der Mitte des Tempels, die Bundeslade steht in der Mitte des Allerheiligsten, und der Grundstein befindet sich in der Bundeslade, und aus ihm ist die Welt gegründet worden.“[20]

In diesem Sinne auch waren die Rabbanim davon überzeugt, dass das Land Israel von Gott zuallererst, vor allen anderen Ländern der Welt, erschaffen wurde. Wer im Lande Israel lebt – und keineswegs dort nur begraben ist –, hat damit schon ewige Seligkeit erreicht. Nach Aussage von Rabbi Jochanan im talmudischen Traktat Ketuboth gilt: „Jeder, der vier Schritte im Lande Israel macht, der ist sich seines Platzes in der kommenden Welt sicher."[21]

II. Treue zur Weisung und religiöse Autonomie im Imperium – und der der globalisierten Welt?

Auf jeden Fall: Die erörterten Passagen rabbinischer Literatur zur Heiligkeit des Landes Israel entstanden in der späten Antike, im Zeitalter der Kirchenväter und des seit Konstantin christlich gewordenen römischen Reiches, im Rahmen einer religiösen Gemeinschaft, die im Rahmen großer Imperien ihre Fortdauer zu garantieren hatte und die bittere Erfahrung blutigst gescheiterter Eigenstaatlichkeit hinter sich hatte. So war eine politische Antwort auf die Frage zu finden, welchem Normensystem die grundsätzliche Loyalität auch der Juden, die alle Mal den Weisungen der Tora zu willfahren hatten, gelten sollte, auch und gerade dann, wenn es zu möglichen Kollisionen zwischen den Ansprüchen des imperialen römischen oder persischen Staates und den Weisungen der Tora kommen sollte.

Das damals, zu Beginn des dritten Jahrhunderts, von den Rabbinen, genauer von dem Amoräer Samuel etablierte Prinzip lautete „Diná de-Malkhutá Diná" und besagt, dass jüdische Untertanen den rechtlichen Weisungen einer nichtjüdischen, hier sassanidischen Obrigkeit[22] grundsätzlich zu gehorchen haben – sofern es sich nicht um massive Verstöße gegen die Weisungen der Tora handelt! Das Prinzip selbst erscheint als so bedeutend, dass es im (babylonischen) Talmud viermal erwähnt wird: in bNed 28a; bGit.10B; bBB 113a und bBB54b und 55a. Dabei geht es vor allem um Regelungen zu Ansprüchen auf Grundstücke, Fragen der Legitimität des Verkaufs von Sklaven, um das Verbot, Steuereintreiber zu hintergehen, sowie um die Pflicht, die finanziellen Strafbefehle nichtjüdischer Gerichtshöfe auch dann zu bezahlen, wenn die Gründe nach jüdischem Recht ungültig sind.[23]

Das Prinzip ist über die Jahrhunderte hinweg bis in die Gegenwart, vor allem im Hinblick auf die säkulare Gesetzgebung im Staat Israel, von orthodox lebenden Juden immer wieder neu interpretiert und angewendet worden. Dabei verwiesen die rabbinischen Interpreten auf unterschiedliche Formen der Regierung: auf die je offiziell anerkannte Regierung und ihre ausschließlich monarchische Form sowie auf die Möglichkeit jüdischen Königtums im Land Israel. Besonders wichtig war es den rabbinischen Auslegern, dass alle in diesem Sinn für legitim erkannten Gesetze für alle Bürger eines politischen Gemeinwesens gelten müssen, womit sie also auf einer strikten Gleichheit vor dem Gesetz bestanden. Bezüglich der Geltung der Regel „Diná de-Malkhutá Diná" unterschieden die Ausleger vier mögliche Problem- oder Konfliktfelder:

1. Religiöse Verbote und Finanzgesetzgebung,
2. die Interessen des Königs,
3. „unjüdische Lebensformen" sowie
4. ein möglicher Gegensatz von Gesetzen der Tora und des Staates.

Bei alledem ist zu beachten, dass die von Raw Samuel postulierte Regel zunächst nicht mehr darstellt als eine nicht weiter begründete Maxime politischer Klugheit. Versuche einer systematischen Begründung wurden vor allem im Rahmen jüdischer Philosophie des Mittelalters unternommen, in einer Zeit also, als Juden in Orient und Okzident Untertanen nichtjüdischer Könige waren. Freilich wurde die Tradition der Auslegung dieses Prinzips bis in die Neuzeit, ja in die Moderne weitergeführt, in eine Epoche also, in der andere als monarchische Regierungsformen, nämlich demokratische, bereits bekannt waren. Schon Isaak Abravanel[24] (1460–1521) und später Rabbi Naphtali Tzvi Judah Berlin (1816–1893), ein Frühzionist, postulierten in der Zeit der Renaissance sowie im späten neunzehnten Jahrhundert im Zarenreich jüdische Formen der Politik, die demokratisch und republikanisch sein, aber dafür an das Land Israel gebunden bleiben möge.

Heute fragt sich, ob die Klugheitsregel „Diná de-Malkhutá Diná" auch auf die für die spätantiken Rabbinen und ihre mittelalterlichen Nachfolger nicht absehbaren Umstände eines in Entwicklung begriffenen Weltrechts und einer über die UN mindestens absehbaren Entwicklung – gewiss nicht zum Weltstaat, wohl aber zu mehr oder minder anerkannten Weltinstitutionen – anwendbar ist, und zwar so, dass Menschenrechte, Völkerrecht und Völkergewohnheitsrecht den gleichen Rang beanspruchen dürfen wie die Gesetze der Königreiche. Das aber hieße nichts anderes, als dass – mit Ausnahme der Weisungen der Tora zum alltäglichen Leben – dieses internationale Recht jüdisches Recht brechen würde. Infrage steht dann aber auch – hinsichtlich des politischen Streitfalls etwa der seit 1967 besetzten Gebiete –, ob das Besiedeln des Bodens des Heiligen Landes tatsächlich eine Mitzva von ebensolcher Bedeutung wie etwa das Halten der Kaschruth ist.

Nun hat die rabbinische Debatte gezeigt, dass in dieser Hinsicht keine Eindeutigkeit herrscht: Vertreter der Theorie, dass es eine Mitzva sei, im Lande Israel zu leben, kommen dort ebenso zu Wort wie jene, die der Auffassung sind, dass erst Gott und sein Messias die Juden ins Heilige Land zurückführen werden. Der mittelalterliche Ausleger Rabbi Solomon ha Meiri – er lebte um die Mitte des 13. Jahrhunderts in Südfrankreich – kommentierte den einschlägigen Text des Talmud (Ket 13) gar so: „Jeder Ort, wo Weisheit herrscht und Furcht vor der Sünde, hat den Wert des Landes Israel.“[25]

Anmerkungen

1 Zu dieser These kritisch: E. Blum: „Volk oder Kultgemeinde. Zum Bild des nachexilischen Judentums in der alttestamentlichen Wissenschaft“, in: *Kirche und Israel* 1/95, S. 24–42.
2 J. Klausner: *Von Jesus zu Paulus*, Königstein 1980, S. 26.
3 Philo: *Legatio ad Cajum*, § 281–282; *The Embassy to Gaius*, Harvard 1962, S. 143, eigene Übersetzung.
4 S. Safrai: *Die Wallfahrt im Zeitalter des Zweiten Tempels*, Neukirchen- Vluyn 1981.
5 Th. Jenny-Kappers: *Muttergöttin und Gottesmutter in Ephesos*, Einsiedeln 1986.
6 I. Finkelstein / N.A. Silberstein: *The Bible Unearthed*, New York/London 2001, bes. S. 27–122; vgl. H. Donner: *Geschichte des Volkes Israel und seiner Nachbarn in Grundzügen*, Göttingen 1984, S. 117–145, anders M. Clauss: *Geschichte Israels. Von der Frühzeit bis zur Zerstörung Jerusalems*, München 1986, S. 31–39.
7 S. Sand: *The Invention of the Jewish People*, London 2009, S. 129f.
8 P. Schäfer: *Geschichte der Juden in der Antike*, Stuttgart/Neukirchen 1983, S. 174.
9 J. Neusner: *Rabbinic Political Theory. Religion and Politics in the Mishnah*, Chicago 1991.

10 L.I. Levine (Hg.): *The Galilee in Late Antiquity*, Harvard 1992; M. Goodman: *The Roman State and the Jewish Patriarch in the Third Century*, in: a.a.O., S. 127–139; S.J.D. Cohen: *The Place of the Rabbi in Jewish Society of the Second Century*, in: a.a.O., S. 157–173; G. Alon, *The Jews in their Land in the Talmudic Age*, Harvard 1989.

11 J. Neusner: *Israel and Iran in Talmudic Times. A political history*, Lanham 1986, S. 114f.

12 M. Avi-Yonah: *Geschichte der Juden im Zeitalter des Talmud*, Berlin 1962; G. Alon, a.a.O., S. 308–322; S. 461–514.

13 G. Stemberger: *Der Talmud. Einführung, Texte, Erläuterungen*, München 1987.

14 mKelI, 6–9.

15 G. Oberhänsli-Widmer: *Bindung ans Land Israel – Lösung von der Eigenstaatlichkeit. Der Umgang der Rabbinen mit einer virtuellen Heimat*, in: M. Ebner (Hg.): *Heiliges Land*, Neukirchen-Vluyn 2009, S. 157.

16 Berachot Rabba 96,5.

17 bKet 111a.

18 bKetubot 111a.

19 G. Stemberger: *Midrasch. Vom Umgang der Rabbinen mit der Bibel*, München 1989.

20 Tan, *Qodaschim*, zitiert nach Oberhänsli-Widmer a.a.O., S. 166.

21 b.Ket 111a.

22 Vgl. J. Neusner: *Israel and Iran in Talmudic Times*, a.a.O., aber auch ders. *Rabbinic Political Theory. Religion and Politics in the Mishna*, Chicago 1991.

23 „Dina de Malkhuta Dina“, in: *Encyclopedia Judaica*, Vol. 6, Jerusalem o.J., S. 51–55.

24 I. Abravanel: „Commentary on the Pentateuch“, in: M. Walzer e.a. (Hg.): *The Jewish Political Tradition*, Vol. 1: „Authority“, New Haven/London 2000, S. 150–154; N.T.J. Berlin, in: a.a.O., S. 154/155.

25 A. Marchadour / D. Neuhaus: *Land, Bibel und Geschichte*, Berlin 2011, S. 119.

Jutta Aumüller

Islam und Politik – Akteure, Themen und Handlungspotenziale

Das Verhältnis von Religion und Politik hat lange Zeit ein Schattendasein in der Wissenschaft geführt. In der Politikwissenschaft beschränkte sich die Aufmerksamkeit auf einige wenige thematische Bereiche, so beispielsweise auf den politischen Mobilisierungscharakter fundamentalistischer religiöser Bewegungen, seitdem 1979 im Iran die pro-westliche Monarchie des Shah Reza Pahlevi von einer islamischen Massenbewegung hinweggefegt worden war.

Zu Beginn des 21. Jahrhunderts aber hat sich Religionspolitik als ein eigenständiges Feld in der Forschung etablieren können. Hierzu zählen „alle jene politischen Prozesse und Entscheidungen, in denen die religiöse Praxis von Individuen einschließlich ihrer kollektiven Ausdrucksformen sowie der öffentliche Status, die Stellung und die Funktion von religiösen Symbolen, religiösen Praktiken und Religionsgemeinschaften in politischen Gemeinwesen geregelt werden".[1] Durch den starken Zuwachs einer Bevölkerung mit Migrationshintergrund sind die institutionellen Regulierungen zwischen dem Staat und den Religionen, die aus jahrhundertelangen gewaltsamen konfessionellen Konflikten hervorgegangen sind, unter Druck geraten. Pluralismus und Individualisierung prägen heute die religiöse Landschaft in Deutschland.

In der Migrationsforschung dominierte – und tut dies auch heute noch – ein funktionalistischer Blick auf Themen der Religion. Zwar fanden die Religionen, die die Einwanderer nach Deutschland mitbrachten, durchaus das Interesse dieser vorwiegend sozialwissenschaftlich und pädagogisch ausgerichteten Forschung. Hier aber blieb der Fokus vor allem auf Phänomene der *community formation* gerichtet, d.h. auf die Art und Weise, wie Vergesellschaftung unter den Zugewanderten nach innen und außen erfolgt. Religion wurde dabei einerseits positiv als eine Ressource gedeutet, die Stabilität in der von

Verunsicherung und Fragilität geprägten Einwanderungssituation gewährleistet, andererseits in einer religionskritischen Sichtweise auch als ein Integrationshemmnis diskutiert.

Der Islam wird in Deutschland immer noch primär unter dem Aspekt einer Einwandererreligion betrachtet. Gelegentlich scheint man in Debatten um das Thema, ob der Islam eigentlich zu Deutschland gehöre, zu vergessen, dass der Islam sich mittlerweile als drittgrößte Religionsgemeinschaft in Deutschland nach der katholischen und evangelischen Kirche etabliert hat. Mit Blick auf eine zweite und dritte Generation muslimischer Einwanderer stellen sich somit andere Fragen einer Inklusion von Religion, als dies noch in der ersten Generation der Fall war. Die erwartete Säkularisierung ist in weiten Teilen der zweiten Einwanderergeneration nicht eingetreten. Vielmehr entwickelt sich bei den jüngeren Muslimen gerade in der Konfrontation mit der säkularen Gesellschaft ein religiöses Bekenntnis zum Islam, das nicht ohne weiteres an eine überlieferte Tradition anknüpft, sondern nach religiös begründeten Antworten auf die Fragen einer modernen Lebensführung sucht. Themen der Integration stehen dabei nicht mehr unbedingt im Vordergrund, sondern eine junge Generation von Menschen islamischer Religionszugehörigkeit sucht aktiv nach Anerkennung in ihren Bemühungen, einen gesellschaftlich relevanten Beitrag zu den Fragen der Sinnstiftung und einer ethisch verantworteten Lebensführung zu leisten.

Dieser Beitrag beschäftigt sich damit, wie die Interessen von Muslimen in Deutschland politisch verhandelt werden. Diese Interessen sind noch immer stark mit Themen der Integration verknüpft, zielen aber auch auf eine religiöse Anerkennung, die darüber hinausreicht. Schwerpunkte der Darstellung sind insbesondere die institutionalisierte Integrationspolitik des deutschen Staates sowie eine Einschätzung der Potenziale und Ressourcen, die auf muslimischer Seite für die Verhandlung politischer Interessen vorhanden sind. Analysiert werden soll weiterhin der Wandel in den Beziehungen zwischen muslimischen Akteuren und den gesellschaftlichen Institutionen, wie sie sich besonders auf der kommunalen Ebene von Integrationspolitik darstellen.

Heterogenität der muslimischen Bevölkerung in Deutschland

Es ist sinnvoll, sich eingangs die Heterogenität der muslimischen Bevölkerung in Deutschland zu vergegenwärtigen. Die Zahl der in Deutschland lebenden Muslime wird auf 3,8 Millionen bis 4,3 Millionen geschätzt. Dies entspricht einem Anteil von circa fünf Prozent der Gesamtbevölkerung. Die Muslime in Deutschland zeichnen sich durch eine große Verschiedenheit in der ethnischen Herkunft, in der Staatsangehörigkeit und der Zugehörigkeit zu verschiedenen Richtungen des Islam aus.[2] Der überwiegende Teil der Muslime, 63 Prozent, besitzt eigene oder familiäre Wurzeln in der Türkei. Knapp 14 Prozent haben ihre Wurzeln in Südosteuropa, acht Prozent im Nahen Osten, sieben Prozent in Nordafrika, knapp fünf Prozent in Süd- und Südostasien und kleinere Gruppen von 0,5 bis 1,7 Prozent in Zentralasien und der Gemeinschaft Unabhängiger Staaten, im übrigen Afrika und im Iran. Es wäre jedoch falsch, in einem Umkehrschluss vom Herkunftsland unmittelbar auf die Religionszugehörigkeit zu schließen: Durchschnittlich 23 Prozent der Einwanderer aus muslimisch geprägten Ländern erklären sich keiner Religion zugehörig. 45 Prozent der Muslime sind deutsche Staatsbürger, 55 Prozent Staatsbürger ihres Herkunftslandes oder eines anderen Landes. Knapp drei Viertel der Muslime, 74 Prozent, bekennen sich zur sunnitischen Glaubensrichtung, knapp 13 Prozent gehören der alevitischen, sieben Prozent der schiitischen Glaubensrichtung, knapp zwei Prozent der Ahmadiyya und die übrigen sonstigen islamischen Gemeinschaften an.

Diese Heterogenität wahrzunehmen ist wichtig. Sie definiert aus der Sicht des Aufnahmelandes unterschiedliche Ausgangsbedingungen im Integrationsprozess, da sich mit den verschiedenen Herkunftsländern auch divergierende Zugangswege der Migration nach Deutschland verbinden. Beispielsweise sind mit der Gastarbeitermigration aus der Türkei viele Angehörige aus den ländlichen Unterschichten eingewandert. Andere Bedingungen verbinden sich wiederum mit den Einwanderern aus dem Iran: Hier war es die intellektuelle Mittelschicht, die vor politischer Verfolgung flüchten musste. Aus der Perspektive der Muslime selbst wiederum wirkt sich diese Verschiedenheit hinderlich auf die Artikulation eines gemeinsamen religionspolitischen Interesses im Aufnahmeland aus.

Akteure und strukturelle Merkmale der Integrationspolitik in Deutschland

Integrationspolitik ist in Deutschland in einem komplexen System von Akteuren, Zuständigkeiten, Aufgaben- und Ressortverteilungen angesiedelt. Integrationspolitik umfasst die Gesamtheit staatlicher Maßnahmen, die die Eingliederung der Immigranten in die verschiedenen gesellschaftlichen Subsysteme (Sprache, Arbeit, Bildung, Wohnung, soziales Leben etc.) zum Ziel haben. Sie berührt verschiedene Akteursebenen: Beteiligt sind der Bund, die Länder und die Kommunen; Integrationspolitik wird von staatlichen Akteuren (Ministerien, Bundesamt für Migration und Flüchtlinge sowie andere nachgelagerte Einrichtungen, Landes- und kommunale Behörden etc.) betrieben. Im Sinne der Subsidiarität sind zudem viele Aufgaben der Integration an nicht-staatliche Träger (z.B. Wohlfahrtsverbände, Nichtregierungsorganisationen, Vereine) ausgelagert, und nicht zuletzt haben sich die Migrantenorganisationen selbst zu wichtigen Akteuren im Feld der Integrationspolitik entwickelt. Allein auf Bundes- und Länderebene sind zahlreiche Ministerien und Verwaltungen für die Konzeption und Umsetzung von politischen Maßnahmen zuständig; ihre Kompetenzbereiche beziehen sich auf die unterschiedlichen Kategorien von Zuwanderern (Ausländer, Flüchtlinge, Spätaussiedler, Werkvertragsarbeiter, Einwanderer ohne Papiere). Zudem ist Integration ein Querschnittsthema auch in zahlreichen anderen Politikfeldern, etwa in der Bildungspolitik, der Arbeitsmarktpolitik, der Gesundheitspolitik, der Innenpolitik, der Förderung des bürgerschaftlichen Engagements usw.

Der Bund setzt mit seiner Gesetzgebungskompetenz die entscheidenden Rahmenbedingungen für die Gestaltung von Integration. Dazu gehören rechtliche Regelungen von Zuwanderung, Aufenthalt und Niederlassung sowie die Schaffung von Rahmenbedingungen in den Bereichen Arbeit, Soziales und Familie. Von einer gesteuerten nationalen Integrationspolitik kann erst in den vergangenen 15 Jahren die Rede sein, obwohl die Einwanderung von Arbeitskräften bereits in den 1950er Jahren begann. Eine Zäsur bildete die Regierungsübernahme durch die rot-grüne Koalition, die 1998 mit dem Versprechen angetreten war, Deutschland ein modernes Zuwanderungsgesetz zu verschaffen. Wichtige gesetzliche Meilensteine in der Bundespolitik bildeten seitdem die Reform des Staatsangehörigkeitsgesetzes (2000) sowie die Einführung des Zuwanderungsgesetzes (2005). Letzteres ist deshalb hervorzuheben, weil der Bund damit erstmals als Träger der Sprach- und Integrationskurse seine Rolle als integrationspolitischer Akteur klar definierte. Seitdem ist der Bund mit verschiedenen Initiativen und Maßnahmenpaketen in der Integrationspolitik tätig geworden. Mit der Umwandlung des vormaligen Bundesamtes für Flüchtlinge zu einer Behörde mit umfassenden Kompetenzen im Bereich der Integrationsförderung, Migrationsforschung und Flüchtlingsanerkennung (Bundesamt für Migration und Flüchtlinge) hat der Bund ein eigenes Integrationsmanagement aufgebaut und in seine neue Politikstrategie eingegliedert. Seit 2006 finden im Bundeskanzleramt jährliche Integrationsgipfel unter Beteiligung von Vertretern aus Politik, Medien, Migrantenorganisationen, Arbeitgeberverbänden, Gewerkschaften und Sportverbänden statt, bei denen Lösungen für Probleme der Zuwandererintegration gesucht werden. Resultate dieser Integrationsgipfel sind der Nationale Integrationsplan (2007) sowie der daran anknüpfende Nationale Aktionsplan Integration (2012). In diesen Dokumenten werden die gemeinsamen Integrationsanstrengungen von Bund, Ländern und Kommunen koordiniert und aufeinander bezogen sowie mit Kriterien der Überprüfbarkeit (Indikatoren) unterlegt. Auch die Gründung der Deutschen Islam Konferenz im Jahr 2006 lässt sich in diese integrationspolitische Dialogstrategie des Bundes einreihen.

Die Bundesländer besitzen laut Verfassung die Regelungskompetenz in den Bereichen Kultur und Bildung und sind damit in besonderer Weise für die Integration in Schule, Ausbildung und Weiterbildung verantwortlich. Auch die interkulturelle Öffnung der Verwaltungen bildet eine integrationspolitische Kernaufgabe der Länder. In diesem Sinne ist Integration immer bereits eine Kernaufgabe auch der Länder. Erst in jüngerer Zeit aber beginnen einzelne Bundesländer, sich mit eigenen integrationspolitischen Konzeptionen besonders zu profilieren. So haben Nordrhein-Westfalen, Hessen und Baden-Württemberg eigene Landesprogramme zur verbesserten Integration von Zugewanderten aufgelegt, die mit entsprechenden Mitteln für die beteiligten Landkreise und Städte ausgestattet sind.

Schließlich spielt die lokale Ebene eine zentrale Rolle für die soziale, wirtschaftliche und kulturelle Integration von Migranten. Die Kommunen wählen dabei in ihrer Integrationspolitik individuelle Zuschnitte. Handlungsfelder kommunaler Integrationspolitik, die in jeweils unterschiedlicher Ausprägung und Intensität bearbeitet werden, sind die Förderung von Sprache und Bildung, von beruflicher Ausbildung und Arbeitsmarktintegration, die Jugend- und Sozialarbeit, Kulturförderung, Wohnen und Stadtentwicklung, die Förderung der politischen Partizipation und des bürgerschaftlichen Engagements in der Integrationsarbeit, die Gesundheitsförderung, Sozial- und Rechtsberatung, Mediation in Nachbarschaftskonflikten, Maßnahmen gegen Diskriminierung und Fremdenfeindlichkeit usw. Manche Kommunen unterstützen Bemühungen um interkulturelle und interreligiöse Dialoge auf kommunaler Ebene und fördern Vereine, Verbände und freie Träger, die sich der Integrationsarbeit verschrieben haben.[3]

Lange Zeit als „ethnische Enklaven" beargwöhnt, haben mittlerweile die Migrantenorganisationen eine deutliche Aufwertung ihrer Rolle im Integrationsgeschehen erfahren. Als Multiplikatoren, die eine wichtige verbindende Funktion zwischen den Migranten-Communities und der Gesellschaft einnehmen, sind sie inzwischen anerkannte Partner der Politik und fungieren vielfach selbst als Träger von Integrationsmaßnahmen. Vertreter aus Migrantenorganisationen nehmen an den Integrationsgipfeln im Bundeskanzleramt teil und sind selbstverständlich auch in der Deutschen Islam Konferenz vertreten. Viele Migrantenorganisationen, die ursprünglich als Selbsthilfeorganisationen entstanden sind, haben sich inzwischen zu professionellen Dienstleistern im Integrationsbereich qualifiziert.

Die Mitwirkung islamischer Organisationen am öffentlichen Integrationsdiskurs konzentriert sich gegenwärtig auf die Deutsche Islam Konferenz. In diesem Forum sind die eigentlichen religionspolitischen Themen angesiedelt. Außerhalb der Deutschen Islam Konferenz sind die islamischen Organisationen kaum im integrationspolitischen Diskurs auf Bundesebene präsent. In den Dialogforen des Nationalen Aktionsplans sind Vertreter der deutschen Muslime nicht aufzufinden (anders etwa als Vertreter der christlichen Kirchen und der Jüdischen Gemeinden), auch nicht in den Themenbereichen bürgerschaftliches Engagement und Kultur, welche üblicherweise klassische Betätigungsfelder für religiöse Organisationen bilden.[4] Eine Ausnahme bildet hier lediglich die Alevitische Gemeinde Deutschland, die einen Vertreter in das Dialogforum Bildung entsandte. Dieser Befund ist symptomatisch dafür, wie wenig die islamischen Spitzenorganisationen gegenwärtig in der politischen Kultur Deutschlands repräsentiert sind. Die Rolle, die die Moscheevereine in der kommunalen Integrationspolitik spielen, soll in einem späteren Abschnitt thematisiert werden.

Haltungen der Parteien zu kultureller und religiöser Differenz

In den Debatten um Zuwanderung und Integration spiegeln sich die divergierenden Interessen der daran beteiligten Akteure wider. Deutlich wird dies beispielsweise an den politischen Parteien. Deren Äußerungen zu Integration waren und sind stets geprägt einerseits von der Notwendigkeit, pragmatische Konzepte zur Steuerung von Zuwanderung und zur Regelung der damit verbundenen sozialen und rechtlichen Fragen zu entwickeln, und andererseits von der Rücksichtnahme auf die vermuteten Interessen ihrer Wählerschaft, die im Großen und Ganzen als eher einwanderungsfeindlich eingeschätzt wird. Zu unterscheiden sind also die pragmatische Orientierung und die symbolische Repräsentation von Politik. Besonders deutlich wird dies in den öffentlichen Debatten um kulturelle Differenz, die sich in Deutschland in ganz prominenter Weise auf den Islam fokussieren.

Ein Blick auf die im Bundestag vertretenen Parteien zeigt, dass das Thema Islam noch immer dem übergeordneten Aspekt der Integrationspolitik nachgelagert ist. Betrachtet man die verschiedenen Wahlprogramme, Grundsatzpapiere, Partei- und Fraktionsbeschlüsse, so tritt der Islam beziehungsweise treten die Religionen der Eingewanderten hinter allgemeinen integrationspolitischen Themen zurück. Islamspezifische Positionen finden sich bei den Parteien etwa in der Frage eines islamischen Religionsunterrichts, der gesellschaftlichen Teilhabe muslimischer Mädchen und Frauen, der Ablehnung von Zwangsheirat, des Dialogs mit der Politik im Rahmen der Deutschen Islam Konferenz und der rechtlichen Gleichstellung des Islam.

In *CDU und CSU* hat man sich lange Zeit schwer mit konstruktiven Positionen in Fragen der Integration getan. Erst mit dem 2001 beschlossenen Grundsatzpapier „Zuwanderung steuern und begrenzen" ist in der CDU ein Paradigmenwechsel festzustellen, indem die Partei zur Einsicht gelangt, dass die Integration von Zugewanderten nicht notwendigerweise mit einer Aufgabe der eigenen kulturellen Identität verbunden sein müsse und ein aufgeklärter Islam kein Integrationshindernis darstelle.[5] Zentraler Bezugspunkt bleibt aber auch hier die „Werteordnung der christlich-abendländischen Kultur". Im Wahlprogramm 2002 der Unionsparteien wird die Einführung eines islamischen Religionsunterrichts in deutscher Sprache für muslimische Kinder in Aussicht gestellt. In einem Antrag zum CDU-Bundesparteitag 2004 („Im deutschen Interesse: Integration fördern und fordern, Islamismus bekämpfen") wird bemängelt, dass adäquate Dialogstrukturen fehlen; zugleich wird an die Muslime in Deutschland appelliert, sich so zu organisieren, „dass der Staat unter ihnen verlässliche und verfassungstreue Ansprechpartner findet".[6] Bereits der Titel des Antrags macht deutlich, dass das Thema Sicherheitspolitik durch den Verweis auf extremistische Ausprägungen des Islam immer obenauf liegt: Von den islamischen Verbänden wird zugleich eine klare Abgrenzung „in Wort und Tat" vom Islamismus eingefordert. Im Bundestagsantrag der Unionsparteien „Politischen Islamismus bekämpfen – Verfassungstreue Muslime unterstützen" (2004) wird darüber hinaus der Vertretungsanspruch der islamischen Verbände infrage gestellt: Sie könnten nach Auffassung der Bundestagsfraktion grundsätzlich nicht als Gesprächspartner und Vertreter der Muslime angesehen werden.[7] Im Wahlprogramm 2005 der Unionsparteien wird mit Blick auf muslimische Mädchen und Frauen das Thema Zwangsehe aufgenommen; beabsichtigt wird, Zwangsehen gesetzlich zu verbieten und die Nötigung dazu zum Straftatbestand zu erheben.[8] Einen neuen Ton schlägt die Partei hingegen im Wahlprogramm 2013 an, in dem „die vielfältigen Beiträge muslimischer Vereine und Verbände zu unserem Gemeinwesen", sowohl für die Integration wie auch für die Förderung des Dialogs zwischen den Kulturen und Religionen, ausdrücklich gewürdigt werden.[9]

Insgesamt zeigt sich bei den Unionsparteien eine ambivalente Haltung gegenüber Muslimen und dem Islam. Die Reglementierung und

Sanktionierung vermeintlich gewaltförmiger Aspekte der Religion tritt immer wieder in den Vordergrund. Zugleich gelten Muslime aber auch als willkommene Mitstreiter zur Durchsetzung politischer Interessen gegen antiklerikale und antireligiöse Strömungen, wie beispielsweise die Kooperation der CDU mit den islamischen Verbänden anlässlich der Berliner Initiative „Pro Reli" zur Einführung eines verpflichtenden Religionsunterrichts an den Berliner Schulen zeigte.[10] Festzustellen ist aber auch, dass immer mehr in Deutschland aufgewachsene junge Muslime eine Affinität zu dem im CDU-Grundsatzprogramm festgelegten Familienideal oder zu der parteilichen Wertschätzung von Religion zeigen. Offensichtlich differenzieren sich die Parteipräferenzen von Eingewanderten, bei denen lange eine politische Nähe zur SPD zu beobachten war, zumal in der zweiten Generation nicht mehr primär nach dem Migrationshintergrund, sondern nach Werthaltungen und gesellschaftlichen Orientierungen aus.

Einstellungen der *SPD* zum Islam sind von der starken säkularistischen Prägung der Partei bestimmt. Jahrzehntelang galt die SPD als die Partei der „Gastarbeiter", da sie sich zusammen mit den Gewerkschaften um die sozialen Interessen der Zugewanderten kümmerte. In den Parteidokumenten finden sich – mit Ausnahme der Forderung nach Einführung eines islamischen Religionsunterrichts – kaum explizite Aussagen zum Islam und zu Muslimen. In der Debatte um das Kopftuchverbot im öffentlichen Dienst sprach sich der damalige Bundeskanzler Gerhard Schröder für ein solches Verbot aus – mit Verweis darauf, dass Deutschland ein säkularer Staat sei.[11] Auch in der SPD lässt sich eine ambivalente Haltung gegenüber dem Islam feststellen. So erntete der SPD-Politiker Thilo Sarrazin mit seinen islamfeindlichen Thesen auch innerhalb der Partei viel Zustimmung. Inzwischen wurde im Februar 2014 aber ein „Arbeitskreis Muslimischer Sozialdemokratinnen und Sozialdemokraten" gegründet – angesichts der Tatsache, dass sich die SPD keineswegs mehr der Wahlunterstützung durch die einstigen Gastarbeiter und ihre Nachkommen sicher sein darf, sicherlich ein notwendiger Schritt zur Profilierung der Partei in Zeiten einer Einwanderungsgesellschaft.

Im Verhältnis zu den anderen Parteien haben sich *Bündnis 90/Die Grünen* relativ ausführlich mit dem Islam befasst. In ihrem Programm zur Bundestagswahl 2005 bezeichnen die Bündnisgrünen den Islam als eine in Deutschland gleichberechtigte Religion, die rechtlich und politisch anzuerkennen und gesellschaftlich zu integrieren ist.[12] Auch im Wahlprogramm 2009 findet sich ein Abschnitt mit dem Titel „Islam gleichstellen – Islam integrieren", in dem die individuelle und kollektive Religionsfreiheit der Muslime in Deutschland hervorgehoben wird. Themen, die in diesem Zusammenhang genannt werden, sind der Moscheebau und die Ausbildung islamischer Theologen an deutschen Universitäten. Hierbei wird von staatlicher Seite Handlungsbedarf angemahnt; Bund und Länder werden aufgefordert, „endlich mit muslimischen Organisationen eine verbindliche Vereinbarung [zu] treffen, wie man innerhalb des geltenden Religionsverfassungsrechts zu einer oder mehreren anerkannten muslimischen Religionsgemeinschaften kommt".[13] In einem Fraktionsbeschluss hat die Partei 2012 eine „Grüne Roadmap" zur Gleichstellung und rechtlichen Integration des Islam in Deutschland vorgelegt. Angemahnt werden darin „eine gewisse Flexibilität des Staates" sowie „organisatorische Anstrengungen der Muslimas und Muslime", um die rechtliche Gleichstellung des Islam nach dem Religionsverfassungsrecht zu erreichen.[14] Diese „Roadmap" umfasst im Wesentlichen fünf Aufgaben: eine staatliche Erleichterung und Unterstützung bei der Etablierung einer oder mehrerer islamischer Religionsgemeinschaften, die Einbindung verbändeunabhängiger Moscheegemeinden und liberaler Muslime, eine zügige und breite Einführung von Islamunterricht in allen Bundesländern, die Schaffung von Übergangslösungen bis zur Einrichtung einer oder mehrerer repräsentativer islamischer Religionsgemeinschaften sowie – und hier heben sich die Bündnisgrünen von den anderen Parteien ab – die Vereinbarung eines umfassenden Maßnahmenkonzepts zur Bekämpfung von Ausgrenzung, Stigmatisierung und Gewalt gegenüber Muslimen. Auch mit Blick auf die Muslime selbst werden entsprechende Anstrengungen angemahnt, um die genannten Aufgaben umzusetzen.[15]

Ein interessantes, aber noch kaum untersuchtes Thema sind Parteimitgliedschaften von Muslimen in Deutschland. Über den Anteil von Personen mit Migrationshintergrund unter den Parteimitgliedern gibt es keine repräsentativen Zahlen, entsprechend auch nicht von Parteimitgliedern islamischen Glaubens. In der CDU besteht seit 1997 ein Deutsch-Türkisches Forum türkischstämmiger Parteimitglieder mit

Landesgruppen vor allem in Nordrhein-Westfalen, aber auch in Berlin, Bremen, Hamburg und dem Saarland. Das Deutsch-Türkische Forum tritt neben anderen Forderungen auch für eine Stärkung des Islam in Deutschland ein. Darüber hinaus kann man jedoch kaum von einer migrantischen oder gar muslimischen Lobbypolitik innerhalb der deutschen Parteien sprechen. Auffällig ist, dass sowohl die Bündnisgrünen als auch selbst die CDU als politisches Betätigungsfeld für Migranten zunehmend akzeptabel geworden sind; die CDU insbesondere für solche Migranten, die sich selbst als konservativ bezeichnen. Die Politikwissenschaftlerin Jytte Klausen hat in einer Studie mit dem Titel „Europas neue muslimische Eliten" Muslime befragt, die in verschiedenen europäischen Ländern öffentliche politische Ämter bekleiden, und dabei festgestellt, dass die meisten dieser Personen mit Religion und Theologie wenig im Sinn haben. Dieser Befund traf auch auf die von ihr in Deutschland befragten Personen zu.[16] Zugleich bedauerten die befragten muslimischen Politiker, dass es in Europa bislang an ausgebildeten Religionsgelehrten fehle, die in der Lage sind, den Islam in öffentlichen Debatten qualifiziert zu vertreten. Die Mehrheit der befragten Eliten betrachtete den Islam als sehr wichtig für ihr persönliches Leben, hoben aber als politische Werte, für die sie eintreten, die Menschenrechte sowie Respekt, Anerkennung und Gleichstellung hervor.

Festzustellen ist, dass von allen Parteien verstärkte Dialogbemühungen zwischen dem Staat und den Muslimen eingefordert werden. Allerdings werden – mit Ausnahme der Bündnisgrünen – keine Vorschläge oder Konzepte präsentiert, wie ein solcher Austausch gestaltet und in welchem Rahmen er stattfinden soll. In den religionspolitischen Verhandlungen auf Bundesebene dominiert als politischer Akteur die Bundesregierung, auf die die bislang wesentlichen Impulse in Gestalt der Deutschen Islam Konferenz und des jährlich stattfindenden Integrationsgipfels zurückgehen.

Kooperationsbeziehungen auf Länderebene

In den Bundesländern gibt es deutliche Unterschiede im Umgang mit dem Islam. Während mittlerweile die ersten Bundesländer offizielle Kooperationsverträge mit den islamischen Verbänden geschlossen haben, werden in einigen Ländern, wie etwa Berlin, die Beziehungen ohne nennenswerte öffentliche Aufmerksamkeit gepflegt. Diese Unterschiede sind möglicherweise auch der Frage geschuldet, welche öffentliche Resonanz Religion haben soll; zumindest für die dezidiert säkularistische Politik des Stadtstaates Berlin läge dies auf der Hand.[17]

Einen wesentlichen Schritt in der Anerkennung des Islam vorangegangen sind die Hansestädte Hamburg und Bremen, die 2012 Staatsverträge mit den islamischen Gemeinschaften abgeschlossen haben. In Schleswig-Holstein und Niedersachsen werden gegenwärtig Staatsverträge verhandelt; in Baden-Württemberg wird ein solcher Prozess in Aussicht genommen. In Hessen wurde 2013 die Ahmadiyya-Muslim-Jamaat als Körperschaft des öffentlichen Rechts anerkannt und damit den christlichen und jüdischen Religionsgemeinschaften rechtlich gleichgestellt.

Als erstes Bundesland hat Hamburg 2012 einen Staatsvertrag mit den muslimischen Verbänden und der Alevitischen Gemeinde abgeschlossen. Vertragspartner auf islamischer Seite sind der DITIB-Landesverband Hamburg, die Schura – Rat der islamischen Gemeinschaften in Hamburg sowie der Verband der Islamischen Kulturzentren (VIKZ). In dem Vertrag bekennen sich die Partner zu den „gemeinsamen Wertegrundlagen der grundgesetzlichen Ordnung der Bundesrepublik Deutschland"; namentlich erwähnt werden dabei die Unantastbarkeit der Menschenwürde, die Geltung der Grundrechte, Völkerverständigung und Toleranz gegenüber anderen Kulturen, Religionen und Weltanschauungen. Hervorgehoben wird zudem das Bekenntnis zur Gleichberechtigung der Geschlechter und zur „gleichberechtigten Teilhabe von Frauen und Mädchen am gesellschaftlichen und politischen sowie am schulischen und beruflichen Leben".[18] Die Artikel des Staatsvertrags regeln die Festlegung islamischer Feiertage, das Mitwirken der islamischen Verbände im Bildungswesen sowie am gemischtkonfessionellen Religionsunterricht in den öffentlichen Schulen, die Hochschulausbildung für islamische Theologie und Religionspädagogik, die religiöse Betreuung in öffentlichen Einrichtungen (Krankenhäuser, Heime, Justizvollzugsanstalten), das Bestattungswesen, die Teilhabe am Rundfunkwesen sowie die Gewährleistung von Vermögensrechten. Die islamischen Verbände werden mit dem Vertrag allerdings nicht als Körperschaft des öffentlichen Rechts anerkannt. Hoheitliche Befugnisse und besondere Privilegien, wie sie den Kirchen eingeräumt werden – z.B. Steuererhebung, Befreiung von bestimmten Gebühren, Beschäftigung von Beamten –, entfallen damit.[19]

Auch wenn die erhoffte Anerkennung als Körperschaft des öffentlichen Rechts damit noch nicht verwirklicht ist, darf der symbolische Wert dieser Staatsverträge nicht unterschätzt werden. Sie entziehen der weit verbreiteten Unterstellung, Muslime seien nicht demokratiefähig und der Islam mit Menschenrechten und Grundgesetz unvereinbar, den Boden. Die gegenseitige Anerkennung als demokratische Vertragspartner leistet einen wichtigen Beitrag zur Einbindung der islamischen Verbände in das staatliche System. Umgekehrt aber bedeutet dies, dass die Überwachung von Vertragspartnern durch den Verfassungsschutz nicht mehr zu legitimieren ist. Dies betrifft die Schura in Hamburg, einen Zusammenschluss von Moscheegemeinden verschiedener ethnischer Herkunft und religiöser Strömungen, dem auch mehrere Gemeinden angehören, die sich der Islamischen Gemeinschaft Milli Görüş angeschlossen haben.

Als erste islamische Religionsgemeinschaft überhaupt ist im Juni 2013 die Ahmadiyya-Muslim-Jamaat in Hessen als Körperschaft des öffentlichen Rechts anerkannt worden. Damit werden der Ahmadiyya die gleichen Rechte wie den christlichen Kirchen eingeräumt. Die mit dem Körperschaftsstatus verbundenen hoheitlichen Befugnisse bleiben jedoch auf das Bundesland beschränkt. Die Gemeinschaft unterhält in Hessen ein Ausbildungsinstitut für islamische Theologie.

Stärker fortgeschritten sind in vielen Bundesländern die Bemühungen um die Einführung eines bekenntnisorientierten Religionsunterrichts an den öffentlichen Schulen. In Hamburg und Bremen wurde die Erteilung von Religionsunterricht per Staatsvertrag geregelt. Neu abgeschlossen wurde 2012 ein Staatsvertrag in Hessen über die Einrichtung eines bekenntnisorientierten islamischen Religionsunterrichts ab dem Schuljahr 2013/2014; die Kooperationspartner des Landes sind der DITIB-Landesverband Hessen sowie die Ahmadiyya-Muslim-Jamaat.[20] In Berlin gibt es seit 2001 einen islamischen Bekenntnisunterricht, der als freiwilliges Fach belegt werden kann und in der Verantwortung der Islamischen Föderation Berlin durchgeführt wird. Andere Religionsgemeinschaften auf Berliner Landesebene, wie z.B. die DITIB, erwarten bislang vergeblich, als Träger eines bekenntnisorientierten Unterrichts anerkannt zu werden.[21] In Nordrhein-Westfalen wurde zum Schuljahr 2012/2013 ein konfessionsgebundener Islamunterricht eingeführt; zunächst aber nur an 44 von mehr 3 300 Grundschulen im Land.[22] In weiteren Bundesländern laufen Modellversuche zum islamischen Religionsunterricht (Bayern, Baden-Württemberg, Rheinland-Pfalz, Niedersachsen, Schleswig-Holstein). Anders als bei der grundsätzlichen Anerkennung der islamischen Verbände als Religionsgemeinschaften sind die Länder in der Frage des Islamunterrichts an öffentlichen Schulen stärker geneigt, pragmatische Zwischenlösungen zu finden. Dies stößt jedoch vielfach auf den Unmut der islamischen Verbände, die in erster Linie eine Anerkennung als Religionsgemeinschaft fordern und befürchten, dass man mit dem bekenntnisorientierten Islamunterricht in einem rechtlichen Zwischenstadium stehenbleibt.

Festzuhalten ist, dass sich auf Länderebene eine größere Beweglichkeit des Staates in der Kooperation mit den islamischen Verbänden zeigt, als dies auf der Bundesebene der Fall ist. Die Bundesländer sind daher ein wichtiges Experimentierfeld, auf dem neue religionsverfassungsrechtliche Allianzen zwischen dem Staat und den islamischen Gemeinschaften ausgehandelt und erprobt werden können.

Islamische Organisationen als politische Akteure

Politik ist in einem demokratischen System an die Aushandlung divergierender Interessen gebunden. Die islamische Religion beruht auf einem Weltbild, das von einer von Gott erschaffenen, vollkommenen Schöpfung ausgeht, in der ein allgemeiner Zustand „des Gleichklangs, der Ausgewogenheit, der Geborgenheit und der Sicherheit“ herrscht.[23] Dieses inhärente Ideal der Harmonie steht gerade bei gläubigen Muslimen bisweilen einer überzeugten Annahme der Mechanismen demokratischer Auseinandersetzung entgegen. Fachleute aus der Jugendarbeit und politischen Bildung berichten immer wieder über die Erfahrung, dass muslimische Jugendliche Demokratie als „haram“ auffassen. Demokratie realisiert sich über eine Politik, die vielen (nicht nur muslimischen) Jugendlichen als kompliziert, wirkungslos und abgehoben erscheint. Diese Haltung darf in keiner Weise mit einem islamischen Extremismus verwechselt werden, da das staatliche System als solches durchaus akzeptiert wird. Aber sie macht deutlich, dass politische Bildungsarbeit notwendig ist, um eine diskursorientierte Politik- und Demokratiefähigkeit zu unterstützen.

In diesem Abschnitt soll nach der Position und Handlungsfähigkeit der islamischen Verbände im politischen System gefragt werden. Dies betrifft zunächst einen binnenorientierten Aspekt, nämlich inwieweit die islamischen Verbände in der Lage sind, die vielfältigen Interessen von Muslimen in Deutschland zu bündeln, zu artikulieren und umzusetzen. In einer außenorientierten Perspektive ist danach zu fragen, wie die Verbände in das politische System hinein vernetzt und inwieweit sind sie in der Lage sind, sich politisch durchzusetzen.

Muslimische Repräsentation beziehungsweise Interessenpolitik findet in unterschiedlichen gesellschaftlichen Sphären statt. Levent Tezcan bezieht den spezifischen religiösen Charakter dieser Repräsentation, die „Islamität“, auf die besonderen kultischen Aspekte und unterscheidet zwischen der beruflichen, der politischen und der religiösen Repräsentation von Muslimen.

Religiöse Aspekte, die die Lebensgestaltung in der Arbeits- und Berufswelt tangieren, werden üblicherweise im Rahmen der Berufsverbände beziehungsweise Gewerkschaften ausgehandelt. Diese berufliche Repräsentation „findet entsprechend den Erfordernissen des jeweiligen Systems in Gemeinschaft mit den Anderen und darum auch nicht spezifisch als Repräsentation *der Muslime* statt, selbst wenn dabei spezifische muslimische Bedürfnisse wie Gebetsräume, religiöse Feiertage, koscheres Essen in der Kantine etc. zum Ausdruck kommen sollten“.[24]

Die politische Repräsentation von Menschen islamischer Religionszugehörigkeit hat ihren Ort in Parteien, Verbänden und anderen politischen Vereinigungen. Allerdings ist es mit der politischen Repräsentation von Muslimen in Deutschland noch immer schlecht bestellt, da nur etwa 45 Prozent über eine deutsche Staatsbürgerschaft und damit über das aktive und passive Wahlrecht verfügen.[25]

Die Schwierigkeiten einer muslimischen Interessenvertretung sind darüber hinaus auch vor dem Hintergrund zu betrachten, dass Muslime wie auch andere Menschen mit Migrationshintergrund gegenwärtig in den Parlamenten und politischen Gremien auf allen Staatsebenen noch immer stark unterrepräsentiert sind. Im 2013 gewählten Bundestag mit 631 Abgeordneten sind inzwischen immerhin acht bekennende Muslime vertreten, von denen allein vier der Fraktion der Bündnisgrünen angehören; in der vorherigen Legislaturperiode waren dies lediglich drei Abgeordnete.

Die religiöse Repräsentation der Muslime schließlich erfolgt primär durch die islamischen Verbände. Diese Repräsentation ist nicht unumstritten: Einwände dagegen gibt es vor allem durch die nicht-organisierten Muslime.[26] Umstritten ist aber auch, inwieweit die Verbände tatsächlich als theologisch relevante Institutionen fungieren. Manche Stimmen innerhalb des Islam ordnen sie einem politischen Funktionärswesen zu, dessen religiöse Kompetenzen eher gering ausgeprägt sind.

Die Repräsentation der Muslime durch die Verbände ist vor allem im Rahmen der Deutschen Islam Konferenz vielfach problematisiert worden. Der Aufbau repräsentativer muslimischer Organisationen in Deutschland gestaltet sich – übrigens ganz ähnlich wie auch in anderen europäischen Ländern[27] – aus folgenden Gründen als schwierig:

- Die Einwanderung von Muslimen ist ein historisch neues Phänomen, das bislang noch nicht zum Abschluss gekommen ist.
- Die verschiedenen muslimischen Gemeinschaften sind entlang vielfältiger Glaubensrichtungen und Herkunftstraditionen diversifiziert.
- Im Islam existiert keine Tradition einer zentralisierten, hierarchischen Organisation; er bietet damit schlechte Voraussetzungen für eine strukturierte Repräsentation auf nationaler Ebene.[28]

Die Ergebnisse der von der Deutschen Islam Konferenz initiierten Bestandsaufnahme „Islamisches Gemeindeleben in Deutschland" machen deutlich, dass der organisierte Islam in Deutschland stark fragmentiert ist.[29] Darüber hinaus gibt es eine große Anzahl von Muslimen, die von den Organisationen überhaupt nicht erreicht werden. So wurde in einer Erhebung in Nordrhein-Westfalen festgestellt, dass nur schätzungsweise 20 Prozent der Muslime dort in Moscheevereinen organisiert sind.[30] Allerdings stimmen Untersuchungen zu muslimischen Organisationen darin überein, „dass die Anzahl der formell eingetragenen Mitglieder der Vereine keine Aussagekraft hinsichtlich der faktischen Zugehörigkeit oder der Stärke des Gemeindelebens besitzt".[31] Regionale Studien, die in Berlin und Nordrhein-Westfalen durchgeführt wurden, legen nahe, dass rund die Hälfte der Moscheegemeinden keinem der größeren Verbände angehört und als verbandsunabhängige Vereine geführt wird.[32] Neugründungen muslimischer Gemeinden finden zunehmend unabhängig von den etablierten Dachverbänden statt.[33] Künftig wird sich also möglicherweise noch mehr als heute die Frage stellen, für welche Gruppen von Muslimen in Deutschland die Dachverbände eigentlich repräsentativ sind.

Betrachtet man die Durchsetzungsfähigkeit muslimischer Interessen, so stößt man auf gravierende strukturelle Defizite in der islamischen Verbändelandschaft. Bei einer Reihe von Verbänden ist bislang keine Bereitschaft vorhanden, über die etablierte Verbandspolitik hinauszugehen und nach neuen Repräsentationsformen zu suchen. Erschwerend kommen auf muslimischer Seite „die auf das Herkunftsland orientierten Denkmuster und Strukturen hinzu und die mangelnden Fähigkeiten, solch komplexe Transformationsprozesse in einer langfristig angelegten, professionalisierten und transparenten Weise umsetzen zu können".[34] Noch immer findet eine islamische Religionspolitik in stark ethnisch strukturierten Kategorien statt. Nachhaltige innermuslimische Dialogprozesse existieren bislang nicht. Dies trägt in erheblicher Weise dazu bei, dass Föderationsbemühungen der islamischen Verbände bislang entweder zum Scheitern verurteilt waren oder auf wackeligen Füßen stehen.

Insgesamt ist bei den islamischen Verbänden ein Mangel an Professionalisierung und politischer Arbeit festzustellen. Beispielsweise fehlt es an religionsverfassungsrechtlicher Expertise, die etwa in den Verhandlungen mit den Landesregierungen um den rechtlichen Status notwendig ist.[35] Die Verbände sind personell unzureichend ausgestattet, um ihren vielfältigen Aufgaben der Öffentlichkeitsarbeit, politischen Arbeit, der Klärung rechtlicher Fragen und der Mitgliederbetreuung angemessen nachzukommen. Azzaoui beurteilt die politische Arbeit der Verbände folgendermaßen:

„Die politische Arbeit kommt […] sehr kurz und reagiert in der Regel nur auf öffentliche Diskussionen. Ein aktiver und regelmäßiger Kontakt und Austausch zu den zuständigen Ministern, Ministerialbeamten oder den Regierungs- und Oppositionsfraktionen, um eigene Konzepte voranzubringen, besteht meist nicht. Auf der lokalen Ebene wird trotz eines weiten Netzes von Moscheegemeinden kaum politische Arbeit geleistet, indem man etwa versucht, Landtags- und Bundestagsabgeordnete vor Ort für bestimmte Anliegen […] zu gewinnen."[36]

Azzaoui führt dieses Defizit unter anderem auch auf ein mitgebrachtes Staatsverständnis zurück, „wonach die ‚Untertanen' sich um Harmonie mit der Politik bemühen sollten anstatt als Bürger konkrete Interessen und Herausforderungen zu benennen".[37] Eine Professionalisierung der Verbandsarbeit ist daher dringend notwendig, damit politische Forderungen intern und extern auf Augenhöhe verhandelt werden können. Eine Herausforderung für die Verbände wird es zudem sein, gut ausgebildete junge Muslime dafür zu interessieren, Führungspositionen in Moscheen und muslimischen Organisationen zu übernehmen.

Eigene Recherchen bestätigen, dass die politischen Kontakte der Islamverbände noch stark über migrantenspezifische Kanäle strukturiert sind: Ansprechpartner sind primär die Integrationsbeauftragten der Kommunen oder Länder, die Repräsentation erfolgt in migranten- beziehungsweise religionsspezifischen Foren. Institutionalisierte Kanäle des Austausches in die Politik hinein existieren nicht; vielmehr scheinen die Kontakte über einzelne engagierte Politiker der Parteien zu laufen. So erklärte beispielhaft ein Funktionär des DITIB-Bundesverbandes in einem Gespräch:

„Die Kontakte sind ganz verschieden. In Nordrhein-Westfalen haben wir einen Armin Laschet, der ist für uns immer ein wichtiger Ansprechpartner gewesen. In Niedersachsen aber ist es für uns bisher völlig unmöglich gewesen, in der CDU Ansprechpartner zu finden."

Auch der Dialog zwischen den einzelnen Islamverbänden findet im Rahmen extern gesetzter Foren statt. Nur gelegentlich kooperieren die Verbände bei gemeinsamen Veranstaltungen, beispielsweise bei der Aktion „Hand in Hand gegen Gewalt", bei der in Berlin Muslime und Aleviten gemeinsam in der Suchtprävention auftreten. Es ist zu erwarten, dass sich diese Abgrenzungen künftig in dem Maße auflockern werden, wie eine zweite Generation die Führung in den Verbänden übernimmt. Hier zeigt sich bereits auf kommunaler Ebene, dass die gemeinsame Sozialisation in Deutschland, häufig auch gemeinsame Schulbesuche einer jüngeren Führungsgeneration die herkunftsbedingten politischen Verhärtungen, welche die Verbandsarbeit in der ersten Generation prägten, nachhaltig aufweicht.

Allerdings mangelt es den Verbänden auch an externer Unterstützung, durch die eine Professionalisierung vorangetrieben werden könnte. Die Situation der Verbände ist durch knappe personelle und finanzielle Ressourcen gekennzeichnet. Der Zugriff auf öffentliche Mittel ist den Verbänden weitgehend verwehrt. „Die Mobilisierung von Ressourcen erfolgt aus der Mitgliederbasis heraus. Einzelspenden spielen zweifellos bei Moscheebauprojekten eine Rolle, aber insgesamt gibt es jenseits von Spekulationen keine belastbaren Informationen, dass ‚reiche saudische Scheichs' hinter der Organisationsentwicklung der islamischen Verbände stehen."[38] Die örtlichen Moscheevereine erheben bescheidene Mitgliedsbeiträge, die weit unterhalb des Kirchensteuersatzes liegen. Vielfach werden Moscheevereine nicht als Träger der Integrationsarbeit anerkannt und können sich deshalb nicht um öffentliche Projektmittel bewerben. Eine finanzielle Entlastung erfahren allenfalls die der DITIB angeschlossenen Moscheevereine, deren Imame vom türkischen Staat bezahlt werden.

In Sachen Politikfähigkeit besteht also ein großer Nachholbedarf bei den Verbänden. Hoffnungsvoll erscheinen in diesem Zusammenhang Initiativen wie das Projekt JUMA, das in Berlin über die „Initiative Demokratie stärken" des Bundesfamilienministeriums gefördert wird. JUMA steht für „Jung, Muslimisch, Aktiv" und hat es sich zur Aufgabe gemacht, junge Musliminnen und Muslime, für die der Islam ein zentraler Bestandteil der Identität ist, diskussions- und politikfähig zu machen. Junge Muslime aus Moscheevereinen und islamischen Organisationen erhalten die Gelegenheit, mit Entscheidungsträgern aus Politik, Wirtschaft, Wissenschaft und Medien zusammenzukommen und dort ihre Artikulationsfähigkeit bezüglich der eigenen Religion zu erproben. Durch die Einbindung in übergemeindliche Diskurszusammenhänge soll das gesellschaftliche Engagement gestärkt und die Abgrenzung von einer noch immer stark islamfeindlich geprägten Gesellschaft verhindert werden. Eine der sieben Themengruppen, in denen die jungen Muslime arbeiten, ist explizit dem interreligiösen Dialog gewidmet. In der Begegnung mit Christen und Juden und inzwischen auch mit Mitgliedern aus der kleinen Bahá'i-Gemeinde wird ein versöhntes Miteinander der Religionen angestrebt. Bemerkenswert erscheint dieser neue Organisationsansatz deshalb, weil er islamische Identität dezidiert vom Bezug auf die Herkunftsländer löst und ein islamisches Selbstbewusstsein mit gesellschaftlicher Partizipation und dem Engagement gegen Diskriminierung verbindet.

Islam und Integration im kommunalen Kontext

Auf der kommunalen Ebene gelten die Moscheevereine zunehmend als wichtige Akteure und Ansprechpartner in der lokalen Integrationspolitik. Ähnlich wie nicht-religiöse Migrantenorganisationen fungieren auch sie als wichtige Multiplikatoren für die Integration. Viele Kommunen haben die Zeichen der Zeit erkannt und setzen auf einen Dialog mit den Religionsgemeinschaften von Zugewanderten. Hierzu sind im letzten Jahrzehnt vielfältige Formate entwickelt worden, um diesen Dialog voranzubringen Die Qualifizierung der am Dialog Beteiligten bildet einen wichtigen Baustein. Angeboten werden von kommunaler Seite beispielsweise Fortbildungen für Imame und muslimische Seelsorgerinnen und Seelsorger, mit denen die Zusammenarbeit von Kommune und islamischen Gemeinden verbessert werden soll.[39] Stärker auf eine Qualifizierung kommunaler Fachleute und Entscheidungsträger beziehen sich die vom Kommunalen Qualitätszirkel zur Integrationspolitik herausgegebenen Empfehlungen zum Umgang mit religiöser Vielfalt in den Kommunen. Darin heißt es:

> „Die Kommunen sind im Sinne der Daseinsvorsorge zwar im Prinzip allzuständig, sie haben aber keinen religiösen Auftrag. Auch der interreligiöse Dialog ist keine kommunale Aufgabe, sofern es um Glaubensinhalte geht. Allerdings ist es im kommunalen Interesse, diesen Dialog aktiv zu fördern."[40]

Die migrationspolitisch Verantwortlichen in den Kommunen werden aufgefordert, „die verschiedenen Religionsgemeinschaften zu kennen, ihre Potenziale wahrzunehmen und sie als gestaltenden Faktor in der eigenen Kommune zu fördern".[41] Konkret nehmen die Empfehlungen einzelne Bereiche des kommunalen Handelns in den Blick, so zum Beispiel die Planung und den Bau von religiösen Einrichtungen und Friedhöfen, religiöse Anliegen im Bildungsbereich (etwa die Teilnahme von muslimischen Kindern an Klassenfahrten, am Schwimmunterricht), die Einbeziehung von religiösen Migrantenorganisationen in die Jugendhilfe, in die Gesundheitsplanung und Altenhilfe sowie die Förderung von politischer Partizipation und gesellschaftlicher Teilhabe.

Anders als bei interreligiösen Dialogen, die von Geistlichen und religiösen Laien aus verschiedenen Religionen geführt werden und die sich der Reflexion religiöser beziehungsweise theologischer Fragen widmen, wird der Dialog auf kommunaler Ebene zwischen Vertretern aus Politik und Verwaltung und Vertretern der lokalen Religionsgemeinschaften geführt. Im Mittelpunkt stehen alltagsrelevante und zivilgesellschaftliche Gesprächsthemen, die lösungsorientiert verhandelt werden. Die Vertreter der Religionsgemeinschaften sind hierbei nicht in ihrer Rolle als Gläubige gefragt, sondern als Multiplikatoren, die in verschiedener Weise in die Religionsgemeinschaften hinein und über sie hinaus wirken.

Bislang gibt es noch wenige wissenschaftliche Studien über kommunale Kooperationen mit Moscheegemeinden. Eine Ausnahme bildet eine sehr informative Studie über kommunale Partnerschaften mit islamischen Vereinigungen in Baden-Württemberg.[42] Zu erwähnen ist das Beispiel der Stadt Mannheim, die offizielle Beziehungen auch zu einer städtischen Moschee pflegt, die der Islamischen Gemeinschaft Milli Görüş angehört. Durch eine aktive Öffentlichkeitsarbeit, die auch direkte Kontakte zum Verfassungsschutz in Mannheim umfasste, konnte sich diese Gemeinde für den Dialog mit der Stadt qualifizieren.[43] Ganz offensichtlich wirken sich öffentliches Auftreten und eine systematisch betriebene Öffentlichkeitsarbeit der Moscheegemeinden vorteilhaft auf die Anerkennung als Dialogpartner aus. Zugleich wird deutlich, dass eine gegenüber islamischen Vereinigungen aufgeschlossene Integrationspolitik deren Einbindung begünstigt, wohingegen eine eher restriktive oder zurückhaltende Position der Kommune sich tendenziell negativ auf die Dialoglandschaft auswirkt.[44]

In den Kommunen werden Moscheevereine häufig als wichtige Ansprechpartner für Fragen der Sicherheitspolitik und Kriminalprävention, aber auch der Integrations- und Bildungspolitik wahrgenommen.[45] Es gibt aber auch Probleme im Miteinander: Immer noch verhalten sich Kommunalpolitik und Verwaltungen ignorant gegenüber den Moscheevereinen. Viele kommunalpolitische Verantwortliche wissen wenig über das hohe soziale Engagement der Religionsgemeinschaften vor Ort; die öffentliche Anerkennung hierfür bleibt rar. Gerade in kleineren Kommunen sind es häufig einzelne engagierte Protagonisten, die den Kontakt zu den Moscheevereinen übernehmen, beispielsweise die Integrationsbeauftragte oder der örtliche Moscheebeauftragte der Polizei. Auf der Gegenseite sind die Vertreter der Religionsgemeinschaften oftmals nicht mit den kommunalen Strukturen vertraut. Die Strukturen der kommunalen Verwaltung werden als intransparent und schwer verständlich wahrgenommen, die vorhandenen Zuständigkeiten als unübersichtlich empfunden. Gewünscht wird weniger Bürokratie: „Erforderliche Anträge können von Seiten vieler Religionsgemeinschaften oft nicht bewältigt werden, da die Gemeindearbeit in den meisten Fällen ehrenamtlich organisiert ist."[46] Bisweilen wird der Kontakt von Moscheevereinen zur Verwaltung vor allem deshalb gesucht, um eine finanzielle Unterstützung zu erhalten. Bleibt diese aus, dann erlahmt die Zusammenarbeit. Auch ist der offensive Umgang mit Problemanzeigen, wie zum Beispiel häusliche Gewalt, in der Kommunikation häufig schwierig.[47]

Gerade auf der kommunalen Ebene wird der tiefgreifende Wandel, in dem sich die Moscheevereine in Deutschland befinden, besonders deutlich. Bildeten die Moscheen früher Orte der Stille, in denen sich typischerweise die älteren Gastarbeiter trafen, um zu beten, zu meditieren und miteinander Tee zu trinken, so haben sich mittlerweile sowohl das Selbstverständnis als auch die Ansprüche an die Moscheegemeinden stark gewandelt. Dies wird bei Besuchen vor Ort deutlich sichtbar. Inzwischen ist eine zweite Generation von Muslimen in die Vorstände aufgerückt, die mehr oder weniger vollständig in Deutschland sozialisiert wurde. Immer häufiger sind Frauen in den Vorständen anzutreffen. Auch in den Binnenangelegenheiten der Moscheevereine hat inzwischen ein Sprachwechsel ins

Deutsche stattgefunden. Predigten und Glaubenskurse werden zunehmend in deutscher Sprache gehalten, da dies vielfach eine Voraussetzung dafür geworden ist, die zweite und dritte Generation noch in die Moscheevereine einzubinden. Aus verschiedenen DITIB-Moscheegemeinden wurde berichtet, dass immer stärker auch Muslime ohne türkischen Hintergrund beitreten und mittlerweile vereinzelt auch in die Vorstände gewählt werden.[48]

Der islamkritische und häufig islamfeindliche gesellschaftliche Diskurs, der nach dem 11. September 2001 auch in Deutschland geführt wurde, hat in den Moscheevereinen tendenziell zur Einsicht geführt, dass man aus der Zurückgezogenheit heraustreten und eine aktivere Öffentlichkeitsarbeit betreiben müsse. Die von der Gesellschaft geäußerten Anforderungen an die Vereine sind gestiegen, und umgekehrt erwarten die örtlichen Moscheevereine von den überregionalen Islamverbänden eine stärkere Unterstützung bei der Professionalisierung ihrer Arbeit.[49]

Bei den integrationspolitischen Aktivitäten der Moscheevereine spielen Projekte, die auf eine Verbesserung der Bildungssituation sowie der sozioökonomischen Lage ihrer Mitglieder abzielen, eine prominente Rolle. In vielen örtlichen Moscheevereinen werden unterstützende Maßnahmen, wie Hausaufgabenbetreuung und schulische Nachhilfe – häufig in Kooperation mit externen ehrenamtlichen Angeboten, z.B. von Studierenden –, angeboten. Für Eltern werden Informationsveranstaltungen zur Schul- und Ausbildungswahl mit den Bildungseinrichtungen vor Ort organisiert. Häufig finden auch Sprach- und Integrationskurse für Frauen in den Räumen von Moscheevereinen statt, um die Zugangsschwelle niedrig zu halten. Die Moscheegemeinden treten aber auch mit übergemeindlichen Aktivitäten hervor, organisieren beispielsweise örtliche Blutspendeaktionen in Kooperation mit dem Deutschen Roten Kreuz für die gesamte lokale Bevölkerung oder beteiligen sich an interkulturellen Begegnungen und Stadtfesten.[50] Es fällt dabei auf, dass das ehrenamtliche Engagement mancher jüngerer Aktiver nicht allein auf die Moscheegemeinde selbst beschränkt bleibt, sondern dass man sich darüber hinaus auch in anderen lokalen Bereichen, zum Beispiel in Sportvereinen, engagiert. Es ist also auch in den Moscheegemeinden eine Freiwilligenarbeit zu beobachten, die über das Engagement für die eigene Community hinaus von einem hohen bürgerschaftlichen Engagement geprägt ist.

Dennoch darf nicht außer Acht gelassen werden, dass der Islam mancherorts als ein Störfaktor wahrgenommen wird. Besonders prägnant tritt dies bei Konflikten um Moscheebauten zutage. Mit dem Bau oder der Einrichtung repräsentativer religiöser Gemeindezentren wird die „fremde" Religion öffentlich sichtbar und verdeutlicht ihren Anspruch auf Teilhabe am öffentlichen Raum. Häufig geht es bei Moscheebaukonflikten nicht allein oder nur vordergründig um übliche Nachbarschaftskonflikte, die bei größeren Bauvorhaben im Nahraum entstehen. Vielmehr entstehen Fragen der kulturellen Hegemonie in einer religiös gewandelten Gesellschaft, die „auf Grund ihrer ethnischen und religiösen Vielfalt kein kulturelles Zentrum mehr bestimmen und verbindlich" machen kann.[51] Örtliche Konflikte um Moscheebauten erfordern ein überlegtes und entschiedenes Management durch die kommunale Spitze. Eine professionelle Moderation, die in der Lage ist, sachliche Einwände wie auch antimuslimische Ängste mit den Beteiligten aller Seiten zu verhandeln, hat sich in diesen Fällen als sehr hilfreich erwiesen. Bei allem möglichen Widerstand bieten repräsentative Moscheen und Gemeindeeinrichtungen in der Kommune die große Chance, dass sich Moscheegemeinden öffnen, indem sich ihre Einrichtungen als kulturelle Treffpunkte profilieren. In aller Regel sehen die Baupläne eine Mischnutzung für religiös-kultische und kulturelle sowie soziale Zwecke vor.[52]

Eine weitere Schwierigkeit, die die Kommunikation zwischen Kommune und Moscheegemeinde erschweren kann, ist die besondere Organisationsstruktur der Gemeinden, die sich von den vertrauten kirchlichen Organisationen vollständig unterscheidet. Geleitet werden die Vereine von Ehrenamtlichen, die selbst über keine theologische Ausbildung verfügen und externe Kontakte neben ihren anderen innergemeindlichen Aufgaben bewerkstelligen müssen. Die hauptamtlichen Imame wiederum sind überwiegend, im Falle der DITIB-Moscheegemeinden praktisch durchgängig, nicht in Deutschland ausgebildet. Fehlende Kenntnisse der Sprache und gesellschaftlichen Strukturen in Deutschland bilden dann eine Kommunikationsbarriere zwischen der Kommune und der religiösen Gemeindeleitung.[53]

Dennoch stellt sich auf kommunaler Ebene der Umgang mit dem Islam anders dar, als dies auf den übergeordneten Ebenen der Bundes- und Landespolitik der Fall ist. „Prinzipielle Wertediskussionen werden hier schneller zu Sach- und Organisationsfragen. So können religiöse Konflikte auf lokaler Ebene durch neutrale Instanzen, also der geschickten Moderation und Mediation abgeschwächt beziehungsweise überwunden werden.“[54] Es zeigt sich hier ein pragmatischer Modus im Umgang mit dem Islam, der mittel- und langfristig sicherlich Auswirkungen auf eine weitere Anerkennung des Islam auch im überregionalen Kontext zeitigen wird.

Von der Integration zur Anerkennung

Ein gutes halbes Jahrhundert nach Beginn der Gastarbeitereinwanderung befinden sich die islamischen Organisationen heute auf dem Weg in die Mitte der Gesellschaft hinein. Der herkunftslandbezogene Islam, der in der ersten Generation von Einwanderern gepflegt wurde, wird zunehmend abgelöst von einem Islam, der von einer nachwachsenden Generation junger Muslime getragen wird. Diese Generation pflegt ein Religionsverständnis, das den Islam als eine mitgestaltende Kraft in der Aufnahmegesellschaft sieht.

Islamische Organisationen werden von den staatlichen Integrationsagenturen immer häufiger und immer intensiver als Gesprächs- und Kooperationspartner für Integrationsanliegen gesucht. Darin begründet sich eine große Chance, den Islam sozial und politisch handlungsfähig zu machen und ihm in der Gesellschaft Akzeptanz zu verschaffen. Die Gefahr liegt jedoch darin, dass die islamischen Gemeinden in der Außenwahrnehmung einseitig auf diese Aufgabe reduziert werden. Denn schließlich ist die Pflege des Kultus ein Wert an sich und als eine kulturstiftende Leistung anzuerkennen.

Das Ringen um diese Anerkennung ist allzumal in der jüngeren Generation von Muslimen unverkennbar. Die geforderte Anerkennung umfasst dabei einen doppelten Aspekt: Zunächst bedeutet Anerkennung die rechtliche Gleichstellung mit anderen privilegierten Religionsgemeinschaften in Deutschland. Das Recht bildet nach Axel Honneth eine der Sphären der Anerkennung „vonseiten unterschiedlich generalisierter Anderer",[55] welche über das persönliche Umfeld von Muslimen hinausreicht. Bei der Forderung nach der vollständigen rechtlichen Gleichstellung des Islam mit den Kirchen und anderen Körperschaften des öffentlichen Rechts geht es nicht allein um die damit verbundenen materiellen Privilegien, die solcherart anerkannte Gemeinschaften für sich beanspruchen können, sondern es geht dabei auch und besonders um eine Bestätigung der vollwertigen Mitgliedschaft in der Gesellschaft.

Ein zweiter Aspekt dreht sich um die Erwartung der jungen Muslime, dass die unverwechselbare religiöse Identität als eine Besonderheit gegenüber allen anderen anerkannt wird. Der Wunsch nach Anerkennung, der bei den jungen Muslimen deutlich wird, geht über eine bloße religionsneutrale Toleranz durch Staat und Gesellschaft hinaus und erwartet eine Anerkennung der Gleichwertigkeit des Islam. Um es im Sinne von Charles Taylor auszudrücken: dass man den Islam nicht nur gewähren lässt, sondern ihn auch in seinem Wert anerkennt.[56] Eine Sichtweise, die den Islam lediglich auf den Aspekt eines einwanderungsbezogenen Kulturmerkmals verkürzt, wird einer solchen geforderten Anerkennung nicht gerecht.

Anerkennung erfordert im Umkehrschluss aber auch eine demokratische Durchwirkung der islamischen Verbände. Wiewohl viele dieser Organisationen bestrebt sind, eine gewisse Transparenz nach außen zu pflegen und sich um eine Öffentlichkeitsarbeit bemühen, gibt es hier noch einen enormen Wandlungsbedarf. Die externe Unterstützung der Vereine auf ihrem Weg zu einer professionelleren Arbeit sollte noch mehr ausgebaut werden, aber auch berücksichtigen, dass die primäre Funktion von Religionsgemeinschaften sich auf geistliches und kultisches Handeln bezieht. Die Moscheevereine und islamischen Verbände sind wichtige Akteure in der Integration, müssen hier gefordert, dürfen aber nicht einseitig auf diesen Aspekt reduziert werden.

Anmerkungen

Dr. Jutta Aumüller, „Islam und Politik – Akteure, Themen und Handlungspotenziale", aus: Handbuch Christentum und Islam in Deutschland. Hrsg. von Mathias Rohe / Mouhanad Khorchide / Havva Engin / Hansjörg Schmid / Ömer Özsoy, © Verlag Herder GmbH, Freiburg i.Br. 2014, S. 769 ff.

1 Willems, Ulrich: Religionspolitik in der Bundesrepublik Deutschland (2001), S. 137.
2 Sämtliche im Folgenden referierte Zahlen stammen aus der Studie „Muslimisches Leben in Deutschland" (Haug, Sonja et al., 2009, S. 94 ff).
3 Gesemann, Frank et al.: Stand der kommunalen Integrationspolitik in Deutschland (2012), S. 16.
4 Vertretungsorgan für die aus islamisch geprägten Ländern Zugewanderten ist in den Dialogforen allein die Türkische Gemeinde in Deutschland.
5 Klinge, Marcel: Islam und Integrationspolitik deutscher Bundesregierungen nach dem 11. September 2001 (2012), S. 116.
6 Zitiert nach Klinge (Anm. 5), S. 117.
7 Ebd.
8 Ebd., S. 118.
9 CDU/CSU: Gemeinsam erfolgreich für Deutschland (2013), S. 68.
10 Shakush, Mohammad: Der Islam im Spiegel der Politik von CDU und CSU (2010), S. 378 f.
11 Ebd., S. 383.
12 Klinge (Anm. 5), S. 114.
13 Zitiert nach Klinge (Anm. 5), S. 115.
14 Bündnis 90/Die Grünen: Grüne Roadmap zur Gleichstellung und rechtlichen Integration des Islam in Deutschland.
15 Ebd.
16 Klausen, Jytte: Europas neue muslimische Elite (2005).
17 In Berlin besteht nicht die Absicht, einen Staatsvertrag mit den islamischen Verbänden abzuschließen. Stattdessen verweist der Berliner Senat auf das 2010 beschlossene Partizipations- und Integrationsgesetz, in dem auch Sonderregelungen für Muslime (z.B. Bestattungswesen, Freistellung an Feiertagen) festgelegt sind.
18 Vertrag zwischen der Freien und Hansestadt Hamburg, dem DITIB-Landesverband Hamburg, Schura – Rat der Islamischen Gemeinschaften in Hamburg und dem Verband der Islamischen Kulturzentren, Art. 2.
19 Senatskanzlei der Freien und Hansestadt Hamburg, Fragen und Antworten zu den Verträgen Hamburgs mit den muslimischen Verbänden und der Alevitischen Gemeinde, 14.08.2012.
20 Der hessische Landesminister für Integration, Jörg-Uwe Hahn, erinnerte in diesem Kontext daran, dass sich das Land bereits mit einer Vielzahl auch kleinerer Religionsgemeinschaften auf die Erteilung von Religionsunterricht in eigener Verantwortung geeinigt habe; dazu gehören die Griechisch-Orthodoxe Kirche, die Jüdischen Gemeinden, die Mennoniten, die Syrisch-Orthodoxe Kirche, die Aleviten u.a.m.
21 Gespräch mit Ender Cetin, Sprecher des DITIB-Verbandes Berlin-Brandenburg, am 15.05.2013.
22 „Allah wird endlich eingeschult", in: Die Tageszeitung, 21.08.2012.
23 Hewer, Chris T.R.: Islam verstehen, wie er sich selbst versteht (2013), S. 117.
24 Tezcan, Levent: Repräsentationsprobleme und Loyalitätskonflikte bei der Deutschen Islam Konferenz (2011), S. 118 f.
25 Haug, Sonja et al.: Muslimisches Leben in Deutschland (2009), S. 80.

26 Tezcan (Anm. 24), S. 119.
27 Vgl. dazu Maussen, Marcel: The Governance of Islam in Western Europe (2007), S. 30ff.
28 Ferrari, S.: The secularity of the state and the shaping of Muslim representative organizations in Western Europe (2005), S. 13.
29 Halm, Dirk et al.: Islamisches Gemeindeleben in Deutschland (2012), S. 39.
30 Chbib, Raida: Einheitliche Repräsentation und Binnenvielfalt (2011), S. 87.
31 Ebd., S. 100.
32 Spielhaus, Riem: Organisationsformen islamischer Gemeinden (2006); Krech, Volkhard, Bewegungen im religiösen Feld (2008).
33 Halm (Anm. 29), S. 94.
34 Azzaoui, Mounir: Muslimische Gemeinschaften in Deutschland zwischen Religionspolitik und Religionsverfassungsrecht (2011), S. 253.
35 Ebd., S. 268.
36 Ebd.
37 Ebd., S. 269.
38 Blätte, Andreas: Islamische Verbände in verbandsökonomischer Perspektive (2011), S. 236.
39 Z.B. die Projekte „Von München-Kompetenz zur Kommunalkompetenz“ und „BerlinKompetenz“ in München und Berlin.
40 Landeshauptstadt Stuttgart, Umgang mit religiöser Vielfalt (2012), S. 2.
41 Ebd., S. 5.
42 Schmid, Hansjörg et al.: Gesellschaft gemeinsam gestalten (2008).
43 Ebd., S. 80ff.
44 Ebd., S. 197.
45 Für Berlin vgl. Gesemann, Frank: Chancen und Schwierigkeiten der Kommunikation zwischen Moscheevereinen und Verwaltung (2006), S. 26.
46 Plessentin, Ulf / Schultz, Susanne: Handreichung zu religions- und konfessionsübergreifenden Foren (2013), S. 53.
47 Gesemann (Anm. 45), S. 29.
48 Diese und die folgenden Einschätzungen beruhen auf Interviews, die im Rahmen des Projekts „Integrationspotenziale ländlicher Regionen im Strukturwandel“ in Moscheevereinen in sieben Kommunen sowie mit Ender Cetin, Sprecher des DITIB-Verbandes Berlin-Brandenburg, am 15.05.2013 geführt wurden (Aumüller, Gesemann, 2014, S. 122–131).
49 Gespräch mit Ender Cetin, Sprecher des DITIB-Verbandes Berlin-Brandenburg, am 15.05.2013.
50 Aumüller/Gesemann (Anm. 48), S. 123f.
51 Leggewie, Claus; Religion als Hemmnis und Medium lokaler Integration (2009), S. 602.
52 Aumüller/Gesemann (Anm. 48), S. 130.
53 Ebd., S. 127f.
54 Meyer, Hendrik / Schubert, Klaus: Vielfalt als Potential (2011), S. 299.
55 Honneth, Axel; Umverteilung als Anerkennung (2003), S. 204.
56 Taylor, Charles: Multikulturalismus und die Politik der Anerkennung (1997), S. 59.

Literatur

Aumüller, Jutta / Gesemann, Frank: Integrationspotenziale ländlicher Regionen im Strukturwandel. Abschlussbericht zum Forschungs-Praxis-Projekt, Darmstadt, Schader-Stiftung, 2014, http://www.desi-sozialforschung-berlin.de/wp-content/uploads/Abschlussbericht_Integrationspotenziale-laendlicher-Regionen-im-Strukturwandel.pdf (aufgerufen am 11.11.2014).

Azzaoui, Mounir: Muslimische Gemeinschaften in Deutschland zwischen Religionspolitik und Religionsverfassungsrecht – Schieflagen und Perspektiven, in: Meyer, Hendrik / Schubert, Klaus (Hg.): Politik und Islam, Wiesbaden, VS Verlag für Sozialwissenschaften, 2011, S. 247–276.

Blätte, Andreas: Islamische Verbände in verbandsökonomischer Perspektive, in: Meyer, Hendrik / Schubert, Klaus (Hg.): Politik und Islam, Wiesbaden, VS Verlag für Sozialwissenschaften, 2011, S. 219–246.

Bündnis 90/Die Grünen: Grüne Roadmap zur Gleichstellung und rechtlichen Integration des Islam in Deutschland, Fraktionsbeschluss vom 26.06.2012.

Chbib, Raida: Einheitliche Repräsentation und muslimische Binnenvielfalt, in: Meyer, Hendrik / Schubert, Klaus (Hg.), Politik und Islam, Wiesbaden, VS Verlag für Sozialwissenschaften, 2011, S. 87–112.

CDU/CSU: Gemeinsam erfolgreich für Deutschland, Regierungsprogramm 2013–2017.

Ferrari, S.: The secularity of the state and the shaping of Muslim representative organizations in Western Europe, in: Cesari, Jocelyne / McLoughlin, Sean (Hg.), European Muslims and the secular state, Aldershot, Ashgate, 2005.

Gesemann, Frank: Chancen und Schwierigkeiten der Kommunikation zwischen Moscheevereinen und Verwaltung, in: Spielhaus, Riem / Färber, Alexa (Hg.), Islamisches Gemeindeleben in Berlin, Berlin, Der Beauftragte des Senats von Berlin für Integration und Migration, 2006, S. 25–31.

Gesemann, Frank / Roth, Roland / Aumüller, Jutta: Stand der kommunalen Integrationspolitik in Deutschland, Berlin, Beauftragte der Bundesregierung für Migration, Flüchtlinge und Integration / Bundesministerium für Verkehr, Bau und Stadtentwicklung, 2012.

Hafez, Kai: Freiheit, Gleichheit und Intoleranz. Der Islam in der liberalen Gesellschaft Deutschlands und Europas, Bielefeld, transcript, 2013.

Halm, Dirk / Sauer, Martina / Schmidt, Jana / Stichs, Anja: Islamisches Gemeindeleben in Deutschland. Im Auftrag der Deutschen Islam Konferenz, Nürnberg: Bundesamt für Migration und Flüchtlinge, 2012.

Haug, Sonja / Müssig, Stephanie / Stichs, Anja: Muslimisches Leben in Deutschland, Nürnberg, Bundesamt für Migration und Flüchtlinge, 2009.

Hewer, Chris T.R.: Islam verstehen, wie er sich selbst versteht – Zugänge zu einem spirituellen Verständnis des Islam, in: Herpich, Roland / Goetze, Andreas (Hg.), Toleranz statt Wahrheit? Herausforderung interreligiöser Dialog, Berlin, Wichern, 2013, S. 114–182.

Honneth, Axel: Umverteilung als Anerkennung, in: Ders. / Fraser, Nancy: Umverteilung oder Anerkennung? Frankfurt a.M., 2003, S. 129–224.

Klausen, Jytte: Europas neue muslimische Elite, in: Aus Politik und Zeitgeschichte, Nr. 20, 2005, S. 15 ff.

Klinge, Marcel: Islam und Integrationspolitik deutscher Bundesregierungen nach dem 11. September 2001. Eine Politikfeldanalyse der ersten Deutschen Islam Konferenz und ihrer Implikationen für die nationale Integrationspolitik, Dissertation, Berlin, Philosophische Fakultät der Humboldt-Universität zu Berlin, 2012.

Krech, Volkhard: Bewegungen im religiösen Feld. Das Beispiel Nordrhein-Westfalens, in: Hero, Markus / Krech, Volkhard / Zander, Helmut (Hg.), Religiöse Vielfalt in Nordrhein-Westfalen. Empirische Befunde und Perspektiven der Globalisierung vor Ort, Paderborn, Ferdinand Schöningh, 2008.

Landeshauptstadt Stuttgart: Umgang mit religiöser Vielfalt – Handreichung für die kommunale Praxis. Empfehlungen des kommunalen Qualitätszirkels zur Integrationspolitik, Stuttgart, 2012. http://www.saarbruecken.de/assets/2013_3/1363027735_umgang_mit_religioeser_vielfalt_handreichung_qualitaetszirkel_kommunale_integrationspolitik.pdf (aufgerufen am 13.11.2013).

Leggewie, Claus: Religion als Hemmnis und Medium lokaler Integration, in: Gesemann, Frank / Roth, Roland (Hg.), Lokale Integrationspolitik in der Einwanderungsgesellschaft, Wiesbaden, VS Verlag für Sozialwissenschaften, S. 593–607.

Maussen, Marcel: The Governance of Islam in Western Europe, IMISCOE Working Paper No. 16. Amsterdam, 2007.

Meyer, Hendrik / Schubert, Klaus: Vielfalt als Potenzial – Implikationen aus dem Verhältnis von Politik und Islam, in: Dies. (Hg.), Politik und Islam, Wiesbaden, VS Verlag für Sozialwissenschaften, 2011, S. 290–310.

Plessentin, Ulf / Schultz, Susanne (Red.): Handreichung zu religions- und konfessionsübergreifenden Foren als Instrument der Integrationsförderung. Ergebnisse aus dem Projekt „Rekord", Nürnberg, Internationale Organisation für Migration, 2013.

Schmid, Hansjörg / Akca, Ayse Almila / Barwig, Klaus: Gesellschaft gemeinsam gestalten. Islamische Vereinigungen als Partner in Baden-Württemberg, Heidelberg, Nomos, 2008.

Shakush, Mohammad: Der Islam im Spiegel der Politik von CDU und CSU. Aspekte einer komplizierten Beziehung, in: Schneiders, Thorsten Gerald (Hg.), Islamfeindlichkeit. Wiesbaden, VS Verlag für Sozialwissenschaften, 2010, S. 377–390.

Spielhaus, Riem: Organisationsformen islamischer Gemeinden, in: Dies. / Färber, Alexa (Hg.), Islamisches Gemeindeleben in Berlin, Berlin 2006, S. 12–17.

Taylor, Charles: Multikulturalismus und die Politik der Anerkennung, Frankfurt a.M., Fischer, 1997.

Tezcan, Levent: Repräsentationsprobleme und Loyalitätskonflikte bei der Deutschen Islam Konferenz, in: Meyer, Hendrik / Schubert, Klaus (Hg.), Politik und Islam, Wiesbaden: VS Verlag für Sozialwissenschaften, 2011, S. 113–132.

Willems, Ulrich: Religionspolitik in der Bundesrepublik Deutschland 1945–1999. Die politische Regulierung der öffentlichen Stellung von Religion und Religionsgemeinschaften, in: Ders. (Hg.), Demokratie und Politik in der Bundesrepublik 1949–1999, Opladen, 2001, S. 137–162.

Die Autorinnen und Autoren

Sarah Albrecht (Ph.D.) (geb. 1980) studierte Islamwissenschaft, Religions- und Politikwissenschaft in Berlin, Promotion an der Berlin Graduate School Muslim Cultures and Societies. Studien- und Forschungsaufenthalte im Nahen Osten, in Nordafrika und in die USA. Wissenschaftliche Mitarbeiterin am Institut für Islamwissenschaft der Freien Universität Berlin, Lehrbeauftragte an der Evangelischen Hochschule Berlin, Referentin in der Erwachsenenbildung u.a. zu interreligiösen Fragen.

Dr. Jutta Aumüller (geb. 1961) ist Politikwissenschaftlerin, Mitbegründerin des Instituts für Demokratische Entwicklung und Soziale Integration (DESI) in Berlin, Vorsitzende des Beirats für interreligiösen Dialog und interkulturelle Arbeit im Kirchenkreis Neukölln. Arbeitsschwerpunkte: Migrations- und Integrationsforschung, Demokratieforschung sowie Prävention von Rechtsextremismus und Gruppenbezogener Menschenfeindlichkeit.

Volker Beck (geb. 1960) studierte Kunstgeschichte, Geschichte und Germanistik in Stuttgart. Mitglied des Bundestages seit 1994; von 1994 bis 2002 rechtspolitischer Sprecher, von 2005 bis 2013 menschenrechtspolitischer Sprecher, von 2002 bis 2013 Erster Parlamentarischer Geschäftsführer jeweils der Fraktion Bündnis 90/Die Grünen und Mitglied des Parteirats. Seit 2013 ist er innen- und religionspolitischer Sprecher der Fraktion Bündnis 90/Die Grünen und Vorsitzender der deutsch-israelischen Parlamentariergruppe des Deutschen Bundestages.

Dr. Dr. h.c. Dr. h.c. Dietrich Benner (geb. 1941) studierte Philosophie, Pädagogik, Geschichte an den Universitäten Bonn und Wien, ausgewiesene Lehrtätigkeit als Professor für (Allgemeine) Erziehungswissenschaft u.a. in Bonn, Freiburg, Münster, Warschau, Berlin. Mitherausgeber der Zeitschrift für Pädagogik (ZfPäd) von 1982 bis 2003, Mitglied der Grundschulkommission des Landes Nordrhein-

Westfalen von 1981 bis 1984; Dekan der Philosophischen Fakultät IV der Humboldt Universität zu Berlin von 1992 bis 1996 und von 2002 bis 2006, zahlreiche Ehrungen, über 30 Monographien und über 200 Einzelbeiträge.

Dr. Micha Brumlik (geb. 1947) ist emeritierter Professor am Institut für Allgemeine Erziehungswissenschaft an der Universität Frankfurt a.M., von 2000 bis 2005 Leiter des Fritz-Bauer-Instituts in Frankfurt a.M., Stadtverordneter der GRÜNEN in Frankfurt a.M. von 1989–2001; seit 2013 Senior Professor am Zentrum Jüdische Studien Berlin/Brandenburg, Mitherausgeber der „Blätter für deutsche und internationale Politik"; Autor und regelmäßiger Kolumnist der taz: „Gott und die Welt"

Selçuk Doğruer (geb. 1983) studierte in Damaskus und Rotterdam islamische Theologie und Islamwissenschaften. Seit 2009 ist er als DITIB Landesbeauftragter für interreligiöse und interkulturelle Zusammenarbeit in Hessen tätig. Seit 2012 ist er Vorsitzender des Hessischen *Forum für Religion und Gesellschaft*. Im Rat der Religionen in Frankfurt ist er muslimisches Vorstandsmitglied und muslimischer Vorsitzender der *ICA – Islamisch Christliche Arbeitsgemeinschaft Hessen*. Er organisiert Projekte und Bildungsseminare zu vorwiegend islamisch theologischen Themen.

Dr. Dr. h.c. Markus Dröge (geb. 1954), war Superintendent des Kirchenkreises Koblenz. 1999 wurde er in Heidelberg mit einer Arbeit über das Kirchenverständnis Jürgen Moltmanns promoviert. Er übernahm im Jahr 2000 einen Lehrauftrag für Systematische Theologie an der Universität Koblenz-Landau und absolvierte von 2002 bis 2004 eine Ausbildung zum Systemischen Berater. 2009 wurde er zum Bischof der EKBO gewählt. Er ist Aufsichtsratsvorsitzender des Evangelischen Werks für Diakonie und Entwicklung (EWDE).

Dr. Andreas Goetze (geb. 1964) studierte in Heidelberg, Tübingen, Mainz und Frankfurt a.M. Evangelische Theologie, Philosophie und Judaistik, islamwissenschaftliche Studien in Jerusalem und Beirut, Vikar in Jerusalem, Geistlicher Begleiter, von 1996 bis 2012 Gemeindepfarrer in Rodgau-Jügesheim (bei Frankfurt a.M.). Seit 2012 Landespfarrer für interreligiösen Dialog der Evangelischen Kirche Berlin-Brandenburg-schlesische Oberlausitz (EKBO) sowie Lehrbeauftragter an der Humboldt-Universität zu Berlin.

Mustafa Hadžić (geb. 1967 in Bosnien Herzegowina), von 1989 bis 1995 Studium der islamischen Theologie sowie der Politikwissenschaften an der Universität von Jordanien in Amman. Von 1995 bis 2000 als Lehrer beteiligt am Aufbauprozess in Bosnien Herzegowina nach dem Krieg. Von 2000 bis 2002 Imam in Castrop-Rauxel, von 2002 bis 2013 in Köln. Seitdem tätig im „Deutsch Bosniakischen Kulturzentrum Hajr e.V. Bonn". Seit 2010 stellvertretender Vorsitzender des Zentralrates der Muslime in Deutschland. Zurzeit promoviert er in Islamischer Theologie an der Universität Münster.

Katrin Hatzinger (geb. 1975) leitet seit 2008 die Dienststelle Brüssel des Bevollmächtigten des Rates der EKD bei der Bundesrepublik Deutschland und der Europäischen Union, in der sie zuvor mehrere Jahre als Juristische Referentin und Stellvertretende Leiterin tätig war. Sie studierte in Bielefeld und war während ihrer Hochschul- und Referendariatszeit als freie Hörfunkjournalistin beim WDR tätig. Mitglied der Kammer für Migration und Integration des Rates der EKD, Geschäftsführerin der Rechtsarbeitsgruppe der Konferenz Europäischer Kirchen (KEK).

Dr. Hans-Michael Heinig (geb. 1971) ist Professor für Staats- und Kirchenrecht, Inhaber des Lehrstuhls für Öffentliches Recht und Kirchenrecht an der Georg-August-Universität Göttingen und im Nebenamt Leiter des Kirchenrechtlichen Instituts der Evangelischen Kirche in Deutschland. In seinen Schriften geht er dem Verhältnis von Religion und Recht, sowie Kirche und Staat nach. Weitere Forschungsgebiete sind Zukunftsfragen des Wohlfahrtsstaates, das Parteienrecht und die Verfassungstheorie.

Roland Herpich (geb. 1953) studierte Theologie, Philosophie und Geschichte. Er war Pfarrer in der Gemeinde am Hohenzollernplatz in Berlin und ab 1997 Superintendent des Kirchenkreises Wilmersdorf.

Im Jahr 2010 veröffentlichte er gemeinsam mit Herbert Lindner den kirchentheoretischen Beitrag zum Reformprozess „Kirche am Ort und in der Region". Seit Mai 2010 ist er Direktor des Berliner Missionswerkes und Beauftragter für Ökumene und Weltmission der EKBO.

Walter Homolka, Ph.D., D.H.L., (geb. 1964), ist Rabbiner und Universitätsprofessor für Jüdische Religionsphilosophie der Neuzeit mit Schwerpunkt Denominationen und interreligiöser Dialog an der School of Jewish Theology der Universität Potsdam und Rektor des Abraham Geiger Kollegs. Der frühere Landesrabbiner von Niedersachsen ist Leiter des Ernst Ludwig Ehrlich Studienwerks und des Potsdamer Zacharias Frankel College, Chairman der Leo Baeck Foundation, Vice President der European Union for Progressive Judaism sowie Mitglied im Gesprächskreis „Juden und Christen" beim Zentralkomitee der deutschen Katholiken.

Friederike von Kirchbach (geb. 1955), studierte Evangelische Theologie in Leipzig, Jena und Naumburg. Von 1992 an Pfarrerin und Krankenhausseelsorgerin in Kreischa bei Dresden. Im März 2000 wurde sie zur Generalsekretärin des Deutschen Evangelischen Kirchentags gewählt. Von 2005 bis 2015 Pröpstin der EKBO, Ratsvorsitzende der Ratsleitung des Ökumenischen Rates Berlin-Brandenburg und des Missionsrates des Berliner Missionswerkes. Seit 2007 ist sie Vorsitzende des Rundfunkrats des Rundfunks Berlin-Brandenburg (rbb).

Dr. Friedhelm Kraft (geb. 1955) studierte Geschichte und Evangelische Theologie für das Amt des Studienrats, promovierte 1995 mit einer Arbeit zum Thema „Religionsdidaktik im Nationalsozialismus", wurde 1997 zum Professor für Evangelische Religionspädagogik an der Evangelischen Fachhochschule Berlin ernannt, 2004 zum Rektor des Religionspädagogischen Instituts der Evangelisch-lutherischen Landeskirche Hannovers berufen und ist seit 2013 als Oberkonsistorialrat Leiter der Bildungsabteilung der EKBO.

Dr. Norbert Lammert (geb. 1948) studierte Politikwissenschaft, Soziologie, Neuere Geschichte und Sozialökonomie in Bochum und Oxford (England), Diplom 1972, Promotion in Sozialwissenschaften

1975. Lehrbeauftragter für Politikwissenschaft zunächst an den Fachhochschulen Bochum und Hagen, seit 2005 an der Ruhr-Universität Bochum. Seit 2008 Honorarprofessor. Seit 1980 gehört er dem Deutschen Bundestag an, von 1989 bis 1998 parlamentarischer Staatssekretär in verschiedenen Ministerien, von 2002 bis 2005 Vizepräsident, seitdem Präsident des Deutschen Bundestages.

Joachim Liebig (geb. 1958), Studium der Evangelischen Theologie in Bethel und Hamburg, Pfarrer der evangelisch-lutherischen Landeskirche Schaumburg-Lippe, später dort Pressesprecher, Superintendent und Präsident der Landessynode. Auslandserfahrungen in England und Frankreich, Gründer und langjähriger Vorsitzender der landeskirchlichen Bibelgesellschaft, seit 2009 Kirchenpräsident der Evangelischen Landeskirche Anhalts, stellvertretender Vorsitzender im Missionsrat des Berliner Missionswerkes, seit Dezember 2012 Mitglied im Aufsichtsrat des Gemeinschaftswerkes der Evangelischen Publizistik (GEP).

Idris Nassery (geb. 1985 in Kabul), studierte Rechts- und Wirtschaftswissenschaften in Paderborn und Bielefeld und als Stipendiat in Oxford und an der School of Oriental and African Studies (London) islamisches Recht (Master in Islamic Law). Absolvent des Sonderprogramms „Master in classical Islam" in Johannesburg (Südafrika) zu diversen Disziplinen der Sharia. Seit 2012 Doktorand am Zentrum für Komparative Theologie an der Universität Paderborn und promoviert dort als Stipendiat der Mercator Stiftung mit einer Arbeit zum Thema „Grundlegung zur islamischen Wirtschaftsethik – Von Al-Ghazali über Kant zu Habermas".

Dr. Martin Richter (geb. 1968) studierte Rechtswissenschaft in Marburg und Hannover, 1998 Promotion. Seit 1998 ist er im Konsistorium der EKBO tätig, zuletzt als Abteilungsleiter u.a. zuständig für Kirchenrecht und Staatskirchenrecht. Er gehört dem Vorstand des Evangelischen Instituts für Kirchenrecht an der Universität Potsdam an; dort gibt er auch Lehrveranstaltungen und veröffentlicht regelmäßig zum Kirchen- und Staatskirchenrecht sowie zur kirchlichen Rechtsgeschichte.

Dr. Patrick Roger Schnabel (geb. 1977) studierte Evangelische Theologie in Bethel, St Andrews und Göttingen sowie Religionsverfassungs-, Kirchen- und Europarecht in Göttingen und Potsdam (Doktor beider Rechte 2013). Von 2007 bis 2011 stellvertretender Leiter und Juristischer Referent in der Dienststelle Brüssel des Bevollmächtigten des Rates der EKD, von 2011 bis 2014 Pfarrer im Kirchenkreis Wittstock-Ruppin und Dozent am Evangelischen Institut für Kirchenrecht an der Universität Potsdam. Seit Februar Leiter des Kirchlichen Entwicklungsdienstes der EKBO im Berliner Missionswerk.

Dr. Heidrun Schnell (geb. 1969), studierte Rechtswissenschaft an den Universitäten Passau und Regensburg, Referendariat im OLG-Bezirk München, 1995 Zweite Juristische Staatsprüfung, 1997 Promotion an der Universität Münster, 1998 Referatsleitung Steuern, Versicherungen, Friedhöfe im Konsistorium, seit 2002 Abteilungsleiterin Finanzen im Konsistorium der EKBO.

Dr. Frank-Walter Steinmeier (geb. 1956) studierte Rechts- und Politikwissenschaften in Gießen, war wissenschaftlicher Mitarbeiter am Lehrstuhl für öffentliches Recht und Wissenschaft von Politik, 1991 Wechsel an die Niedersächsische Staatskanzlei. Von 1998 an im Bundeskanzleramt tätig, seit 1999 als dessen Leiter, 2005–2009 Bundesminister des Auswärtigen – seit 2007 gleichzeitig Vize-Kanzler der Bundesrepublik Deutschland, von 2009 bis 2013 Vorsitzender der SPD-Bundestagsfraktion, seit 2011 Präsidiumsmitglied des Deutschen Evangelischen Kirchentags, seit 2013 erneut Bundesminister des Auswärtigen.

Susanne Talabardon (geb. 1965) studierte Evangelische Theologie an der Humboldt-Universität zu Berlin, Promotion über die jüdische Rezeption der Deutung Moses als Prophet, Habilitation über chassidische Hagiographie. Von 1997 bis 2008 war sie wissenschaftliche Mitarbeiterin am Institut für Religionswissenschaft der Universität Potsdam, seit 2008 Professorin für Judaistik an der Otto-Friedrich-Universität Bamberg.

Martin Vogel (geb. 1968) studierte Evangelische Theologie an der Kirchlichen Hochschule Berlin sowie an der Berliner Humboldt-Universität, nach dem Vikariat von 2001 bis 2004 Stadtkirchenpfarrer in Potsdam. Von 2004 bis 2011 Persönlicher Referent im Berliner Bischofsbüro, zunächst bei Prof. Dr. Wolfgang Huber, dann ab 2009 bei Bischof Dr. Markus Dröge. Zum 1. Juli 2011 wurde er durch die Kirchenleitung zum Beauftragten bei den Ländern Berlin und Brandenburg berufen.

Dr. Lukas Wick (geb. 1975) studierte Arabisch, Russisch, Philosophie und Islamwissenschaften an der Universität Genf, Dissertation zum Thema Islam und Verfassungsstaat an der Universität Bern, kurze journalistische Tätigkeit bei der Neuen Züricher Zeitung, Rezensionen, freischaffende publizistische Tätigkeit mit Themenschwerpunkt Islam; Tätigkeit in der christlichen Erwachsenenbildung.